"十三五"普通高等教育本科规划教育

高等院校经济管理类专业"互联网+"创新规划教材

国际商法理论与实务

（第2版）

杨士富　编著

内容简介

本书主要讲述国际商法需要研究的重要理论知识和实务知识。本书共 10 章，包括国际商法导论、国际商事组织法、国际商事代理法、国际商事合同法、国际产品责任法、国际货物买卖法、国际货物运输与保险法、国际技术贸易法、国际贸易支付法、国际商事仲裁法。每一章都以引例导入，引发学生对国际商法问题进行思考，进而提高学生的学习兴趣。

本书既可作为高等院校外贸、法律、金融、会计、管理、电子商务、外语、市场营销等专业的教材，还可作为经贸实务者、经济管理者及其他各界人士学习法律知识的参考书。

图书在版编目(CIP)数据

国际商法理论与实务/杨士富编著. —2 版. —北京： 北京大学出版社，2017.12
(高等院校经济管理类专业"互联网+"创新规划教材)
ISBN 978-7-301-28976-1

Ⅰ. ①国⋯ Ⅱ. ①杨⋯ Ⅲ. ①国际商法—高等学校—教材 Ⅳ. ①D966.1

中国版本图书馆 CIP 数据核字(2017)第 304973 号

书　　　名	国际商法理论与实务（第 2 版） GUOJI SHANGFA LILUN YU SHIWU
著作责任者	杨士富　编著
策 划 编 辑	王显超
责 任 编 辑	李娉婷
数 字 编 辑	陈颖颖
标 准 书 号	ISBN 978-7-301-28976-1
出 版 发 行	北京大学出版社
地　　　址	北京市海淀区成府路 205 号　100871
网　　　址	http://www.pup.cn　新浪微博:@北京大学出版社
电 子 信 箱	pup_6@163.com
电　　　话	邮购部 62752015　发行部 62750672　编辑部 62750667
印 刷 者	河北滦县鑫华书刊印刷厂
经 销 者	新华书店
	787 毫米×1092 毫米　16 开本　21.75 印张　519 千字 2009 年 9 月第 1 版 2017 年 12 月第 2 版　2020 年 7 月第 3 次印刷
定　　　价	48.00 元

未经许可，不得以任何方式复制或抄袭本书之部分或全部内容。
版权所有，侵权必究
举报电话：010-62752024　电子信箱：fd@pup.pku.edu.cn
图书如有印装质量问题，请与出版部联系，电话：010-62756370

第 2 版前言
Preface

21世纪的中国创造了无数的辉煌,足以让中国人感到骄傲和自豪。中国已是世界第二大经济体,在世界的经济舞台上扮演着重要的角色,引领着世界经济与贸易的发展方向,中国"一带一路"的倡导及取得的丰硕成果,足以证明中国在世界的影响力。而中国的发展和强大也更加需要法治。

经济全球化正在深刻地改变着这个世界,其核心是各国贸易市场的统一化和自由化,是生产要素在全球范围内的优化配置。而统一化的途径已经不是靠战争,而是靠市场背后的规则的统一来实现,即经济全球化在一定程度上促使各国的法律尤其是商法国际化。国际商事主体正努力地运用国际商法原理,不断解释和解决在商事活动中出现的大量的实务法律问题。这足以说明国际商法具有很强的实用性、旺盛的生命力、较高的学习和研究价值。

国际商法是指调整国际商事交易和国际商事组织的各种法律规范的总称。国际商法是法学体系中一门独立的学科,既不同于国际经济法,也不同于国际私法。自2001年12月11日我国正式加入世界贸易组织之后,为培养国际化的实用人才,各高校都在进行人才培养模式转变及教学方法改革。国际商法已成为各高等院校外贸、法律、金融、会计、管理、电子商务、外语等许多专业争相开设的主干课程。

学习和掌握国际商法,除了学生们奋发努力、教师们精心组织外,能有一本富有针对性和启发性的教科书尤为重要。一部好的教科书既是学生最贴近、最易交流的启蒙老师,也是学生学习事半功倍的基础。因此,编者编写了本书。

本书以案例教学法思想贯穿始终,每一章从开始到结尾都适当地设置了鲜活、生动的案例,起到以案例说法的效果,这也是编者多年法律教学与实践的结晶。本书涵盖了国际商法的重要理论知识和实务知识。

编者在国内外前人研究成果的基础上,力求博采众家之长、厚积薄发,使本书具有以下三大特色。

(1) 吸收了最新的国际商法规则和研究的最新成果,力图全面、系统、准确地介绍和阐述国际商法的基本原理和实务知识。

(2) 每一章都以引例导入,引发学生对国际商法问题进行思考,进而提高其学习的兴趣,在阐述国际商法原理的过程中,以大量典型案例说法,并综合运用案例分析法、比较分析法、历史分析法,使国际商法的原理与实务有机结合,使读者能学以致用。

（3）每一章的章后都列有思考题和练习题，并配有练习题参考答案，使学生对本章的知识能够及时进行检验和进一步强化。

需要指出的是，本书主要为本科学生而编，学时有限，不可能囊括更多的国际商法内容，编入本书的都是编者在教学中总结的学生感兴趣且较有实用价值的内容。

本书建议授课的总学时为 72 学时，各章具体授课的学时见下表。

章　节	授课学时	章　节	授课学时
第 1 章	6	第 6 章	6
第 2 章	10	第 7 章	8
第 3 章	8	第 8 章	6
第 4 章	10	第 9 章	6
第 5 章	6	第 10 章	6

本书第 1 版自出版以来，受到广大读者的欢迎和喜爱。为回报读者的厚爱，并及时反映国际商法的最新发展，编者对书中内容进行了全面完善，删减了较为复杂的知识以及滞后的知识，更新并增加了国内法及国际贸易术语等知识，以大量更新更好的案例阐释国际商法理论。第 2 版能够和广大读者见面，要感谢北京大学出版社及其相关工作人员的付出，感谢领导和同事，感谢家人的支持和帮助。

由于编者水平有限，书中疏漏之处在所难免，敬请广大读者批评指正。

编　者

2017 年 9 月

【资源索引】

目录 Contents

第1章　国际商法导论 /001
1.1　国际商法概述 /001
1.2　国际商法的发展历史 /006
1.3　西方国家两大主要法系的比较 /009
1.4　中国法律 /024

第2章　国际商事组织法 /032
2.1　商事组织概述 /032
2.2　合伙企业法 /033
2.3　公司法 /039

第3章　国际商事代理法 /067
3.1　代理概述 /067
3.2　代理的法律关系 /075
3.3　承担特别责任的代理人 /080
3.4　我国的代理法与外贸代理制 /083

第4章　国际商事合同法 /090
4.1　合同及合同法概述 /090
4.2　合同的订立 /093
4.3　合同的履行 /119
4.4　违约及救济措施 /130
4.5　合同的变更、转让和终止 /137

第5章　国际产品责任法 /147
5.1　产品责任法概述 /147

5.2 美国的产品责任法 /150
5.3 德国、日本的产品责任法 /158
5.4 欧盟与国际产品责任统一法 /161
5.5 我国的产品责任法 /167

第 6 章　国际货物买卖法 /177

6.1 国际货物买卖法概述 /177
6.2 国际货物买卖合同 /180
6.3 买卖双方的义务 /185
6.4 货物所有权及风险的转移 /190
6.5 国际贸易术语中买卖双方的义务 /194
6.6 违约及其救济方法 /203

第 7 章　国际货物运输与保险法 /213

7.1 国际货物运输法 /213
7.2 国际货物运输保险法 /242

第 8 章　国际技术贸易法 /266

8.1 国际技术贸易概述 /266
8.2 国际许可合同 /269
8.3 国际技术咨询服务合同 /279
8.4 国际技术贸易统一法 /280
8.5 中国国际技术贸易法 /288

第 9 章　国际贸易支付法 /295

9.1 国际贸易支付工具——票据 /296
9.2 国际贸易支付方式——信用证 /311

第 10 章　国际商事仲裁法 /322

10.1 国际商事仲裁概述 /322
10.2 仲裁协议 /327
10.3 仲裁程序 /335
10.4 仲裁裁决的承认与执行 /338

参考文献 /344

第1章 国际商法导论

教学目标与要求

通过对本章的学习和研究,学生应能够掌握国际商法的概念、渊源、体系及其与其他相关部门法的关系;了解国际商法的历史沿革、大陆法系和英美法系的结构和特点,并学会与我国的法律制度进行比较;初步掌握案例分析方法、比较分析方法、历史分析方法,为后面的学习奠定基础。

美国"起亚案"(2005年)[①]

美国一位女士购买了一辆起亚小汽车,在里程还未到1.7万km时,就不得不修理刹车零件。后来,她发现刹车零件总是在间隔相对短的时间内就需要修理。于是,她请了律师解决这件事情,律师发函给起亚公司,但起亚公司拒绝了车主撤销合同的请求,由此而引发了诉讼。该案实体问题并不复杂,程序问题即法院管辖却一波三折,由此引发了人们的高度关注,被人们称为"起亚案"。

思考:

美国"起亚案"说明了什么?

1.1 国际商法概述

1.1.1 国际商法

1. 商的概念

古代社会,人们把商理解为货物的交换。我国《汉书》中称"通财鬻(yù)货曰商";根据美国《布莱克法律词典》中的解释:商是指"货物、生产品或任何种类的财物之交换"。

在当代,一般意义上的商,往往还是指货物的交换。但是,经济学和法学对商的界定有所区别。

[①] http://www.china.com.cn/chinese/zhuanti/xxsb/1203204.htm.

经济学意义上的商，是指以营利为目的，进行直接媒介财货交易的行为。这实际上只是现代社会生产过程中的一部分经济活动，即商品流通活动。

而法学意义上商的含义却广泛得多，它是指一切以营利为目的的营业行为。它不仅包括经济学意义上的商，即固有商，或称第一种商，而且还包括如下几种。

（1）第二种商，又称辅助商，是指间接沟通生产和消费渠道的行为，如运送、仓储、居间、行纪、代办等。

（2）第三种商，指为便利资金融通或与上述两种商行为有密切关系或者为其提供商业条件的营业活动，如银行营业、信托、承揽运送、制造、加工、出版、印刷、摄影等。

（3）第四种商，指仅与第二种商或第三种商有牵连关系的营业活动，如广告、保险、服务、娱乐等。

准确理解法学意义上的商，关键要把握两个基本点。

【推荐视频】

（1）营利性。只有主体以营利为目的的行为才属于商。营利性是商的本质属性，正是对利润的无限追求，才推动了商事活动的不断发展与繁荣；正是对营利性行为的保障和规制，才有了商法的产生和发展。不过，营利性指的是主体的获利目的，而不是指获利的结果。出于营利动机而为，结果却亏损了，仍然不失营利性。

【拓展视频】

（2）营业性。所谓营业性是指营利行为是连续不断的经营活动，具有连续性。一次性的营利行为，虽然其目的是营利，但不是营业，不能称之为商。

不过，随着社会交易活动的频繁，产生于商活动中的某些行为进入非商领域，不再具有营利性或营业性，甚至两者均不具有，但在法律上仍然视为商，适用商法，如某些票据行为。这是我们应当加以注意的。

2. 商法的概念

商法是调整商事关系的法律规范的总称。商法有广义和狭义之分。狭义的商法也称形式意义的商法，是指以商法为名称制定的法典，如《法国商法典》《日本商法典》等；广义的商法也称实质意义的商法，是指一切调整商事关系的法律规范的总和，如《中华人民共和国公司法》（以下简称《公司法》）、《中华人民共和国票据法》（以下简称《票据法》）、《中华人民共和国证券法》、《中华人民共和国海商法》等。

3. 国际商法的概念

国际商法（International Commercial Law）是调整国际商事交易和商事组织等商事关系的各种法律规范的总称。国际商法有广义和狭义之分。

（1）从广义上看，国际商法是调整平等主体的个人、法人、国家政府、国际组织之间的当事人分属于两个以上不同的国家或国际组织，或其所涉及的商事问题超越一国国界的国际商事关系的各种法律规范的总和，是一个独立的法律部门。凡涉及商事关系的国际公法规范、国际经济法规范、当事人自愿接受的国际商事惯例或冲突法规范、国际商事公约或条约、国内商法中的国际性规范，都应包含在内。

（2）从狭义上看，国际商法是调整国家之外的、平等主体的商事组织及其商事交易的各种关系的法律规范的总和，是一个新的尚在形成中的法律部门。正如冯大同等学者认为，在国际上从事国际商事交易的主体基本上是公司、企业等商事组织而不是国家，它们之间的交易属于不同国家的平等主体的商事组织之间和个人之间以及它们相互之间的交易，而不是国家与国家之间的交易。所以，在"国际商法"这一概念中，"国际（International）"一词并不是指"国家与国家之间"，而是指"跨越国界（Transnational）"①。

除上述国际商法的广义和狭义概念之外，国际商法还可作为一种比较研究各国商法的研究方法的概念而存在。

1.1.2 国际商法的渊源

国际商法的渊源即国际商法产生的依据及其表现形式，主要有国际商事公约（条约、协定）、国际贸易惯例和国内法。

1. 国际商事公约

国际商事公约（条约、协定）是指国家间缔结的国际商事协定，一般情况下仅对缔约国有约束力，对非缔约国无约束力，但是当事人可以通过约定使条约对其具有约束力。国家间缔结的国际商事公约主要有以下 6 种。

（1）调整国际货物买卖关系的公约：1964 年《关于国际货物买卖合同成立统一法公约》、1964 年《关于国际货物买卖统一法公约》、1974 年《国际货物买卖时效期限公约》、1980 年《联合国国际货物买卖合同公约》等。

（2）调整产品责任的国际公约：1979 年《关于产品责任适用法律的公约》等。

（3）调整代理的国际公约：1983 年《国际货物销售代理公约》。

（4）调整国际票据关系的公约：1930 年《关于本票和汇票统一法的日内瓦公约》、1930 年《关于统一票据和本票的日内瓦公约》、1931 年《关于支票的日内瓦公约》、1931 年《关于解决支票的若干法律冲突的日内瓦公约》、1987 年联合国《关于汇票和本票公约》等。

（5）关于承认与执行外国仲裁裁决的公约：1923 年《日内瓦仲裁条款议定书》、1927 年《关于执行外国仲裁裁决的公约》、1958 年《承认和执行外国仲裁裁决的公约》等。

（6）关于保护知识产权的公约：1883 年《保护工业产权巴黎公约》、1886 年《保护文学艺术作品伯尔尼公约》、1891 年《商标国际注册马德里协定》、1952 年《世界版权公约》等。

2. 国际贸易惯例

国际贸易惯例是指国际经济法主体重复类似的行为而上升为对其具有约束力的规范。国际惯例与国际公约相比，没有普遍的约束力，无法与国际公约的效力相比，但是在某些具体的当事人之间却像国际公约一样具有普遍的约束力，甚至有些国际惯例被纳入其国内法。可以看出，国际惯例与国际公约在强制力上的区别已经淡化，而采用国际惯例已经成为国际上的主要趋势。一项国际惯例的形成，要有一个漫长的过程，先是形成习惯，再由习惯上升为惯例，成为国际商事的一个组成部分。国际惯例也被称为"世界语言"，如果

---

① 冯大同. 国际商法 [M]. 北京：对外经济贸易大学出版社，1991.

没有国际惯例，或商人不承认国际惯例，则国际贸易这座大厦将会倒塌，因此它是国际商事交易的支柱。国际法协会（International Law Association，ILA）在这方面发挥了重要作用，由其制定的 1932 年《华沙-牛津规则》、1941 年《美国对外贸易定义修正本》、1996 年《托收统一规则》，尤其是 2010 年《国际贸易术语解释通则》与 2007 年《跟单信用证统一惯例》，在国际贸易中影响最大，已被广泛采用，它们对于便利和促进国际贸易起了重要作用。

3. 国内法

现代国际商事交易关系具有多样性和复杂性，现有的国际公约和惯例不可能满足实践的需求，有些时候跨越国境的商事交易中，也可能选择国内法作为准据法，所以国内法也是国际商法的重要表现形式之一。

国际商法渊源的丰富和发展，也开始了各种渊源间的互动机制。上述国际商法渊源体系中，国际商事惯例规范、国际法规范、国内法规范并不是互不发生关系的 3 种并行的法律规范，而是彼此之间存在互相依赖、互相补充、互相转化、互相作用的互动机制。

首先，国际条约、公约调整和制约纯粹以国家或国际组织作为主体双方的商事法律关系，诸如国家政府之间或国家政府与国际组织之间有关投资、贸易、信贷、结算、保险等方面的商事法律关系，这是不言而喻的。据国际法的基本原则，无论何种条约，一经批准，就必须遵守"有约必守"的原则，其效力优于国内法。据此，国际法规范也可能被自然人、法人所直接适用而转化为国内规范。在《中华人民共和国民法通则》（以下简称《民法通则》）第一百四十二条第二款规定："中华人民共和国缔结或者参加的国际条约同中华人民共和国民事法律有不同规定的，适用国际条约的规定，但中华人民共和国声明保留的条款除外。"《票据法》第九十五条也规定："中华人民共和国缔结或者参加的国际条约同本法有不同规定的，适用国际条约的规定。但是，中华人民共和国声明保留的条款除外。本法和中华人民共和国缔结或者参加的国际条约没有规定的，可以适用国际惯例。"这就为国际商事领域的国际法规范转化为国内法规范对我国公民、法人有直接约束力提供了法律依据。

其次，国内法规范在一定情况下也可以被国际化，如有关国家和私人之间的合同就可以通过依从国际法而被国际化。一些本属于国内法范畴的规则通过依从国际法而被转化为国际法规范的例子很多，如 1958 年沙特阿拉伯美国石油公司一案的最终裁决，就是选择国际法作为裁决的准据法的。

1.1.3 国际商法的体系

国际商法的体系包括商事主体法、商事行为法、商事争议解决法 3 部分。

商事主体法主要包括商事组织、商事代理、商业登记等；商事行为法主要包括国际货物买卖法、国际货物运输法、国际货物运输保险法、海商法、国际技术贸易法、产品责任法、票据与国际结算法、国际资金融通法等；商事争议解决法包括国际民事诉讼、国际商事仲裁等。每一组成部分在表现形式上都是由国际法渊源和国内法渊源有机结合组成的。

应当指出，国际商法的体系不是固定不变的，而是处在不断发展变化过程中，这是由国际商事关系的性质和特点所决定的。当前,国际商事关系发展的国际性、协调性、安全性和便利性趋势,为国际商法的未来发展指明了方向,也使国际商法体系的发展呈现出如下两个特点:一是国际商法所涉及的领域越来越广泛,尤其在商事行为法方面的规范内容会越来越多,体系会越来越完备;二是在国际条约公约、国际贸易惯例、国内法之间互动机制的基础上,各国涉外商事交易的法律会日渐统一。

1.1.4 国际商法与其他部门法的关系

1. 国际商法与国际私法

1) 两者的联系

国际商法和国际私法(Private International Law)两者都有涉外因素,两者都冠以"国际"一词。

国际商法和国际私法两者的渊源都有 3 种:一是国际条约;二是国际贸易惯例;三是国内立法。

2) 两者的区别

(1) 调整的法律关系(即对象)不同。国际商法是调整商事交易与商事组织的各种关系的法律规范(即范围)的总和。现代国际商法的调整对象与范围比传统的国际商法更加广泛。传统的商法主要包括商行为法、公司法、合同法、票据法、海商法、代理法和保险法等内容。国际私法则是调整含有涉外因素的民事法律关系的规则的总称。国际私法所调整的涉外民事法律关系是一种广义的民事法律关系,既包括一般的民事法律关系,也包括家庭婚姻方面的民事法律关系与商法方面的各种民事法律关系,以及在国际经济贸易交往中所形成的各种民事法律关系。

(2) 法律体系的分类不同。国际商法主要属于实体法(Substantive Law),即规定法律主体的实体权利与义务的法律。国际商法中的合同法、买卖法、代理法与商事组织法等有关内容和中心任务,就是围绕与解决契约双方的权利和义务有关的问题。

国际私法则属于冲突法(Conflict Law),即主要为具有涉外因素的私法案件确定准据法——指出应当适用哪一国的实体法来解决当事人的权利义务,而本身并不直接解决当事人的权利义务。

2. 国际商法与国际经济法

1) 两者的联系

国际商法与国际经济法均为调整国际商事或经济关系的法律规范的总称。

2) 两者的区别

(1) 调整范围不同。国际商法调整范围比国际经济法狭窄,国际商法仅仅是调整不包括国家的平等的国际商事交易与商事组织等商事关系;而国际经济法调整的范围则要广泛得多,国际经济法调整不同国家的自然人、法人及其他经济实体之间、国家与国际组织之间,以及它们相互之间的经济关系,包括不同国家的平等当事人的经济交往关系,主权国家对这种交往进行管理与管制的关系,以及国家或国际经济组织之间就它们之间的经济关系进行相互协调的关系。

(2) 渊源不同。国际商法渊源的国际立法部分主要包括国际条约与国际贸易惯例;而国际经济法渊源的国际立法,广义上除包括国际公约与国际贸易惯例外,还包括重要国际组织的决议。

(3) 基本原则不同。国际商法的基本原则是诚实信用原则及公平与公正原则；国际经济法的基本原则则是尊重国家主权原则、平等互利原则与全球合作与发展原则。

(4) 内容不同。传统的国际商法包括公司法、合同法、买卖法、产品责任法、代理法、票据法、运输与保险法、商事仲裁法等；国际经济法则包括更加广泛的内容,有国际贸易法（几乎包括国际商法的大部分内容）、国际投资法、国际货币金融法、国际税法与国际经济贸易争议解决法等。

3. 国际商法与国际贸易法

1) 两者的联系

国际贸易法是调整各国之间的贸易关系及与贸易有关的其他各种关系的法律规范的总和。贸易在汉语中可以解释为商业活动,从上述定义来看,它的定义与前面国际商法的定义基本是一致的。国际商法与国际贸易法的渊源相同,都源于国际公约与国际贸易惯例、各国的国内法。两者具有互补性。

2) 两者的区别

(1) 所属范畴不同。国际商法基本属于私法的范畴,而贸易法既包含私法的内容,也包含公法的内容。

(2) 包含内容不同。尽管两者在不少内容方面大同小异,例如,均有国际货物买卖合同法、国际货物运输法、保险法及国际仲裁法等,但是也有不同之处,例如,国际贸易法中的"对外贸易管制措施",其中包括对外贸易管制、贸易条约与协定,以及关税与贸易总协定等,这些都属于公法的内容,是国际商法所没有的。

1.2 国际商法的发展历史

国际商法是随着商品经济的产生和发展而产生和发展起来的。国际商法的形成来源于实践,它的系统化过程不是由于国家的立法或学者的传播,而是由于其适用者兼推行者的努力。调整商人跨国交易的法律在古罗马法即有体现。在罗马法中,具有商法性质的规定就更多了,在市民法外,又发展了调整罗马公民与非罗马公民之间及非罗马公民相互之间的贸易和其他关系的万民法。

11—15世纪,欧洲地中海一带的城市国家国际贸易迅速发展,当时的封建制度已经不能适应商业发展的需要。行会组织中的商人便设置自己的特殊法庭,采用各种商事习惯解决商事纠纷,逐渐形成了中世纪的商人习惯法(Law Merchant),它是一种处于萌芽期的"国际商法"。商人习惯法是商人在欧洲各地港口或集市用以调整他们之间的商事交易的法律和商业惯例,它与当时封建王朝的地方性法律相比较有很大不同。商人习惯法具有如下特点：它具有跨国性和统一性,普遍适用于各国从事商业交易的商人；它的解释和运用不是由一般法院的专职法官来掌握,而是由商人自己组织的法院来掌握,其性质类似于现代的国际仲裁或调解；其程序较简单迅速,不拘泥于形式；它强调按公平合理的原则来处理案件。

典型案例 1-1

卢 卡 斯 案[①]

在欧洲发生了一个著名的案例：1292 年，一位名叫卢卡斯的伦敦商人从一位德国商人那里买了 31 英镑的货物，但是没有付钱就偷偷离开了集市，也没有按照商法到集市法庭去回应对他的指控。从那以后，任何异国的商人都不愿意在伦敦市民未付足货款的情况下就把东西卖给他们，这些商人称他们为弄虚作假的债务人。卢卡斯从里恩逃到圣博托尔夫，然后又逃到林肯、赫尔，最后逃回伦敦，那个德国商人则一路追来。在担心名誉受损的伦敦商人们的提议下，卢卡斯被关进了伦敦塔，他的案件最终根据人身保护状由国王的政务会加以复审。

卢卡斯案告诉我们，尽管商事交易是双方的私事，但一个商人的行为如果侵害商人整体利益甚至国家利益，其他商人乃至国家的法律也不会坐视不管。

商人习惯法产生的基本动因就在于将对商人信用的预期确定化。在 11 世纪晚期和 12 世纪，地中海沿岸各国商业复兴。那时许多商业活动都具有国际性，相应地也就产生了货币流通和兑换，同时票据、信贷广泛发展，康孟达及陆上合伙等商人联合体、银行业、保险业也开始出现。此时，由于商人的流动性增强、交易范围的扩大和商业形式的变化，保证商人的信用、并追究违约商人的责任的重要性日益凸显。"卢卡斯案"就是在当时的大背景下产生的。

在外国商人中，如果他们同国籍的人当中有人在商业交往中失信，他们就常常会被没收财物或蒙受其他各种干扰。在这种背景下，为满足商人们商谈契约、合伙、商标及从事买卖的需要，商人们开始依商事习惯订立自治规约，其中一些最普遍的习惯和规约逐渐由商事法院所确认、被提高到强制执行的程度，从而发展成为商人习惯法。而商人习惯法的建立和发展，使信用得到保障，并进一步促进了商业的发展。

总之，中世纪在商人的商事交往活动中，出于对商人信用保护的需要，商法开始产生并日益完善，并且随着商人从一地到另一地而逐渐传播开来。11 世纪，随着自治城市的发展壮大和商业行会习惯、惯例的积累，各城市将当地的商人们约定俗成的习惯做法确认为当地法律的一部分。这时的商人习惯法还仅仅是地方性的习惯法；后来，随着科学技术的发展和运输方式的改进，各地商人们都开始从事跨地区的商事交易，商人们的这种流动性的交易活动使商事习惯从一个地方传播到多个地方。

在商事习惯传播的过程中，作为商业中心的特定城市的习惯法，不可避免地会成为这种跨地区商事习惯法的集大成者，并毫无疑问地承担起调整这种地区间商事交易关系的主要任务。例如，巴塞罗那的商事习惯，被汇集成著名的《康索拉度海法》（1340 年），通过广泛传播成为获得地中海沿岸普遍承认的具有支配地位的商事习惯法。再如，《奥列莱隆海法》《维斯比法》（1350 年）通过同样的方式在周围的波罗的海国家中赢得了广泛的权威。此时的商人法仍具有"地域性"的特征。

然而贸易无国界，由于海事运输的发展，国际性的商事交易活动日益发达，从而出现

---

① [美] 伯尔曼. 法律与革命：西方法律传统的形成 [M]. 北京：中国大百科全书出版社，1998.

"世界性"的商人法。正如拉德布鲁赫所说:"没有任何领域比商法更能使人清楚地观察到经济事实是如何转化为法律关系的。"13世纪以后,这种"世界性"的商人习惯法开始成为调整跨国性商事交易关系的支柱力量。此时的"国际商法"具有跨国性和统一性的特征,它不是由国家或国际组织制定的,却普遍适用于各国从事商业交易的商人,这些"法律"也不是由一般法院的专职法官解释和运用,而是由商人自己组织的法院来解释和运用,类似于现代的仲裁和调解,其程序简易、迅速,不拘泥于形式,在处理案件中强调按公平合理的原则进行。

17世纪以来,随着欧洲中央集权国家的强大,欧洲各国采用各种形式把商法纳入本国的国内法,使之成为国内法的一部分,从而使商法失去了原有的国际性或跨国性。法国在路易十四统治时期,在J. B. 科尔贝尔的主持下,颁布了《商事敕令》和《海商敕令》,成为最早的商事单行立法,为大陆法国家的商法典奠定了基础。近代资本主义第一部商法法典,是拿破仑于1807年颁布的《法国商法典》,受其影响,荷兰、比利时、希腊、土耳其、西班牙、葡萄牙等国相继颁布了商法典。1897年制定,1900年1月1日起生效的《德国商法典》对许多国家也有很大的影响,如奥地利、日本。

在英美两国,商法的发展与欧洲大陆不同,英美法的历史上,只有普通法(Common Law)和衡平法(Equity Law)之分,并无民商法之分。1756年,时任大法官曼斯菲尔德男爵(Lord Mansfield)将商人法混入普通法以后,就不存在单独的商法了。但是在英国,商品买卖、公司、票据、保险、海商、破产等方面都制定了单行法规,商法的成文化倾向明显。在美国,由全国州法律统一委员会议从1896年起公布了许多统一法规,包括《统一流通票据法》《统一买卖法》《统一仓库收据法》《统一股票转让法》《统一提单法》《统一附条件销售法》《统一信托收据法》。在这些统一法规的基础上,1952年又公布了《统一商法典》。

第二次世界大战以后,特别是20世纪60年代以后,商法进入了一个新的发展阶段,其主要特点是恢复了商法的国际性和统一性。其实早在1926年,在意大利政府的倡导下,就成立了国际统一私法协会这一政府间的国际组织,致力于国际间的商法统一工作,后因战争而中断。商法之所以恢复国际性和统一性,主要是因为战后,随着世界经济的发展,各国之间的经济联系日益密切,经济生活越来越国际化,相互依赖的程度大大增强。国际经济的这种发展趋势,在客观上要求建立一套调整国际经济贸易关系的统一的国际商法,为国际经济交往提供良好的法律环境。另外,各国在长期贸易交往中已逐渐形成了一些普遍接受的贸易惯例和习惯做法,各国的贸易做法日趋接近,这种情况也为统一国际商法创造了条件。

1966年12月17日,联合国大会通过决议,设立了联合国国际贸易法委员会,旨在促进国际贸易法的逐步协调和统一。在联合国的主持下,先后制定并通过了《国际销售货物时效期限公约》《联合国国际货物销售合同公约》《联合国海上运输公约》等,针对新出现的电子商务,1996年,联合国大会通过了《联合国国际贸易法委员会电子商业示范法》,为电子商务的有关法律问题的统一提供指南。

19世纪末20世纪初,规范国际商事交易的统一实体法逐渐增多,如关于海运提单的1924年的《关于统一提单若干法律规则的公约》(以下简称《海牙规则》)、关于航空运输的《统一国际航空运输某些规则的公约》(以下简称《华沙公约》,1929年通过,1933年生效)、关于票据的1930年的《统一汇票本票法的日内瓦公约》和1931年的《统一支票法的日内瓦公约》等。此外,这一时期还出现了由非政府组织编撰的国际贸易惯例。例如,国际商会在 1936 年制定了《国际贸易术语解释通则》(2010 年又作了修订)等。

第二次世界大战后,许多国际组织,包括政府间国际组织,如联合国国际贸易法委员会,也包括非政府间国际组织,如国际私法统一协会和国际商会等,都积极进行国际商法和国际商事惯例的制定和编撰工作,国际商法进入了一个新的快速发展阶段,许多新的国际商事公约和国际贸易惯例不断出现。例如,《联合国海上货物运输公约》(以下简称《汉堡规则》,1978 年通过,1992 年生效)、《联合国国际贸易法委员会仲裁规则》(1976 年通过)、《联合国国际货物买卖合同公约》(1980 年通过,1988 年生效)、《联合国国际货物多式联运公约》(1980 年通过)、《国际货物销售代理公约》(1983 年通过)、《国际汇票和国际本票公约》(1987 年通过)、《融资租赁公约》(1988 年通过)、《国际保付代理公约》(1988 年通过)、《国际商事合同通则》(1994 年通过)等。

1.3 西方国家两大主要法系的比较

法系(Legal Genealogy/Legal Family)是指以具有一定特点的某一个国家的法律制度为核心,并与受其深刻影响的其他国家法律制度共同构成的法律系统。法系是西方法学理论中经常使用的一个概念,它是在对各国法律制度的现状和历史渊源进行比较研究的过程中形成的概念。一般认为,世界有两大主要法系,即大陆法系和英美法系。

1.3.1 大陆法系

1. 大陆法系的概念

大陆法系(Continental Family),又称民法法系(Civil Law System)、法典法系(Code Family)、罗马法系、罗马-日耳曼法系、法国法系、成文法系等。在西方法学著作中多称民法法系,中国法学著作中惯称大陆法系。它是指 19 世纪初以来,欧洲大陆大部分国家以罗马法为基础建立起来的、以 1804 年《法国民法典》和 1896 年《德国民法典》为代表的法律制度,以及其他国家或地区效仿这种制度而建立起来的法律制度。大陆法系以古代罗马法为历史渊源,经 12—16 世纪罗马法在欧洲大陆的复兴、18 世纪资产阶级革命,最后于 19 世纪发展成为一个影响世界广大地区的法系。

2. 大陆法系特点

大陆法系的特点,概括起来有以下几点。

(1) 从法律渊源传统来看,大陆法系具有制定法的传统,制定法为其主要法律渊源,虽然允许法官有自由裁量权,但一般不承认法官的造法职能,判例一般不被作为正式法律渊源(除行政案件外),对法院审判无拘束力。

(2) 从法典编纂传统看,大陆法系的一些基本法律一般采用系统的法典形式,如法国资产阶级革命胜利后,曾先后颁布了 5 部法典:《民法典》《民事诉讼法典》《商法典》《刑法典》《刑事诉讼法典》。法律富含逻辑性和推理性,注重法律概念。

(3) 从法律结构传统来看,大陆法系法律的基本结构是在公法和私法的分类基础上建立的,传统意义上的公法指宪法、行政法、刑法及诉讼法;私法主要指民法和商法。

(4) 从运用法律的推理方法来看，大陆法系的法官通常采用的是演绎法，即将蕴含于法典中的高度概括的法律原理进行演绎和具体化，然后适用于具体个案。

(5) 从诉讼程序传统来看，大陆法系倾向于职权主义，法官在诉讼中起积极主动的作用。

3. 大陆法系的分布

大陆法系可以说源远流长，其分布范围非常广泛，以欧洲大陆为中心，遍布世界各地。大陆法系是以法国和德国为主，因而一些学者主张欧洲大陆可分法国分支和德国分支，前者包括拉丁语系各国，即比利时、西班牙、葡萄牙、意大利等国；后者包括日耳曼语系，即奥地利、瑞士、荷兰等国。其他地区则主要因为法国对其的军事占领或法国、西班牙、葡萄牙、荷兰的早期殖民地原因而是大陆法系。北欧各国如挪威、瑞典、丹麦、芬兰、冰岛的法律均是大陆法系。在亚洲，日本自明治维新以来的法律属于大陆法系，泰国属于大陆法系。在北美，美国的路易斯安那州、加拿大的魁北克省的法律，因历史原因属于大陆法系。在非洲，刚果、卢旺达、布隆迪、阿尔及利亚、摩洛哥、突尼斯等国也受大陆法系的强烈影响。我国的台湾地区、澳门特别行政区受日本和葡萄牙影响，也属大陆法系。

在同一法系各国中，随着政治经济形势的变化和发展，有的国家具有较大的特点。例如，日本法在第二次世界大战后便受到美国法的很大影响；北欧斯堪的纳维亚各国又有其某些固有的特征；荷兰则形成了所谓罗马-荷兰式法律制度。

4. 大陆法的结构

大陆法的特点是强调成文法的作用，它在结构上强调系统化、条理化、法典化和逻辑性。它所采取的方法是：运用几个大的法律范畴把各种法律规则分门别类归纳在一起。

(1) 大陆法各国都把全部法律分为公法、私法两部分。公法——与国家状况有关的法律；私法——与个人利益有关的法律。大陆法系各国在这些法律领域中都使用相等的法律制度和法律概念，只要掌握了一个大陆法国家的法律就很容易了解其他大陆法国家的法律。

(2) 大陆法各国都主张编纂法典。编制体例上有所不同，例如，法国、德国民商分立；有的国家民商合一。

5. 大陆法系的渊源

大陆法系虽然是以成文法为主，但这并不意味着大陆法系的渊源只有成文法，或是它的唯一的渊源。大陆法系的渊源主要有以下几种。

(1) 法律。法律是大陆法系的主要渊源。一般来说，宪法处于最高的地位，具有最高的权威性。在宪法之下，各国都制定一系列法典。条例是由行政机关制定的成文法，仅次于法典。法律解释在大陆法系国家也极为重要，法律必须通过解释才能付诸实施，在我国习惯把它称为司法解释，它已经成为人民法院审理各类案件的主要依据。

(2) 习惯。在大陆法系国家中，习惯仍起一定的作用，某些法律往往必须借助于习惯才能为人们所理解，如一个人的行为在什么情况下才构成过错，需要承担民事法律责任，什么样的标记才能构成签名，以及何谓"合理期限"等，都要用习惯加以确定。

(3) 判例。大陆法系强调成文法，原则上不承认判例具有与法律同等的效力，这是大陆法与英美法的主要不同之处。大陆法国家法律都明文规定禁止法官发布一般性解释，法官不能越过成文法框框创立新的法律规则。但也有例外，一位法国行政法学家用生动的语言说："如果我们设想立法者取消全部民法条文，法国将无民法存在；如果他们取消全部刑法条文，法国将无刑法存在；但如果他们取消全部行政法条文，法国的行政法仍然存在，因为行政法的重要原则不在成文法中，而存在于判例之中。"①

(4) 学理解释。一般情况下学理解释不能够成为法律的渊源，但是大陆法系中，学理解释有着极其重要的地位，影响着法院审理案件。

6. 大陆法系的法院组织系统

大陆法系的法院组织系统基本相同，设有普通法院和专门法院。专门法院如法国的行政法院，德国的行政法院、劳动法院、社会法院和税收法院。普通法院又大体上分为三级三审和四级四审制。例如，法国实行前一种制度，德国和日本则实行后一种制度。法国的法院系统由基层法院、上诉法院和最高法院组成，不服基层法院的判决可逐级上诉到最高法院。德国法院系统由地方法院（审理轻微的民事案件）、州地区法院（审理较大的民事案件）、州高等法院、联邦法院等组成，不服的可依次要求上级法院复审。日本法院系统由简易法院（轻微的民事案件）、家庭法院或地方法院（重大民事案件）、高等法院和最高法院组成。

1.3.2 英美法系

1. 英美法系的概念

英美法系（British & US Law），又称普通法系、英国法系、海洋法系，即以中世纪英国法为基础，以英国法和美国法为代表，融合相关法律因素逐步形成的世界性法律体系。

2. 英美法系的特点

1）法律渊源上以判例法为主

从传统上讲，英美法系的判例法占主导地位，但从19世纪到现在，其制定法也不断增加，但是制定法仍然受判例法解释的制约。判例法一般是指高级法院的判决中所确立的法律原则或规则。这种原则或规则对以后的判决具有约束力或影响力。判例法也是成文法，由于这些规则是法官在审理案件时创立的，因此，又称为法官法（Judge-made Law）。

除了判例法之外，英美法系国家还有一定数量的制定法，同时，还有一些法典，如《美国统一商法典》、美国宪法等。但和大陆法系比较起来，它的制定法和法典还是很少的，而且对法律制度的影响远没有判例法大。

在判例法和制定法的关系上，是一种相互作用、相互制约的关系。制定法可以改变判例法，同时，制定法在适用的过程中，通过法官的解释，判例法又可以修正制定法，如果这种解释过分偏离了立法者的意图，又会被立法者以制定法的形式予以改变。

---

① 王名扬. 法国行政法 [M]. 北京：中国政法大学出版社，1988.

2）法律结构上分为普通法和衡平法

英美法系没有严格的部门法概念，即没有系统性、逻辑性很强的法律分类，它们的法律分类比较偏重实用。英美法系有悠久的划分普通法和衡平法的传统，尽管在它们那里目前已经没有普通法法院和衡平法院的划分，但普通法和衡平法的区分仍然保留到现在。

3）法学教育上偏重职业教育

美国法学教育的教学方法是判例教学法，重视培养学生的实际操作能力。学生们在入学前已取得一个学士学位，毕业后又会被授予法律博士学位，而且各学校有较大的自主权，不受教育行政机关的制约。在英国，大学的法学教育和大陆法系有些相似，也偏重于系统讲授，但学生们大学毕业后从事律师职业前要经过律师学院或律师协会的培训，而这时的教育主要是职业教育，仍然受学徒制教育传统的影响。

4）判例适用上采用区别技术

"区别技术（Distinguishing Technique）"是对含有先例的判决中的事实和法律问题和现在审理案件中的事实和法律问题加以比较的过程和方法。[①]

这一过程和方法可以归纳为如下5个环节。

（1）运用归纳方法对先例中的法律事实和待判案例的法律事实进行归纳。

（2）将两个案例中的法律事实划分为实质性事实和非实质性事实。

（3）运用比较的方法分析两个案例中的实质性事实是否相同或相似。

（4）找出先例中所包含的规则或原则。

（5）如果两个案例中的实质性要件相同或相似，则根据遵循先例的原则，先例中包含的规则或原则可以适用于待判案例。

在对待先例的问题上有3种做法。

（1）遵循先例。一般来讲，下级法院应当遵循上级法院的判例，上诉法院还要遵循自己以前的判例。

（2）推翻先例。在美国的联邦最高法院和各州最高法院有权推翻自己以前的判决。

（3）避开先例。主要适用于下级法院不愿适用某一先例但又不愿公开推翻它时，可以以前后两个案例在实质性事实上存在区别为由而避开这一先例。

5）法官的遴选上实行的是优秀的律师任法官制度

英国和美国实行的是优秀的律师任法官制度，也就是从资深律师中经过严格的推荐和考核程序来委任法官。在英国郡法院或刑事法院任职的巡回法官，须从从业10年以上的出庭律师或任职5年以上的记录法官中加以选任；而记录法官作为一种业余法官，则要从那些从业10年以上的出庭律师或事务律师中选任。与巡回法官一样，记录法官也要由上议院议长推荐，英国女王加以任命。比巡回法官级别要高的高等法院法官则要至少有从事出庭律师10年以上的经历，并且年龄要在50岁以上。而专门司职上诉法院的上诉法官则要有担任高等法院法官或从事出庭律师15年以上的经历，并要由上议院议长推荐，英国首相提名，英国国王加以任命。因此，法官的社会地位很高。

3. 英美法系的范围

普通法系形成于英国，以后扩展到美国及过去曾受英国殖民地统治的国家和地区，主要

[①] 《人民法院第一个五年改革纲要（1999—2003）》，最高人民法院1999年10月20日发布。

包括加拿大、澳大利亚、新西兰、爱尔兰、印度、巴基斯坦、马来西亚、新加坡和中国香港。南非原属于大陆法系,后被英国吞并,受英国法影响,是大陆法系和英美法系的混合物;斯里兰卡也是类似的情况,菲律宾原是西班牙殖民地,属于大陆法系,后来随着美国势力的渗入,引进了英美法系的因素,所以菲律宾也是一种混合体。但是,大不列颠及北爱尔兰联合王国的苏格兰、美国的路易斯安那州和加拿大的魁北克省却不是英美法系,而是大陆法系。

4. 英国法的法律制度

1)英国法的结构和特点

英国法没有像大陆法系那样将法律分为公法和私法,而是分为普通法和衡平法的二元结构,以判例为其法律主要渊源的法律制度。

(1)普通法是指在1066年诺曼公爵征服英国后,威廉国王为了削弱封建领主的势力,加强王权,除发布赦令作为全国适用的法律外,通过设立王室法院,法官有选择地采用各地习惯法审理案件形成的判例,后推行全国所确立的法律制度。因为普通法是以判例形式出现的,所以又称为判例法系。王室法院法官经常到各地巡回审理,并有权撤销封建领主控制的地方法院的判决,因此普通法的发展轨迹就和英国中央集权制与地方封建势力的斗争的历程基本同步。

(2)衡平法是普通法的对称。它发端于14世纪,兴起于16世纪,是因对普通法的程序的呆板和机械而无法得到救济的案件,当事人向英王及其咨询机关枢密院甚至国会提出申请,英国国王的近臣枢密院大法官不受普通法约束,按公平正义原则加以审理和判决,以补充普通法的不足所形成的法律制度。

因此,普通法的产生要早于衡平法,衡平法是在14世纪以后,为了补充和匡正当时的不完善的普通法,由枢密大臣法院发展起来的。

(3)普通法和衡平法两者的主要区别如下。

① 救济(Remedies)方法不同。普通法只有两种救济措施,即金钱赔偿(Relief in the Form of Money)和返还财产(Restoration of Property),而以金钱赔偿为主要救济方法。衡平法院则弥补了普通法院的不足,发展了一些新的救济方法,主要有实际履行(Specific Performance)、禁令(Injunction)。

② 诉讼程序不同。普通法院有陪审团制度,衡平法院则不设陪审团;普通法院听取口头答辩,采取口头询问的方式审理案件,而衡平法院则采取书面审理的方式,衡平法院诉讼程序比较灵活。

③ 法律规则的效力层次不同。在相当长的时期里,英国实行普通法法院和衡平法法院并存的局面。1873年英国对司法机构做了重大改革,废除了两种法院并存的结构体制,建立单一的法院体系,统一适用普通法和衡平法,但在法律上明确规定衡平法优于普通法的原则,即在普通法规则和衡平法规则发生抵触或不一致时,以衡平法规则为准。衡平法和普通法都属判例法。衡平法在发展过程中逐渐形成一整套独特的衡平法的基本原则或规则,如"求助于衡平法者须自身无负于人";"衡平法不让任何损害、损失成为投诉无门的事";"衡平法不帮助没有付出代价的受益者",等等。衡平法的不少原则也为普通法的法律部门,如刑法、合同法和侵权行为法所适用。衡平法对于信托法的发展尤其重要。在合同法、地产法等法律和禁令上,衡平法也有重要的作用。

④ 法院组织系统不同。从 14 世纪后半叶起，衡平法院成为独立的法院，在相当长的时期内，普通法院与衡平法院并存。直到 1875 年，法院组织法的颁布，才取消普通法院与衡平法院的划分，建立了统一的法院体系。

高等法院设王座法庭和枢密大臣法庭，王座法庭适用普通法的诉讼程序，枢密大臣法庭适用衡平法的诉讼程序。

⑤ 法律术语不同。为避免与普通法法院发生冲突，衡平法院在司法活动中使用它自己所特有的法律术语，例如，在衡平法中，起诉称 Suit，而不称 Action；权利称为 Interests，而不称 Rights；判决称为 Decree，不称 Judgement；判令支付金钱损害赔偿称为 Compensation，不称 Damages 等。

为适应英国法这一特点，英国的律师和法官也分为两类：一类是普通法律师；另一类是衡平法律师。

2）英国法院组织机构

英国法院组织机构十分错综复杂，虽经几次调整，仍无很大的变化。1972 年，英国根据审判工作的需要，对法院的体制又进行了一次调整，形成了现在的法院系统。

按级别分，英国法院组织机构可分为低级法院和最高法院。

（1）低级法院。低级法院也叫作地方法院或基层法院，按照受理案件的性质设立为郡法院（County Courts）和治安法院。郡法院审理民事案件，主要由巡回法官开庭，一般不召集陪审团。治安法院是基层刑事管辖法院，负责审理绝大部分的刑事案件，是英国法院组织体系中的重要组成部分。治安法院由至少 3 名非专业法官组成合议庭开庭审判，专业法官则可独任审判。可以适用简易程序审理法律规定的案件，无需陪审团参加。此外，英国的家庭法庭附设于治安法院之内，主要处理收养、婚姻、扶养和抚养等民事纠纷。

（2）最高法院。最高法院是刑事法院、高等法院（High Court）和上诉法院（Court of Appeal）三家法院的合称，并非独立的法院，也不是最高审级，上议院（House of Lords）才是最高审级。而涉及人权问题的案件，还可上诉到欧洲人权法院，其判决结果对英国各级法院具有约束力。

① 刑事法院于 1972 年设立，其前身为巡回法院和季度法庭。刑事法院是受理不服治安法院判决的上诉案件，也是可诉罪的初审法院。它是全国性法院，可管辖国境内任何犯罪案件。全国分为 6 个巡回区，根据设有刑事法院审判中心的城镇划分为一、二、三级三个层次。第一级审理民事和刑事案件；第二级审理严重和一般的刑事案件；第三级只审理一般刑事案件。在伦敦开庭时称中央刑事法院。

② 高等法院于 1873 年建立，是由衡平法院等多种法院合并而成。下设 3 庭：a. 王座庭（Queen's Bench Division），主要任务为初审重大的民事案件，组织海事合议庭和商事合议庭等专门法庭审理各该类案件，以及受理以报核方式上诉到院的刑事案件；此外，王座庭还负责核发人身保护状和各种特权令，进行审判监督。b. 大法官庭（Chancery Division），负责审理有关房地产、委托、遗嘱、合伙和破产等民事纠纷。c. 家事庭（Family Division），主要审理有关家庭、监护、婚姻等的重大纠纷及其上诉案件。以上 3 个法庭又分别设行政庭（Administrative Court）和上诉庭（Appellate Court）。高等法院各庭由高等法院法官和记录法官开庭审判，一般实行独任制，不召集陪审团。对高等法院的判决不服，可以上诉至上议院。

③ 上诉法院于 1966 年建立,由原来的刑事上诉法院和专理民事上诉的上诉法院合并而成。分两个上诉庭,即民事上诉庭和刑事上诉庭。民事上诉庭受理不服郡法院判决的上诉案件;刑事上诉庭审理不服刑事法院判决的上诉案件。上诉法院由上诉法官、高等法院法官及全国 4 名最高级的司法官员开庭审理。对上诉法院的判决不服,还可再上诉至上议院。

上议院是英国国内的最高审级,它不仅行使立法权,而且受理来自上诉法院、高等法院、军事上诉法院的民事、刑事和军职诉讼案件。上议院受理的上诉案件限于涉及重大法律问题的上诉案件。其司法权由常设上诉议员行使。不阅案卷,只听取双方律师陈述,其裁决以上议院决议形式作出。

英国的法院按审理案件的性质可分为民事法院系统和刑事法院系统两大类。

(1) 民事法院系统由以下四级法院组成:郡法院、高等法院、上诉法院(民事庭)[Court of Appeal (Civil Division)] 和上议院。

(2) 刑事法院系统由以下四级法院组成:地方法院(Magistrate's Courts)、刑事法院(Criminal Court)、上诉法院(刑事庭,Criminal Division) 和上议院。

英国法院组织体系结构如图 1.1 所示。

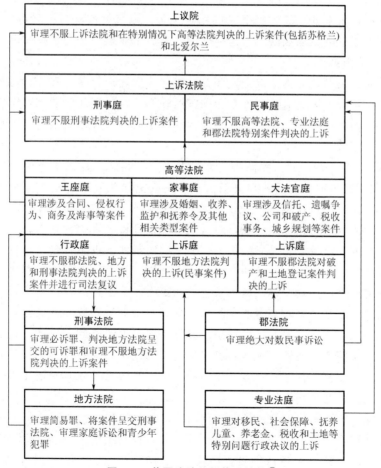

图 1.1　英国法院组织体系结构①

---

① 英国法院的组织体系及职责. http://www.fmprc.gov.cn/ce/ceuk/chn/lsyw/lsbh/ckzl/t520956.htm 2008/11/04.

除上述法院外，英国还有一些特别设立的专门法院，独立于民事和刑事法院系统之外，主要有枢密院（Privy Council）、反垄断法院（The Restrictive Practice Court）、验尸官法院（Coroners' Courts）、专业法庭（The Tribunals Service）、军事法庭（Courts Martial）、行政法院、少年法院和劳资上诉法院等。

（1）枢密院过去是英国君主的咨询机构，开始时拥有相当大的处理国政的职权，但它随着议会君主制的日益成熟，已演变成并不行使真正权力的一个机构。至于枢密院司法委员会的终审权，其实来自君主的"保留权力"，当上诉被国家最高司法机关上议院驳回后不服，还可以向国君申冤。女王"要求"司法委员会通过阅卷审查，给出案件是否应该重审的意见，然后以该国元首的名义颁布裁决。

（2）验尸官法院专门对死因不明、怀疑为暴力他杀或其他非自然死亡的尸体进行勘验，并完成初步侦查和预审任务；但它只有权将案件直接移送到刑事法院正式起诉，而没有审判权。

（3）军事法院和军事上诉法院负责审理军职罪及军职人员所犯的普通刑事罪；对前者有专属管辖权，对后者则与普通法院双重管辖。其最高审级也是上议院。

（4）行政法院具有专门法院性质，但由于它们隶属于各种行政机关，而且只管辖特定种类的行政诉讼，因而并不是严格意义的司法机关，故又称准法院。行政法院种类很多，如土地法庭、地租法庭、运输法庭、医疗申诉法庭、工业损害法庭和移民申诉法庭等。

3）英国法的渊源

从历史上看，判例是英国法的主要渊源，成文法次之。但是，自19世纪末20世纪初以来，英国资产阶级为了适应社会关系和国家活动的日益复杂化的要求，国家机关的立法活动大大加强，颁布了大量的法律，成文法在社会生活中的作用日渐重要，现将英国法的基本渊源简要介绍如下。

（1）判例法（Case Law）。判例法是英国法的主要渊源。判例法遵循"先例约束力的原则"，即法院在判决中所包括的判决理由对作出判例的法院本身和对下级法院日后处理同类案件均具有约束力。在英国，"先例约束力的原则"主要有以下3个方面的内容：第一，上议院的判决具有约束力的先例，对全国各级审判机关都有约束力，一切审判机关都必须遵循。英国的上议院尽管是立法机构，但享有对某些上诉案件的终审权，所以，在一定意义上说，英国的上议院兼有立法和司法双重职能。第二，上诉法院判决可构成对下级法院有约束力的先例，而对上诉法院本身也有约束力。第三，高等法院的每一个庭的判决对一切低级法院有约束力，对高等法院的其他各庭及对刑事法院，并无绝对的拘束力，而仅有重要的说服力。因此，只有上诉法院、高等法院、上议院的判决才能构成先例，具有约束力。而其他法院或准司法机关（各种委员会）的判决则只有说服力，没有约束力。约束力和说服力，力量相差甚远，具有约束力的先例必须遵守，而具有说服力的判决，法官可根据具体情况，酌情处理。

（2）成文法（Statute Law）。随着资产阶级革命的胜利，为了适应资本主义的发展需要，英国的法律进行了改革，制定法大量出现，如《权利法案》《王位继承法》《人身保护法》《统一诉讼程序法》《普通法诉讼程序法》《公司法》《合伙法》《票据法》《货物销售法》《侵犯人身法》《盗窃法》等。成文法是英国法的重要渊源，但居于次要地位，它又称制定法，包括立法机关国会制定的法律以及行政机关依法律制定的条例。制定法的增加标志着议会地位的上升。这种趋势一直延续到现在。需要注意的是这些制定法都是单行法。

(3) 习惯（Custom）。习惯法的地位在不同历史时期和不同国家中不尽相同。在英美法系中，由于普通法主要建立在盎格鲁撒克逊习惯法的基础上，而商事习惯又对现代英美法具有重要的影响，故习惯始终被认为是英美法律的渊源之一。现在习惯法对英国所起的作用极小。

5. 美国法律制度

美国是1776年才成立的一个独立国家，在这以前，它曾经是英国、法国、荷兰等欧洲国家的殖民地。美国独立初期，由于普遍存在着对英国统治的敌视，因而英国的普通法也受到了反对。许多州都宣布禁止援引1776年以后的英国判例。但是由于美国毕竟同英国有较深的渊源，英国的普通法在殖民统治时期已经有相当大的影响，而且两国都是以英语作为共同的语言，因此，美国最后还是留在普通法系内，并与英国一道成为普通法系中最重要的两个国家。

第二次世界大战后，美国法律独立倾向日益加强，主要原因是：第二次世界大战后美国成为世界上最强大的国家，导致西方发达国家法律领导地位发生改变。有学者认为：19世纪前半期法国占领导地位，19世纪后半期德国取得了主要地位，第二次世界大战后美国则居于统治地位；另外，美国的法学思想、法学教育及法律制度对其他西方国家不断产生影响；再有，美国是一个建国仅200多年的联邦制国家，而它的法律体系却颇具特点，引人注意。

1) 美国法的结构

(1) 普通法和衡平法。如前所述，美国属于普通法系，与英国一样以判例作为其法的主要渊源，而把成文法作为判例法的补充或修正。美国法采用英国法的范畴、概念和分类方法，也存在着普通法和衡平法的区别，这是英美法相同的地方。

(2) 联邦法和州法。由于美国是联邦制国家，美国法律分为联邦法和州法两大部分，这是美国法律结构的一个主要特点，也是英美法不同的地方。

(3) 成文的宪法。美国有成文的宪法。根据1791年的《美国宪法修正案》第10条规定：凡宪法未授予联邦或未禁止各州行使的权利，均属于各州，各州有立法权，联邦法反而成为例外，即各州都有相当大的立法权。

在普通法方面比较复杂，联邦法院是否要受到州的判例的约束，以及是否存在一种总的联邦普通法（Federal General Common Law）的问题上，美国有一个演进的过程。

2) 美国的法院组织

美国法院组织由两大部分构成：联邦法院系统和州法院系统。

联邦法院系统由3部分组成：地区法院、上诉法院、美国最高法院。

(1) 地区法院。地区法院共94所，分设在各州境内。地区法院审理案件时，实行独任制，由一名法官进行审判。地区法院的"地区"的含义并不与行政区划的某一级相对应，在人数较多的州可以有几个美国地区法院，在这种情况下，该州可分为"北部"和"南部""西部"和"东部"地区（这种划分反映在法院的名称上），例如，威斯康星州东部地区法院。地区法院还有两个专门法院，一个是管辖国际贸易和关税问题的国际贸易法院；另一个是管辖因为征收、征用等问题而起诉联邦政府的美国索赔法院。

（2）上诉法院。上诉法院目前设有 13 个，是第二审法院，由三名法官审理案件。上诉法院的管辖地区称为"巡回区"，一个巡回区可能管辖几个州的地区法院的上诉管辖。例如，设在辛辛那提的第六巡回区上诉法院管辖肯塔基州、密歇根州、俄亥俄州、田纳西州。一个特定的上诉法院的正式名称就根据它们巡回区号码命名，如"美国第二巡回区上诉法院"。

（3）最高法院。美国联邦最高法院设在华盛顿，由合众国宪法设立，由首席法官 1 人，法官 8 人，共 9 位大法官会审，有违宪监督权，是终审的上诉审法院。此外，美国国会还设立了一些专门法院来处理特殊案件：联邦索赔法院（华盛顿）、联邦关税法院（纽约）、联邦关税和专利上诉法院、联邦军事上诉法院。

典型案例 1-2

米 兰 达 案

在美国有这样一个典型判例：1963 年 3 月，一个年仅 23 岁，名叫恩纳斯托·米兰达的白人无业青年，因涉嫌强奸和绑架妇女在亚利桑那州被捕，警官随即对他进行了审讯。审讯前，警官没有告诉他有权保持沉默、有权不自证其罪。经过两小时的审讯，米兰达招供了罪行，并且在供词上签了名。同年 6 月 27 日，法院根据供词判决米兰达有罪，双罪加重判处他 20～30 年监禁。定罪后，米兰达不服，一直上诉到美国联邦最高法院。时任最高法院首席大法官的厄尔·沃伦是一个著名的"自由派"法官，米兰达案所反映出的公民宪法权利在警察执法中的缺失，引起了他的高度重视。1966 年，沃伦主持审理此案，最高法院 9 名大法官以 5∶4 的投票裁决：米兰达的供词和供认书不能作为证据进入司法程序，将案件发回重审。

美国联邦最高法院借此确定了"米兰达规则"，即宪法要求审讯人员告诉嫌疑人以下权利：你有权保持沉默，你对任何一个警察所说的一切都将可能被作为法庭对你不利的证据；你有权利在接受警察讯问之前委托律师，律师可以陪伴你接受讯问的全过程；如果你付不起律师费，只要你同意，在所有讯问之前将免费为你提供一名律师；如果你不愿意回答问题，你在任何时间都可以终止谈话；如果你希望跟你的律师谈话，你可以在任何时候停止回答问题，并且你可以让律师一直伴随你询问的全过程。如果警察没有提出米兰达忠告，那由此而收集到的证据将不被法院接受。

最高法院的裁判几乎让美国人目瞪口呆，许多人认为米兰达逃脱了正义的惩罚，抨击"沉默权"的不公正。对此，沃伦大法官进行了精辟的回应：判处米兰达刑期，是不公正的程序产生了公正的实体，而释放米兰达，虽是实体的不公，但却维护了程序的公正。实体不公，只是个案正义的泯灭，而程序不公，则是全部司法制度正义性的普遍丧失。尽管米兰达最终也没有逃过法律的制裁，但"米兰达规则"却从未被推翻。

米兰达案告诉我们，中国和美国的法律文化差别很大，刑事法律如此，商事法律亦如此，大家在学习国际商法时要特别注意。

关于州法院，美国所有各州均有一个各自完整的司法组织系统，大多数州的法院由三级法院构成，也有的州仅为两级。

3）美国法渊源

美国与英国一样，都属于判例法国家，判例是美国法的主要渊源。但是自 19 世纪末以来，成文法的数量大大增加，成文法在社会活动中的作用越来越重要。因此一些美国法学家认为，现在的美国法律制度既不是纯粹的判例法，也不完全是成文法，而是一种混合的制度（Mixed System）。虽然如此，美国至今仍然强调判例的作用，即使是成文法也要通过法院判例的解释方能发挥作用。

(1) 判例法。

① 判例地位及解释。在美国，虽然判例主义同英国一样也是一项必须奉行的法律原则，但是判例始终处于辩证的位置。美国联邦最高法院或州最高法院遇到不适当的判例时，均有权推翻它。

② 美国先例约束力原则。美国先例约束力原则包括以下4个方面内容：第一，在州法方面，州的下级法院须受其上级法院判例的约束，特别是受州最高法院判例的约束；第二，在联邦法方面，须受联邦法院判例的约束，特别是受美国最高法院判例的拘束；第三，联邦法院在审理涉及联邦法的案件时，须受上级联邦法院判例的约束，而在审理涉及州法的案件时，则须受相应的州法院的判例的约束，但以该判例不违反联邦法为原则；第四，联邦和州的最高法院不受它们以前确立的先例的约束，它们可以推翻过去的先例，并确立新的法律原则。

③ 新生判例整理与编纂。美国的判例数量很大，据统计，全国每年大约要出版判例汇编350卷。为了克服各种判例的不确定性和有矛盾的地方，把各州的判例法统一起来，1923年成立了美国法学会（American Law Institute）。该法学会把同经济活动有密切联系的商法和部分民法的判例法进行综合整理，将涉及同一问题的判例法进行系统整理和汇编，去粗取精地逐步形成一些通用而又便于操作的司法规则，分类编纂成各种判例法汇编，称为《法律重述》（Restatement of the Law）。这些法律重述采取法典形式，分为篇、章，由条文组成。法律重述的内容都属于州法的范围。现已出版的共有数十卷，主要包括合同、代理、法律冲突、侵权行为、物权、物权担保、准合同、信托、司法判决。

现在，《合同法重述》《代理法重述》《侵权法重述》等许多法律重述已进入了第二或第三个回合，反映了新的判例、更深层次的法律思想和日益扩大的范围。

此外，还有两种补充《法律重述》的汇编：一种称为"法院重述"，内容是记载美国各级法院援引《法律重述》某项条文所作的判决，这些判决可能适用《法律重述》的原则，也可能抛开《法律重述》的原则，或者赋予它以新的内容。另一种称为"州法重述"，其内容是记载各州对《法律重述》所持的态度。从1952年以来，《法律重述》第二版已先后出版。

应当指出，这些"重述"本身并不是法典，没有法律效力，属于私人汇编性质。但由于它们所包含的都是一些公认的判例法原则，因而也经常被司法机关参考引用。

(2) 成文法。成文法是由美国国会和联邦政府就国防、外交、税收、货币、贸易、移民、专利、海商和破产等方面及各个州就上述事项范围以外的地方事务制定的成文法律文件。英美法系和大陆法系经过若干年的发展、变化，已经不再绝对地排斥对方，而出现了一种相互融合的趋势。现在，美国所颁的成文法的数量已经不亚于一个大陆法系国家。

美国国会和各州每年都要颁布大量的立法，这些成文法已变得越来越重要。从1926年开始，美国国会便对有效的法律进行合并和编纂。《美国法典》（United States Code, USC）即是以法典的形式合并编纂的官方重述，迄今为止已编纂了50多卷。美国各州也颁布了大量成文法，例如，加利福尼亚州先后有《加利福尼亚州民法典》《加利福尼亚州民事诉讼法典》《加利福尼亚州公司法典》《加利福尼亚州证据法典》《加利福尼亚州保险法》等。①

在美国律师协会（American Bar Association）的倡导下，统一州法全国委员会（National Conference of Commissioners on Uniform State Laws）对于谋求和促进各州调整某特定领域的法律的统一作了突出的贡献。在法律重述工作之外，它向各州提供了170多项法规草案，建议各州采用或按此制定法律，其中被普遍接受的有《统一流通票据法》（1896）、《统一销售法》（1906）、《统一提单法》（1909）、《统一股票交易法》（1909）、《统一合伙法》（1914）等12个。这些法律文件不是真正意义上的法律，它们仅仅是为各州的立法提供一个范式，并不具有当然的权威性和约束力。

《美国统一商法典》是在统一州法全国委员会和美国法学会的共同努力下所取得的最成功和最重要的成果，它基本消除了各州商法对州际交易因规定不同而造成的障碍，实现了美国商法在州际交易范围内，关于销售、票据、担保、信贷各领域规定的统一。除路易斯安那州之外的49个州，都采纳了这部法典。它为各类商事交易活动提供了优良的模式，被美国国内乃至国际商事社会广泛采用和吸收，实现了商法的国际性。

美国制定成文法的同时也创建了一些新的法律部门，如1890年制定的世界上第一部反托拉斯法——《谢尔曼法》，连同1914年的《克莱顿法》《联邦贸易委员会法》等，构成了美国反垄断的经济法律体系。

美国法律制度的发展，是成文法与判例法相互作用的结果。立法机关可以通过成文法，改变判例法中某些已经过时的法律规则，使法律适应社会经济、政治发展的要求；但另一方面，成文法又必须经过法院判例的解释才能起作用，因此，在美国真正起作用的不是法律条文的本身，而是经过法院判例予以解释的法律规则才是适用的法律。如果立法者认为法院的判例偏离立法的目标太远，他们可以制定新的法律予以匡正。

1.3.3 罗马法对大陆法系和英美法系的影响

1. 罗马法

古代罗马法反映和调整了罗马奴隶制社会高度发达的简单商品生产和商品交换的法律关系，以完备的法律形式维护私有制。

罗马法是指罗马奴隶制国家的全部法律，即从公元前6世纪罗马国家形成时期起至东罗马帝国从奴隶制转变为封建制时止的整个历史时期的法律。其中主要是指从公元前5世纪罗马最早的成文法——《十二铜表法》开始，到公元6世纪东罗马帝国皇帝优士丁尼安编纂的《国法大全》为止这一时期的法律。《国法大全》集罗马法之大成，对世界法学的发展具有深远的影响。《国法大全》由以下4部法律汇编组成。

（1）《学说汇编》收集了罗马历史上著名的法学家的著作。
（2）《法学阶梯》是一种法学教本。
（3）《优士丁尼安法典》是历代皇帝敕令的汇编。
（4）《新律》是优士丁尼安在编纂上述法典后颁布的敕令，由私人编纂而成。

---

① 美国的法典都是综合性的法律汇编，并不涉及部门法的划分，不是大陆法系部门法意义上的法典。

2. 罗马法对大陆法的影响

罗马法对大陆法的影响是直接而深刻的。8世纪罗马帝国的覆灭，使罗马法仅存在于人们的记忆中。但到11世纪，随着地中海经济贸易的繁荣，罗马法又重新复兴。意大利《国法大全》不仅在法学教学中被认为是最理想的法律制度，而且在法院的实践中也得到了贯彻执行。13世纪法国和德国开始研究罗马法，并以罗马法为基础形成了各自独立的法律体系。欧洲其他国家也广泛吸收、借鉴罗马法，促成了大陆法系的形成和发展，也产生了一些熟谙罗马法的学者和官吏。

近代资产阶级在推翻封建制度以后，一方面较完整地采纳罗马法的体系、概念和原则，另一方面对其加以修改和发展，以适应资本主义的需要。1804年，拿破仑按照资产阶级的"自由、平等、博爱"精神及私有财产不可侵犯和自由竞争的原则，亲自指导制定了《法国民法典》，成为大陆法系的代表性法典。德国统一后的法律虽然带有封建残余性质，但是，1896年的《德国民法典》在立法原则和立法技术上都更为精细完备，也是大陆法系的代表性法典。

3. 罗马法对英美法系的影响

英美虽然不像大陆法系国家那样直接继承了罗马法的传统，但罗马法对英美也有一定的影响。主要表现在以下3个方面。

（1）对教会法的影响。教会法的主要渊源是罗马法。教会法院主要管辖有关家庭关系、遗嘱继承和海事方面的案件，在这些领域中，罗马法对英国普通法的形成有很大影响。

（2）对商法的影响。英国的商法同欧洲各国的商法基本一致，受罗马法的影响很大。

（3）对衡平法的影响。为匡正普通法的不足，14世纪英国设立了独立的衡平法院，由于其法官多由精通罗马法的僧侣担任，他们可以参酌罗马法的规定来处理案件，因此罗马法就渗入了衡平法。

1.3.4 两大法系的区别和相互融合

1. 两大法系的主要区别

大陆法系与英美法系都是建筑在生产资料私有制基础上的法律体系，其阶级本质是相同的，其主要原则和内容也都相同。但是由于受不同历史文化传统的影响，两大法系各自也有其特点。两者的主要区别包括以下7个方面。

1）法律渊源不同

大陆法系主要是成文法形式，英美法系主要以判例法为主。

2）受罗马法影响不同

由于罗马帝国占领欧洲大陆时，强行推行罗马法，大陆法系的国家深受罗马法的影响，如1804年的《法国民法典》和1900年的《德国民法典》直接继承了罗马法；英美法系由于没有大陆法系的那样的经历和背景，受罗马法的影响是间接的。

3）法律结构不同

大陆法系由公法和私法两大部分组成，二者虽然互相渗透，但仍然界限分明。公法包括调整宗教祭祀活动和国家机关活动的法律，主要有宪法、刑法、行政法、诉讼法、国际公法等；私法包括调整所有权、债权、家庭与继承等方面的法规，主要有民法、商法等；英美法系则不明确划分成公法和私法，但普通法和衡平法却划分得非常明确。大陆法系的法律主要以法典的形式出现，一部法典对该法律部门所包含的规范做统一系统的规定。英美法系的法律主要是单行法，很少制定法典。

4）法律推理的方式不同

大陆法系实行从一般规则到个别案件的演绎法，法官审理案件是以通用的法律去处理个别的具体问题；英美法系则实行从判例到判例进而总结出法律的一般规则的归纳法，上诉法院以上的法官事实上可以创造法律规则，即所谓的"法官造法"。

5）法官的权限不同

大陆法系的法官只能依据现有的法律审判案件，法官自己不能创造法律；英美法系的法官除了依据现有法律和判例审判案件外，还可以在一定条件下创造新的法律。

6）诉讼程序不同

大陆法系采取的是职权制，重实体轻程序，其实体权利不一定要通过程序来实施或形成，当事人在获得法律救济时，程序只是实体法实施的工具而已；英美法系采取的是对抗制，轻实体重程序。不同的令状程序不同，而且二者互不相通，这样当事人在实体上获得的权利如合同违约请求赔偿和股东请求分红利，只能通过一定的程序来实现。

7）法律分类不同

大陆法系依据法律所调整的社会关系的不同即所谓的调整对象的不同，划分出不同的法律部门，如民法、商法、刑法、民事诉讼法、刑事诉讼法行政法等，而各法律部门在宪法的统一领导下，井然有序地调整着不同的社会关系，如日本和中国的台湾将法律汇编为"六法全书"；英美法系没有法律部门的划分，而是社会需要什么法律，就制定什么法律，或改变原先的先例规则，是实用主义的办法，其特点是单行法规比较多，灵活性大。

2. 两大法系的相互融合

尽管两大法系有重大的区别，但两大法系正日益相互融合地发展。

1）大陆法系中判例的作用日益增强

大陆法系国家都强调成文法的作用，因此成文法是其主要的法律渊源。这些国家原则上是不承认判例与成文法具有同等效力的。法国、德国等国在法典颁布后的一个相当长的时间里，法官只能对法典作狭义解释，那时的法官，要么只能将法律事实与法律条文生硬地"对号入座"，要么就是把法律条文强安在不同的法律事实上，法官毫无适用法律的灵活权力。为此，大陆法系各国的法官常被英美法系的学者称为"机器人"。

19世纪末到20世纪初，随着社会政治、经济的发展变化，属于大陆法系的各国出现了许多法典和法规所不可能预见的情况，社会生活的发展要求对法典和法规所确立的法律原则有所改变。

进入20世纪以后，大陆法系各国无视判例作用的态度已有所改变。例如，法国下级法院的法官在新的形势下，不愿冒自己作出的判决被上级法院否定的风险，就本能地去效仿上级法院对同类案件的判决。同时，由于中央集权的日益加强，最高法院的地位也在大大地加强，最高法院对法律未作出规定的问题所作出的判决，对下级法院就具有更重要的意义。联邦德国则公开明确地宣布：联邦宪法法院的判决对下级法院有强制性约束力。

综上所述，大陆法系的"判例法"的形成有两种情形：一种是通过最高法院的判决确立新的法律原则；另一种是法官在判案中对法典的某些条款作了扩展解释而创造的法律原则。所以，这种"判例法"与英美法系的判例法是不同的。

大陆法系国家的判例法并非英美法国家意义上的判例法，它是通过法官对成文法或法典的解释而形成的。

2）英美法系成文法的数量迅速扩大

19 世纪末到 20 世纪初，英美法系国家法律结构发生了深刻的变化，主要是成文法的比重和作用不断上升，成文法也成了英美法的重要渊源。英美法系的成文法包括两种情况：一种是议会制定的法律；另一种是行政机关按照法律制定的条例。

在英国，据统计，从 19 世纪初到 20 世纪中期的 150 年间所颁布的法律，至今仍然有效的共 4 187 件，其中有 3 386 件是从 19 世纪中期到 20 世纪中期这一百年间所颁布的，如 1882 年的《汇票法》、1893 年的《货物买卖法》、1906 年的《海上保险法》等。此外，英国从 1870 年开始还进行了《法律修订汇编》的编纂工作，1878 年完成了第 1 版，共 15 卷，包括从 1235—1868 年国会颁布而未失效的法律。第 3 版共 32 卷，包括从 1235—1948 年国会颁布而未失效的法律。特别是 1939 年以来，英国为了适应社会经济、政治的发展，形成了一些新的法律门类，如劳动法、经济法等。这些新的法律不是由普通法院来实施，而是由各行政委员会施行。这些准审判机关在其活动中不适用"先例约束力"的原则。它们虽然接受高等法院的监督，但高等法院对其作出的裁决只作程序上的审查，而不作实体法上的审查。因此，在这些法律部门中成文法起着很大的作用。

但是，直到目前为止，英国仍然拒绝像大陆法国家那样编纂统一的刑法典、民法典和商法典。

在美国，由于历史原因，早期受法国的影响，成文法的地位和作用比英国突出。美国是联邦制国家，除联邦有立法权外，根据联邦宪法的授权，各州的州议会也享有一定的立法权。因此，美国有两种成文法，即联邦成文法和州成文法。

联邦成文法主要是联邦宪法，州的成文法除州宪法和刑法典外，大多数州已有刑事诉讼法典，半数的州也有了民事诉讼法典，个别州还有民法典。由于成文法的数量越来越多，法律的混乱状况日益严重，查找法律也十分困难。因此，从 19 世纪下半期起，美国开始进行联邦立法的整理编纂工作。1926 年颁布了美国法律汇编，亦称为《美国法典》（*United States Code*），这是美国联邦法律的系统汇编，开始颁布时包括到 1925 年 12 月 7 日为止的全部有效法律，以后每年颁布一卷增补篇，收入当年国会通过的法律。1928 年起规定对法律汇编每隔五年定期修改颁布一次，增补五年间所颁布的法律，删除已被废除的法律，汇编的第一版公布于 1934 年。

19 世纪末 20 世纪初，美国社会各种矛盾加深，仅有国会立法已不足应付，另外随着行政机关权力的扩大，行政命令的作用和地位日益提高，故委托立法应运而生，成为美国一个重要的法律部门。1933 年罗斯福总统上台三个月，委托立法就有七十多个。第二次世界大战后，随着行政权力的进一步加强，委托立法的范围也愈发扩大。

近几十年来，美国成立了各种各样的委员会，如"州际贸易委员会"（the Interstate Commerce Commission）、"联邦贸易委员会"（the Federation of International Trata Associations）、"证券交易委员会"（the Securities and Exchange Commission）、"全国劳动关系局"

(the National Labor Relations Board) 等。这些联邦的行政机构都有权制定规章、条例，并有权处理有关的争端。但是，美国法律以判例法为主要渊源的特点，目前没有根本改变。

3) 两大法系取长补短、逐渐融合

目前两大法系法律渊源发展的情况是：英美法国家，成文法日益增多，判例法有所减少，有些判例所反映的法律原则，通过立法，变成成文法；大陆法系虽没有"遵守先例"的原则，但是在旧法条文已经不适用的情况下，特别是在法典没有明文规定的情况下，判例往往也成为法官判案的参考和依据。

1.4 中国法律

1.4.1 中国法律的历史发展

1. 1949 年以前的法律沿革

1) 奴隶社会法律（公元前 21 世纪—公元前 476 年）

在我国，同世界上其他古老的国家一样，曾经历过漫长的原始氏族社会，在氏族社会没有国家和法律，靠的是氏族首领的权威和原始习惯，维持和调整各种社会关系。公元前 21 世纪夏朝的建立，标志着我国历史上第一个奴隶制国家产生，根据史书记载，夏朝已经出现了代表统治阶级意志的法律。中国早期法制的鼎盛时期是在西周，在西周政权存续的五个多世纪里，作为传统文化基石的哲学思想、伦理道德观念等思想文化因素都在此时发端，中国传统的统治方式、治国策略及一些基本的政治制度也都在此时初步形成，特别在法律方面，西周法制的形式和内容都达到了早期法制的顶峰。如在西周时期所形成的"以德配天""明德慎罚"的法制指导思想、老幼犯罪减免刑罚、区分故意和过失等法律原则，以及"刑罚世轻世重"的刑事政策，都是当时世界最高水平的法律制度，对中国后世的法制也产生了重要的影响。

奴隶社会法律的突出特点是以习惯法为基本形态，法律是不公开的。

2) 封建社会法律（公元前 476—1840 年）

战国初年，魏国大夫李悝制定了中国历史上第一部成文法典——《法经》。从此，中国的法律开始由原来的不公开状态，过渡到以成文法为主体的状态。

从《法经》到《唐律疏议》，再到《大清律》，历经两千多年的历史演变，中国封建法典具有明晰的沿革关系，长期自成体系，独树一帜，素有中华法系之称，为世界五大法系之一。

到清朝末年，在修律的过程中，中华法系宣告解体，同时建立了中国近代法制的雏形。

3) 半殖民地半封建社会的法律（1840—1949 年）

鸦片战争以后，中国由一个主权独立的国家，沦为一个半殖民地半封建国家。在这段历史时期内，虽然清代政府表面上继续维持着对中国大部分地域的统治，但在一些沿海地区和通商口岸，实际上丧失了国家领土主权和司法管辖权。西方列强在华领事裁判权的确立，就是中国社会半殖民地化的一个法律表现。清末统治者迫于形势压力，不得不修律变法。

1911年10月，中国爆发了著名的辛亥革命，推翻了清王朝的封建统治，也结束了两千多年的封建帝制。1912年1月1日，中华民国南京临时政府宣告成立。1912年3月，以孙中山为首的南京临时政府颁布了具有宪法效力的《中华民国临时约法》，这是中国历史上第一部资产阶级的宪法。此后，国民党政府先后制定了宪法、民法、刑法、民事诉讼法、刑事诉讼法和行政法，即所谓的"六法"。该六法与有关单行法规汇编在一起，统称为"六法全书"。其中大部分法律目前在台湾地区仍在施行。

2. 1949年以后法律的建立与发展

1949年中华人民共和国成立后，"六法全书"及其整个法律制度被彻底废除，开启了中国法治建设的新纪元。从1949年到20世纪50年代中期，是中国社会主义法制的初创时期。这一时期中国制定了具有临时宪法性质的《中国人民政治协商会议共同纲领》和其他一系列法律、法令，对巩固新生的共和国政权，维护社会秩序和恢复国民经济，起到了重要作用。1954年9月20日，第一届全国人民代表大会第一次会议通过了新中国第一部正式宪法，初步奠定了中国法治建设的基础。

1978年，中国共产党第十一届三中全会以后，党和国家工作中心转移到社会主义现代化建设上来，发展社会主义民主、健全社会主义法制成为党和国家的重要任务。党和国家经过30多年不懈的努力，以宪法为核心的中国特色社会主义法律体系基本形成。当代中国的法律体系，部门齐全、层次分明、结构协调、体例科学，主要由7个法律部门和3个不同层级的法律规范构成。这7个法律部门是：宪法及宪法相关法、民商法、行政法、经济法、社会法、刑法、诉讼与非诉讼程序法。这3个不同层级的法律规范是：法律，行政法规，地方性法规、自治条例和单行条例。截至2008年3月8日，全国人民代表大会及其常务委员会已经制定了229件现行有效的法律，涵盖全部7个法律部门。各法律部门中，对形成中国特色社会主义法律体系起支架作用的基本的法律，以及改革、发展、稳定急需的法律，大多已经制定出来。与法律相配套，国务院制定了近600部现行有效的行政法规，地方人民代表大会及其常务委员会制定了7 000多部现行有效的地方性法规，民族自治地方的人民代表大会制定了600多部现行有效的自治条例和单行条例。国务院有关部门及省、自治区、直辖市和较大的市的人民政府还制定了大量规章。[①]

作为改革开放30多年来民事立法的延伸和中国法治水平的标志，民法典[②]的制定工作正在有序地进行。

1.4.2　当代中国的法律渊源

法的渊源是法的存在和表现形式。当代中国的法律渊源主要有以下几种。

---

① 全国人民代表大会常务委员会办公厅、中华人民共和国第十一届全国人民代表大会第一次会议文件汇编. 北京：人民出版社，2008.
② 此次从1998年开始启动的大规模民法典起草工作是新中国历史上的第四次。前3次分别是1954年、1962年和1979年。前两次分别因为"整风反右"运动、"四清"运动而夭折。第三次起草工作进行了4年之后，1982年，当时的人大常委会委员长彭真认为，刚刚开始经济改革，完整民法典的制定几乎不可能，遂改为制定单行法，待时机成熟时再制定专门的民法典。此后，我国逐步形成了现今以《民法通则》及《中华人民共和国合同法》《中华人民共和国担保法》《中华人民共和国婚姻法》《中华人民共和国继承法》等单行法为主体构成的民事法律体系。

1. 制定法

当代中国法律的渊源是以宪法为核心和各种制定法为主的形式。

1）宪法

宪法是国家的根本大法，由全国人民代表大会制定和修改，具有最高的法律效力，是中国法律的基本渊源，是中国立法的基础。

2）法律

法律指由全国人大及其常委会制定的，主要规定和调整国家、社会生活某一方面问题的法律文件，其效力仅次于宪法，是中国法律的主要渊源。

3）法规

法规包括行政法规、地方性法规，其效力次于宪法和法律。行政法规是由国务院制定的规范性文件；地方性法规是由省、自治区、直辖市及较大的市的人民代表大会及其常务委员会制定的规范性文件。

4）规章

规章包括由国务院部委及具有行政管理职能的直属机构依据法律、行政法规制定的国务院部门规章，以及由省、自治区、直辖市和较大的市的人民政府根据法律、法规制定的地方政府规章。

5）民族自治地方的自治法规及特别行政区法律法规

民族自治地方的自治法规是民族自治地方根据当地的政治、经济、文化的特点制定的自治条例和单行条例。特别行政区法律法规是中国香港特别行政区和中国澳门特别行政区根据全国人民代表大会制定的中国香港特别行政区和中国澳门特别行政区基本法对原有法律文件予以保留、修改或新制定的其他规范性法律文件。

2. 法律解释

当代中国法律的另一重要渊源就是有权解释机关根据法定权限和程序，按照一定的标准和原则，对法律的含义及法律所使用的概念、术语等进行进一步的解释和说明。法律解释分为立法解释、行政解释和司法解释。

1）立法解释

在我国立法解释权属于全国人大常委会。其目的和任务是对"需要进一步明确具体含义"及"法律制定后出现新的情况，需要明确适用法律依据"的法律规范进行解释，国务院、中央军委、最高人民法院、最高人民检察院和全国人大各部门委员会及省级人大常委会可以向全国人大常委会提出法律解释的要求。全国人大常委会的法律解释同法律具有同等效力。立法解释是行政解释和司法解释的基础，立法解释的效力最高。

2）行政解释

行政解释是指由国家行政机关对于不属于审判和检察工作中的其他法律的具体应用问题及自己依法制定的法规进行的解释。

3）司法解释

司法解释是国家最高司法机关对司法工作中具体应用法律问题所作的解释。司法解释分为最高人民法院的审判解释、最高人民检察院的检察解释和这两个机关联合作出的解释。审判解释和检察解释有原则性分歧时，应报请全国人大常委会解释或决定。最高人民法院和最高人民检察院就司法实践中的法律适用提出的指导性意见和解释是一种具有中国特色的法律渊源，尤其是最高人民法院司法解释已被公认是一种"制定法"，对各级人民法院具有普遍约束力。

3. 政策

党和国家的政策也是中国法的重要渊源，如《汽车产业发展政策》《外商投资产业指导目录》等。

4. 国际条约、公约或协定

我国作为国际法主体缔结或参加的国际条约、公约或协定等也是当代中国法的渊源之一，如中国作为成员方加入的 WTO 协定等。

5. 判例

在中国，判例在法律和理论上不被认为是法律渊源。最高人民法院及其他上级人民法院所作的判决对下级法院没有约束力。这一点与大陆法系相似。①

1.4.3 中国当代的司法制度

1. 人民法院的组织系统

根据现行宪法和人民法院组织法的规定，人民法院是国家审判机关，其组织体系是：最高人民法院、地方各级人民法院和专门人民法院。各级各类人民法院的审判工作统一接受最高人民法院的监督。地方各级人民法院根据行政区划设置，专门法院根据需要设置。

1) 最高人民法院

最高人民法院设于首都北京。它是国家的最高审判机关，依法行使国家最高审判权，同时监督地方各级人民法院和专门人民法院的工作。

2) 地方各级人民法院

地方各级人民法院分为基层人民法院、中级人民法院、高级人民法院。

(1) 基层人民法院。基层人民法院包括县、自治县人民法院、不设区的市、市辖区人民法院，其职权主要有审判刑事、民事和行政案件的第一审案件。

(2) 中级人民法院。中级人民法院包括在省、自治区内按地区设立的中级人民法院，在中央直辖市的中级人民法院，省、自治区辖市和自治州中级人民法院。

按照民事诉讼法的规定，中级人民法院管辖的民事案件是重大的涉外案件，在本辖区内有重大影响的案件，最高人民法院指令中级人民法院管辖的案件。

(3) 高级人民法院。高级人民法院设于省、自治区、直辖市，负责审理全省性第一审重大或复杂的刑事案件、民事案件和行政案件；下级人民法院移送审判的第一审案件；对下级人民法院判决和裁定的上诉案件和抗诉案件；海事法院所在地的高级人民法院有权审判对海事法院的判决和裁定的上诉案件；人民检察院按照审判监督程序提出的抗诉案件等。

---

① 日本在这方面与大陆法系不同。第二次世界大战后，日本受美国法影响，借鉴判例法并采纳了遵循先例原则，最高法院的判例具有严格的拘束力。

负责监督辖区内下级人民法院的审判工作,对下级人民法院已经发生法律效力的判决和裁定,如果发现确有错误,有权提审或者指令下级人民法院再审。

3) 专门人民法院

专门人民法院是指根据实际需要在特定部门设立的审理特定案件的法院,目前在我国设军事法院、海事法院、铁路运输法院、森林法院、农垦法院、石油法院等专门法院。

2. 民事（商事）审判的基本制度

民事审判的基本制度,是指人民法院审判民事案件所必须遵循的基本操作规程。根据《中华人民共和国民事诉讼法》（以下简称《民事诉讼法》）的规定,民事审判的基本制度包括合议制度、回避制度、公开审判制度、两审终审制度。

1) 合议制度

合议制度（简称合议制）,是指由三名以上的审判人员组成审判集体,代表人民法院行使审判权,对案件进行审理并作出裁判的制度。合议制度的组织形式为合议庭。

【拓展视频】

合议庭的人数都必须是三人以上的单数,并且要由其中一人担任审判长,主持审判活动。合议庭评议案件,实行少数服从多数的原则。评议应当制作笔录,由合议庭成员签名。评议中的不同意见,必须如实记入笔录。

2) 回避制度

回避制度,是指审判人员和其他有关人员遇有法律规定不宜参加案件审理的情形时,而退出案件审理活动的制度。《民事诉讼法》关于回避的方式规定了自行回避和申请回避两种方式。回避的原因包括以下3种：①审判人员是本案当事人或者当事人、诉讼代理人的近亲属；②审判人员与本案有利害关系；③审判人员与本案当事人有其他关系,可能影响对案件公正审理的。

适用回避的人员是在审判活动中具有一定审判职能或代行某种职能的人,有审判人员、书记员、翻译人员、鉴定人、勘验人。

3) 公开审判制度

审判制度是指人民法院审理民事案件,除法律规定的情况外,审判过程和内容应向群众公开,向社会公开的制度。公开审判制度包括3项内容：第一,开庭前公告当事人姓名、案由和开庭的时间、地点；第二,开庭时允许群众旁听和允许新闻记者采访报道；第三,公开宣告判决。

公开审判也有例外,有3类案件不宜公开审理：①涉及国家机密的案件；②涉及个人隐私的案件；③离婚案件和涉及商业秘密的案件,当事人申请不公开审理的。

4) 两审终审制度

两审终审制度,是指一个民事案件最多经过两级人民法院审判即宣告终结的制度。

两审终审制有两种情况例外：①最高人民法院作为第一审法院所做的裁判,当事人不能上诉；②人民法院按特别程序审理的案件所做的判决,当事人不能上诉。

在不同的审级中,对合议庭的组成有不同的要求。一审合议庭可以由审判员、陪审员共同组成,也可由审判员组成；二审合议庭只能由审判员组成；再审合议庭,如果再审案件原来是第一审的,按第一审程序另行组成,如果再审案件原来是第二审的,按第二审程序另行组成。

引例分析

在"起亚案"中，原告买方是宾夕法尼亚州人，被告卖方的营业地在加利福尼亚州，因此，该案应该属于当事人来自不同州的案件，但因为原告认为标的额不足75 000美元，所以在州法院提起了诉讼。可是，起亚公司又将案件转移到了联邦法院。联邦法院的宾夕法尼亚东部地区法院的法官认为，原告的请求可能超过75 000美元，因为作为消费者的原告可能获得3倍的赔偿额，而且还有律师费和法院的诉讼费等。因此，联邦法院拒绝了原告提出的将案件发回到州法院审理的请求。但是，案件管辖问题并未就此终结。原告在宾夕法尼亚东部地区法院获得了该案属于集团诉讼案的认准，被告因对这一认准决定不服而上诉至联邦第三巡回法院。有意思的是，尽管在上诉中，被告没有提出管辖权问题，联邦上诉法院的法官却对管辖权进行了审查，认为联邦法院没有管辖权。法官作出这一决定的根据如下：一是根据《美国司法与法院程序》第1447（c）之规定，任何时候，如果案件还没有作出最终判决，如果发现案件的诉讼标的额会小于75 000美元，则案件必须发回到州法院审理；二是美国联邦法院的管辖范围应该尽量缩小，以减少其工作负担。根据这一原则，一旦发生案件被移送或被发还情况，则国会立法的主旨是希望将案件发还到州法院；三是尽管案件可能因集团诉讼而导致标的额增加，但原告个人的请求额并不超过75 000美元，联邦地区法院虚夸了原告的请求额。这样，经过了一波三折后，案件又被发回到州法院审理。我们都听说美国的法律制度健全，但不知其复杂，"起亚案"充分显示了美国司法管辖的复杂性。从本案的判决理由中，我们也能解读出联邦法官对联邦法院被刚刚授权管辖集团诉讼这类案件，从而明显增加联邦法官工作量的不满。

本 章 小 结

国际商法是调整国际商事交易和商事组织等商事关系的各种法律规范的总称。国际商法的渊源即国际商法产生的依据及其表现形式，主要有国际商事公约、国际贸易惯例和国内法。法系是指以具有一定特点的某一个国家的法律制度为核心，并与受其深刻影响的其他国家法律制度共同构成的法律系统。一般认为，世界有两大主要法系，即大陆法系和英美法系。罗马法是指罗马奴隶制国家的全部法律，即从公元前6世纪罗马国家形成时期起至东罗马帝国从奴隶制转变为封建制时止的整个历史时期的法律。罗马法对大陆法和英美法系的影响不同。大陆法系，又称民法法系、法典法系、罗马法系、罗马-日耳曼法系、法国法系、成文法系等。它是指19世纪初以来，欧洲大陆大部分国家以罗马法为基础建立起来的、以《法国民法典》《德国民法典》为代表的法律制度，以及其他国家或地区效仿这种制度而建立起来的法律制度。英美法系即以中世纪英国法为基础，以英国法和美国法为代表，融合相关法律因素逐步形成的世界性法律体系。两大法系的主要区别为：①法律渊源不同；②受罗马法影响不同；③法律结构不同；④法律推理的方式不同；⑤法官的权限不同；⑥诉讼程序不同；⑦法律分类不同。

当代中国的法律渊源主要有制定法、法律解释、政策、国际条约。人民法院是国家审判机关，其组织体系是最高人民法院、地方各级人民法院和专门人民法院。民事审判的基本制度包括合议制度、回避制度、公开审判制度、两审终审制度。合议制度是指由三名以上的审判人员组成审判集体，代表人民法院行使审判权，对案件进行审理并作出裁判的制度。回避制度是指审判人员和其他有关人员遇有法律规定不宜参加案件审理的情形时，而退出案件审理活动的制度。公开审判制度是指人民法院审理民事案件，除法律规定的情况外，审判过程和内容应向群众公开，向社会公开的制度。两审终审制度是指一个案件经过两级人民法院审理即宣告终结的制度。

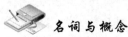

名词与概念

国际商法（International Business Law）　　国际私法（International Private Law）
法律渊源（Sources of Law）　　法系（Legal genealogy/Legal Family）
大陆法系（Continental Family）　　民法法系（Civil Law System）
法典法系（Code Family）　　普通法系（Common Law）
英美法系（British & US Law）　　判例法（Case Law）
普通法（Common Law）　　衡平法（Equity Law）
中国当代司法制度（Current Judicial System in China）

思 考 题

1. 什么是国际商法？这里的国际指什么？
2. 什么是罗马法？
3. 罗马法对大陆法系和英美法系的影响主要有哪些？
4. 什么是大陆法系？大陆法系的分布范围是什么？
5. 什么是英美法系？英美法系的分布范围是什么？
6. 我国人民法院的组织系统是如何构成的？
7. 我国民商事审判的基本制度有哪些？
8. 当代中国的法律渊源有哪些？

练 习 题

1. 单项选择题

（1）中国历史上第一部资产阶级的宪法是（　　）。
A.《中华民国临时约法》　　B. 六法全书
C.《中华人民共和国宪法》　　D.《临时约法》

（2）英国法的主要渊源是（　　）。
A. 学理　　B. 判例法　　C. 成文法　　D. 习惯

（3）美国宪法的地位是（　　）。
A. 一切法律之源　　B. 宪法的效力等同于普通法律
C. 宪法按一般程序制定或修改　　D. 任何法院都无权对宪法进行解释

(4) 英国法的主要特点是（　　）。
A. 法典化　　　　B. 条理化　　　　C. 逻辑性　　　　D. 二元性
(5) 下列法律中属于私法的有（　　）。
A. 刑法　　　　　B. 诉讼法　　　　C. 习惯法　　　　D. 商法
(6) 普通法来源于（　　）。
A. 成文法　　　　B. 习惯法　　　　C. 衡平法　　　　D. 判例法
(7) 美国私法的主要渊源是（　　）。
A. 成文法　　　　B. 习惯　　　　　C. 判例法　　　　D. 学理
(8) 中国法律中无拘束力的法律解释为（　　）。
A. 立法解释　　　B. 学理解释　　　C. 行政解释　　　D. 司法解释
(9) 下列法律中，其效力仅次于宪法和法律的是（　　）。
A. 地方性法规　　B. 特别行政区的法律　C. 制定法　　　　D. 行政法规
(10) 中国法律最重要的渊源是（　　）。
A. 判例法　　　　B. 成文法　　　　C. 宪法　　　　　D. 习惯法

2. 判断题

(1) 英美有独立的民法和商法。（　）
(2) 大陆法国家强调成文法的作用，原则上承认判例具有与法律同等的效力。（　）
(3) 在美国真正起作用的不是法律条文的本身，而是经过法院判例予以解释的法律规则才是适用的法律。（　）
(4) 英美法中，一个判决只对被判处的案件有效，对日后法院判决同类案件并无约束力。（　）
(5) 英国的任何法院的判决都能形成先例，都具有约束力。（　）
(6) 在中国，第二审人民法院既包括对事实问题的调查，也包括对其所适用的法律问题进行审查。（　）
(7) 美国的联邦法院只受理上诉案件，不受理第一审案件。（　）
(8) 美国最高法院如认为某个判例违反宪法，可以予以撤销。（　）
(9) 中国最高人民法院及其他上级人民法院所作的判决对下级法院没有拘束力。（　）
(10) "国际商法"中的"国际"是"跨越国界"的意思。（　）

3. 名词解释

(1) 国际商法　　(2) 法典　　　　(3) 衡平法　　　(4)《法律重述》
(5) 法律　　　　(6) 大陆法系　　(7) 司法解释　　(8) 合议制度
(9) 两审终审制度　(10) 公开审判制度

4. 简答题

(1) 简述我国民事诉讼法关于回避的方式和回避的原因。
(2) 简述商人习惯法的特点。
(3) 简述大陆法系和英美法系的区别。
(4) 简述英国"先例约束力的原则"的内容。
(5) 简述美国先例约束力的内容。
(6) 简述《国法大全》的组成。

第 2 章 国际商事组织法

教学目标与要求

了解国际商事组织的3种主要形式,即个人独资企业、合伙企业和有限责任的公司;掌握普通合伙企业与有限合伙企业的概念、特征,合伙企业的设立程序、合伙的内外部关系、合伙的解散和清算等制度;重点掌握公司的概念、特征,公司的设立、治理、股东的权利、董事及公司高管人员的义务等有关知识;能用所学知识分析与解决相关案例。

萨洛蒙诉萨洛蒙有限公司案(1897)

萨洛蒙先生是一位聪明的个体商人,拥有一家鞋店,它想把鞋店改制为有限公司。按当时英国公司法的规定,成立有限责任公司必须有7名股东。萨洛蒙先生就把他的太太和5个子女都拉进来凑足7名股东,于1892年成立了萨洛蒙有限责任公司。公司后来发生了纠纷,并由此产生了英国乃至世界著名的判例"萨洛蒙诉萨洛蒙有限公司案"。此案开创了"有限责任"和"一人公司"的先河,它的作用不亚于我国的"四大发明"。

思考:

此案的结果是什么?

2.1 商事组织概述

商事组织,亦称"商事企业",是指能够以自己名义从事营利性活动,并具有一定规模的经济组织。商事组织应符合以下基本要求:须有自己的名称或商号;有固定的场所或住所;拥有一定的自主支配的资金;以营利为目的;具有一定的组织形式;其设立手段须符合法律规定。

商事组织是国民经济的基本细胞,是现代社会中人们进行生产、流通、交换等经济活动的一种主要组织形式,也是增强国家竞争力的重要基础。在现代社会,商事组织与商事组织之间,商事组织与社会之间的联系越来越紧密。2008年世界金融危机给我们的一个重要启示,就是商事组织的兴衰相当程度上影响乃至决定着一国经济社会发展的状况,甚至世界经济。因此,我们要用全球视野重新审视商事组织,动态地研究世界各国商事组织的各种法律形式及其发展变化,并分析其优缺点,为我所用。

在商事组织的长期发展过程中,形成了3种基本的法律形式,即个人独资企业、合伙企业和有限责任的公司。这3种基本的法律形式,有各自的经济基础和现实需要,它们在法律地位、设立程序、投资者的利润与责任、资金筹措、管理权分配、税收等方面各有不同。因此,如何结合行业特色、经营特点,选择适当的法律形式,对于企业的发展及投资者利益的实现有着极为重要的意义。本章重点介绍合伙企业法和公司法。

2.2 合伙企业法

合伙这种法律形式的发展历史久远。公元前18世纪,古巴比伦王国的《汉谟拉比法典》第99条就规定:"某人按合伙方式将银子交给他人,则以后不论盈亏,他们在神前平均摊分。"在中世纪的地中海沿岸,出现了"康孟达"这种有限合伙契约,它后来发展为两种企业形式,即隐名合伙和两合公司。现代资本主义国家的"卡特尔"组织,就是若干企业通过契约的方式所结成的合伙同盟。

2.2.1 合伙企业的概念与特征

合伙是两个或两个以上的合伙人为经营共同的营利事业而组成的联合企业组织。

一般而言,合伙具有以下5个主要特征。

(1) 企业组织的契约性。合伙是建立在合伙协议基础之上的联合企业组织。合伙人之间签订的合伙协议,规定各合伙人在合伙中的权利和义务。即使合伙企业设有一定的组织机构负责日常的业务,其内部关系仍然主要适用合伙协议的有关规定。实践中,如合伙人未订立书面合伙协议而发生纠纷时,应当如何处理呢?我国合伙企业法未作规定。从英美法国家的情况看,如符合合伙的实质条件的,一般认定为"事实上的合伙"。在判定事实上的合伙是否存在时,法院主要考虑:①合伙人是否分享利润和分担损失;②合伙的财产是否由合伙人共同所有;③合伙人在经营管理中是否享有相同的权利。

典型案例 2-1

纽本诉玛斯本登案

原告纽本曾与一个叫克瑞金的人签订一份书面合同,议定购买"约克车行"建造的布法莱号汽车,原告付清全部价款后,克瑞金未交货即不见踪影。原告认为克瑞金和玛斯本登(被告)是合伙人,理由是被告曾向"约克车行"无息投入8.5万美元,并用为布法莱号汽车购买元件和其他设备的方式参与了经营,原告到"约克车行"如逢克瑞金不在便总是与被告打交道,被告还从汽车销售中取得利润。被告辩称:投入的8.5万美元属"贷款",取得汽车销售款是"贷款"的偿还和购买部件等劳务的报酬。法院的判决被告败诉,理由有二:第一,既为"贷款",则还款量或还款时间都应该是固定的,不应等到汽车销售时;第二,既为劳务,也应定时定量支付。被告的资金投入或取得不具备"贷款"和"劳务报酬"的特征,故被告应被视为克瑞金的合伙人。

(2) 企业主体的非法人性。合伙企业一般不具有法人资格，原则上不能以合伙企业的名义拥有财产，享受权利和承担义务。但法国、荷兰、比利时等国法律则规定合伙企业具有法人资格。我国和英美国家虽不承认合伙企业的法人资格，但在某些特定场合也把合伙视为一个实体。例如，美国法律规定，合伙企业是独立于合伙人的一个组织体，它可以以合伙的名义起诉、应诉。

(3) 合伙人责任的无限连带性。合伙人对合伙企业的债务负无限连带责任。合伙人以个人的全部财产作为合伙债务的担保。一旦合伙企业的财产不足以清偿其债务，债权人有权向任何一位合伙人请求履行全部债务。

(4) 合伙人地位的平等性。合伙人有权平等地享有合伙的收益并享有参与管理合伙事务的平等权利，每个合伙人均有权对外代表合伙企业从事合伙的正常业务活动，但合伙协议另有规定的除外。

(5) 企业存续期限的有限性。合伙强调的是"人的组合"，从法理上说，合伙人的死亡、破产、退出等都可能影响到合伙企业的存续。

2.2.2　合伙企业的设立

合伙企业一般基于合伙人之间订立的合伙协议而成立。合伙协议是规定合伙人之间权利义务的法律文件，是确定合伙人在出资、利润的分配、风险及责任的分担、合伙的经营等方面权利义务的基本依据，对每一合伙人均具有拘束力。合伙协议一般应采用书面形式。但也可以根据合伙人间的口头方式及他们的行为来判定他们之间是否存在合伙关系。

1. 合伙协议的主要条款

(1) 合伙的名称及各合伙人的姓名。在西方国家，很多合伙企业的名称多以合伙人的姓氏命名，在合伙人的姓氏之后可加上"商行"或"企业"的字样。

(2) 合伙企业所经营业务的性质和经营范围。

(3) 合伙的期限。一些国家对合伙的期限加以限制，如法国法律规定，合伙的期限最多不得超过 99 年，但合伙人可以在此期限到期后请求延长。

(4) 每一合伙人出资的种类及金额。

(5) 合伙人之间利润的分配和损失的分担办法。

(6) 合伙企业的经营管理方式。

(7) 合伙人死亡或退出时，对企业财产及合伙人利益的处理方法及合伙企业继续存续的途径。

(8) 合伙人认为必须约定的其他内容。

2. 合伙关系

在英美法国家，即使合伙人之间并未订立明确的合伙契约或对合伙是否存在发生争议，如果符合一定的条件，法院会判定当事人之间存在合伙关系。这种合伙一般称为"事实上的合伙"。在判定事实上的合伙是否存在时，法院主要考虑以下 3 个因素。

(1) 合伙人是否分享利润和分担损失的事实。

(2) 合伙的财产是否由合伙人共同所有。

(3) 合伙人在经营管理中是否享有同样的权利。

2.2.3 合伙企业的内部关系（合伙人之间的权利和义务关系）

合伙人之间的权利和义务通常都在合伙协议中予以规定，因而他们之间首先是一种合同关系。与此同时，合伙人之间也是一种相互信任的诚信关系，合伙人不得损害合伙企业或其他合伙人的利益，只牟取一己之利。

1. 合伙人的权利

（1）分享利润的权利。每一合伙人均有根据合伙协议规定的比例取得利润的权利。如果协议中没有规定，则应根据各国合伙法的规定分配利润。英国、美国、德国等国合伙法规定，合伙人应平均地分配利润，而不考虑合伙人出资的多少。法国法则规定应按合伙人的出资比例分享利润。

（2）参与经营管理的权利。除非合伙协议有相关的规定，否则每一合伙人均有平等地参与合伙管理、对外以合伙的名义进行业务活动的权利。在实际生活中，合伙协议常常规定由某一位或几位合伙人负责合伙的日常管理。如果每一合伙人都参与管理，企业的经营决策必须经每一合伙人的同意。

（3）监督和检查账目的权利。每一合伙人都有权了解、查询有关合伙经营状况的各种情况，负责日常业务的合伙人不得拒绝合伙人随时查阅合伙企业的账目并提出质询的要求。一些国家对合伙人的这项权利加以限制，以保证合伙企业的经营管理能够顺利进行。例如，法国法律规定，不参与日常管理的合伙人一年内查阅合伙账目一般不得超过两次。

（4）获得补偿的权利。合伙人为处理企业的正常业务或维持企业的正常经营，维护企业的财产利益而垫付的个人费用或因此遭受的个人财产损失，合伙企业和其他合伙人应予以补偿。但在原则上，合伙人不得向合伙企业请求支付报酬，也不领取工资。

2. 合伙人的义务

（1）缴纳出资的义务。合伙人在签订合伙合同之后，有义务按照合同规定的时间、数额、方式缴纳出资。如合伙人到期拒不缴纳出资而使合伙无法成立或给其他合伙人造成损失的，其他合伙人有权要求其赔偿。合伙人一般可以以金钱、实物、技术或已完成的劳务出资。

（2）忠实的义务。合伙人对合伙企业及其他合伙人负有忠实的义务。合伙人必须为合伙企业的最大利益服务；不得擅自利用合伙企业的财产为自己牟取私利；不得经营与合伙企业相竞争的事业；应及时向其他合伙人报告有关企业的各种情况和信息。合伙人违反忠实义务所获得的利益，必须全部转交给合伙企业。

典型案例 2-2

奥茨沃德诉莱凯案（1977）

拥有会计师资格的原告奥茨沃德和被告莱凯于1966年成立一个会计合伙组织，之后两人仍然各自为原先个人服务的客户开账单。由于关系无法协调，1968年6月，该合伙组织解散。原告奥茨沃德指控被告莱凯在他们合伙期间不恰当地对几笔账目给予"回扣"，即实收账款小于书面应付账款，法院在查明了这是被告的一贯无害习惯之后，仍然基于被告在合伙期间独自如此所为而构成对"合伙诚信"原则的违反，判原告胜诉，被告只得向该合伙组织偿付书面金额与被告实收金额之间的差额。

(3) 谨慎和注意的义务。参与经营管理的合伙人在执行合伙业务时，必须履行谨慎和小心义务。如因其失职而给合伙企业造成损失，其他合伙人有权请求赔偿。

(4) 不得随意转让出资的义务。由于合伙人之间存在着"相互信任"的关系，合伙人未经其他合伙人同意不得将其在合伙中的出资及各项权利转让给第三人，也不得介绍第三人入伙。但大多数国家均允许合伙人在一定条件下将请求分配利润的权利转让或馈赠给他人。除合伙协议另有规定外，合伙人的死亡或退出，即引起合伙的解散。但一般合伙协议都订有企业存续条款，即如果某合伙人死亡或退出，合伙企业继续经营的条件。

2.2.4 合伙企业的外部关系（合伙企业对第三人的关系）

在合伙企业中，每个合伙人在企业所从事的业务范围内，都有权作为合伙企业和其他合伙人的代理人。这就是所谓合伙人相互代理的原则。根据这一原则，合伙企业同第三人的关系具有以下4个特点。

(1) 每个合伙人在执行合伙企业的通常业务中所作出的行为，对合伙企业和其他合伙人都具有拘束力。除非该合伙人无权处理该项事务，而且与之进行交易的第三人也知道该合伙人没有得到授权，否则，合伙企业和全体合伙人都要就该合伙人的行为对第三人负责。根据英国合伙法的规定，每个合伙人，特别是从事货物买卖交易的合伙贸易企业的合伙人，在处理下列事务时，都认为具有默示的授权。

① 出售合伙企业的货物。
② 以企业的名义购买企业业务所需要的货物。
③ 收受企业的债款，并出具收据。
④ 为企业雇用职工。
⑤ 以企业名义承兑和开立流通票据。
⑥ 以企业的信用借款或以企业的货物作抵押借款。
⑦ 委托律师为企业进行诉讼。

任何合伙人就上述事项同第三人订立的合同，对合伙企业和其他合伙人都具有拘束力。所有合伙人均须对合伙企业同第三人所订立的合同或所承担的债务负连带的无限责任。

(2) 合伙人之间如对任何一个合伙人的权力有所限制，不得用以对抗不知情的第三人。但如果第三人在同该合伙人进行交易时，已经得知该合伙人的权力受到限制而无权处理该项业务，则该合伙人所作出的行为就不能约束合伙企业和其他合伙人。

(3) 合伙人在从事通常的合伙业务的过程中所作的侵权行为，应由合伙企业承担责任。但合伙企业也有权要求由于故意或疏忽的有关合伙人赔偿企业由此而遭受的损失。

(4) 当一个新的合伙人被吸收参加一个现存的合伙企业时，他对于参加合伙之前该合伙企业所负的债务承担责任。法国、日本等大陆法系国家规定了新合伙人应当对其加入前合伙企业债务承担责任；美国《统一合伙法》第17条规定，新加入合伙的人对其加入该合伙前的义务负责，就像此类义务发生时他已是一个合伙人，除非仅凭合伙财产就能清偿该债务；《中华人民共和国合伙企业法》（以下简称《合伙企业法》）第44条第2款规定，新合伙人对入伙前合伙企业的债务承担无限连带责任。而当一个合伙人退出合伙之后，他对于其作为合伙人期间企业所负的债务仍须负责。至于已经退出合伙企业的合伙人，对企业日后所发生的债务是否仍须负责的问题，则须视不同情况而定。如果同企业进行交易的第三人，在他退出合伙企业之前曾经同企业进行过交易，则他必须通知该第三人，说明他已经不再是合伙人，否则他仍须对该第三人负责；如果该第三人在他退出合伙企业之前并未同该企业进行过交易，也不知道他是合伙人，则他对于他退出合伙企业之后所进行的交易即可不负担责任。

2.2.5 合伙企业的解散

合伙企业的解散有三种情况，一是自愿解散，二种是依法解散，三是强制解散。所谓自愿解散是指合伙企业依合伙人之间的协议而解散，例如，当合伙章程订有期限时，合伙企业即于该期限届满时宣告解散；如果合伙章程中没有规定期限，合伙人之间也可以在事后达成协议，宣告合伙企业的解散。所谓依法解散是指合伙企业依照合伙法的有关规定而宣告解散。

所谓强制解散是指合伙企业因违反法律、行政法规的规定，被行政机关或法院撤销或裁定解散。

各国关于合伙企业的解散规定在不同的法律文件中。例如，根据《德国商法典》第131条至133条的规定，合伙可以基于以下理由而解散：①由于缔结公司时约定的期间届满；②由于合伙人的决议；③由于对公司财产的破产程序开始；④由于法院的裁判；⑤由于合伙人的退伙而解散；⑥由于合伙人的通知而解散，但不定期限缔结合伙的，合伙人只能自一个营业年度结束时起通知终止。根据《英国合伙法》的规定，合伙企业可以基于以下理由而解散：①由于期限届满或通知而解散；②由于合伙人死亡、破产或清偿而解散；③由于明确的规定而解散；④由于非法行为而解散；⑤通过法院的命令而解散和由仲裁员解散；⑥精神错乱和由此导致的长期不能胜任；⑦实施损害营业的行为；⑧长期违反合伙协议；⑨亏损经营；⑩公平正义的理由。根据《美国统一合伙法》的规定，合伙企业可以基于以下理由而解散：①任意性合伙的合伙人明示通知退伙；②定期合伙的反应性解散；③合伙协议规定合伙解散的事件出现，合伙解散；④继续经营合伙业务非法；⑤经法院判决解散。在澳大利亚，合伙企业解散的原因可分为三类：①由合伙人自行决定的解散事由；②法定的解散事由；③法院裁定的解散事由。

《合伙企业法》包括了协议解散、依法解散和强制解散的全部事由，当合伙企业有下列情形之一时，应当解散：

（1）合伙协议约定的经营期限届满，合伙人决定不经营的。
（2）合伙协议约定的解散事由出现。
（3）全体合伙人决定解散。
（4）合伙人不具备法定人数满30天。
（5）合伙协议约定的合伙目的已经实现或者无法实现。
（6）被依法吊销营业执照、责令关闭或者被撤销。
（7）法律、行政法规规定的其他原因。

此外，合伙人原则上有权提出退出合伙。但各国合伙法对此项权利都有一定的限制，以保证合伙企业的稳定发展。如《德国民法典》第723条规定，合伙契约如果订有期限，合伙人只有在有重大事由发生时，方可提出退伙。所谓"重大事由"主要是指其他合伙人已严重违反合伙契约所规定的义务。如果无此重大事由发生，合伙人退伙，应对其他合伙人赔偿因此而遭受的损失。法国法律则规定，合伙人退伙不得损害第三人的权利和利益。

合伙企业解散时，在清偿企业的债务后，所有合伙人都有权参加企业财产的分配。如企业的剩余资产不足以清偿其债务，合伙人以其个人财产负连带无限清偿责任。

《合伙企业法》规定："合伙企业不能清偿到期债务的，债权人可以依法向人民法院提出破产清算申请，也可以要求普通合伙人清偿。合伙企业依法被宣告破产的，普通合伙人对合伙企业债务仍应承担无限连带责任。"合伙企业可依法被宣告破产是我国修订后合伙法的一大亮点。

2.2.6 有限合伙

前面所介绍的合伙，一般被称作普通合伙，而有限合伙则是一种特殊类型的合伙组织。有限合伙，是指由至少一名普通合伙人和至少一名有限合伙人组成的合伙企业，前者对合伙企业的债务负无限责任，后者则只负有限责任，即仅以其出资额为限对合伙承担有限责任。

有限合伙肇始于欧洲中世纪。12—13世纪，随着欧洲地中海地区海上贸易的发展和扩大，单个商人已不再适应较大规模的商业冒险，于是"康孟达契约"便应运而生。"康孟达契约"主要在普通商人与海运商人之间订立。它一般规定，由普通商人提供资金，由海运商人负责经营、贩卖货物，普通商人的风险及责任以其出资为限。这种契约后来便演变为有限合伙。1807年《法国商法典》首次对有限合伙作了规定，1890年《英国合伙法》也规定了有限合伙，1907年又制订了单行的《英国有限合伙法》。美国统一州法委员会于1916年制订了统一《有限合伙法》，现已被大多数州所采纳。

在当代，有限合伙主要适用于风险投资。风险投资是20世纪60年代快速发展起来的一种股权投资方式，主要通过持有股权，投资于在创业阶段有快速成长可能的科技型中小企业，以促进这类企业的技术开发、创业发展和资金融通。我国于2006年8月27日十届全国人大常委会第二十三次会议审议修改的《合伙企业法》，也增加了有限合伙的规定。

在有限合伙中，普通合伙人的权利和义务与其在普通合伙中是基本相同的。有限责任合伙人的权利、义务主要有以下6项。

(1) 有限责任合伙人不参与企业的经营管理，他的行为对企业无拘束力；如果他一旦参与了企业的经营管理，他在此期间就要对企业的一切债务承担责任。

(2) 有限责任合伙人的名称不得列入商号名称。如果列入，他将对合伙的债务承担无限责任。

(3) 有限责任合伙人有权审查企业的账目。

(4) 有限责任合伙人的死亡、破产不影响企业的存在，不产生解散企业的效果；但如果负无限责任的普通合伙人一旦死亡或退出，除企业章程另有规定外，企业即告解散。

(5) 有限责任合伙人的股份经普通合伙人的同意之后，可以转让给别人。

(6) 有限责任合伙人不得发出通知解散企业。

与普通合伙相比较，有限合伙的设立较复杂。大多数国家均要求有限合伙必须在有关主管机关注册登记，并提交合伙章程。根据1907年《英国有限合伙法》的规定，该章程应载明以下7个事项。

(1) 企业的名称。

(2) 所营事业的一般性质。

(3) 主要营业地点。
(4) 每个合伙人的姓名。
(5) 合伙企业的经营期限及开业日期。
(6) 注明系有限合伙企业,并载明有限责任合伙人的姓名。
(7) 每个有限责任合伙人出资的金额,并注明是以现金还是以其他东西作为出资。按照美国统一合伙法的规定,有限合伙人的出资必须是现款或财产,不得以劳务作为出资。

我国《合伙企业法》规定,有限合伙企业的合伙协议中,除符合普通合伙协议要求外,还应当载明下列 6 个事项。
(1) 普通合伙人和有限合伙人的姓名或者名称、住所。
(2) 执行事务合伙人应具备的条件和选择程序。
(3) 执行事务合伙人权限与违约处理办法。
(4) 执行事务合伙的除名条件和更换程序。
(5) 有限合伙人入伙、退伙的条件、程序及相关责任。
(6) 有限合伙人和普通合伙人相互转变程序。

2.2.7 合伙企业的利与弊

1. 合伙企业的有利之处

(1) 设立条件较低,手续简便,费用较少。
(2) 可集中起比个人独资企业较多的资金。
(3) 每个合伙人对企业均有参与管理的权利,对企业的经营管理和发展等问题有较多的控制权和发言权。
(4) 法律对于合伙企业不作为一个统一的纳税单位征收所得税,因此,合伙人只需将从合伙企业分得的利润与其他个人收入汇总缴纳一次所得税即可。
(5) 政府对其监管程度较低,一般不要求其公开账目和年度会计报告,故企业的经营有较大的自主性和灵活性。

2. 合伙企业的不利之处

(1) 相对于公司而言,合伙企业的资金来源和企业信用能力有限,不能发行股票和债券,这使得合伙企业的规模不可能太大。
(2) 与公司股东的责任相比,合伙人之间的连带责任使合伙人需要对其合伙人的经营行为负责,更加重了合伙人的风险。
(3) 每个合伙人都有权参与管理,不利于企业的集中和统一,较难实行科学化的管理。
(4) 由于合伙企业具有浓重的人合性,任何一个合伙人破产、死亡或退伙都有可能导致合伙企业解散,因而其存续期限不可能很长。

2.3 公 司 法

1673 年,法国路易十四时代颁发了世界上第一部较为系统的商事立法——《商事条例》,其中有关于无限公司的规定,开创了西方国家公司立法的先河。在此后的 300 多年的历史长河中，西方国家的公司法在促进公司制不断发展的同时，也随着公司制的发展而日趋完善。

20世纪90年代以来，世界各国掀起了风起云涌的公司法修改活动，横跨两大法系的各国几乎是不约而同的，开展公司法修订活动，逐步实现了由传统公司法向现代公司法的过渡。各国公司法现代化改革均是在世界经济全球化历史背景下，以信息技术革命为动力所进行的自觉变革。各国都期望通过公司法的现代化融入国际社会，提高本国公司参与国际市场的竞争实力。各国之间激烈的经济竞争已经深入立法领域，转变为公司法制度层次的竞争。为此，各国都在力图通过公司法的修订，提高公司的治理水准，转变经营机制。诸多国家废除了公司法中过时的、僵化的限制公司自主经营的条文，为公司松绑；降低甚至撤除公司设立的门槛，简化公司设立程序，鼓励出资方式自由化，吸引国内外的投资，保护股东的利益，鼓励股东积极参与公司事务。

英国公司法的改革试图使英国成为公司最易于设立的地方。德国和英国为了使公司始终与社会经济同步保持先进性，还建立了公司法的更新机制。英国多次对公司法进行修改，2006年11月女王批准了英国《2006年公司法》，这是英国50多年以来对公司法最全面的一次修改。德国1998年颁布《企业监督与透明化法》，修订了股份法与商法的规定，从1990—2002年联邦议会陆续公布了4个金融市场奖励法与《有价证券取得与收购法》《透明与公示法》，规范了企业内部治理与外部监督，2003年5月21日联邦政府公布了《德国公司治理规约》，2005年联邦议会通过《企业完整与撤销法》。2006年经修订，在联邦电子公报公布了新版的《德国公司治理规约》。

美国于1991年制定了《示范公司法》蓝本，对各州立法产生了深远的影响，后经7次修订，最近的修改发生在2002年。在以安然公司为代表的一系列公司丑闻的压力下，美国布什总统在2002年7月30日签署了萨尔班斯-奥克斯利法案（Sarbanes-Oxley Act）。布什总统称该法案是"罗斯福时代以来，有关美国商业实践影响最为深远的改革"。

日本公司立法的修订更为频繁，在20世纪90年代短短的十年间，就经历了1990年、1993年、1994年、1997年、1998年、1999年和2000年，7次修改。2002年，日本修改了《关于股份公司监察的商法特例法》。2002年9月日本立法咨询机构法制审议委员会公司法分会开始公司统一立法工作。2004年公布《公司法现代化纲要》，同时草拟《公司法草案》，2005年提交参众两院通过，7月26日正式公布《日本公司法典》。

法国2001年5月15日颁布《新经济规制法》；2002年制定《关于NRE法律涉及公司事项的实施条例》；2003年8月出台《经济创新法》《金融安全法》。

我国的《公司法》由第八届全国人大常委会第五次会议于1993年12月29日通过，自1994年7月1日起施行。此后，《公司法》于1999年、2004年进行了两次小的修订。2005年10月27日，第十届全国人大常委会第十八次会议对《公司法》进行了大规模的修订，于2006年1月1日起施行。2013年12月28日，第十二届全国人民代表大会常务委员会第六次会议通过了对《公司法》的第三次修订，并于2014年3月1日起施行。《公司法》的结构为十三章、二百一十八条：第一章总则；第二章有限责任公司的设立和组织机构；第三章有限责任公司的股权转让；第四章股份有限公司的设立和组织机构；第五章股份有限公司的股份发行和转让；第六章公司董事、监事、高级管理人员的资格和义务；第七章公司债券；第八章公司财务、会计；第九章公司合并、分立、增资、减资；第十章公司解散和清算；第十一章外国公司的分支机构；第十二章法律责任；第十三章附则。

2.3.1 公司及公司法概述

1. 公司的概念和特征

公司是依照法定的条件与程序设立的、以营利为目的企业法人。它有以下 4 个主要特征。

（1）公司是企业法人，具有独立性。公司作为法人，具有独立的财产并且能够以自己的名义享有民事经济权利并独立承担民事经济责任。公司的股东一旦把自己的投资财产投入并转移给公司，就丧失了对该财产的所有权，从而取得股权；而公司则对股东投入的财产享有完全的、独立的法人财产权。公司独立承担责任是公司法人资格的最终体现。

（2）公司是社团组织，具有社团性。公司的社团性主要表现为它通常要求两个或两个以上的股东出资设立。我国公司法在总体上坚持了社团性特征，一人有限责任公司和国有独资公司的特别规定只是社团性的例外而已，并未否定公司社团性的根本属性。

（3）公司以营利为目的，具有营利性。所谓以营利为目的，是指公司必须从事经营活动，而经营活动的目的在于获取利润并将其分配给投资者。公司所从事的以营利为目的的经营活动，具有连续性和固定性，即具有营业性的特点。营利性是公司区别于其他公益法人、国家机关等社会组织的表现。

（4）公司依法设立，具有合法性。公司设立是公司取得法人资格的法律行为。公司设立一般是按照专门的法律规定的条件和程序来进行。在我国，一般性质的公司主要根据公司法和公司登记条例来设立；对外资公司的设立，还要优先适用"三资"企业法；对银行性质的公司的设立，要优先适用商业银行法。

【推荐视频】

2. 公司法的概念和特征

公司法是指规定各种公司的设立、组织、活动和解散及调整公司对内对外关系的法律规范的总称。在民商合一的国家，公司法编入民法，成为民法的重要组成部分；在民商分立的国家，公司法编入商法；而德国、英国、美国等国家则制定单行的公司法。

公司法的特征主要有以下 4 个方面。

（1）公司法是一种组织法与活动法相结合的法律。公司法以调整公司的组织关系为其主要内容，同时也调整部分与公司组织关系密切联系的外部活动关系。就这两部分内容的比重而言，可以说组织法是第一位的，活动法是第二位的。

（2）公司法是一种实体法与程序法相结合的法律。公司法侧重于对股东和公司机关权利义务的规范及股东与公司财产责任的划分，公司法无疑主要是实体法。在侧重实体性规定的同时，公司法还对取得实体权利所必须履行的程序进行了规定，因而又具有程序法的因素。公司法将实体法与程序法有机结合在一起，便利了法律的实施和操作。

（3）公司法是一种强制性规范与任意性规范相结合的法律。强制性规范是人们必须遵守的规范；任意性规范是指在遵守与不遵守之间人们可有选择权的规范。一般说来，作为一部法律，既包括强制性规范，也包括任意性规范，只不过在不同的法律中强制性规范和任意性规范的比例是不一样的。公司法也是强制性规范与任意性规范的结合，只不过公司法作为一种组织法，具有鲜明的国家干预性。因此，以强制性规范为主。

（4）公司法是具有一定国际性的国内法。为适应国际经济交往的客观需要，各国公司法在保留其个性特色的同时，都借鉴和吸收各国通行的公司规则。因此，各国公司法中具有共性的、规律性的规范越来越多。我国《公司法》的制定，特别是2013年的修订，既体现了我国公司法的特色，也体现了我国公司法的国际性。

3. 公司的分类

公司根据不同的标准，可以划分出不同的种类。

1) 根据股东对公司债务承担的责任形式划分

根据股东对公司债务承担的责任形式，公司分为无限责任公司、两合公司、股份有限公司、股份两合公司和有限责任公司。这是大陆法系国家对公司的法定分类。

(1) 无限责任公司，简称为无限公司，是指全体股东对公司债务负连带无限责任的公司。大陆法系国家承认此种公司形式，而英美法系国家不承认此种公司形式，认为它是合伙。我国未规定无限公司。

(2) 两合公司是指一部分股东对公司债务承担无限责任，另一部分股东对公司债务承担有限责任的公司。

(3) 股份有限公司是指由一定人数的股东发起设立的，公司全部资本划分为等额的股份，股东以其所认购的股份为限对公司债务承担责任，公司以其全部资产对其债务承担责任的企业法人。

(4) 股份两合公司是指由无限责任股东和股份有限责任股东共同出资设立的公司。与两合公司的不同之处主要是，股份两合公司中承担有限责任的资本部分被划分成了股份，而且是用发行股票的方式筹集而来的。

(5) 有限责任公司，简称有限公司，是指由两个或两个以上股东共同出资，每个股东以其出资为限对公司承担责任，公司以其全部资产对其债务承担责任的企业法人。

2) 根据公司信用标准划分

根据公司信用标准，公司可分为人合公司、资合公司及人合兼资合公司。这是大陆法系国家对公司的一种学理分类。

(1) 人合公司是指公司的信用基础在于股东个人的信用，而不在于公司资本多少的公司。无限公司是典型的人合公司。

(2) 资合公司是指公司的经营活动着重于公司资本数额的公司。换言之，资合公司是以公司的资本作为公司的信用基础的公司。股份有限公司是典型的资合公司。

(3) 人合兼资合公司是指公司的经营活动兼具人的信用和资本信用的公司。两合公司和股份两合公司是典型的人合兼资合公司。

3) 根据一个公司对另一个公司的控制与支配关系划分

根据一个公司对另一个公司的控制与支配关系，可将公司分为母公司与子公司。

(1) 母公司是指因拥有其他公司一定比例的股份而控制或支配其他公司经营活动的公司。

(2) 子公司是指全部或部分股份被另一个公司持有，经营活动被另一个公司实际控制的公司。

4) 根据公司内部组织系统划分

根据公司内部组织系统，可把公司分为总公司和分公司。

(1) 总公司是指具有独立的法人资格，能够以自己的名义直接从事生产经营活动，对公司系统内的业务经营、资金调度、人事安排等具有统一决定权的公司。

(2) 分公司是指受总公司管辖的分支机构，在法律上不具有法人资格。分公司虽然不具有法人资格，但仍具有经营资格，需办理营业登记并领取营业执照。

5) 根据公司的国籍划分

根据公司的国籍，可将公司分为本国公司、外国公司和跨国公司。

(1) 本国公司是指依本国法登记设立的、具有本国国籍的公司。

(2) 外国公司是指依照外国法律登记设立的、具有外国国籍的公司。

(3) 跨国公司是指由两个以上不同国籍的公司组成的，具有关联关系的公司联合体。

4. 公司的权利能力和行为能力

公司的权利能力是指公司作为法律主体依法享有权利和承担义务的资格。这种资格是由法律赋予的，它是公司在市场经济活动中具体享有权利、承担义务的前提。公司的权利能力于公司成立时产生、至公司终止时消灭。《民法通则》规定，企业法人应自其依法登记取得营业执照之日起享有民事权利能力，自其注销企业法人营业执照之日起终止其民事权利能力。

公司作为法人，虽有其人格，但不像自然人一样有生命、身体，故凡与自然人自身性质相关的权利、义务，如婚姻、继承等，公司均不得享有。

我国过去的司法实践中，曾一直坚持超越经营范围的合同无效，但是，这种做法受到挑战。随着社会经济的发展，一方面现代产业之间的关联性不断加强，使得确定公司目的事业范围的难度增大；另一方面公司为分散经营风险，寻求多种营利的机会，经营范围也有不断扩大的趋势，除主营业务外，还有大量的附营业务，这使得用经营范围来限制公司的权利能力意义已经不大。所以，现行公司法不再要求公司不得超越经营范围。

公司的行为能力是指公司基于自己的意思表示以自己的行为独立取得权利和承担义务的能力。公司的行为能力与其权利能力同时产生，同时终止。公司行为能力的范围和内容与其权利能力的范围和内容相一致。

公司是法人，具有法律上的团体人格，它在按照自己的意志实施行为时，与自然人有所不同。首先，公司的意思能力是一种社团组织的意思能力，它必须通过公司的法人机关来形成和表示。公司的法人机关由公司的股东会（或股东大会）、董事会和监事会组成。其次，公司的行为能力由公司的法定代表人来实现。公司的法定代表人可以由董事长、执行董事、经理三者之一担任。

5. 公司法人人格否认或揭开公司面纱制度

公司制度最重要的贡献之一就是确立了公司的独立法人地位及公司股东对公司承担有限责任。该原则构成了公司法的基石，它在企业发展过程中是一种巨大的历史进步。但是，公司的独立法人资格和股东的有限责任在市场经济的运作中出现了许多异化现象。在现实的商业活动中，处在公司身后的控制股东及公司管理层在其自身利益的驱动下，有可能利用公司的法人地位进行各种规避法律甚至违法的行为。"公司法人人格否认"或"揭开公司面纱"制度是公司有限责任的突破。英美法学者形象地将公司的独立人格和股东有限责任描绘为罩在公司头上的"面纱"。这层"面纱"将公司和股东隔开，当公司资产不足偿付其债务时，法律不能透过公司这层"面纱"要求股东承担责任。而"揭开公司面纱"则是指在公司股东滥用公司法人独立地位和股东有限责任，逃避债务，严重损害公司债权人利益时，法院为保护公司债权人利益，否定公司独立的人格，令股东对公司债务承担连带责任。但是，公司有限责任是公司发展的基石，法官在适用揭开公司面纱制度时应严格掌握。每个国家"揭开公司面纱制度"的适用条件虽有所不同，但基本符合下列条件：一是公司设立合法有效且已取得独立人格；二是股东客观上滥用对公司的控制权；三是股东的控制权滥用行为，客观上损害了债权人利益或社会公共利益；四是股东不能为自己的利益而主张否认公司人格。值得注意的是，股东承担连带责任的范围是有限制的，该股东应当在人格混同的范围内承担连带责任。

典型案例 2-3

M 诉 F 公司案（2003）

原告 M 与 K 公司签订了一份租赁合同，该合同约定原告将其位于芝加哥的一块空地租给 K 公司作为零售商业用地，租期为 10 年。后 K 公司因拒付租金而被法院判决支付违约金 22 000 美元。原告在强制执行判决的过程中，发现 K 公司并无足够的资金用以偿还债务。于是，原告转而起诉其母公司 F 公司，要求其对子公司的债务承担责任。本案初审法院以股东承担有限责任为由驳回了原告的起诉。

但上诉法院作出了对原告有利的判决，认为该母公司对其子公司的债务承担责任，其理由如下：①K 公司除此租赁合同之外没有独立的业务内容，在经营范围上完全归属于 F 公司，经查明，F 公司还拥有其他许多类似 K 公司的零售子公司；②K 公司只有开设银行账户所需的基本资金，在法院对其作出违约判决之后，K 公司因资不抵债实质上已经破产；③法院进一步查明，K 公司在设立时资金不足，管理运作违反公司程式，资不抵债，无公司会议记录等证据。

上诉法院认为，在下列情况出现时，应当"揭开公司面纱"直接向母公司追究法律责任：①所谓的母子公司实质上是利益和所有权的统一体，子公司没有独立于母公司之外的独立性；②固守所谓的"独立的子公司"的存在将会导致不正义和不公平结果出现，如本案中若仅追究子公司的责任将使债务人的债务无法得到清偿。

2.3.2 公司的设立

1. 公司设立的概念

公司设立是指创办人依公司法规定在公司成立之前为组建公司所进行的旨在取得公司主体资格的活动。各国对各类公司设立的具体要求不尽相同，但主要程序大体相同，即凑齐法定人数的创办人；创办人拟定公司的章程和内部；凑足法定最低资本金并组织认购股份；选举和任命公司的管理人员；申请公司的注册登记等。

这些手续完成后，经主管当局核准登记，即可领取营业执照，公司便告成立。

2. 公司的创办人

公司创办人，也可称为公司发起人，指发起创立公司的人，各国一般规定自然人和法人均可成为公司创办人。各国公司法普遍规定，创办人必须具有行为能力，无行为能力或限制行为能力者不得充当创办人。

对于创办人的国籍和居所地的问题,西方国家公司法一般都没有公司创办人必须具有所在国国籍的规定,对本国国民与外国人都是一视同仁的。但也有个别国家进行了一些限制性的规定。例如,意大利公司法规定:公司创办人不一定是具有意大利国籍的公民,但外国人占据意大利公司30%以上股份时得经意大利财政部同意批准。西方国家公司法还规定,公司创办人不一定是自然人,法人(如公司)也可以充当发起人。例如《美国标准公司法》规定,一人或数人,本州公司或外州(国)公司,一经签署并向州务卿递交公司章程都可以充当发起人。我国《公司法》修订后对此问题有所变化,设立股份有限公司,应当有2人以上200人以下的发起人,其中须有半数以上的发起人在中国境内有住所。

关于创办人的责任可分3类。

(1) 创办人之间的相互责任。在公司成立前,他们之间的关系是一种互相委托共担风险的关系,对设立公司的全部费用和债务负连带责任。一旦公司成立,他们之间共担风险负连带责任关系即行结束,而被股东间的合作关系所代替。

创办人创办公司时要注意法律风险的防范,避免口头的君子协定,要注意签订完整的公司创办协议,以防范法律风险。公司创办协议是出资人为规范公司设立过程中各出资人的权利和义务而签署的协议。设立协议一般包括如下内容:公司的注册资本数额,出资方式和出资时间,出资人在设立过程中的权利和义务,公司设立不成时费用的承担等。要请资深专业律师起草公司创办协议,帮助签订书面的公司创办协议,明确创办人之间的权利和义务,降低纠纷和诉讼的可能性,减少潜在的不确定法律风险。公司创办协议要约定保密条款和竞业禁止条款。公司在设立过程中,有关将来公司的很多资料、信息都应采取保密措施。依出资人之间君子协定并不能完全解决保密问题,在设立协议中应当明确保密条款,尤其是商业秘密,更应作保密的约定。对于公司成立后有部分股东不参与经营管理的公司,设立协议时所约定的保密条款应扩大到公司成立之后,既可避免股东利用股东身份损害成立后的公司利益,又可避免股东利用该公司的信息"另起炉灶",形成与公司直接或间接的竞争关系。

(2) 创办人对公司所承担的责任。创办人承担接受公司委托办事的责任。这种责任包括对公司忠诚、办事公正、本人在公司中的全部利益必须公开等。关于"设立前合同"的效力:各国要求发起人在公司尚未注册正式成立前尽量避免以公司名义与第三人订立契约,否则一旦该公司未成立,有关的创办人就须连带地承担个人责任;即使该公司合法成立,除非事后追认,该公司也有充分的权利拒绝接受该契约约束。英国、美国、法国等国家一般规定:发起人在公司成立前以公司名义所订合同是无效的。由于此时公司尚未取得法人资格,根据代理法的原则,公司在成立后也不得追认。为避免承担个人责任,发起人可在合同中订入附加条件或免责条款。

 典型案例 2 - 4

库帕诉费克斯案

1981年,被告费克斯代表正在筹建中的费克斯-帕特勒公司(以下简称"公司")聘请注册会计师库帕为公司提供服务,原告库帕也知道该公司尚未正式成立。同年12月4日,公司正式成立,月底,原告也完成了服务。但该公司拒绝支付报酬,原告就控告费克斯违约。初审法院以被告在合同中并未同意支付报酬而判决原告败诉。但上诉法院却推翻了初审判决。理由是被告不能作为一个未曾成立的"本人"的代表签约,"本人"未委托签约,自然该契约对"本人"无约束力;被告在合同中也没有订立合同不执行时不得追究其个人责任的免责条款;原告完成了被告规定的工作,其费用要求亦属合理,因此,被告须负责支付该项费用。

(3) 创办人对股东和债权人的责任。创办人除对公司负有责任外,还直接对公司股东和债权人负责。如果股东和债权人受到公司创办人欺骗,而这种欺骗是由于公司发起人的失职或其没有公开全部事实材料而造成的,则股东和债权人可以在法院直接向发起人提起诉讼,而不必通过公司。

3. 公司的章程及内部细则

公司章程是指规范公司的宗旨、业务范围、资本状况、经营管理及公司与外部关系的公司准则。公司章程是公司据以内部运作和对外经营的基本原则,它是公司存在的基石,也是政府依法管理公司的基本依据,更是外界了解公司的主要途径。因此,公司章程是组建公司的必备的和核心的文件,必须提交政府的登记部门核准并备案。根据英国、德国、法国等国的公司法,公司章程里还应包括内部细则,在向注册登记部门递交公司法律文件时,一并提交。公司内部细则或称公司章程细则是指由公司制定的用以规定和调整公司业务活动及公司的股东、董事、管理人员及雇员的权利和义务关系的文件。西方国家公司法一般规定,公司内部细则须经公司董事会通过,董事会有权对其修正和废止,但需股东大会批准。初始内部细则由公司创办人起草,但须经董事会通过决议追认。在我国公司法上,则没有提及和规定公司内部细则的问题。但实际上,每个公司也都依照公司章程确定的原则,制定公司内部细则。

关于公司章程内容的具体规定,世界各国有所不同。例如,《德国公司法》就规定作为有限责任公司的章程必须包括:①公司名称;②法定地址;③公司经营范围;④股本数额;⑤各位股东的出资额;⑥公司是否有存续时限及公司股东是否有股金以外的责任;⑦公司股东与管理层的关系及会计规则。此外,《德国公司法》还对股份有限公司的公司章程的内容也进行了强制性的规定,即作为股份有限公司的公司章程,除了有限责任公司的章程必须包括的上述7项内容外,还必须包括其他有关该类公司发行股票所必需的5项内容。同样,《法国公司法》要求其境内公司的章程必须声明7项内容,对于股份公司的章程,则必须另加四项有关发行股票所要求的内容。由此可见,德国、法国等大陆法系国家的公司法都明确地以条款形式列举公司章程必须包括的内容,同时,也不排斥在章程中根据需要另加股东们经协商确定的内容。

以英国和美国为代表的英美法系国家,公司法对公司章程的规定都是采取强制性和灵活性相结合的方式,主要采取下述3种方式:一是强制性的方式,即必须要规定的内容;二是在此基础上,规定章程可以选择与公司法不相冲突的内容;三是在公司法上明确规定了章程不需要规定的内容。我国《公司法》第二十五条规定有限责任公司章程应当载明公司名称和住所、经营范围、注册资本等8项内容。但第8项内容则是"股东会会议认为需要规定的其他事项",这显示了公司法强制性和自治性的有机结合。《公司法》第八十一条则规定了股份有限公司章程应当载明的12项内容。从《公司法》对公司章程内容的规定上看,我国的做法更接近于大陆法系国家公司法的通常规定。

2.3.3 公司的年度报告与财务会计报表

1. 公司的年度报告

作为股份有限公司,每年向其股东及政府部门提交年度报告,是其应尽的义务。例如,《英国公司法》规定,股份有限公司必须在每次股东年会结束之后的一个多月内全部完成公司年度报告的编写,否则,股东和债权人可以要求法院发布命令,强制公司编制年度报告。《美国标准公司法》规定:"每个本州(国)公司,在公司法令规定的期限内,应向州务卿呈递年度报告。"一些主要的大陆法系国家,如法国、意大利等国的公司法也都有类似的规定。

年度报告作为一种法定文件,其格式和内容必须按法律规定制作,内容必须真实和全面,不得弄虚作假。尤其是公司主要的财务报表,必须经公共会计事务所根据本国公司法或会计法的规定进行审计。最后,由该会计事务所的负责人(或具体负责该审计工作的会计师)亲自签字。由社会上独立的审计机构对公司财务情况进行审计,然后把有关的统计数字、信息提供给国家和公众,这是西方国家通常的做法。例如,德国法律规定:所有企业必须接受独立的审计机构的审计。国家对审计机构的人员进行严格考试,审计人员必须按法律办事,否则将受到刑法处置。因此,企业要在年度报告上弄虚作假以掩盖其经营不善,是要冒很大的政策风险的。

《欧盟公司法指令》要求欧盟各国股份有限公司对年度财务报表必须真实、全面地反映公司的资产负债、财务状况与盈亏,而且对资产负债表、损益表及其他财务报表及其附录的格式、内容,对特定科目的内容及如何予以公布都进行了专门的统一规定。

2. 公司财务会计报表

公司的资金如同人的血液,具有特殊重大的意义。在这次世界性的金融危机面前,就连美国曾引以为自豪的美国兄弟公司等众多大公司也因资金匮乏而倒闭。

公司资金的来源主要是两个方面,一个就是股本,这属于公司的自有资本,是公司的股东对该企业的永久性的投资;另一个就是债。这两者的结合,就构成了公司资金的主要来源。

与资金来源相对称的就是资金的运用。资金的运用是指公司企业的资金存在的具体形式,说明企业的资金投放在何处,或者说是它在企业的分布状况。因此,在资产负债表中,资金的运用都列在表的资产方,从这个意义上来说,资金的运用也就是资产的同义词。

公司财务是在一定的整体目标下,对资金的组织、运用和管理的活动。在现代市场经济中,商品生产和交换形成的错综复杂的经济关系,都是通过资金表现出来的。因而,资金运动就成为各种经济关系的体现。企业内部财务管理,就是对企业的资金运动和价值形态的管理,主要是以成本管理和资金管理为中心,透过价值形态管理,达到对实物形态的管理。因此财务管理是企业一切管理活动的基础,也是企业管理的中心环节。而公司会计是以货币为主要计量单位,采用专门方法,对公司资金运动进行完整、连续、系统的核算、反映和监督的经济管理活动。国家通过对公司的财务与会计制度的建立加强对公司的监督和管理。

各国的公司法一般都规定,股份有限公司必须在每一个财政年度终了时编制法定财务报表,呈报政府部门并向股东和公众公布。因此,公司法对公司资金的一系列重要规定,必须首先对公司的法定财务报表有个基本的了解,尤其是对这些表格中的专用名词必须十分了解,这是理解和掌握公司资金方面法律的基础。

美国公司法强调必须披露的会计报表有资产负债表、损益表、现金流量表、股东权益变动表、附加的财务信息。

欧盟公司法相关指令,如欧共体理事会第78/660号也强调了欧盟各国公司应披露与美国公司法规定的相类似的上述财务报表。

我国《公司法》第一百六十四条规定了公司应当在每一会计年度终了时编制财务会计报告。

2.3.4 公司资本

广义的公司资本,是指公司用以从事经营、开展业务的所有资金和财产,包括公司自有资本和借贷资本两部分。狭义的公司资本则仅指公司自有资本。本书所用公司资本一般是指狭义资本。

股份有限公司的资本主要是通过向社会公开发行股票而募集的,因此一般称为"股份资本(Stock Capital)",简称"股本"。

公司的资本,从经济上来说,是公司开展业务的物质基础;从法律上来说,是公司对第三人的最低财产担保。股份有限公司是法人,可以拥有自己的财产,并以自己的全部财产对债权人承担责任。公司的财产独立于股东的财产而存在,股东对公司的责任仅以出资额为限。因此,股份有限公司的资本对股东和债权人及公司自身的发展均有十分重要的意义。为了保护公司股东及债权人的利益,各国公司法对公司资本都进行了具体的规定,主要内容是:第一,公司设立必须拥有一定数量的资本,任何股份有限公司的资本都不得低于法定最低资本额;第二,公司的资本额必须在公司章程中予以载明,未经股东大会同意修改章程,公司资本不得随意增减;第三,公司必须经常维持与公司资本额相当的实际财产,不得以公司的资本进行分红。

对于股份有限公司的资本,英国、美国、荷兰等国采取"授权资本制"。根据这种资本制度,公司资本被区分成"授权资本"和"发行资本"。公司必须在公司章程中载明授权资本的数额,但在公司设立时,不必按授权资本的数额全部发行股份,而可以先发行一部分,其余则留待日后根据公司业务发展的需要决定是否发行。所以,授权资本并不代表公司实际拥有的资产,而只是公司有权通过发行股份而募集资本的最高限额,是一种"名义资本",而发行资本才是公司股东已经认购了的,即股东已经承担了责任必须缴付(但不一定都已缴付了)的公司资本。只有实收资本才是公司真实的资本,是可以立即运用的公司资产的一部分。所谓实收资本是指股东已经实际上支付,公司已经收到的资本额。授权资本制使公司在财务方面具有一定的灵活性,减少了公司在授权资本额内增加资本的程序,而且便于公司在日后发行新股时把认股权给予本公司的高级职员。

德国、法国等多数大陆法国家采取"法定资本制"。根据这一制度,公司章程中所载明的公司资本额在公司设立时必须全部由认股人认购完毕,否则公司不得成立。公司如增加资本必须修改章程。法定资本制有利于保证公司拥有充实的资本,防止利用公司进行欺诈和投机行为的发生。但是，法定资本制对于资本充足的要求过于严厉，已不适应现代股份公司发展的客观需要。因此，近年来一些大陆法国家开始放弃或部分放弃法定资本制而仿效授权资本制。例如，《日本公司法》规定，公司在设立时只需发行股份总数的 1/4 以上即可，其余股份可在公司成立后由董事会决定发行。《德国股份公司法》规定，当董事会根据股东大会授权发行新股增加资本时，可以分一次或多次完成，但期限不得超过 5 年。《法国公司法》也有类似的规定。中国修订后的公司法由"法定资本制"改为"授权资本制"。

2.3.5 公司股票

1. 股票的概念

所谓股份，在有限责任公司中，是指均分公司全部股本的最基本的计量单位。因此，股份是股本的成分。每一股份都代表一定的金额，每股金额都应当相同，而代表股份的证书叫做股份证书。

股票则是股份有限公司的股份证书。股份和股票的实质和内容是相同的，都是股东进行投资的一种凭证。股票是可以公开发行并自由转让的，即可以在社会上自由流通。有限责任公司的内部细则往往都有限制转让股份的规定，股东欲转让其股份，往往须经其他股东们的同意，而且其他股东具有先买权。

股票是股份有限公司公开发行的证明股东在公司中拥有权益的一种有价证券。《美国标准公司法》第 2 条第 4 款规定，股票"是指公司所拥有的权益的计量单位"。

股票的特征是每股代表的金额都是相等的，这样便于公司在股东之间分配公司的权益。因此，同次发行的股票的价格和条件应相同。从这一意义上说，股票也是确定股东与公司之间权利和义务关系的一种凭证。对于股票的定义，马克思曾从阶级分析的高度作过科学的结论，在资本主义社会，股票是"对股份资本预期可得的剩余价值的所有权证书"。这一定义指出了资本主义社会中股票的阶级实质。

西方国家公司法规定，股票本身具有下述几项权利：①分得股息权；②出席股东大会，就其有权表决的问题行使表决权；③在公司解散时，分得公司剩余资产权；④转让权，即股票可以根据法定的程序进行转让；⑤随时审看公司的会议记录、资产负债表、损益表等财务报表，索取公司业务进展的资料，就公司业务问题询问董事长等。

2. 股票的分类

在公司法及公司业务中，我们会碰到形式多样的股票。这些股票名称不同，形式和权益各异。

(1) 依股东承担之风险和享有之权益的大小为标准，可分为普通股和优先股。

① 普通股。普通股是指对公司财产权利都平等的股份，是公司资本构成中最基本的股份，也是公司中风险最大的股份。普通股是公司财务的基础，其期限与公司相始终。

② 优先股。优先股又称特别股。顾名思义，这类股票是指对公司资产、利润享有更优越或更特殊的权利的股份。西方国家公司法一般都规定，优先股具有以下 3 项特别权利：a. 优先获得股息权，而且其股息往往是固定的。不仅如此，公司法还规定优先股可以在普通股之前分得股息。b. 优先股获得分配公司资产权。当公司因破产或结业而被清算时，优先股将比普通股优先以票面值参加分配公司的剩余资产。c. 优先股往往是无表决权

的。但如果公司连续若干年（各国规定不一，一般为3~4年）不支付优先股的股息，这无表决权的优先股也可获得一股一票的权利。

（2）依股票有无记名为标准，股票可分为记名股和无记名股。

（3）依股票有无票面金额为标准，股票可分为有票面值股和无票面值股。

① 有票面值股。有票面值股是在股票票面表示一定金额的股份。一般来说，股票原则上不得以低于票面值的价格发行。

② 无票面值股。无票面值股票又称比例股或部分股，即股票票面不表示一定金额的股份。此种股票，仅仅表示其占公司全部资产的比例，它的价值是随公司财产的增减而增减。由于公司始终处于动态之中，其资产值一直是变化的，因此，无票面值股在实际上占公司资产总额的比例也是一个变数。公司法允许发行无票面值股的国家目前为数不多，到目前止只有美国、加拿大及卢森堡等少数国家。

（4）依股东有无表决权为标准，可分成表决股和无表决股。

（5）发行在外股、库存股。

西方国家公司法对于股份分类的规定是比较灵活的，完全服从实际的需要而不断设计和更新。

发行在外股和库存股是上市公司中两类性质不同的股票，上市公司在证券市场上发行股票之后，股票就进入了二级市场，这时股票就如商品一样，其价格是随行就市的，投资者可以任意买卖股票。作为发行股票的上市公司，可以作为投资者购买其他公司的股票，也可以购买自己已经发行的股票。例如，美国各州公司法原则上都允许公司在不影响其资金的正常使用的前提下，回购其已发行在外的股票，这类已经发行在外、后又被发行者收购回来的股票被称为库存股；而发行在外、尚未被回购的股票被称为发行在外的股票。

3. 股利

股利又称股息，是董事会正式宣布从公司净利润中分配给股东，作为其对公司投资的一种报酬。董事会一旦宣布分配股利，股利的支付就构成了公司应承担的一项法律责任。股利一般都是按股分配的，时间可以按月、按季、按半年或一年分配一次。普通股的股利是浮动的，它是按公司营利情况而灵活决定的，而优先股的股息一般是固定的。

西方国家公司法一般都规定，股利的形式除现金外，还可以公司的财产或该公司的有价证券进行支付。这三者分别被称作现金股利、财产股利和股利股（又称红利股）。其中，现金股利最普遍也最简单，只需从公司的净利润中拨出一部分现款进行直接分配即可。

现在很多公司选择以回购本公司股票的形式变相为公司股东提供股利，但此种方法在各国受到严格规制，如我国《公司法》142条就采取了相对禁止的态度，仅在特定情况下允许公司回购本公司股票。

2.3.6 公司债

1. 公司债的概念

公司债是指公司企业通过发行债券或签订贷款合同的方式与特定人或非特定人之间所成立的一种金钱债务关系。公司债是公司企业必不可少的资金来源之一。

2. 公司债券的概念

公司债的形式主要分为银行贷款和公司债券（Debenture or Bond）两种。本节主要介绍公司债券的法律问题。广义上的债券，是指企业或政府机构对借款承担偿付本息义务的凭证。从债券持有人的角度分析，债券是一种有价证券，债券持有人可以以此凭证定期从债券发行者获得固定利息，并在债券到期日赎回债券本金。

在西方国家，工商企业、公共事业单位、政府机构、国际金融机构、国际组织包括联合国本身，都可以为筹措资金而发行债券。

从公司法意义上讲，公司企业的债券是指由公司发行的并保证支付债券持有人定期利息并在债券到期日归还本金的一种债权证书。凡债券持有人都是公司的债权人。根据有关法律规定，公司企业的债券有以下 4 个基本特征。

（1）有固定利率，公司定期（一般为一年，也有每半年或每季度）发放利息一次。利息，也称债息。债息率是指债息与债券本金的比率。这种比率是固定的，因此债息也是固定的。

（2）公司必须到期向债券持有人归还本金。所谓本金，在这里只是指债券的票面金额。公司债券持有人有权要求公司在一定期限内归还本金。应归还本金的日子叫作债券的到期日。

（3）债券可以以其票面值出售，也可以溢价出售，即以高出其票面值的价格出售，但更多的是以减价方式出售。

（4）在债券到期之前，公司视情况可以提前回收其债券，从这个意义上说，债券相当于一个长期的应付票据。

3. 西方国家公司法关于债券方面的一般性规定

（1）公司通过发行债券筹措资金是其一项基本权利。

（2）公司发行债券要经董事会通过决议，或由股东大会通过决议。

（3）对发行债券数额的限制。

要说明的是，英美关于发行债券数额的限制，一般规定在"证券交易法"中，而在它们的公司法中，没有上述具体规定。

4. 债券的分类

债券的分类法有很多种，从法律意义上讲，主要是以债券本金的担保程度和方式作为标准来进行研究。对债券本金的担保是多种多样的，主要的有抵押、典质或由发行者所乐意采用的其他担保方式来进行。根据上述标准，债券可以划分为如下 6 种。

1）抵押债券

抵押债券，是通过抵押或留置债券发行者（公司企业）的财产（包括动产或不动产）来作为担保而发行的债券。如果公司企业不能如约向债券持有人还本付息，债券持有人有权要求拍卖公司的抵押品或留置品来取得本息。

2）附属担保信托债券

附属担保信托债券是指由公司（发行者）把其拥有的动产，通常是该公司拥有的其他公司企业的有价证券（尤其是其子公司的有价证券）作为担保而发行的一种债券。

3) 保证债券

保证债券是指由一个公司（主要债务人）发行的而由另一个公司（债务保证人）来支付本息的债券。比较普通的例子就是由子公司发行而由母公司作担保的有价证券。

4) 设备债券

设备债券是指以购买机器设备为目的，并以该设备为担保，等公司偿还全部债券本息后，设备所有权才开始归属公司的一种债务凭证。

5) 清算人债券

清算人债券一般是指在公司陷于财务困难境地时，根据具有管辖权的法院的指令，由该公司发行的旨在提高其必要的营业资本的一种证书。这个有价证书通常由公司资产给予高度的担保。

6) 普通债券

在美国，这类债券一般是指无直接担保的债券。普通债券一般根据发行者和受托人之间的协议，即以发行债券协议向公众发行。

债券的传统特征之一就是具有固定的到期日，公司债券发行者没有提前支付本金的义务。但是，一些大公司经常会出现这样的情况，即公司在满期日之前，以回购价格，全部地或部分地回购其已发行的债券。回购价格等于债券的票面值加上回购溢价。其中溢价通常是债券面值或回购日公开发行债券的市价乘上低于5%的一个百分数，再加上任何累积的利息。即

债券的回购价格＝债券的票面值(或发行市价)＋票面值(或市价)×低于5%以下的百分数＋任何累积(未付)利息

化简后即为

债券的回购价格＝票面值(或市价)×(1＋低于5%的百分数)＋任何累积的利息

这样的回购价格，显然是对广大债券持有人有很大诱惑力的。在债券满期日之前，回购债券对公司来说也是很有利的。这主要是有利于提高公司在金融市场上和整个社会上的信誉，可以及早地解脱被典质或抵押的公司资产，避免高利率和减少固定的支出等好处。因此，只要公司的资金状况许可，一些大公司是愿意提前回购其债券的。

2.3.7　公司的治理

各国公司法在公司治理问题上的规定，主要集中在两方面：一方面是公司的股东、董事和管理者的概念及如何在股东、董事和管理人员之间分配权力；另一方面是公司的股东大会、董事会或监事会以及管理层在公司中所处的地位和作用。

一般而言，公司的股东是公司的投资者，亦是公司利润的享有者，它是公司的法定的真正的所有权人；董事则是公司股东选择的代表股东行使职权的管理者；经理人员则是由董事会聘任的对公司进行日常管理的专业人员。公司的股东大会，董事会或监事会，则是股东及董事行使其职责的形式和手段。

美国的公司治理结构采取的是单一形态的组织结构模式，也称"单一委员会制"或"单一制"，是指公司除了股东会以外仅有董事会作为必设机关，即公司内部治理结构由股东会、董事会、首席执行官（CEO）构成。德国的公司治理模式为垂直形态的二元体制。

即：在股东会下分设公司独立的执行机关和监督机关，分别由董事会和监事会享有和行使，而且监事会和董事会之间是制约和被制约、监督与被监督的关系。日本作为大陆法系国家的代表之一，其公司治理模式也是二元制，但与德国不同的是，日本的公司治理模式是并列形态的二元体制，即在股东会下，董事会和监事会并列存在，处于平行地位。我国《公司法》则确定了股东大会、董事会、监事会和经理构成的公司治理结构，看似与大陆法系国家所推行的二元制的公司治理模式类似，实质上与二元制不同。原因在于，董事会和监事会均为平行的公司机关，同时对股东大会负责；董事会是公司的经营决策机关和业务执行机关；监事会虽然被赋予了法定的监督之责，但是不握有重大事项决策权，也无董事任免权。因而，我国的公司治理结构带有一定的"中国特色"。

1. 股东的概念及权利

1）公司股东的概念及股东资格的取得

公司股东是指公司的出资人在向有限责任公司或股份有限公司履行了出资义务后，对公司享有权利、承担义务者。股东的资格不受限制，不论是自然人，还是法人，不论是否具有民事行为能力，均可成为股东。公司股东不以发起人为限，任何在公司设立阶段和公司成立后认购或受让公司出资或股份的人都可以成为公司的股东。

公司股东资格的取得，以对公司出资为最基本方式。有两种取得股东资格的途径：其一为原始取得，原始取得者为公司设立时公司的出资人，或公司增资时公司股本新的购买者；其二为继受取得，继受取得者是通过继承、受赠或出资受让而取得股东资格。

公司股东资格的丧失以股东收回对公司的出资为条件。股东资格的丧失也有两种途径：其一为绝对丧失，指公司因各种原因解体时，无论股东最后是否实际收回出资，伴随着公司清算程序的终结，公司股东不复存在；其二为相对丧失，是与股东资格的继受取得相对应，因转让或赠与了其在公司中的出资而丧失公司股东资格。

股东因其出资人的身份不同而划分为不同类型的股东，即自然人股东、法人股东和国家股东。

2）股东的权利

股东权的保护程度如何，不仅直接关系到股东个人的切身利益，而且关系到公司制度本身的存废，并进一步波及公司的劳动者、经营者、消费者、债权人、交易客户、公司所在地居民、公司所在地政府乃至全社会的利益，可谓牵一发而动全身。西方市场经济国家传统的公司法，往往把最大限度地营利，实现股东利益的最大化视为公司的最高价值取向。在这个意义上说，近现代公司法的历史就是一部为股东权保护而奋斗和努力的历史，公司法实际上就是股东权保护法。

股东的权利或股东权或股权是股东基于其股东资格而享有的从公司获取经济利益并参与公司经营管理和监督的权利。股权为社员权中的一种，具有支配性、请求性、可转让性。股东的权利是由法律所赋予的，因而，不得以公司章程规定或股东大会决议或董事会决议的方式加以限制。公司股东依法享有资产收益、参与重大决策和选择管理者等基本权利。股东的权利就是围绕上述基本权利展开的。各国公司法在具体规定股东所享有的权利的同时，允许公司在公司章程中对股东权利的享有和保护作出进一步的细化的规定。根据我国公司法，股东一般享有以下具体权利。

(1) 资产收益权。股东有权按照实缴的出资比例或者章程规定的其他方式分取红利；在公司新增资本时，除非公司章程另有约定，股东有权优先按照实缴的出资比例认缴出资；在公司解散清算后，公司财产在分别支付清算费用、职工的工资、社会保险费用和法定补偿金，缴纳所欠税款，清偿公司债务后的剩余财产，股东有权按照出资比例或者按照公司章程的规定予以分配。

(2) 参与重大决策权。股东通过股东会，有权决定公司的经营方针和投资计划，审议批准公司的年度财务预算方案、决算方案、利润分配方案和弥补亏损方案，决议公司增加或者减少注册资本、发行公司债券、公司合并、分立、变更公司、解散和清算、修改公司章程等事项。公司章程还可以规定股东会享有的其他参与重大决策权，如就公司向其他企业投资或者为他人提供担保，特别是公司为公司股东或者实际控制人提供担保作出决议等。

(3) 选择、监督管理者权。现代企业制度实行所有权和经营权的适度分离，公司法据此确立了公司治理结构，即股东会是公司的权力机构，决定公司的重大事项，将经营权授予董事会和董事会聘任的经理。同时，股东会有权选举和更换非由职工代表担任的董事、监事，决定有关董事、监事的报酬事项，审议批准董事会和监事会或者监事的报告。董事会须对股东会负责，而经理须对董事会负责。监事会对董事、高级管理人员执行公司职务的行为进行监督，并履行其他监督职能。在公司董事、监事、高级管理人员侵害公司权益时，公司股东还享有代位诉讼权。

(4) 提议、召集、主持股东会临时会议权。为保障股东参与重大决策权的实现，除应当按期召开股东会定期会议外，还应当依法召开股东会临时会议。《公司法》规定，代表十分之一以上表决权的股东及三分之一以上的董事、监事会或者不设监事会的公司的监事有权提议召开股东会临时会议，董事会应当根据提议召开临时会议。如果董事会或者执行董事不能履行或者不履行召集股东会会议职责，由监事会或者不设监事会的公司的监事召集和主持；如果监事会或者监事也不召集和主持，代表十分之一以上表决权的股东可以自行召集和主持。

(5) 股份转让权。公司的股东作为公司股份的合法持有者有权根据自己的意愿和公司法及其章程的规定转让其股份。

典型案例 2-5

龙城公司股权转让纠纷案

1999 年 7 月，周锦尧、陈定锐、江苏省怀德公司分别出资 25 万元、24.75 万元、0.25 万元成立了常州市龙城公司。此后，龙城公司经历了 5 次股权转让。第一次于 2002 年 3 月，陈定锐将股权转让给王继益，这一转虽有股东会决议、公司章程修正案及股权转让协议，但未经工商部门备案；第二次于 2002 年 12 月，怀德公司将股权转让给周锦尧，股东会决议上陈定锐的签名及盖章为周锦尧所签和加盖，公司章程修正案经常州市工商行政管理局新北分局备案；第三次于 2003 年 9 月，周锦尧与丁玉芳签订了股权转让协议将股权转让给丁玉芳，王继益在协议上签名表示同意；第四次于 2003 年 10 月，王继益与周锦尧签订了股权转让协议将股权转让给周锦尧；第五次于 2003 年 11 月，陈定锐将股权转让给周锦尧之妻周林妹并办理了股东变更登记手续。

在第三次股权转让时发生争议,丁玉芳将周锦尧与龙城公司告上法庭。2003年9月丁玉芳与周锦尧签订的股权转让协议约定,周锦尧将龙城公司的50.5%股权及公司开办的龙城市场所占的资本份额(包括市场登记股份在内)转让给丁玉芳;丁玉芳分两期将补偿款10万元交付周锦尧;周锦尧负责办理公司股权转让和变更执照手续;丁玉芳在接手该公司前,原公司的一切债权、债务均由周锦尧承担,丁玉芳接手后一切事务自行负责。原告丁玉芳当天即支付了5万元。事后周锦尧一直没有办理公司变更手续,丁玉芳主张权利无果,遂诉至法院,要求确认其与周锦尧签订的股权转让协议有效,周锦尧继续履行合同,按约将其股权转让给丁玉芳,并办理相关的工商变更手续。

一审法院认为,丁玉芳与周锦尧签订的股权转让协议从形式到内容均是当事人真实意思的表示,且符合法律规定的股权转让要件,判决协议合法有效,要求周锦尧继续履行与丁玉芳签订的股权转让协议,并与龙城公司一起于判决生效之日起30日内将工商变更登记手续办理完毕。案件受理费由周锦尧负担。

周锦尧不服一审判决,提起上诉。二审法院认为,受让人王继益只有根据与转让人陈定锐的股权转让合同,接受龙城公司的股权让渡,并办理工商过户登记手续之后,才能最终取得股权,才能对公司要求行使股东的权利义务,以股东身份对抗其他第三人。因此,周锦尧与丁玉芳签订股权转让协议时,王继益的股东身份并没有确立,而陈定锐也未丧失股东资格。因此,二审法院判决周锦尧与丁玉芳签订的股权转让协议不产生法律效力,应认定为无效。

丁玉芳不服二审判决并申诉。江苏省常州市中级人民法院〔2006〕常民二再终字第1号民事判决撤销二审判决,维持一审判决。

股权转让协议的认定应以股东意思自治为原则,只要协议不违反法律上禁止转让的规定,就具有法律效力。工商登记并不是股权转让协议的生效要件,未经登记并不能认定股权转让协议无效,只是不能产生对抗善意第三人的效力。

---

(6) 退出权或请求回购权。依资本维持原则,公司成立后,股东不得抽逃出资,但这并不影响股东在一定情形下退出公司或者解散公司。当出现下列情形时,对股东会该项决议投反对票的股东可以请求公司按照合理的价格收购其股权:①公司连续5年不向股东分配利润,而公司该5年连续盈利,并且符合规定的分配利润条件的;②公司合并、分立、转让主要财产的;③公司章程规定的营业期限届满或者章程规定的其他解散事由出现,股东会会议通过决议修改章程使公司存续的。股东与公司不能达成股权收购协议的,股东可以向人民法院提起诉讼。此外,在公司经营管理发生严重困难,继续存续会使股东利益受到重大损失,通过其他途径不能解决时,持有规定数量表决权的股东,可以请求人民法院解散公司。

(7) 累积投票权。股东累积投票权是指股东在股东大会选举董事或者监事时,按照累积投票方式参加选举董事或者监事的权利。累积投票是指股东所持的每一股份都拥有与股东大会拟选举的董事或者监事数量相等的投票权,股东既可以把全部投票权集中选举一人,也可分散选举数人,最后按得票多寡决定当选董事或者监事。

(8) 决议撤销权。由于股东会实行资本多数决定制度,小股东往往难以通过表决方式对抗大股东。而且,在实际操作中,大股东往往利用其优势地位,任意决定公司的重大事项。对此,公司法赋予小股东请求人民法院撤销程序违法或者实体违法的股东会、董事会决议的权利。

(9) 知情权。股东虽然将公司的经营权授予了董事会和经理管理层,但是,股东依然享有了解公司基本经营状况的权利。当然,股东行使该项权利应以不影响公司正常运营为限。公司法对此作如下设计:股东有权查阅、复制公司章程、股东会会议记录、董事会会议决议、监事会会议决议和财务会计报告。股东可以要求查阅公司会计账簿。股东要求查阅公司会计账簿的，应当向公司提出书面请求，说明目的。公司有合理根据认为股东查阅会计账簿有不正当目的，可能损害公司合法利益的，可以拒绝提供查阅，但应当在法律规定地时间内或合理的时间内给予书面答复并说明理由。公司拒绝提供查阅的，股东可以请求人民法院要求公司提供查阅。

（10）诉权及其他权利。为切实保护股东权利，必须赋予股东相应的诉讼权利，如小股东诉大股东的损害赔偿之诉；股东诉股东的出资责任之诉、出资差价填补责任之诉；股东诉公司的股东资格之诉；股东诉公司的知情权之诉；股东诉公司的决议撤销之诉；担保之诉；股权转让之诉；退出权之诉；股东直接诉董事、高管损害赔偿之诉；公司解散之诉等。

2. 股东大会的权限

关于股东大会的权限，各国公司法的规定不完全相同。从理论上说，大多数国家仍然认为，股东大会是股份有限公司的最高权力机构，但实际上，现代各国的公司法对股东大会的权限都在不同程度上加以限制，股东大会的地位和作用日益下降。许多国家的公司法都以不同的方式把公司的经营管理权交给董事会或执行会处理，而对股东大会干预公司经营管理的权力加以限制。

3. 董事会

目前，西方国家公司法一般明文规定，董事会是公司的最重要的决策和领导机构，是公司对外进行业务活动的全权代表。也就是说，公司的所有内外事务和业务都在董事会的领导下进行。

各国公司法都独辟一章，专门对董事和董事会的基本问题作出规定，这些规定通常包括但不限于如下内容：董事的资格，董事的产生（选举）及数量，董事的任期、解任，董事的报酬，董事的行为标准，董事的责任，以及董事会的职权、董事会会议、董事会的会议通知、董事会分组和董事会的专门委员会等。

在美国，公司法则强调董事会需要有一定数量的独立董事，另外一点就是上市公司的董事会应成立若干个由独立董事负责的专门委员会。

1）董事会的产生和结构

董事是由股东在股东大会上选举产生的，代表股东对公司的业务活动进行决策和领导的专门人才。根据公司初始章程的有关规定，所有董事组成的一个集体领导班子，就是董事会。占据董事职位的人可以是自然人，也可以是法人。西方国家公司法规定，法人可以充当公司董事，但必须指定一名有行为能力的自然人作为代理人。

（1）董事的人数。各国公司法对董事的人数有不同的规定，就是同一国家的不同类型的公司，也不尽一致。立法者对这个问题作出规定的出发点，是基于如何使董事会更有效地领导公司业务。董事会人数太少，容易独裁，不民主，危害股东利益；董事会人数太多，机构臃肿，形成决议比较困难，办事效率较低。因此，各国公司法的立法者都对这个问题作出弹性较大的规定。一般只规定最高和最低人数，具体人数由各公司章程或内部细则自行决定。

西方国家公司法在规定董事会人数限额上，尤其在公司章程和内部细则规定具体人数时，还有一个普遍的惯例，往往规定董事的数目为奇数，其目的是减少董事会内出现僵局的机会。

(2) 董事的资格。对于当选董事的资格，西方各国公司法都有规定。但各国的规定有多有少，各不相同。在这方面，英国公司法的规定具有一定的典型性和代表性。

我国《公司法》第一百四十六条也规定了不得担任公司董事或监事的5种情况。

2) 公司董事的任期、分组和解任

西方国家公司法对于董事的任期几乎没有限制性的规定。任期的长短一般都由公司内部细则予以规定。根据各国的实践，董事任期一般为3年左右。

在某些西方国家，尤其在美国，在决定董事任期问题上，公司法往往有董事分组的规定。所谓董事分组，就是指从公司初始董事会开始，把整个董事会成员分成若干人数相等的组。例如，某公司董事会共有董事15人，就把董事分成3个组，每组5人。如果把3个组分别叫作甲、乙、丙组，则规定，甲组成员的任期为1年，乙组成员的任期为2年，丙组成员的任期为3年。因此，在下次股东年会上，甲组的5名人员因任期已满而免职，同时选举产生新的5名董事组成甲组，在第二个年会上，乙组成员因期满而被免职，又选出5名新董事组成乙组；第三年，旧丙组被新丙组所取代。如此每年改选5名董事。这样做，对公司的营业活动是有很大好处的。尽管每年董事成员有变化，但董事会总人数保持不变，不影响整个董事会的分工和能力；股东每年变化1/3，就保持了董事会成员的相对稳定性和公司政策的连续性，使公司在不断吸收新成员、排除旧成员的过程中，始终保持整个董事会应有的行政效率。对于公司董事的分组，美国各州公司法都有具体规定。《美国标准公司法》第37条详细而具体地规定了公司分组的技巧。

3) 董事会的权力

在现代公司立法上，随着"股东会中心主义"向"董事会中心主义"的转变，公司立法赋予了董事会以广泛的权力。美国和欧洲许多国家的公司法明确地把决策权从股东大会权力中分离出来，授予董事会。《美国标准公司法》集中地反映了这一点。它授予董事会以十分广泛的权力。根据该法第35条的规定："除本法或公司章程另有规定外，公司的一切权力都应由董事会行使或由董事会授权行使。公司的一切业务活动都应在董事会的指示下进行。"董事会在行使其职权时必须是以一个集体来行使的，而且通常是通过董事会会议上进行表决（即复数票同意才能通过决议）来具体实行的。至于单个的董事，如果其不兼任公司高级职员，则是不能单独进行活动的。欧洲许多国家也有类似的规定。同时各国法律确立了董事越权有效原则。公司立法中董事越权无效向越权有效原则的转变，无疑是公司立法的一大进步。一方面它保护了相对处于弱者地位的公司债权人的利益，使他们免受越权行为的侵害，另一方面也适应了商事活动高速快捷和安全原则的需要，使商事活动能无障碍地进行。

4) 独立董事

独立董事是英美法系国家，尤其是美国判例法中的一个创造，它产生的主要背景是这些国家实行单一的董事会制度，公司的实际经营管理权基本上掌握在董事会和管理层之手，股东的管理作用日趋形式主义，从而产生了如何监督董事会及高级管理人员的问题，尤其是从20世纪60年代起，美国的许多大公司广泛地对外国官员行贿等丑闻不断曝光，加上一些公司董事的性质恶劣的不当行为被揭露，对公司的监督问题更成为公众关注的焦点。在美国,先是由美国法院判决要求公司改变董事会结构,要求有与公司没有联系的外部董事进入董事会,以后美国的密歇根州率先在其公司法中确立了独立董事制度,该法不仅规定了独立董事的标准,而且规定了独立董事的产生方法及确定了其特殊的权利与义务。以后美国的纽约证券交易所(New York Stock Exchange,NYSE)和纳斯达克(National Association of Securities Dealers Automated Quotations,NASDAQ)都明确规定了凡上市公司的董事会中必须至少要有两名以上的独立董事,而且其审计委员会必须全部由独立董事组成。英国伦敦证券交易所于1991年专门成立了公司财务治理委员会,该委员会在其报告中建议,上市公司董事会至少要有3名外部董事,该委员会在1992年提出的"标准行为准则"中建议上市公司的董事会应该包括具有足够才能,足够数量,其观点能对董事会决策起重大影响的非执行董事。

独立董事是指与公司的交易活动没有实质性的、直接的或间接的利害关系,从公司外部选聘的董事。

作为独立董事,它具有如下3个特点。

(1) 独立董事是上市公司董事会中保护广大股东利益的外部人员。

(2) 独立董事必须独立于公司的管理层。这种"独立"通常是与公司无商业关系;非公司雇员或公司行政管理人员的直系亲属;与公司的任何管理人员之间不存在"交叉性报酬"的联系,等等。

(3) 独立董事应当具有丰富的商业经验。在美国大多数公司的独立董事都是现任的或已退职了的其他公司高层管理人员,他们经验丰富,与公司的经营决策没有直接的利害冲突,处理问题比较客观,确实对内部董事能起一定的监督和平衡作用。

5) 董事的义务和责任

在英美法中,对于责任的基本原则,在公司法中至今还没有具体规定,主要存在于判例法和衡平法的大量判决之中。董事的基本义务和责任主要有忠诚义务与合理的谨慎义务。

董事必须履行忠诚义务,即董事必须忠实地、合理地以符合公司最高利益的方式为公司服务。所谓"忠实",是指董事在任何时候代表公司行动时,随时将公司利益置于首位。诚信义务至少包含以下内容:董事不得因自己身份而受益;董事不得同公司开展非法竞争;董事不得与公司从事自我交易;董事不得篡夺公司机会等。

典型案例 2-6

克里林凯诉朗杰瑞案

原告和被告皆为一家提供空中出租服务的柏林空中有限责任公司的股东、董事,原告是副总裁,被告是总裁。1977年,柏林公司与几家旅行社商谈为德国旅客提供服务的合同未成。1978年6月份,被告获悉那几家旅行社可能愿意订约,同年7月7日,被告合并了某空中出租公司并成为其唯一股东。同年8月20日,该出租公司向上述几家旅行社要约,经谈判,合约于9月1日达成。原告认为,被告违背其对柏林公司的诚信义务,而将该公司的业务转给出租公司。法院最后的判决是:原告的指控成立,被告败诉。

中西经营公司诉斯蒂芬案

被告斯蒂芬自1969年8月份至1971年12月份为原告中西经营公司董事和投资委员会主席。1970年夏,被告的儿子欲建立一证券经纪行,被告建议原告给予融资。经协商,原告答应在被告经营证券经纪行并购买10万股的前提下,它将对证券经纪行投入25万美元。在1970年被告出席的两次股东会议上,原告的董事都对股东们说被告已同意以每股1.5美元购买证券经纪行10万股,股东们便批准了该融资计划。原告公司对证券经纪行投入了25万美元;证券经纪行发生亏损,原告公司又投入了15万美元,证券经纪行于1971年年底倒闭,原告公司损失32.5万美元。原告公司后来发现被告对证券经纪行分文未投,遂控告其违背董事的诚信义务,要求被告支付赔偿金和罚款。法院最后判决原告胜诉。其理由是:原告公司愿意冒经纪人生意风险的前提条件是被告也愿意和它一道冒险,被告为使原告公司单独冒险而进行了欺骗,违背了董事的诚信义务,为此,被告应向原告公司赔偿32.5万美元损失,并向其支付2.5万美元罚款。

董事必须履行谨慎义务,即董事必须履行其合理的谨慎和技能来为公司服务。所谓合理的谨慎和技能,是指普通人的谨慎和才能。具体包含如下3层意思。

(1) 董事应以一位处于与其同样地位和类似环境的普通智者处事的谨慎态度来履行其职责。

(2) 董事无须显示出比其本身的知识和经验更高的技巧和才能来履行其职责,他必须正确地听取专家合理的咨询和建议。

(3) 西方国家公认的习惯是在公司遇到紧急业务要处理,或者当内部细则规定的某些事务可以留给一些公司职员去处理时,董事在没有理由怀疑上述职员不忠诚的情况下,应该相信这些职员是在忠诚地履行其职务,职员失职给公司造成损失,应由职员负责。

4. 公司的高级职员

1) 公司职员的概念

在西方国家,所谓公司高级职员,通常包括总经理、副总经理、司库和秘书;在英国和西欧一些国家,还应包括审计员。从严格的意义上说,只有那些比较重要的管理人员,才属于"高级职员"。按照西方国家公司法的传统观念,高级职员也是雇员,是在董事会授权下执行和实施董事会所决定的政策。因此,高级职员是由董事会根据公司经营的需要而自行决定的。

2) 公司高级职员的职权

按照西方国家的公司法,公司职员的职权分成如下3种形式:明示权限、默示权限和不可否认的权限。在这3种方式下,公司职员的代理行为可以对公司(本人)产生约束力。

(1) 明示权限。公司职员的明示权限是指根据公司法、公司章程、公司的内部细则或董事会的决议明确授予的法定权限。在美国,几乎所有公司的内部细则都列举了各类职员应具有的各种明示权力。

(2) 默示权限。公司职员的默示权限,又称可推定的权限,或固有的权限,是指由公司同意给予其职员行使其职务所必需的权限。

(3) 不可否认的权限(表见代理权)。从事一项业务活动的不可否认的权限,是指公司董事会通过书面或口头的方式,或者通过任何其他行为向第三者明确作出一种表示,这种表示合理地被认为是公司已经同意明确授予某特定人员(职员)代表公司从事某项业务活动的一种权限。不可否认的权限又称表见代理权。表见代理往往与默示代理并存。在任命某人为经理时,该任命即是一种对经理的默示授权;同时,对第三人来说,他可以合理地预见到,该被任命者有权行使经理的权力,即表见代理亦同时产生。在公司法意义上说,就是由公司向第三者宣布"职员"或"代理人"可以代表公司进行业务活动。该第三者应完全相信上述"职员"和代理人已具备了进行业务活动所必需的权限。此种权限具有临时性是十分明显的,而且,公司不得再对已向第三者宣布的上述权限"反悔"食言。如果公司董事会曾明确向经理人员表示,该经理已无权从事某一业务,但该经理仍然继续代表公司从事该业务,在此种情况下,如第三人处在不知情的情形下,公司仍要对经理的代理行为负责,即公司与第三方的交易应受到保护,而该经理应对其越权行为向公司(本人)承担责任。这就叫作不可否认的权限。因此不可否认的权限包括下述3个内容:①公司正式授权其职员从事某项业务;②明确向第三者表明上述授权;③公司不得否认已作出的授权。这3个内容是紧密相关,缺一不可的。

2.3.8 公司的合并、解散和清算

1. 公司的合并

公司的合并,又称为并购,是公司法的一个重要组成部分,严格地说,公司合并可分为新设合并、吸收合并和收购。

1) 新设合并

新设合并是指两个或两个以上的公司合并成一个新公司的商业交易。新设合并又称联合。新设合并具有如下5个特征。

(1) 在新设合并中,参与合并的公司全部消失,因而称消失公司,新设公司获得消失公司的全部财产并承担它们的全部债务及其他责任。

(2) 在新设合并中,每个消失公司的股票(份)都转化成新设公司的股票(份)、债务或其他证券,或全部或部分地转换成现金或其他财产。

(3) 新设合并的条件是参与合并的公司的董事会必须制订合并计划(该计划需经股东批准),并由新设公司报政府工商管理部门存档。

(4) 在新设合并中,合并章程将成为新设公司的设立章程。

(5) 如果公司的股东有权对合并提出反对,则新设公司有义务向持异议者的股东支付现金。

2) 吸收合并

吸收合并又叫作兼并,是指一个或几个公司并入另一个存续公司的商业交易。因此,吸收合并也可称为存续合并。存续合并具有如下特点。

(1) 在存续合并中,存续公司获得消失公司的全部业务和资产,同时承担各个消失公司的全部债务和责任。

(2) 在存续合并中,消失公司的股份得转换成存续公司或其他公司的股份、债务或其他有价证券,或者全部或部分地转换成现金或其他财产。

(3) 存续合并的条件是实施合并公司的董事会制定有效的合并计划,根据原先的规定经股东的批准并由存续公司将合并章程呈递有关政府工商部门。

(4) 如果规定公司合并必须经过股东大会批准,但少数股东不同意合并,则公司有责任以现金支付上述不同意合并股东的股份。

在现实的吸收合并中,外国投资者往往需要在投资所在国先设立一个子公司,然后再以子公司的名义合并其所要吸收的所在国公司。

在一些西方国家,尤其是英美法系国家,习惯于把新设合并和吸收合并统称为法定式合并。法定式合并是指存续公司或新设公司自动地获得消失公司的全部资产并承担其全部债务的一类合并,涉及此类合并的所有公司股东都有权获得在合并计划中确定的对价。

法定式合并主要包括吸收合并及新设合并,它区别于收购资产或收购股份的收购行为。但收购行为实际上又属于吸收合并的一部分。

要说明的是,在传统的合并交易中,消失公司的股东通常获得存续公司的股票,但现今的法定式合并中的对价,可以是现金或股票之外的其他财产。

3)收购

收购是指由收购公司通过其高级管理人员发出收购要约,购买某个目标公司的部分或全部股票(份),以便控制该公司的法律行为。

收购目标公司的对价,可以是现金、收购公司或其他公司的有价证券,但通常是现金。在现金收购中,目标公司的收购价格往往要高出其市场价格的25%~50%。

在收购中,如果目标公司无力顶住收购者对其股票出价的诱惑,只能把自己的股票出售给收购公司,从而实现收购公司兼并目标公司的目的。

2. 公司的解散

公司的解散,在公司法上就是指公司法人资格的消失。各国公司法对公司解散的原因都有具体的规定。基本上有以下的原因:一是公司章程所规定的解散事由的发生;二是公司经营的事业已经成就或不能成就;三是股东大会的决议;四是公司的股东人数或资本总额低于法定的最低数额;五是被其他公司合并;六是公司破产;七是政府主管部门下令解散或司法解散。

 典型案例 2-7

美国公司强制解散案例

原告和被告各拥有一家建筑供应公司50%的股份,二人皆为公司董事。由于双方对公司的经营方法发生严重分歧,原告诉至法院请求解散公司。在一审法院审查阶段,双方同意任命一监督人管理企业。后来,一审法院鉴于要求各股东出价购买对方股份的建议失败,便指令该监督人接管该公司、清理各项业务并解散该公司。对此,被告提起上诉,美国乔治州最高法院最终驳回了被告的上诉,理由是:僵局出现于两个具有同等股份的股东之间,双方均为事实上的股东,双方在经营管理上不能相互同意,以招致了毁灭生意的威胁。在该案例中,原、被告双方作为事实上的股东在管理理念上出现分歧,符合美国《标准公司法》中:"董事在公司管理事务中出现僵局而股东们未能打破此僵局以至正在遭受不可修复的损害或损害威胁"这一规定。因此,法院判决强制解散该公司。

公司解散涉及诸多问题,如清理债权债务、变卖公司资产、支付各类费用、纳清税款、分配剩余资产等。同时,公司的解散与清算密不可分。

3. 公司的清算

公司的清算是指公司在解散过程中了结公司债务,并在股东间分配公司剩余资产,最终结束公司的所有法律关系的一种法律行为。清算的一般做法：首先，确定清算人并由其负责清理公司债权债务；其次，根据债权人的先后次序偿还债务；最后，股东分配剩余资产。

2.3.9 外国公司

外国公司，一般是指根据其他国家的公司法的规定而设立的公司。凡外国公司，如果没有经所在国家政府的批准和同意，一般不得在该国从事商业性活动。例如，《美国标准公司法》第 106 条规定："外国公司从州务卿处获取授权证书之前，无权在该州进行业务活动。"但是，对于一般的商业交易无须营业许可。

典型案例 2-8

哥德温兄弟租赁公司诉路赛思案（1977）

原告向被告出售压缩火鸡未获付款，便向马赛州起诉，初审判被告败诉。被告便以原告未取得马赛州营业许可而不具有诉讼权为由上诉。结果上诉法院亦判被告败诉。理由是原告公司向马赛州出售火鸡的行为不属营业活动。原告在马赛州既无财产，也未设办事处，更无账号，其所得价款汇往地点与其在外州的注册处是一致的，因此这种一般的商业交易无须营业许可，原告并不丧失诉讼权，否则州际贸易的双方当事人之间的权益就无法保障。

西方国家公司法对外国公司撤离的规定，一般分两种情况：第一种是由于外国公司严重违反东道国的公司法令或其他法律，被强制吊销营业执照而被迫撤离；第二种是外国公司已经完成了在东道国从事营业活动的预定目标，需要转移营业地而采取的主动撤离。

2.3.10 公司组织的优缺点

1. 公司组织的优点

公司在世界各国的经济发展中，起着举足轻重的作用，这是由其以下 5 个优点决定的。

（1）股东对公司的债务承担有限责任。公司的财产与股东的财产完全区分开来，即股东对公司的债务仅以其出资额为限。

（2）公司一般具有独立的法人资格（除无限责任公司外），在法律上具有权利能力和行为能力，独立地承担民事、经济、行政和刑事责任。

（3）公司的股东一般不受人数限制（除几类封闭公司外），公司的形式便于集资，从而形成规模效益，具有较多的增长机会。

（4）公司有无限寿命，即使所有权转移仍能保持其法人地位，因此公司能保持经营的连续性。

（5）公司所有权和经营权的分离使企业能聘用管理素质高的经理人员，提高经营管理的效率。

2. 公司组织的缺点

（1）公司的组建比较复杂。组建公司除了要有公司章程和章程细则等规范的法律文件，还要具备足够的人数和资本，有些公司还需经政府主管部门批准后方能设立。

（2）公司的开办费用相对较高。

（3）双重纳税。公司在经营活动中获得的利润要交公司所得税，股东分红所得还要交个人所得税。

（4）政府对公司的法律管制也较严密。上市公司要定期公布财务报表。

（5）企业经营权和所有权的分离在给企业带来管理效率的同时，也给经理利用职权为自己和职工谋利而损害所有者利益带来可乘之机。

（6）为加强对经营者的监督和激励，会加大企业的代理成本。

 引例分析

萨洛蒙先生于1892年成立了萨洛蒙有限责任公司，共发行了20 007份股份，其中，萨洛蒙先生占20 001股，其余每人各占一股。公司成立后的第一次董事会批准萨洛蒙先生将其鞋店卖给公司，售价38 782英镑，其中，20 000英镑作为萨洛蒙先生认缴公司的股金，计20 000股；10 000英镑作为公司欠其债务，并由公司资产作为担保；其余以现金支付。公司以后陆续对外借了部分债务，未设抵押。1893年，公司因无力支付到期债务被依法清算，清算结果是公司有资产6 000英镑，欠债除萨洛蒙先生的10 000英镑外还有7 000英镑非担保债务。

萨洛蒙先生要求公司优先偿付其有担保的债权。公司清算人代表无担保的债权人起诉萨洛蒙先生，认为他与公司实际为同一个人，他应对普通债权人承担赔偿责任，并且本人债权不应当向公司求偿。一审法院和上诉法院均支持了清算人代表公司普通债权人的上述主张，认为公司是萨洛蒙先生的代理人，萨洛蒙先生应承担公司的债务。

萨洛蒙先生不服判决不断上诉，最后上议院推翻了初审法院和上诉法院的判决。英国上议院认为，萨洛蒙公司是合法有效成立的，因为法律仅要求有7个成员并且每人至少持有一股作为公司成立的条件，而对于这些股东是否独立、是否参与管理则没有作出明文规定。因此，从法律角度讲，该公司一经正式注册，就成为一个区别于萨洛蒙的法律上的人，拥有自己独立的权利和义务，以其独立的财产承担责任。本案中，萨洛蒙既是公司的唯一股东，也是公司的享有担保债权的债权人，具有双重身份。因此，他有权获得优先清偿。最后，法院判决萨洛蒙获得公司清算后的全部财产。

本 章 小 结

商事组织是指能够以自己名义从事营利性活动，并具有一定规模的经济组织。商事组织应符合以下基本要求：须有自己的名称或商号；有固定的场所或住所；拥有一定的自主支配的资金；以营利为目的；具有一定的组织形式；其设立手段须符合法律规定。

在商事组织的长期发展过程中，形成了3种基本的法律形式，即个人企业、合伙企业和公司。个人企业即个人独资企业，是由一名出资者单独出资并从事经营管理的企业。合伙是两个或两个以上的合伙人为经营共同的营利事业而组成的企业组织。

本章介绍了普通合伙企业的概念、特征，合伙企业的设立程序、合伙的内外部关系、合伙的解散和清算等制度等；重点介绍了公司的概念、特征，公司的设立、治理、股东的权利、董事及公司高管人员的义务等有关知识。在介绍相关理论知识的同时，又有选择地分析了实用而典型案例，增强了读者学习的兴趣以及分析和处理问题的能力。

名词与概念

个人企业（Sole Proprietorship/Individual Business）　　合伙企业（Commercial Partners）
公司法（Company Law）　　公司的资本（The Company's Capital）
有限责任公司（Limited Liability Company）　　无限责任公司（Unlimited Liability Company）
合伙协议（Partnership Contract）　　有限合伙（Limited Partnership）
无限连带责任（Joint and Several Liability）　　揭开公司面纱（Piercing the Corporate Veil）
独立董事（Independent Director/Outside Director）　　有限合伙人（Limited Partner）
普通合伙人（General Partner）　　兼并（Merger）
资产负债表（The Balance Sheet）　　清算（Liquidation）　解散（Dissolution）

思 考 题

1. 各国关于公司设立的基本规定是什么？
2. 合伙企业具有哪些法律特征？
3. 合伙人相互间有哪些权利和义务？
4. 简述公司资本的含义及公司资本制度。
5. 股东对公司的出资形式有哪些？各国公司法对出资形式有什么特别规定？
6. 阐述公司股东会、董事会、监事会的职权。

练 习 题

1. 单项选择题

(1) 我国《公司法》规定，公司的法人代表是（　　）。
　A. 厂长　　　　B. 经理　　　　C. 董事长　　　　D. 董事长或经理
(2) 下列具有独立的法人资格的是（　　）。
　A. 公司　　　　B. 个人企业　　C. 个体工商户　　D. 独资经营企业
(3) 资本主义国家中数量最多的企业形式是（　　）。
　A. 合伙　　　　B. 个人企业　　C. 公司　　　　　D. 国家公共事业
(4) 甲有限责任公司注册资本 10 万元，负乙公司合同债务 30 万元，乙公司要求甲公司如数偿还。甲公司应以其（　　）对公司债务承担责任。
　A. 注册资本　　B. 实收资本　　C. 全部资产　　　D. 净资产
(5) 公司的最高权力机构是（　　）。
　A. 董事会　　　B. 监事会　　　C. 股东大会　　　D. 执行委员会
(6) 英国公司宣告的有效成立的条件是取得（　　）。
　A. 登记注册　　B. 公司章程　　C. 登记证书　　　D. 审查报告
(7) 不是清算人的职责是（　　）。
　A. 了结公司的业务　　　　　　B. 检查公司的财产状况
　C. 偿还公司的债务　　　　　　D. 督促公司的业务

(8) 美国的合伙法属于（　　）。
A. 统一的联邦合伙法　　　　B. 《法学阶梯》
C. 州法　　　　　　　　　　D. 商法典

2. 判断题

(1) 在现代资本主义社会中，以股份有限公司为代表的公司企业已成为国民经济的主要支柱，对社会经济生活有举足轻重的影响。（　　）

(2) 根据我国《公司法》规定，董事会的决议违反法律、行政法规或者公司章程、股东大会决议，致使公司遭受严重损失的，参与决议的董事对公司负赔偿责任。（　　）

(3) 公司发起人的资格只能是法人，法律上加以严格限制。（　　）

(4) 股份有限公司是资本主义国家最重要、最有代表性的企业组织形式。（　　）

(5) 在英美法中，发起人在公司成立前以公司名义所订合同是有效的。（　　）

(6) 注册登记是公司取得法人资格的关键步骤，是公司成立并开展事业的必要条件。（　　）

(7) 股份有限公司的股份表现为股票。（　　）

(8) 根据我国《公司法》规定，股东按出资比例分取红利，不履行出资义务的股东只是负有资本填补责任，但是仍然可以分取红利。（　　）

(9) 近年来，随着股份有限公司董事会权力的不断扩大，各国公司法都采取各种不同形式加强对公司业务执行机构的检查与监督。（　　）

(10) 根据我国《公司法》规定，股东大会选举董事、监事，实行累积投票制。（　　）

(11) 法国的公司法规定，董事必须由股东担任。（　　）

(12) 有限责任公司是指仅在特定当事人之间筹集资金，且各股东的责任只以其出资额为限的商事组织。（　　）

(13) 揭开公司面纱是承认其"法人原则"，实际上投资者与公司负无限连带责任，是为了保护债权人的利益。（　　）

(14) 两个注册会计师即可组建合伙企业。（　　）

(15) 合伙企业中，合伙人之间共同经营，共同投资，共享收益，共担风险。（　　）

(16) 根据我国《公司法》规定，非依法律规定，公司不能收购本公司的股份，但是可以接受股东把股份质押给公司做担保。（　　）

(17) 依合伙的形态不同，分为个人合伙、法人合伙和混合合伙。（　　）

(18) 公司依法或依章程规定留存必要的储备金，又称"公积金"。（　　）

(19) 各国皆允许公司按一定的程序增加其股本。（　　）

(20) 除一人有限责任公司外，我国其他有限责任公司的注册资本的最低限额不再分别归类而统一为 5 万元。（　　）

(21) 即使合伙企业的财力不足以清偿其债务，债务人也无权向任何一位合伙人请求全部履行债务。（　　）

(22) 法国法律规定，不参与日常管理的合伙人一年内查阅合伙账目一般至少 3 次。（　　）

(23) 在大陆法国家，早期的公司法主要规定在商法典中。（　　）

(24) 公司的设立是公司依照法定程序取得法人资格的过程。（ ）

(25) 根据我国《公司法》规定，股东在公司成立后不得抽回出资，但是符合法定条件的，可以请求法院解散公司。（ ）

(26) 在公司发行的股票中，优先股的股利是固定的，不因公司获得巨利而提高，而普通股的股利也是固定的，不用取决于公司的经营状况。（ ）

(27) 大多数国家的公司法规定，董事资格仅限于有行为能力的自然人。（ ）

(28) 英美法认为，董事与公司的关系，是一种信赖关系。（ ）

(29) 日本公司的监察人并不享有完全的监督权，同德国一样。（ ）

(30) 根据我国《公司法》规定，投资者可以用股权和债权出资。（ ）

(31) 根据我国《公司法》规定，公司股东只要履行了出资义务，在任何情况下均只对公司债务承担有限责任。（ ）

(32) 根据我国《公司法》规定，控股股东是指出资额或者持有的股份占公司资本总额百分之五十以上的股东。（ ）

(33) 根据我国《公司法》规定，一人公司的股东，可以是自然人，也可以是法人。（ ）

3. 案例分析题

原、被告各拥有一建筑供应公司50%的股份，二人皆为公司董事，由于双方对公司的经营方法发生严重分歧，格沃汉姆诉至法院请求解散公司。在一审法院审查阶段，双方同意任命一监督人管理企业。后来，一审法院鉴于要求一个股东出价购买对方股份的建议失败，便令该监督人接管该公司、清理各项业务并解散该公司。对此，双方当事人提起上诉，美国乔治州最高法院最终驳回了当事人的上诉，理由是：僵局出现于两个具有同等股份的股东之间，双方均为事实上的股东，双方在经营管理上不能相互同意，以招致了毁灭生意的威胁。

试分析该案判决是否正确？为什么？

第 3 章

国际商事代理法

教学目标与要求

通过对国际商事代理法的学习,使学生掌握代理的概念、特征、代理法的渊源、代理权产生、无权代理、代理关系的终止等基本知识;熟练掌握代理的法律关系;熟悉我国的代理法与外贸代理制;能用所学知识分析相关案例,并能解决相关实际问题。

偌蒙赛诉高邓案

原告偌蒙赛是一名经特许的不动产经纪人,从事购买和持有土地再售的生意。被告高邓聘用原告作为特许经纪人,为其约 181 英亩的土地寻找一位买主。后来原告获悉该地的地价会迅速飙升,便决定自己买下该块土地,被告也同意以 800 美元/英亩的价格卖给原告。双方还签署了书面的转让协议。但是,在执行该协议之前,被告却以 800 美元/英亩的同样价格将该块土地卖给了第三人。与此同时,原告以本人的身份寻找到一位同意以 1 250 美元/英亩的价格购入该土地的买主。当原告得知被告将该块土地卖给第三人后,便诉向美国法院,要求被告赔偿其 9 000 多美元的差价损失。

思考:

美国法院能支持原告的请求吗?

3.1 代理概述

代理制度作为两大法系所共有的一项法律制度,并非从来就有,而是随着商品经济的发展而逐步产生、发展起来的。商事代理的历史可以溯源到罗马法上的代理概念,由于"非其本人不得订立契约"的原则,罗马法的代理制度产生较晚,在帝政时期才初见端倪,且仅限于民事代理,但为后来的商事代理奠定了理论基础。在中世纪,由于商业发展的迫切需要,出现了有关代理的理论。荷兰著名政治家、法学家胡果·格老秀斯在其《战争与和平法》中,提出了关于"代理人的权利直接来源于他的委托人,其行为基于委托人的授权"的理论。以罗马的简单商品经济条件为背景,尽管曾出现过类似于后世有关委托代理的相关规定,但一直没有形成较为完善的代理制度。在资本主义制度下,由于商品交换关系高度发达，社会关系复杂多样。人们不可能事事亲力亲为，代理制度有了很大的发展。无论是在国内贸易和国际贸易中，代理制度都得到广泛的应用。

各个国家和地区的民事立法上，之所以广泛承认代理制度，原因有如下两点。

(1) 委托代理制度属于私法自治的扩张。代理制度能使民事主体不仅可以利用自己的能力和知识参加民事活动，而且可以利用他人的能力和专门知识进行民事活动，从而扩张了民事主体从事民事活动的范围，对促进专业化分工、节约交易成本具有重要作用。

(2) 法定代理和指定代理制度属于私法自治的补充。无民事行为能力人或限制民事行为能力人可以借助代理制度参加各种社会活动，补足了此类民事主体由于意思表示能力的欠缺带来的各种不便。

3.1.1 代理的概念和特征

1. 代理的概念

所谓代理（Agency），是指代理人（Agent）按照本人（Principal）的授权（Authorization），代表本人同第三人订立合同或为其他的法律行为，由此而产生的权利与义务直接对本人发生法律效力的法律制度。在代理制度中，由他人代为实施民事行为的人，称为被代理人，又称本人或委托人。以他人名义或自己名义为他人实施民事行为的人，称为代理人。与代理人实施民事行为的人，称为第三人。

2. 代理的特征

(1) 代理人以意思表示为法律行为的核心。代理人以自己的技能为被代理人的利益独立为意思表示，是代理人的职能。在这一点上，代理人既与使者不同，又区别于委托合同中的受托人。使者只传达他人的意思而不独立为意思表示。受托人接受委托，所处理的委托事务，既有民事行为，又有非民事行为。严格说来，代理只能适用于民事行为。但为了保护当事人的合法权益，促进正常民事流转和维护社会经济秩序，允许将代理制度及有关规则扩展适用于民事行为以外的其他行为。凡意思表示具有严格的人身性质，必须由表意人亲自作出决定和进行表达的行为，尽管包含有意思表示因素，也不得适用代理。例如，订立遗嘱、婚姻登记、收养子女等行为，不得代理。

(2) 代理人是以被代理人的名义或自己的名义进行活动。代理有直接代理和间接代理之分。狭义的代理仅指直接代理，即代理人须以被代理人的名义进行代理行为，大陆法系各国一般仅承认狭义的代理。广义的代理不仅包括直接代理，而且包括间接代理。所谓间接代理，就是代理人以自己的名义代被代理人从事民事行为。我国现行民事立法采用广义的代理。

(3) 代理行为的法律效果直接归属于被代理人或经由间接代理人归属于被代理人。

3.1.2 代理的法律渊源

调整国际商事代理关系的法律渊源有国际法规范、国际惯例、国内法规范。

1. 国际法规范

(1) 1986年12月，欧盟制定的《关于协调成员国自营业代理人法规》（已经失效）。

(2)《国际货物销售代理公约》虽还未生效,但也是一部有很大影响力的国际代理实体法公约。但是,该公约主要是针对国际贸易方面而制定的涉及的内容比国际商事要少,到目前为止,加入的国家不到10个,所以该公约尚未生效。

(3)海牙国际私法会议(Hague Conference on Private International Law)1978年订立的《代理法律适用公约》。目前,该公约已生效,它是迄今为止国际上仅有的一个对代理法律适用问题做出比较全面和合理规定的国际公约。

(4)2004年出台的《国际商事合同通则(修订版)》(*Principles of International Commercial Contracts*,PICC,以下简称《通则》),在其1994年版本上增加了代理权一章,这是国际统一私法协会统一国际代理制度的最新努力。在经过了前两次的失败尝试后,国际统一私法协会的此次努力是否能够获得成功值得关注。此外,《通则》是国际商法上影响力最大的法律文件之一,了解其代理制度或许对我国代理制度的再次重构有所启迪。

2. 国际惯例

目前,国际社会尚不存在规范化的、专门适用于国际商事代理关系的国际惯例。

3. 国内法规范

大陆法系国家适用于国际商事代理关系的法律规范主要体现于《民法》《商法典》之中,其中一些国家制定单行法。

英美法系国家,判例仍是调整国内和国际商事代理关系的法律规范的重要渊源。

我国的国际商事代理关系的法律规范主要体现在《民法通则》《中华人民共和国民法总则》(以下简称《民法总则》)和《合同法》中。

3.1.3 代理权的产生

代理权就是代理人得以被代理人的名义与第三人实施法律行为,为被代理人设定、变更或消灭民事法律关系的权利。

代理权是代理关系的核心内容。它是代理关系存续的前提,代理关系自代理权产生之时始确立,并随着代理权的消灭而终止;代理权是民事主体取得代理人资格,能以被代理人名义从事代理行为的法律依据。

代理权产生的原因,大陆法系与英美法系有所不同。

1. 大陆法系

1)法定代理

凡不是基于本人的意思产生的代理,称为法定代理(Statutory)。法定代理权的产生主要有以下4种情况:①根据法律的规定而享有代理权,如父母对未成年子女的代理;②根据法院的选任而取得代理权,如法院指定的法人清算人;③因私人的选任而取得代理权,例如亲属所选任的监护人及遗产管理人等;④其他法律规定的代理,如公司法人本身是不能进行活动的,它必须通过代理人来处理各种业务,如董事、法定代表人等。

2)意定代理

基于本人的意思而产生的代理,称为意定代理(Voluntary)。这种意思可以是口头方式,也可以是书面方式,也可以向与代理人打交道的第三人表示。在大陆法中,德国、瑞士和日本的法律认为,委任与授权行为是有区别的。委任是本人与代理人之间的内部关系,而授权行为则是委任合同的对外关系,是本人及代理人同第三人的关系的法律依据。

2. 英美法系

1) 明示代理

本人以明示的方式指定某人作为他的代理人称为明示代理(Express Authority)。按照英美法的法例,代理协议的成立不要求特定的形式,既可以采取口头形式,也可以采取书面形式,除非本人要求代理人用签字蜡封的形式授予代理权,这种要式的授权的文书叫作"授权委托书(Power of Attorney)"。职业或惯常授权也产生明示代理。

2) 默示代理

默示代理(Implied Authority)是指除明示代理以外的因双方存在的关系或特别的行为而产生的代理,如A与B是夫妻关系,B在外面用A的信用卡买东西,A就应付款,除非A告诉店主不要以信用卡形式卖东西给B。再如,甲经常指定乙替他向丙购货,并如数支付货款,在这种情况下,乙便认为甲是有默示代理权的,如果甲不让乙以他的名义购货,则甲除通知乙外,还要通知丙,否则如果乙仍以他的名义购货,甲就要承担责任。

3) 不容否认的代理

不容否认的代理(Agency by Estoppel)是指代理人并不具有本人的明示或默示授权,但因本人的言行使第三人有合理根据认为该无权代理人拥有授权,则该代理人有关行为的法律后果由本人承担的代理。例如,甲经常将自己的私人印鉴交给乙保存,乙向他人宣称他是甲的代理人,并与丙订立了合同,甲不加否认,如果日后,乙拒绝履行合同,甲就不能否认。这一制度的设立,目的在于保护善意的第三人,维护市场交易的安全。

英美法上"不容否认的代理",在大陆法上称之为"表见代理",不同的是,大陆法认为这在本质上还是一种无权代理,只不过法律赋予其同一般代理一样的效果;而英美法认为这本身就是一种有效的代理,基于"表面授权"产生。但无论是大陆法还是英美法,都认为在这种情况下被代理人应该承担法律后果。

作为一种制度设计,法律之所以规定表见代理,是为了维护交易安全,提高交易效率,保护善意第三方权益。一般而言,构成表见代理至少应满足3个要件:首先,无权代理人以被代理人名义同第三方实施某种法律行为;其次,被代理人疏忽或过错的明示或默示行为使他人有理由认为行为人有代理权;最后,第三方在主观上是善意的。

4) 客观必需的代理

客观必需的代理(Agency of Necessity)是在一个人受委托照管、托运另一个人的财产,为了保存这种财产而必须采取某种行动时产生的。在这种情况下,虽然受托管理财产的人并没有得到此种行动的明示授权,但由于客观情况需要视为具有此种授权。要取得这种代理权非常困难,英美法院一般也不愿意不适当地承认这种代理权,其成立必须具备3个条件。

(1) 行使这种代理权是实际上和商业上所必需的。

(2) 代理人在行使权力前无法与委托人取得联系以得到指示。

(3) 代理人所采取的措施必须是善意的,并且必须考虑到所有有关当事人的利益。

例如,英国铁路公司替原告运一批西红柿到 A 地,由于铁路工人罢工,西红柿被堵在半路上,眼看西红柿将要腐烂,铁路公司遂就地卖掉,并为原告保管了这笔钱。原告认为被告无权这样处理原告的货物。法院判决被告败诉。

5) 追认的代理

追认的代理(Agency by Ratification)一般来说是指代理人未经授权或超出授权的范围,而以本人的名义同第三人订立了合同,这个合同对本人是没有拘束力的,本人在事后批准或承认这个合同,这种行动称为追认。

追认构成的条件有如下 4 点。

(1) 代理人在与第三人订立合同时必须声明他是以代理人的身份订立合同。

(2) 合同只能由订立合同时已经指出姓名的被代理人或可以确定姓名的被代理人来追认。

(3) 追认该合同的被代理人必须是在代理人订立合同时已经取得法律人格的人。

(4) 被代理人在追认该合同时必须了解其主要内容。

3.1.4 无权代理

1. 无权代理的概念

无权代理,是指不具有代理权的当事人所实施的代理行为。无权代理,包括如下 4 种情况。

(1) 根本未经授权的代理,即当事人实施代理行为,根本未获得被代理人的授权。

(2) 授权无效的代理。授权人系无自主能力人;授权人当时无自主意识(如醉酒);授权人授权时受到胁迫等。

(3) 超越代理权的代理,即代理人虽然获得了被代理人的授权,但他实施的代理行为,不在被代理人的授权范围之内。就其超越代理权限所实施的代理行为,成为无权代理。

(4) 代理权已终止后的代理,即代理人获得了被代理人的授权,但在代理证书所规定的期限届满后,代理人继续实施代理行为,就其超过代理权存续期限所实施的代理行为,成立无权代理。

2. 大陆法的有关无权代理规定

大陆法各国大都在民法典中对无权代理加以规定,如《德国民法典》《日本民法典》都规定,无代理权人以他人名义订立合同者,非经本人追认不生效力。在本人追认以前,无权代理人所作的代理行为处于效力不确定的状态。在这种情况下,大陆法有两种处理方法:一是由第三人向本人发出催告,要求本人在一定时间内答复是否予以追认;二是允许第三人在本人追认以前,撤回他与无权代理人所订立的合同。例如,《德国民法典》第 177、178 条规定,在发生无权代理的情况时,第三人得催告本人表示是否追认。追认的表示应在收到催告后两周之内作出;如在此期间不表示追认,则视为拒绝追认。并规定,无权代理人所订立的合同,在未经本人追认之前,第三人有权予以撤回;但如第三人在认立合同时明知其为无权代理人者,不得撤回。

关于无权代理人的责任，大陆法各国法律的规定并不完全相同。从原则上来说，无权代理人对第三人是否须承担责任，主要取决于第三者是否知道该代理人没有代理权。如果第三人不知道该代理人没有代理权而与之订立了合同，无权代理人就要对第三人承担责任；反之，如果第三人明知该代理人没有代理权而与之订立了合同，无权代理人就不负责任。在这一点上，大陆法各国的法律规定是一致的，但在无权代理人的责任内容上，则有不同的规定。根据《法国民法典》《瑞士债务法典》的规定，无权代理人应对善意的第三人负损害赔偿的责任。但根据《德国民法典》第179条的规定，无权代理人以他人的名义订立合同时，如本人拒绝追认，无权代理人应按照第三人的选择负履行合同或赔偿损失的义务。换言之，第三人既可以要求无权代理人赔偿损失，也可以要求其履行合同，由第三人在两者当中选择其一。

3. 英美法的有关无权代理规定

英美法把大陆法上的无权代理称为违反有代理权的默示担保（Breach of Implied Warranty of Authority）。按照英美法的解释，当代理人同第三人订立合同时，代理人对第三人有一项默示的担保，即保证他是有代理权的。因此，如果某人冒充是别人的代理人，但实际上并没有得到本人的授权，或者是越出了他的授权范围行事，则与其订立合同的第三人就可以以其违反有代理权的默示担保对他提起诉讼，该冒牌的代理人或越权的代理人就须对第三人承担责任。对于这种情况，需要注意以下5点：第一，这种诉讼只能由第三人提起，不能由本人提起；第二，无权代理人的行为不论是出于恶意还是出于不知情，他都要对此负责；第三，如果第三者知道代理人欠缺代理权，或者知道代理人并没有提供有代理权的担保，或者合同中已经排除了代理人的责任，则代理人可以不承担责任；第四，如果本人对代理人所作的指示含糊不清，而代理人出示善意并以合理的方式执行了这一指示，则代理人对此不承担责任，即使代理人对本人的此项指示曾作了错误的解释，他也不负责任；第五，代理人对违反有代理权的默示担保所承担的损害赔偿金额，一般应按第三人所遭受的实际损失计算。

4. 无权代理的法律效果

1) 发生与有权代理同样的法律效果

（1）被代理人行使追认权。通过被代理人行使追认权，可使无权代理行为中所欠缺的代理权得到补足，转化为有权代理，发生与有权代理同样的法律效果。被代理人追认权的行使，有明示和默示两种方式。明示的方式是指被代理人以明确的意思表示对无权代理行为予以承认。默示的方式是指被代理人虽没有明确表示承认无权代理行为对自己的效力，但以特定的行为，如以履行义务的行为对无权代理行为予以承认；或是被代理人明知他人以自己名义实施民事法律行为，但不作否认表示。《民法通则》第六十六条第一款后段规定："……本人知道他人以本人名义实施民事行为而不作否认表示的，视为同意。"追认无权代理行为有效的权利，是被代理人基于意思自治原则所享有的权利，其法律性质为形成权。被代理人追认权的行使，可以向交易相对人作出，也可以向无权代理人作出。一经作出追认，无权代理行为即获得如同有权代理行为同样的法律效力，因为追认的表示具有溯及力，无权代理行为自始有效，被代理人应接受因无权代理行为发生的法律效果。被代理人追认权的行使，受到了交易相对人催告权的限制。所谓交易相对人的催告权，是指交易相对人在被代理人行使追认权之前，得向被代理人发出催告，要求其在相当期限内作出是否追认表示的权利。交易相对人催告被代理人在一定期间内行使追认权的，被代理人应及时行使，不及时行使的，视为拒绝追认。

（2）表见代理。表见代理为无权代理的一种，属广义的无权代理，它是指行为人没有代理权，但交易相对人有理由相信行为人有代理权的无权代理。此种场合下，该种无权代理可发生与有权代理同样的法律效果。如果善意的交易相对人不愿该无权代理发生与有权代理同样的法律效果，也可经由撤销权的行使，使其归于无效。我国《合同法》第四十九条明确承认了表见代理制度，该条内容为："行为人没有代理权、超越代理权或者代理权终止后以被代理人名义订立合同，相对人有理由相信行为人有代理权的，该代理行为有效。"以保护动态的交易安全。

表见代理制度的构成要件：第一，交易相对人有理由相信行为人拥有代理权，即交易相对人为善意，此时，交易相对人应就其善意负担举证责任；第二，无权代理人与第三人所为的民事行为，具有法律行为的一般有效要件和代理行为的表面特征。表见代理的发生原因主要包括：第一，被代理人以书面或口头形式直接或间接地向第三人表示以他人为自己的代理人，而事实上他并未对该他人进行授权，第三人信赖被代理人的表示而与该他人为交易；第二，被代理人与代理人之间的委托合同不成立、无效或被撤销，但尚未收回代理证书，交易相对人基于对代理证书的信赖，与行为人进行交易；第三，代理关系终止后被代理人未采取必要措施，公示代理关系终止的事实并收回代理人持有的代理证书，造成第三人不知代理关系终止而仍与代理人为交易。

典型案例 3-1

买卖酒精代理纠纷案①

2007年3月5日，广西某疾病防治中心职工赖某通过电话与广东省某糖业集团公司进出口分公司（以下简称糖业公司）联系，声称广西某药业有限公司（以下简称药业公司）需要酒精12t，每吨价格为4 500元，送货时需要将开好的增值税发票一并带给药业公司，以便药业公司能够及时记账付款。糖业公司同意后，即于同年3月8日将酒精运至广西浦北交付给药业公司，药业公司当即上磅验收，共12.64t，并当场开具了验收单给糖业公司，但并未立即付款。事后糖业公司多次向药业公司催款，均被药业公司以资金暂缺为由拒付。但事后查明，药业公司却分别于2007年3月8日、3月27日、4月30日分三次以每吨酒精4 950元向赖某共支付了价款20 000元。此后赖某病重，2007年5月18日，药业公司通知赖某的母亲领取余款42 370元。糖业公司多次催款无果后，遂找到赖某的母亲询问，得知赖某已病重过世，赖某的母亲便将以上情形告知了糖业公司。糖业公司于是找到药业公司交涉，未果，便以药业公司为被告向广西浦北县人民法院提起诉讼。

对本案如何判决，法官有两种不同观点：第一种观点认为，赖某并没有酒精经营资格，在本次交易中仅是充当一个中介联系人的作用，与药业公司之间是一种事实上的代理关系，因此，药业公司应当承担付款责任；第二种观点认为，赖某在本次交易中是一个中间商，即行纪人，并非中介人，因此本次交易实际上是两次交易的合成，即首先赖某与糖业公司存在一次交易，后又与药业公司形成二次交易。因

---

① 胡新岩，吴海．本案是行纪关系还是代理关系．http://www.chinacourt.org/html/article/200811/18/331147.shtml2008-11-18 15:51:12.

此，药业公司已经将货款支付给了赖某，完成了交易，而与原告糖业公司不存在直接交易关系，故也不应承担对其支付货款的责任。我们同意第一种观点。这是由于，在实际交易前，赖某已经明确告知是药业公司需要酒精，而且通过发票我们也可以看出，交易的双方是药业公司和糖业公司；另外，在货物交付时是糖业公司直接交付给药业公司的，而且药业公司是积极接收（过磅验收）。完全符合表见代理制度的构成要件。根据《合同法》第四十九条规定："行为人没有代理权，超越代理权或者代理权终止后仍然以被代理人名义订立合同，相对人有理由相信行为人有代理权的，该代理行为视为有效。"该条确定了我国的表见代理制度。所谓的表见代理，是指"代理人没有代理权，但在外观上足以使一般的第三人相信其有代理权的代理"。由此不难看出，表见代理其实质上属于无权代理，但是法律上却赋予它具有法律意义，其本质是为最大限度地保护交易安全而设置的一种制度。本案中，赖某并未取得药业公司明确的代理权，但在交易的过程中，我们可以看出，糖业公司有充分的理由相信赖某具有合法的代理人资格。因此，赖某与药业公司间确实是一种表见代理关系，药业公司应对赖某的代理行为负责，应当履行对糖业公司的支付义务。

2) 不发生与有权代理同样的法律效果

首先，交易相对人行使撤销权。为衡平当事人之间的利益，与被代理人享有追认权相对应，与无权代理人进行民事行为时，不知也不应知其为无权代理的善意交易相对人享有撤销权。交易相对人经由撤销权的行使，将确定基于无权代理人所为的民事行为为不生效的行为。交易相对人撤销权的行使，应注意：第一，应于被代理人行使追认权之前行使；第二，被撤销的无权代理行为，被代理人不得再为追认；第三，第三人关于撤销的意思表示，一般应向被代理人作出。

其次，被代理人拒绝行使追认权。无权代理行为发生后，被代理人享有追认或拒绝追认的选择权，代理行为处于效力未定状态。若被代理人明确表示拒绝追认或在交易相对人确定的催告期内不作出追认的表示，代理行为即不生效力。无权代理不发生与有权代理同样的法律效果，并非不发生任何法律效果。此时，无权代理人应对交易相对人和被代理人承担相应的民事责任。无权代理人对交易相对人所承担的民事责任，如以合同交易为背景，应为缔约上过失责任；无权代理人对于被代理人所承担的民事责任，其类型应依据无权代理的发生原因确定，可为违约责任，也可为侵权责任。

3.1.5 代理关系的终止

1. 代理关系终止的原因

代理权终止的原因有两种情况：一种是根据当事人的行为；另一种是根据法律。

1) 根据当事人的行为终止代理关系

代理关系可以依当事人的行为而告终止。如果双方当事人在代理合同中订有期限，则代理关系于合同规定的期限届满时终止。如果代理合同中没有规定期限，当事人也可以通过双方的同意终止他们的代理关系。至于本人是否可以单方面撤回代理权的问题，根据各国的法律，原则上都允许本人可以在代理关系存续期间内撤回代理权。

2) 根据法律终止代理关系

根据各国的法律，在下列情况下，代理关系即告终止：①本人死亡、破产或丧失行为能力。但是，根据某些大陆法国家民商法的规定，上述情况只适用于民法上的代理权，至于商法上的代理权,则应适用商法典的特别规定,不因本人的死亡或丧失行为能力而消灭。②代理人的死亡、破产或丧失行为能力,根据各国的法律,当代理人死亡、破产或丧失行为能力时,无论是民事上的代理权或商事上的代理权均因之而消灭。

2. 代理关系终止的效果

1) 当事人之间的效果

当事人之间的代理关系终止之后,代理人就没有代理权,如该代理人仍继续从事代理活动,即属于无权代理,本人与代理人之间的关系应按前面介绍过的有关无权代理的法律规定办理。

2) 对于第三人的效果

当本人撤回代理权或终止代理合同时,对第三人是否有效,主要取决于第三人是否知情。根据各国的法律,当终止代理关系时,必须通知第三人才能对第三人发生效力。如果本人在终止代理合同时,没有通知第三人,后者由于不知道这种情况而与代理人订立了合同,则该合同对本人仍有拘束力,本人对此仍须负责,但本人有权要求代理人赔偿其损失。

3.2 代理的法律关系

3.2.1 代理的内部关系

本人与代理人之间的关系,一般是合同关系,是属于本人与代理人之间的内部关系。在通常情况下,本人与代理人都是通过订立代理合同或代理协议来建立他们之间的代理关系,并据以确定他们之间的权利、义务,以及代理人的权限范围及报酬。关于本人和代理人的权利义务,在大陆法国家主要是在《民商法典》中规定的,在英美法国家则主要由判例法确定。但各国对于本人与代理人的权利义务的法例,基本上是一致的。

1. 代理人的义务

1) 勤勉地履行其代理职责

代理人有义务密切观察市场行情,培养与顾客之间的关系,在市场中树立信誉,尽其全力促成交易的成功。如果代理人不履行其义务,或者在替本人处理事务时有过失,致使本人遭受损失,代理人应对本人负赔偿的责任。

2) 报告的义务

《德国商法典》第86条第2款规定:"代理商必须告知企业主必要的信息,特别是必须将每一项交易介绍和每一项交易达成的情况及时告知企业主。"报告的内容取决于代理人与本人之间的约定及本人的客观情况。如果由于代理人的过错未能及时将商事交易的重要情况及时告知本人,致使本人不能及时安排交易而导致损失,代理人应对本人承担损害赔偿责任,包括对正常情况下本人应获得利润的赔偿。

3) 代理人对本人负有诚信、忠实义务

(1) 代理人必须接受本人的指示,必须按照本人的要求,与第三人签订交易协定。当然,由于代理人的独立性,本人的指示权限必须限于一定的范围,不可妨碍代理的独立性。

典型案例 3-2

格瑞文斯诉自动主人保险公司案（1996）

原告（格瑞文斯）为其生意向被告（自动主人保险公司）购买了 2 万美元保险金额的盗窃险保单，其后一窃贼"光顾"了其营业所，原告的损失超过了 2 万美元。原告雇用了一名律师向被告索赔，但并没有与该律师商定索赔数额。当该律师与被告达成 1.8 万美元赔偿和解协议时，原告拒绝承认这一协议。原告接着聘请了另一名律师向美国的印第安纳州法院提起诉讼。该州上诉法院于 1996 年最后判定被告与原告第一次聘请的律师所达成的赔偿协议无效，其理由是，在法律代理服务中，委托人对律师和解授权条款中一般暗示着最终的和解方案必需征得原告的同意。

（2）代理人不得以本人的名义同代理人自己订立合同，除非事先征得本人的同意。例如，本人委托代理人替其推销货物时，除非事先征得本人同意，代理人自己不能利用代理关系的便利同本人订立买卖合同买进本人的货物。代理人非经本人的特别许可，也不能同时兼为第三人的代理人从两边收取佣金。例如，《德国民法典》规定："代理人除经特别许可的情形外，不得以本人名义与自己为法律行为"；也不得作为第三人的代理人而为法律行为。这种行为是对代理权的滥用，是违反代理人义务的行为。因此，当发生上述情形时，本人有权随时撤销代理合同或撤回代理权，并有权请求损害赔偿。

（3）代理人不得受贿或密谋私利，或与第三人串通损害本人的利益。代理人不得谋取超出本人给他的佣金或酬金以外的任何私利。如果代理人接受了贿赂，本人有权向代理人索还，并有权不经事先通知而解除代理关系，或撤销该代理人同第三人订立的合同，或拒绝支付代理人在受贿交易上的佣金，本人还可以对受贿的代理人和行贿的第三人起诉，要求他们赔偿由于行贿受贿订立合同而使他遭受的损失。即使代理人在接受贿赂或图谋私利时，并未因此而影响他所作的判断，也没有使本人遭受损失，但本人仍然可以行使上述权利。根据英国 1906 年《反贪污法》（*Prevention of Corruption Act* 1906）的规定，受贿的代理人和行贿的第三人犯有刑法上的犯罪行为，情节严重者可追究刑事责任。

（4）竞业禁止义务，即非经本人同意，不与本人竞争。代理人从事代理业务期间，是否可以同时从事与代理内容相关的经营，通常取决于该活动是否影响被代理企业的利益（包括直接影响和间接影响）。如果代理人的活动涉及本人的利益，基于对本人利益的保护和诚实信用，一般有必要征得本人的同意。不过代理人的这项义务只限于代理期间及合同中约定代理关系结束后一段合理的期限内。

典型案例 3-3

马里兰钢铁有限公司诉名特纳案（1978）

原告雇佣了被告从事废旧钢铁的买卖交易，当生意兴隆时，被告与公司另一名职员准备也创立一个类似的钢铁公司，并在业余时间积极准备，后两人辞职并于一年后正式成立了一家钢铁公司。原告认为被告在任职期间不忠实，所以应赔偿损失，并要求法院禁止被告开业。法院认为，被告在任职期内并未开办类似的公司与被代理人竞争，业余时间的准备是合理的，辞职一年后才开业，也未违反商业信誉原则，故不涉及不忠实问题，原告败诉。

(5) 代理商必须按照正常程序和方法，保管被代理人委托代管的货物，必要时应对这些物品予以保险。如果由于代理商的过失致使被代理人所交付的货物被窃或损坏，代理商应对此承担损害赔偿责任。

4) 保密义务

代理人在代理协议有效期间或在代理协议终止之后，都不得把代理过程中所得到的保密情报或资料向第三者泄露，也不得自己利用这些资料同本人进行不正当的业务竞争。但另一方面，在代理合同终止后，除经双方同意的合理的贸易上的限制外，本人也不得不适当地限制代理人使用他在代理期间所获得的技术、经验和资料。因为根据某些国家关于限制性商业做法的法律，这种限制是无效的。

5) 申报账目义务

代理人有义务对一切代理交易保持正确的账目；并应根据代理合同的规定或在本人提出要求时向本人申报账目。代理人为本人收取的一切款项须全部交给本人。但是，如果本人欠付代理人的佣金或其他费用时，代理人对于本人交给他占有的货物得享有留置权，或以在他手中掌握的属于本人所有的金钱，抵销本人欠他的款项。

6) 亲自代理义务

代理关系是一种信任关系，因此，在一般情况下，代理人不得把本人授予的代理权委托给他人，让别人替他履行代理义务。但如客观情况有此需要，或贸易习惯上允许这样做，或经征得本人的同意者，可不在此限。

2. 本人的义务

1) 支付佣金

本人必须按照代理合同的规定付给代理人佣金或其他约定的报酬，这是本人的一项最主要的义务。

《德国商法典》第87条还有一项强制性的规定，即商业代理人一经设定，他就有权收取佣金，即使本人不履行订单，或者履行的方式同约定有所不同，代理人都有权取得佣金。但是如果由于不可归咎于本人的原因出现了不能履约的情况，则不能适用上述规定。遇有这种情况时，代理人不能要求佣金。此外，有些大陆法国家为了保护商业代理人的利益，在法律中还规定，在本人终止代理合同时，商业代理人对其在代理期间为本人建立的商业信誉，有权请求给予赔偿。

2) 偿还代理人因履行代理义务而产生的费用

除合同特别规定外，代理人履行代理业务时所开支的费用是不能向本人要求偿还的，因为这是属于代理人的正常业务支出。但是，如果他因执行本人指示的任务而支出了费用或遭到损失时，则有权要求本人予以赔偿。例如，代理人根据本人的指示在当地法院对违约的客户进行诉讼所遭受的损失或支出的费用，本人必须负责予以补偿。

3) 本人有义务让代理人检查核对其账册

本人有义务让代理人检查核对其账册主要是大陆法国家的规定。有些大陆法国家在法律中明确规定，代理人有权查对本人的账目，以便核对本人付给他的佣金是否准确无误，这是一项强制性的法律，双方当事人不得在代理合同中作出相反的规定。

3.2.2 代理的外部关系

代理人是代替本人同第三人订立合同或作其他法律行为的,合同一经订立,其权利义务就归属于本人,应由本人直接对第三人承担责任,代理人对此一般不承担责任。但是实际情况并非如此简单,特别是本人及代理人同第三人的关系往往错综复杂的。主要是从第三人的角度来说,最重要的是,代理人同谁订立了合同,这个问题在外贸业务中经常发生,如我国过去的外贸代理制。对于这个问题,大陆法系与英美法系有不同的处理办法。

1. 大陆法(区别论)

在确定第三人究竟是同代理人还是同本人订立了合同的问题时,大陆法所采取的标准是看代理人是以代表的身份同第三人订立合同,还是以他自己个人的身份同第三人订立合同。于是将代理分为如下两种。

1) 直接代理

直接代理通称为商业代理人(Agent Commercial),代理人以代表的身份同第三人订立合同,这个合同就约束本人与第三人,在这种情况下,代理人必须指明本人的姓名,也可以不指出本人的姓名,而仅仅声明他是受他人委托进行交易的。

在直接代理的情况下,代理人对第三人不承担个人责任,此项责任由本人承担。

2) 间接代理

如果代理人以他自己的名义与第三人订立合同,但是为了本人的利益,而与第三人订立合同的,日后他再将合同的权利义务通过另外一个合同移转于本人的,则称为间接代理。间接代理人也被称为行纪人(Commissioner),行纪人业务仅以从事动产或有价证券的买卖为限。

2. 英美法(等同论)

普通法上的代理制度建立在"等同论"(the Theory of Identity)的基础上。这一理论可表述为"通过他人为的行为视为自己亲自为的行为"。普通法上关于代理制度的"等同论",打破了大陆法上把委任与授权严格区别开来的"区别论",从整体上发展了代理的完整的概念。普通法所关心的并不是代理人究竟以代表的身份还是以本人的名义与第三人签约这一表面上的形式。它所涉及的是商业交易的实质内容,即由谁来承担代理人与第三人签订的合同的责任。

英美法同大陆法不同,它没有直接代理与间接代理的概念,而是将代理分为显名代理、隐名代理、未披露本人的代理3种。

1) 显名代理

显名代理(Agent for Named Principal)是指代理人在订立合同时已指出本人的姓名。

代理人在订约时已指出本人的姓名在这种情况下,该合同就是本人与第三人之间的合同,本人应对合同负责,代理人不承担个人责任。但是,若当地法律另有规定或根据行业惯例应当由代理人承担责任的除外。例如,按照运输行业的惯例,运输代理人代本人预定舱位后,须对船运公司负责交纳运费和空舱费。

 **典型案例 3-4**

好孩子出版公司诉 R 公司案

被告（R 公司）作为一家广告代理商与 F 公司签订了为后者产品在全国性杂志上刊登广告的协议，随后被告即与原告（好孩子出版公司）达成两份广告安排合同。这两份合同都清楚地将 F 公司列为广告人，并规定按美国广告协会采用的广告合同条款（以下简称"协会条款"）发行广告。"协会条款"规定广告代理人对支付广告费承担唯一的责任。被告收到原告 85 157 美元的广告费账单后即要求 F 公司付款，F 公司却拒付。被告也不肯买单，被告辩称：自己的行为属于显名代理，并且自己也不知道"协会条款"关于代理人唯一承担支付广告费责任的规定。美国纽约州最高法院 1992 年判定被告败诉，其理由是：被告在原告广告上发表广告已超过 40 年，知道或应当知道原告规定的由代理人单独支付广告的政策；"协会条款"关于代理人唯一付费责任的规定并列入了合同条款，即便被告不知道也不影响规定的效力；被告接到账单数月后才对自己的付费责任提出异议。

此案涉及代理人对第三人的合同责任。在很多国际商事合同中，具有合法代理权的代理人为得到客户的合约，常以明示或暗示地向第三人表示其对合同单独或与被代理人连带承担责任。在代理行业中存在代理人对合同负责的商业惯例或习惯，代理人知道或应该知道此惯例的存在，而代理人在代理合同中又未将此惯例明确排出此合同。

2) 隐名代理

代理人在订约时表示有代理关系存在，但没有指出本人的姓名称为隐名代理（Agent for an Unnamed Principal）。

在这种情况下，该合同仍认为是本人与第三人之间的合同，应由本人对合同负责，代理人对该合同不承担个人责任。根据英国的判例，代理人在同第三人订立合同时，如仅在信封抬头或在签名之后加列"经纪人"或"经理人"的字样是不足以排除其个人责任的，而必须以清楚的方式表明他是代理人，如写明"买方代理人"或"卖方代理人"等。

3) 未披露本人的代理

未披露本人的代理指代理人虽得到本人的授权，但他在与第三人订立合同时既不披露有本人的存在，也不表明自己代理人的身份，而直接以自己的名义与第三人订立合同。在这种情况下，代理人实际上是把自己置于本人的地位同第三人订立合同，代理人应对第三人负责。未被披露的本人能否直接依据这个合同取得权利并承担义务？根据英美法判例，未被披露的本人原则上可以直接取得合同的权利并承担合同义务。具体规则如下：

（1）未被披露的本人有"介入权"。未被披露的本人有权介入合同，并直接对第三人行使请求权，或对违约的第三人起诉。但若本人行使了这项权利，他就要对第三人承担合同的有关义务。按照英国的法律，未被披露的本人在行使介入权时有两项限制。

① 如果未被披露的本人行使介入权会与合同的明示或默示的条款相抵触，他就不能介入合同。

② 如果第三人是基于信赖代理人的才能或清偿能力而与其订立合同，则未被披露的本人也不能介入该合同。

（2）第三人享有"选择权"。第三人在发现了本人之后，可以行使选择权：他可以要求本人对该合同负责，也可以继续要求代理人对合同负责。在发生违约情况时，第三人可以对第三人起诉,也可以对本人起诉。但第三人只能在代理人与本人之间选择一个作为起诉、追究责任的对象。

在英美法系中,未披露本人的代理是指各种行纪关系及代理商、经纪人等在商业活动中与本人及第三人形成的民事法律关系,同时也包括一切非商业性质的不公开本人身份的代理关系。

上述英美法的规定同大陆法相比较,既有相同之处,也有不同的地方。

具体而言,显名代理、隐名代理同大陆法的直接代理是相同的,但英美法中的未披露本人的代理,虽然在表面上与大陆法的间接代理有相似之处,但在英美法中未披露本人的代理的法律地位同大陆法上的间接代理的委托人(本人)的法律地位是截然不同的。按照大陆法,间接代理关系中的委托人不能直接凭代理人与第三人订立的合同而对第三人主张权利,而必须由代理人同他在订立合同中把前一个合同的权利移转给他,他才能对第三人主张权利,即需要经过两个合同关系,才能使间接代理关系中的委托人同第三人发生直接的法律关系;但按照英美法,未被披露的本人有介入权,他无须经过代理人把权利移转给他,就可以直接对第三人主张权利。而第三人一经发现了未被披露的本人,也可以直接同第三人发生法律关系,不需要再有另一个合同。这是英美法同大陆法的一个重要区别,也是英美代理制度的一个主要特点。

区别论与等同论的不同之处在于,区别论强调代理三方(本人、代理人、第三人)关系中的两个不同侧面的区别,即本人与代理人之间的内部关系;被代理人和代理人与第三人之间的外部关系。代理权限的授予可以被视为一种由被代理人向第三人所作的单方法律行为;而且对内部关系的限制并不必然地限制外部关系。与英美法系相比,大陆法系更加强调代理关系对外的一面。因此,第三人有权信赖代理的表象,尽管第三人知道、或者有理由知道代理人事实上没有得到授权、或者被代理人限制了代理人的代理权限,被代理人也不得通过对代理人授权的限制来减轻自己的责任。大陆法系的规定倾向于保护第三人。

与区别论不同,英美法系的等同论不强调区分本人与代理人之间的内部关系和代理人与第三人之间的外部关系,将代理人行为等同于本人行为。代理人行为产生的结果与本人亲自所为相同。

在世界经济趋于一体化的历史进程中,两大法系的代理法出现了相互移植、相互融合的趋势。为了促进国际贸易和投资活动的一体化,规范跨国界的代理活动,减少国别代理法对国际代理活动造成的法律障碍,有关国际组织推出了一些国际代理法律文件,一些国际性学术团体也为代理法的统一作出了有益探讨。其中,英美代理法的影响几乎渗透到每一个国际代理法律文件。1987年的《代理法适用公约》、1983年的《国际货物销售代理商法律指令》都是为了协调两大法系有关代理制度的不同立法例、判例和学说而进行的有益尝试。

3.3　承担特别责任的代理人

在通常情况下,代理人在授权范围内在同第三人订立合同之后,即退居合同之外,他对第三人不负个人责任;如果第三人不履行合同,代理人对本人也不承担个人责任。这是各国代理制度的一般原则。但除此以外,各国法律或商业习惯也承认某些代理人在一定的条件下须对本人或对第三人承担个人责任,这种代理人叫作承担特别责任的代理人,这些代理人活动于国际贸易的各个领域,在国际贸易中起着十分重要的作用。因为在国际贸易中,本人与第三人分处两国,他们对于彼此的资信能力和经营作风都不大了解,而对与他们常有往来的代理人则往往比较熟悉,因此,他们在进行交易时,往往对代理人的信任多于对交易对方的信任,所以他们有时会要求代理人对他们承担个人责任,使之能放心同对方进行交易。这种承担特别责任的代理人有信用担保代理人、保付代理人、保兑银行、保险代理人、运输代理人等。现把其中一些代理人的特别责任介绍如下。

3.3.1 对本人承担特别责任的代理人

在资本主义市场上,有一种对本人承担特别责任的代理人叫作信用担保代理人(the Del-credre Agent)。信用担保代理人的责任是在他所介绍的买方(即第三人)付货款时,由他赔偿委托人(即本人)因此而遭受的损失。采用这种办法的好处是:由于委托人对国外市场情况了解不多,无法判断代理人所在地区的买方的资信是否可靠,而且由于竞争的需要,往往要用赊销的方法销售货物,一旦买方破产或赖账,委托人就会遭到重大损失。

因此,如果代理人同意为国外的买方保付,委托人就可以避免这种风险。另外一种好处是,由于代理人承担了信用担保责任,他就不会因为贪图多得佣金而在替委托人兜揽订单时光图数量而忽视买方的资信能力。从法律上来看,在本人与代理人之间除了普通的代理合同以外,还存在另一个合同,即担保合同(Guarantee Delcredere Contract),代理人根据担保合同对本人承担个人的责任。

英美法国家没有关于信用担保代理人的成文法,但判例法已形成了一套完整的规则。早期的英国法院判例认为,信用担保代理人的责任是第一位的责任,就是说委托人(即本人)在要求买方(即第三人)付款之前,就可以对代理人起诉要求代理人付款。但19世纪以后的判例修改了这一规则,认为信用担保代理人的责任是属于第二位的责任,即只有当买方无力支付货款或因类似原因致使委托人不能收回货款时,信用担保代理人才有赔偿委托人的义务。同时,信用担保代理人的责任仅限于担保买方(第三人)的清偿能力,即仅对买方无力支付货款负责,至于合同的履行,代理人是不负责任的。因此,如果由于委托人(本人)没有如约履行合同,致使买方(第三人)拒付货款,则代理人不负责任。根据英国的判例,这种信用担保代理合同不一定需要以书面方式作成。

在大陆法国家,如《德国商法典》《瑞士债务法典》《意大利民法典》,对信用担保代理人都有专门的规定。信用担保代理在直接代理和间接代理两种情况下都可以成立。根据德国法和瑞士法的规定,对一般代理合同不要求以书面方式订立,但对于信用担保条款都要求以书面方式订立。

信用担保代理制度过去在资本主义国家的出口贸易中曾经起过一定的作用,但现在已逐步被淘汰;因为现在许多资本主义国家已经设立了由政府经营的出口信贷保险机构,专门办理承担国外买主无清偿能力的保险业务。因此,信用担保代理人的作用已由这种机构逐步取代。

3.3.2 对第三人承担特别责任的代理人

在资本主义市场上,有些代理人根据法律、惯例或合同规定,须对第三人承担特别责任,其中,同国际贸易有密切关系的主要有以下4种。

1. 保付代理人

在资本主义国家，特别是在英美等国有一种对第三人承担特别责任的代理人，叫保付代理人（Confirming Agent）。在英国，这种代理人是由英国出口商协会的出口商担任的，所以又称为出口商行（Export House）或保付商行（Confirming House）。保付代理人的业务是代表国外的买方（本人），向本国的卖方（第三人）订货，并在国外买方的订单上加上保付代理人自己的保证，由他担保国外的买方将履行合同，如果国外的买方不履行合同或拒付货款，保付代理人负责向本国的卖方支付货款。

2. 保兑银行

在国际贸易中，普遍使用商业跟单信用证（Letter of Credit）的方式支付货款。在采用这种支付方式时，卖方为了保证收款安全，往往要求买方通过银行对他开出保兑的、不可撤销的信用证。其办法是：由国外的买方通过进口地的银行向出口地的保兑银行或代理银行开出一份不可撤销的信用证，委托该出口地的代理行对其不可撤销的信用证加以保兑，即在其上加上"保兑"字样，并将该信用证通知卖方（即第三人，在银行业务上称为受益人）。卖方只要提交信用证所规定的单据，就可以向设在出口地的保兑银行要求支付货款。

3. 运输代理人

运输代理人（Forwarding Agent）在国际贸易中起着重要的作用，这些代理人精通海、陆、空运输的复杂知识，特别是了解经常变化的国内外海关手续，运费和运费回扣，海港和机场的习惯、惯例和业务做法，海空货物集装箱运输的组织以及出口货物的包装和装卸等。

根据有些国家运输行业的惯例，如果运输代理人受客户（本人）的委托，需向轮船公司订舱位，他们自己须向轮船公司（第三人）负责。如果客户届时未装运货物，使轮船空舱航行，代理人须支付空舱费（Dead Freight）。在这种情况下，代理人可要求客户给予赔偿。如果客户拖欠代理人的佣金、手续费或其他报酬，代理人对在其占有下的客户的货物有留置权，直到客户付清各项费用为止。

4. 保险代理人

在国际贸易中，进口人或出口人在投保货物运输保险时，一般不能直接同保险人（如保险公司）订立保险合同，而必须委托保险经纪人（Insurance Broker）代为办理，这是保险行业的惯例。根据有些国家如《英国海上保险法》的规定，凡海上保险合同由经纪人替被保险人（即本人）签订时，经纪人须就保险费对保险人直接负责；保险人则对被保险人就保险金额直接负责。根据这一规定，如果被保险人不交纳保险费，经纪人须直接负责对保险人交纳保险费。如果保险标的物因承保范围内的风险发生损失，则由保险人直接赔付被保险人。但保险业有一个特点，在保险行业中，经纪人的佣金是由保险人（第三人）支付的，而在其他行业中，代理人或经纪人的佣金或报酬通常都是由他们的委托人（即本人）付给的。

上述各种承担特别责任的代理人与传统概念上的代理人的主要不同之处在于，按照传统的概念，代理人对第三人一般是不承担个人责任，而承担特别责任的代理人则须对第三人承担个人责任。这是为了适应当代经济生活的需要，特别是为了适应国际贸易发展的需要而出现的一种新的代理概念。有些资本主义国家的法学者估计，这种新的代理概念将会得到进一步的发展，并将凌驾于传统的代理概念之上，其结果将使本人与代理人对第三人负双重的责任，使第三人得到更大的保障。

3.4 我国的代理法与外贸代理制

3.4.1 我国的代理法律制度

《中华人民共和国民法通则》（以下简称《民法通则》）第四章第二节对代理制度进行了规定。按照《民法通则》第六十三条的规定，公民、法人可以通过代理人实施民事法律行为。代理人在代理权限内，以被代理人的名义实施民事法律行为，被代理人对其代理人的代理行为应承担民事责任。这就是说，如果被代理人委托代理人代其签订合同，则只要代理人是在代理权限内，以被代理人的名义同第三人签订了该项合同，该合同的权利与义务均应归属于被代理人，应由被代理人对该合同承担责任，代理人对该合同可不承担责任。从法理上讲，这种代理制度是属于直接代理，其特点是代理人必须以被代理人的名义行事，从而才能使代理行为所产生的效力直接归属于被代理人。

此外，《民法通则》对代理权的产生、无权代理、代理人与第三人的责任及代理的终止等，都进行了规定。例如，《民法通则》第六十五条第一款专门就委托代理的代理证书加以规定："民事法律行为的委托代理，可以用书面形式，也可以用口头形式。法律规定用书面形式的，应用书面形式。"我国《民法通则》第六十五条第二款规定了委托书的主要内容："书面委托代理的授权书应当载明代理人的姓名或者名称、代理事项、权限和期限，并由委托人签名或者盖章。"应当强调的是，代理证书所载代理权限范围应当明确。《民法通则》第六十六条规定，没有代理权、超越代理权或者代理权终止后的行为，只有经过被代理人的追认，被代理人才承担民事责任；未经追认的行为，由行为人承担民事责任。本人知道他人以本人名义实施民事行为而不作否认表示的，视为同意。代理人不履行职责而给被代理人造成损害的，应当承担民事责任。代理人和第三人串通、损害被代理人的利益的，由代理人和第三人负连带责任。第三人知道行为人没有代理权、超越代理权或者代理权已终止还与行为人实施民事行为给他人造成损害的，由第三人和行为人负连带责任。第六十七条规定，代理人知道被委托代理的事项违法仍然进行代理活动的，或者被代理人知道代理人的代理行为违法不表示反对的，由被代理人和代理人负连带责任。

至于代理人以自己的名义从事的受托行为（即间接代理），则被排斥在代理之外。这种"显名代理"（直接代理）沿袭了大陆法传统。而《民法典（草案）》第七十六条规定的"以自己名义实施的民事法律行为，由代理人承担民事责任"则是在原有代理制度基础上的一种突破，尽管该条文仍没有将代理人以自己名义实施的民事法律行为的后果直接归由本人来承担，但至少从立法上肯定了代理人间接代理的法律地位。

而事实上，在我国《民法典（草案）》出台前，我国的行政部门规章如在《外贸代理暂行规定》中关于代理部分除了直接代理外，还有基本类似于大陆法上的间接代理的行纪。这一部门规章首次在我国的相关立法中对间接代理的一次尝试，但仍难以有效弥补我国的代理法律体系的不足，且适用范围较窄，具有较强的部门保护主义色彩。

1999年10月1日施行的《合同法》进一步完善了代理制度的基本理论框架。《合同法》第四百零二、四百零三条的规定，可以说是再一次对我国代理制度的一个较大的改进。其规定突破了大陆法僵化的直接代理制度，以全新的姿态借鉴了英美非显名代理制度。

2017年3月15日第十二届全国人民代表大会第五次会议通过、10月1日起生效的《中华人民共和国民法总则》进一步完善了我国的代理制度，增加了多项新内容。例如，第一百七十四条新规定，被代理人死亡后，有下列情形之一的，委托代理人实施的代理行为有效：（一）代理人不知道并且不应当知道被代理人死亡；（二）被代理人的继承人予以承认；（三）授权中明确代理权在代理事务完成时终止；（四）被代理人死亡前已经实施，为了被代理人的继承人的利益继续代理。作为被代理人的法人、非法人组织终止的，参照适用前款规定。

3.4.2　我国的外贸代理制

我国外贸公司在进出口业务中可以采取收购制，也可以采取外贸代理制。所谓收购制，即当从事进口业务时，由外贸公司用自有资金向国内供货部门购出口商品，然后由外贸公司以自己的名义自营出口，自负盈亏；从事进口业务时则相反。所谓外贸代理制，是由我国的外贸公司充当国内用户和供货部门的代理人，代其签订进出口合同，收取一定的佣金或手续费。

推行外贸代理制旨在发挥工贸双方各自的优势，降低贸易风险损失，提高我国产品在国际市场上的竞争能力，扩大市场份额，促进对外贸易发展。

过去，我国外贸公司在采取外贸代理制时，基本上是采取如下做法：一是代理出口；二是代理进口。而上述两种情况都有一个共同之处，即外贸公司都是以自身的名义作为卖方或者买方，同外商签订进出口合同，而不是以被代理人的名义（国内供货或用货部门）订立进出口合同。这样一来，外贸公司在这种进出口合同中所处的地位就不是处于代理人的地位，而是处于合同当事人的地位（卖方或者买方），结果外贸公司就必须对这种进出口合同承担法律责任。

应当注意的是，1986年《民法通则》有关代理的规定，在2004年4月6日《中华人民共和国对外贸易法》以下简称《对外贸易法》修订前不能完全适用于外贸代理。因为，在2004年4月6日《对外贸易法》修订前，外贸经营权没有对包括自然人在内的所有企业开放。而且《民法通则》所规定的代理，基本上是属于直接代理，即由代理人以被代理人的名义实施法律行为，这种代理行为所产生的结果，应由被代理人负责。这项规定只适用于外贸公司接受其他有外贸经营权的企业或外商投资企业的委托，以这些被代理人的名义与外商签订的进出口合同，但不适用于过去在外贸代理业务中大量存在的，由外贸公司接受无外贸经营权的企业的委托，以外贸公司自身的名义作为买卖合同的一方当事人同外商签订的进出口合同。因为这种进出口合同不是以被代理人的名义签订的，而且被代理的一方自己就没有外贸经营权，因此，他们对这种进出口合同既不能直接享受其权利，也不能直接承担其义务。这种进出口合同只能由外贸公司直接承担责任，而不能由那些没有外贸经营权的被代理人直接承担责任。

针对外贸代理实践中存在的诸多问题，1999年3月15日由中华人民共和国第九届全国人民代表大会第二次会议通过的统一《合同法》改变了《中华人民共和国经济合同法》（已废止）、《中华人民共和国涉外经济合同法》（已废止）、《中华人民共和国技术合同法》（已废止）"三分天下"的局面，并移植英美法代理法律制度，完善了我国的外贸代理制度。

例如，我国《合同法》在其第四百零二条中规定，受托人以自己的名义，在委托人的授权范围内与第三人订立的合同，第三人在订立合同时知道受托人与委托人之间的代理关系的，该合同直接约束委托人和第三人，但有确切证据证明该合同只约束受托人和第三人的除外。

第四百零三条规定，受托人以自己的名义与第三人订立合同时，第三人不知道受托人与委托人之间的代理关系的，受托人因第三人的原因对委托人不履行义务，受托人应当向委托人披露第三人，委托人因此可以行使受托人对第三人的权利，但第三人与受托人订立合同时如果知道该委托人就不会订立合同的除外。受托人因委托人的原因对第三人不履行义务，受托人应当向第三人披露委托人，第三人因此可以选择受托人或者委托人作为相对人主张其权利，但第三人不得变更选定的相对人。委托人行使受托人对第三人的权利的，第三人可以向委托人主张其对受托人的抗辩。第三人选定委托人作为其相对人的，委托人可以向第三人主张其对受托人的抗辩以及受托人对第三人的抗辩。

很显然，这里是吸收了英美法中有关代理的合理的规定，不仅引入了隐名代理和披露委托人的代理，而且对未披露委托人的代理中委托人的介入权和第三人的选择权都作了明确的规定。无疑这是对《民法通则》仅限于显名代理的一个突破。

典型案例 3-5

上海思普润国际物流有限公司、上海中远物流有限公司与上海思普润国际物流有限公司、上海中远物流有限公司海上、通海水域货运代理合同纠纷申请再审民事裁定书

中华人民共和国最高人民法院

民 事 裁 定 书

（2015）民申字第1317号

再审申请人（一审被告、一审反诉原告，二审上诉人）：上海思普润国际物流有限公司。住所地：上海市虹口区场中路685弄37号3号楼327室。

法定代表人：潘素梅，该公司经理。

被申请人（一审原告、一审反诉被告，二审被上诉人）：上海中远物流有限公司。住所地：上海市虹口区吴淞路531号10楼。

法定代表人：孙军，该公司董事长。

再审申请人上海思普润国际物流有限公司（以下简称思普润公司）因与被申请人上海中远物流有限公司（以下简称中远物流）海上货运代理合同纠纷一案，不服上海市高级人民法院（2014）沪高民四（海）终字第126号民事判决，向本院申请再审。本院依法组成合议庭对本案进行了审查，现已审查终结。

思普润公司申请再审称：（一）原审判决捏造事实，本案没有任何证据表明思普润公司委托中远物流

做货代理业务；（二）中远物流与承运人恶意串通虚开货运代理费的增值税发票以掩盖偷税逃税的不法行为；（三）中远物流有义务支付思普润公司相关的短途运输费。综上申请对本案进行再审。

思普润公司在申请再审期间向本院提交两份申请：1.《调查取证申请书》，请求本院调取（2013）沪海法商初字第1292号案件（以下简称1292号案）及本案一、二审庭审录像，拟证明原审法院审理存在违法问题。2.《申诉状》，对上海海事法院作出的（2013）沪海法商初字第1292号民事判决和上海市高级人民法院作出的（2014）沪高民四（海）申字第3号民事裁定提出申诉，请求本院将该案与本案一并审查。

本院认为，针对思普润公司申请再审理由，本案审查重点是：（一）思普润公司与中远物流之间是否是海上货运代理合同关系；（二）中远物流收取货运代理费并开具发票是否正确；（三）中远物流是否应返还思普润公司所主张的短途运输费；（四）本案原审法官是否存在徇私舞弊行为；（五）能否在本案中对思普润公司就1292号案提出的申诉一并进行审查。

关于中远物流与思普润公司之间是否是海上货运代理合同关系的问题。根据原审查明的事实，2013年5月1日中远物流与思普润公司签订的《海运出口货运代理协议》中明确约定思普润公司委托中远物流办理其在上海港集装箱海运出口货运代理业务。中远物流依据上述代理协议为思普润公司托运的涉案货物进行了订舱服务。从涉案货物运输的实际履行情况看，中远物流既没有签发涉案货物运输的提单，也没有实际从事运输，与思普润公司并未形成运输合同关系，因此原审判决认定双方当事人之间为货运代理合同关系正确，并无不当。思普润公司关于其从未委托中远物流提供任何货运代理业务，双方系海上货物运输合同关系，应适用《中华人民共和国海商法》有关规定的主张，缺乏事实和法律依据，不能予以支持。

关于中远物流收取货运代理费并开具发票是否正确的问题。根据原审查明的事实，本案《海运出口货运代理协议》已经明确约定由中远物流收取的费用包括货运代理费和代收海运费，且本案双方当事人曾就涉案货运代理业务进行过询价、报价、费率告知、费用确认等环节，表明中远物流已按约定就相关费率及货运代理业务操作模式向思普润公司进行了明示，思普润公司在涉案货物的最初业务中均及时支付了相应款项，且并未对中远物流开具的货运代理费发票及费用名目提出异议。因此，在没有证据证明思普润公司对中远物流开具发票的名目另有要求的情况下，原审判决认定中远物流向思普润公司收取货运代理费并开具相应名目的发票符合合同约定，并无不当。思普润公司以中远物流与承运人恶意串通掩盖虚开增值税发票偷税漏税为由，主张本案《海运出口货运代理协议》无效，但思普润公司对此并没有提供任何证据予以证明，故该主张缺乏充足事实依据，不能予以支持。

关于中远物流是否应当返还思普润公司所主张的短途运输费的问题。本案《海运出口货运代理协议》中并未对思普润公司主张的短途运输费进行约定，中远物流收取的费用中也不包含该短途运输费。思普润公司要求中远物流返还短途运输费，缺乏事实依据，原审判决对该主张不予支持，并无不当。

关于本案原审法官是否存在徇私舞弊行为的问题。思普润公司向本院申请调取本案一、二审法院的庭审录像，拟证明原审法官存在徇私舞弊的行为。庭审录像系公开资料，并不属于《中华人民共和国民事诉讼法》第六十四条规定的需要由人民法院调查收集的证据，本院对该申请不予支持。由于思普润公司并没有提交其他证据证明本案原审法官存在《最高人民法院关于适用〈中华人民共和国民事诉讼法〉的解释》第三百九十四条规定的行为，其关于原审法官徇私舞弊的主张，本院不予支持。

关于能否在本案中对1292号案的申诉一并处理的问题。经查实，思普润公司和中远物流对1292号案的一审判决均未提出上诉，该判决已经发生法律效力。思普润公司对该案判决曾向上海市高级人民法院提出再审申请，上海市高级人民法院于2015年4月20日作出（2014）沪高民四（海）申字第3号民事裁定，驳回了思普润公司的再审申请。根据《中华人民共和国民事诉讼法》第二百零九条的规定，思普润公司就该案可以向检察院申请检察建议或者抗诉。因1292号案与本案并非同一案件，本院在本案再审审查过程中对思普润公司就1292号案提出的申诉不予审查。

综上，思普润公司的再审申请不符合《中华人民共和国民事诉讼法》第二百条规定的再审情形。依照《中华人民共和国民事诉讼法》第二百零四条第一款之规定，裁定如下：

驳回上海思普润国际物流有限公司的再审申请。

审判长　胡　方
审判员　郭忠红
审判员　余晓汉
二〇一五年八月三日
书记员　李　娜

引例分析

美国的得克萨斯州上诉法院判定：当代理人在代理协议中具有个人利益而违背其对被代理人的诚信义务时，只要被代理人不完全知道该代理人有关利益的所有事实，被代理人即有权撤销合同；本案中的原告作为代理人有义务披露其所知的一切影响被告决定的信息，原告在与另一位买主谈判中知道该块土地大大超过被告的定价，原告对此未作披露即违背其对被告的诚信义务，因此被告有权撤销合同。

本 章 小 结

本章主要介绍了代理制度的有关知识，主要包括代理的概念、特征、种类；代理关系中各方当事人的法律义务；无权代理的种类、认定及无权代理人的法律责任；表见代理概念、认定及其与无权代理的区别；我国外贸代理制度的有关规定等。

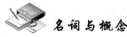

名词与概念

代理（Agency）　　　　　　　　代理人（Agent）
本人（Principal）　　　　　　　　授权（Authorization）
法定代理（Statutory）　　　　　　意定代理（Voluntary）
明示代理（Expressed Authority）　默示代理（Implied Authority）
不容否认的代理（Agency by Estoppel）　客观必需的代理（Agency of Necessity）
追认的代理（Agency by Ratification）　诚信（Good Faith）
忠实（Loyalty）　　　　　　　　区别论（The Theory of Separation）
等同论（The Theory of Identity）　授权委托书（Power of Attorney）

思 考 题

1. 对于无权代理，两大法系是如何规定的？
2. 代理人对本人有哪些义务？
3. 英美法系中，本人、代理人与第三人的关系是如何界定的？
4. 什么是直接代理和间接代理？

5. 什么叫作客观必须代理？根据英美法判例，客观必需代理必须具有哪些条件？
6. 简述保兑银行、保险经纪人、运输代理人的主要责任。
7. 简述中国外贸代理制。

练 习 题

1. 单项选择题

（1）甲经常让乙替他向某丙订购货物，并如数向丙支付贷款。在这种情况下，乙便认为是（   ）。
  A. 默示的代理权   B. 客观必需的代理权
  C. 明示的指定   D. 追认的代理

（2）承运人在遇到紧急情况时，有权采取超出他的通常权限的、为保护委托人的财产所采取的行动，这种代理叫作（   ）。
  A. 意定代理   B. 追认的代理
  C. 客观必需的代理权   D. 法定代理

（3）大陆法的代理权产生的原因中，由于本人的意思表示而产生的是（   ）。
  A. 意定代理   B. 法定代理
  C. 明示的指定   D. 默示的授权

（4）规定代理权的授予是与代理人的利益结合在一起时，本人就不能单方面撤回代理权的是（   ）。
  A. 英美   B. 法国   C. 德国   D. 瑞士

（5）在代理关系中，基本的法律关系是（   ）。
  A. 本人与代理人之间的内部关系   B. 本人与第三人的关系
  C. 外部关系   D. 代理人与第三人之间的关系

（6）本人的一项最主要的义务是（   ）。
  A. 不限制代理人密谋私利
  B. 本人有义务让代理人检查核对其账册
  C. 支付给代理人佣金或其他约定的报酬
  D. 偿还代理人因履行代理义务而产生的费用

（7）关于本人和代理人的权利义务，英美法国家主要规定在（   ）。
  A. 成文法   B. 判例法   C. 习惯   D. 民商法典

（8）关于本人和代理人的权利义务，在大陆法国家主要规定在（   ）。
  A. 民商法   B.《法学阶梯》 C.《法律重述》 D. 民法典

2. 多项选择题

（1）大陆法把代理分为（   ）。
  A. 直接代理   B. 意定代理   C. 法定代理   D. 间接代理

（2）大陆法代理权产生的原因有（   ）。
  A. 明示的指定   B. 默示的授权   C. 法定代理   D. 意定代理

（3）英美法认为，代理权产生的原因有（   ）。

A. 明示的指定 B. 默示的授权
C. 客观必需的代理权 D. 追认的代理

(4) 决定本人与代理人之间的内部关系的合同包括（　　）。
A. 保险合同　　B. 委任合同　　C. 雇佣合同　　D. 合伙合同

(5) 在代理合同中存在的关系有（　　）。
A. 本人与代理人之间的关系 B. 代理人与第三人之间的关系
C. 本人与第三人之间的关系 D. 国家与法定代理人的关系

(6) 法定代理权的产生主要包括（　　）。
A. 根据法律的规定而享有代理权 B. 根据法院的选任而取得代理权
C. 因私人的选任而取得代理权 D. 习惯指定

3. 判断题

(1) 代理人在代理协议有效期间或在代理协议终止之后，可以有选择地把代理过程中所得到的保密情报或资料向第三人泄露。（　　）

(2) 如代理人是以他个人的身份同第三人订立合同，则无论代理人是否事先得到本人的授权，代理人无须对合同负责。（　　）

(3) 有些大陆法国家在法律中规定，在本人终止商业代理合同时，商业代理人对其在代理期间为本人建立的商业信誉，有权请求给予赔偿。（　　）

(4) 根据英美法规定，第三人发现未被披露的本人后，既能向本人要求承担义务，也能针对代理人起诉。（　　）

(5) 德国法认为，授权行为与委任合同是互相独立，互不牵挂的。（　　）

(6) 当本人撤回代理权或终止代理合同时，对第三人是否有效，主要取决于第三人是否知情。（　　）

(7) 代理人履行代理任务时所开支的费用仍须本人偿还。（　　）

(8) 代理人未经授权或者超出了授权的范围而以本人的名义同第三人订立了合同，这个合同对本人仍有约束力。（　　）

(9) 在代理合同中，即使代理人接受了贿赂，本人有权向代理人索还，但无权不经事先通知而解除代理关系。（　　）

(10) 根据英美法院的判例，如果代理合同规定了一定的期限，则在期限届满合同终止后，代理人对买方向本人再次订货仍能要求本人给予佣金。（　　）

4. 案例分析题

德国商人 A 根据当地市场销售情况，建议德国 B 公司生产一种玩具，条件是要求作为销售该货物的独家代理人，B 公司同意并签立合同。后来，B 公司与当地某一公司直接签订了订货合同，没有经过代理人，该商人 A 向 B 公司索要佣金，B 公司以合同没有通过代理人为由，拒不支付佣金。

试分析：B 公司是否应给付代理商 A 佣金？为什么？

第 4 章 国际商事合同法

教学目标与要求

通过本章的学习,学生应了解合同的重要性,掌握世界主要国家关于合同的概念、订立、履行等的相关法律规定,同时结合一些典型案例的分析和学习,逐步掌握分析和处理国际商事合同中具体问题的能力和技巧。

卡利尔诉卡布利克公司案

被告卡布利克公司新发明一种感冒药,并通过广告大力宣扬该新药对治疗流感有奇效,声称:任何人根据该新药的使用说明书连用两星期后仍患有流感,被告愿意向其支付 100 英镑作为补偿;为表示诚意,被告已在开户行存入 1 000 英镑,准备支付可能的赔款。

原告卡利尔按照说明使用该新药,但又得了流行性感冒。后来,当原告真的索要该赔款时,被告称这只是一种商业上的吹嘘,而不是认真的意思表示。为此,原告于 1893 年将纠纷诉到法院。

思考:
法院能支持原告吗?

4.1 合同及合同法概述

4.1.1 合同的概念、特征、本质与分类

1. 合同的概念

合同是市场经济中最重要的交易规则,它通过对当事人权利、义务的规定,起着维护并保障经济交往顺利进行的作用。世界各国关于合同的概念一般是法定的,但对合同所作的定义并不完全相同。《合同法》把合同定义为:"合同是平等主体的自然人、法人、其他组织之间设立、变更、终止民事权利义务关系的协议。"美国《合同法重述》对合同作了如下定义:"合同是一个允诺或一系列允诺,对于违反这种允诺,法律给予救济。"这个定义充分体现了诺言是英美合同法实行法律强制的依据,其中不足之处,没有指明合同是两

个当事人之间的相互行为,也没有包含合同的其他特征。美国法院在贾斯蒂斯诉兰格一案中对合同所下的定义,受到了广泛的注意,即"合同是两个或两个以上有缔结合同能力的人以有效地对价按照自愿达成的交易或协议,去执行或者不去执行某个合法的行为。"《法国民法典》规定"合同是一人或数人对另一人或数人承担给付某物、作或不作某事的义务的一种合意。"这里所谓合意就是指当事人之间意思表示一致,即只有当事人之间意思表示一致,合同才可以成立。

尽管各国对合同的概念在理论上存在着不少分歧,但实际上无论是英美法国家还是大陆法国家都把双方当事人的意思表示一致作为合同成立的要素。如果双方当事人不能达成协议,就不存在合同。在这一点上是没有实质性分歧的。

综上所述,合同可定义为:"合同是两个或两个以上当事人依法达成的明确相互权利义务关系的具有法律约束力的协议。"

2. 合同的特征

根据上述合同定义,合同具有以下3个特征。

(1) 合同是双方的民事法律行为,不是单方的民事法律行为。合同至少要有双方当事人参加,而且双方当事人的意思表示必须一致,合同才能成立。如果双方当事人的意思不一致,就不能达成协议,合同就不能成立。这是合同的基本法律特征。

(2) 订立合同的目的是产生某种民事法律上的效果。例如,买卖双方通过订立买卖合同,便在双方当事人间产生了买卖关系;如果在买卖合同订立之后,双方当事人同意对原合同进行修改或终止,便变更或终止了他们之间的民事法律关系。

(3) 合同是合法行为,不是违法行为。依法订立的合同,受法律保护;违法订立的合同在法律上是无效的或可变更的。

3. 合同的本质

关于合同的本质,马克思曾作过精辟论述:"……这种通过交换和在交换中才产生的实际关系,后来获得了契约这样的法律形式。……只要社会的经济流转按照商品交换的原则进行,就需要以合同作为经济流转的主要形式。"[①] 由此可见,合同是商品交易的法律形式,而合同法就是商品交换的基本规则。

4. 合同的分类

各国法律既没有明确的分类标准,也没有统一的类别划分。从理论上,按照不同的标准,可将合同作不同的分类,合同的主要分类如下。

1) 单务合同和双务合同

单务合同和双务合同为依照合同当事人双方是否互负义务来划分。单务合同是指合同当事人一方只负担义务而不享有权利,另一方则只享有权利而不负担义务的合同,如借用合同。双务合同是指合同当事人双方相互享有权利,相互负有义务的合同,如买卖合同。

2) 诺成性合同和实践性合同

诺成性合同和实践性合同为依照成立于意思表示外是否须交付物为标准而划分的。诺

---

① 中共中央马克思恩格斯列宁斯大林著作编译局. 马克思恩格斯全集第19卷. 北京:人民出版社,1963.

成性合同是指当事人意思表示一致即可成立的合同。实践性合同又称为要物性合同，是指除当事人意思表示一致外，还须实际交付标的物才能成立的合同。

3）明示合同和默示合同

明示合同和默示合同为根据成立合同意思表示方式是否明示为标准而划分的。在明示合同中，当事人要用语言或文字明确表示他们缔结合同的意图，而默示合同则只能从当事人的行动或当时的环境推断出他们缔结合同的意图。从法律观点来看，明示默示仅仅是表达诺言的方式不同，其法律效果则是相同的，在它们之间并没有实质上的区别。

4）正式合同与简式合同

正式合同与简式合同为根据合同成立方式是否签字蜡封为标准而划分的。正式合同就是签字蜡封的合同，单凭这种形式，无须对价，甚至无须将合同交到对方手中，就能取得法律上的效力。目前，在英国只有极少数的合同仍然需要签字蜡封，美国多数州认为，如无对价、签字蜡封的合同也不能取得法律效力。签字蜡封合同以外的一切合同，都是简式合同，简式合同可以是口头的，也可以是书面的。

5）要式合同与不要式合同

要式合同与不要式合同为根据合同是否以特定的形式为要件进行的划分。要式合同是指必须采用特殊法定形式才能成立的合同，不要式合同是指法律没有特别规定，当事人也没有特别约定需采用特殊形式的合同。

6）主合同与从合同

主合同与从合同为根据合同相互间的主从关系进行的划分。主合同是指不依赖他合同而独立存在的合同，从合同是指以他合同的存在为存在前提的合同。主合同的成立与效力直接影响从合同的成立与效力。

7）有偿合同与无偿合同

有偿合同与无偿合同为依照当事人间有无对价的给付为标准进行的划分。有偿合同是当事人为得到合同利益给付相应代价的合同；无偿合同是当事人不必为得到合同利益而给付相应代价的合同。

8）有名合同与无名合同

有名合同与无名合同为依照法律对合同类型有无规定区分。有名合同是立法上有确定名称和规则的合同，如《合同法》规定的有名合同有15种，包括买卖合同，供用电、水、气、热力合同，赠与合同，借款合同，租赁合同，融资租赁合同，承揽合同，建设工程合同，运输合同，技术合同，保管合同，仓储合同，委托合同，行纪合同和居间合同。对有名合同，应当适用《合同法》中关于该合同的具体规定。对无名合同，则只能适用《合同法》总则，再参照《合同法》分则或其他法律中最接近的规定执行。

4.1.2 合同法的概念和基本原则

合同法是调整平等主体的民商事合同关系的法律规范的总称。它在各国民商事立法中占据重要地位。各国在合同法中均规定了一些对合同立法、守法、执法和司法起指导作用的并贯彻于合同始终的指导思想，即基本原则。各国合同法的基本原则虽各有不同，但普遍认可的有以下3项基本原则。

1. 合同自由原则

无论是英美法系还是大陆法系，长期以来都一直主张合同自由是合同法的基本原则。合同自由是指当事人依法享有的决定是否缔约、选择缔约伙伴、决定合同内容和方式的自由。在市场经济的条件下，只有在法律上确认并充分保障合同当事人享有的合同自由，才能充分鼓励市场主体从事广泛的交易活动，调动其从事交易、展开竞争、创造财富的积极性。合同法在关于合同相对人的选择，合同内容确定、变更和解除，合同方式的选择等方面都可以自由确认。当今世界上，不论是资本主义国家还是社会主义国家，对契约自由都加以了限制。

2. 合法原则

许多国家要求当事人所订立的合同必须合法，凡是违反法律、违反善良风俗与公共秩序的合同，一律无效。

3. 有约必守原则

该原则在国际活动及各国法律实践中均得到广泛的承认，并被视为合同法中的一项重要原则。《法国民法典》第1 134条规定："依法成立的合同，对于订约双方当事人具有相当于法律的效力。"《合同法》也规定了合同的效力，如规定"依法成立的合同，受法律保护""依法成立的合同，对当事人具有法律约束力；当事人应当按照约定履行自己的义务，不得擅自变更或者解除合同"。《国际商事合同通则》明确规定："有效订立的合同对双方当事人有约束力。当事人仅能根据合同条款或通过协议或本通则的其他规定，修改或终止合同。"

4. 诚信和公平交易原则

诚信原则不仅成了世界各国法律的最高原则，甚至被奉为"帝王条款"，而且诚信原则能填补一切法律漏洞，解决一切法律规定所不及之问题。在两大法系中，公平和正义作为法律精神和价值之追求，而不是作为一项法律原则规定下来的。《国际商事合同通则》以"诚信和公平交易"为标准，作出两款强制性原则的规定，即"任何一方当事人应当根据国际贸易中的诚信和公平交易原则行事""双方当事人不得排除或限制该义务"。

4.2 合同的订立

合同的订立是平等主体的当事人之间设立、变更、终止民商事权利与义务的过程。合同的订立直接涉及合同的效力、能否履行、合同目的能否实现等重大问题，因此，合同的订立是各国合同法规范的重要内容。

各国的法律对于合同的有效成立，都要求具备一定的要件，虽各有不同，但主要有以下6项。

(1) 当事人之间必须通过要约与承诺两个阶段达成协议。

(2) 当事人必须具有订立合同的能力。

(3) 合同必须有对价或合法的约因。

(4) 合同的标的和内容必须合法。

(5) 合同必须符合法律规定的形式要求。
(6) 当事人的意思表示必须真实。

4.2.1 要约

1. 要约的定义

要约在外贸业务中又称为发盘或发价，是指一方向另一方提出愿意根据一定条件与对方订立合同，并含有一旦该要约被对方承诺时，即对提出要约的一方产生约束力的一种意思表示。提出要约的一方称为要约人，其相对方称为受要约人。要约可以用书面形式作出，也可以用口头或行动作出。

2. 要约的要件

一项有效的要约必须符合以下要求。

（1）要约必须表明要约人愿意按照要约中所提出的条件同对方订立合同的意向。要约的提出旨在订立合同，因此，凡不是以订立合同为目的的意思表示，就不能称之为要约。要约一经受要约人的承诺，合同即告成立，无须再征求要约人的同意或确认。因此，在法律上有必要把要约与要约邀请加以区别。

要约邀请又称为要约引诱，其目的虽然也是订立合同，但它本身并不是一项要约，而只是为了邀请对方向自己发出要约。例如，在商业活动中，有些公司经常向交易对方寄送报价单、价目表及商品目录等，其内容可能包括价格、品质规格、数量等，但这些都不是要约而是属于要约邀请，其目的是吸引对方向自己提出订货单，只有当对方收到上述报价单或价目表后提出了订货单，这种订货单才是一项真正的要约。它须经寄送报价单或价目表的一方表示承诺之后，合同才能成立。如果寄送报价单或价目表的一方不予承诺或接受，那么，即使订货单的内容与报价单或价目表相符，合同也不能成立，寄送报价单或价目表的一方也不受约束。

由此可见，要约与要约邀请的主要区别在于：如果是要约，它一经对方承诺，要约人即须受到约束，合同即告成立；如果是要约引诱，则即使对方完全同意或接受该要约引诱所提出的条件，发出该项要约引诱的一方仍不受约束，除非他对此表示承诺或确认，否则合同仍不能成立。

典型案例 4-1

吉布逊诉曼彻斯特议会案

1970年，保守党占多数议席的英国曼彻斯特议会决定出让议会的房子，就写信给原告吉布逊："市议会有可能出让房子，价格约有2 725英镑，如你想买的话，请正式写信申请。"原告写好了申请并回了信，但这时市议会重新选举，工党占了上风，决定不出让该房子了。原告遂要求法院强制执行。法院认为信中"如你想买的话，请正式写份申请"属于要约邀请，即请原告向议会提出要约，市议会后来未接受要约，所以合同没有成立，原告败诉。

（2）要约的内容具有确定性。要约内容的确定性是指要约的内容应该包括拟将签订的合同的主要条件，一旦受要约人表示承诺，就足以成立一项对双方当事人均有约束力的合同。

例如，在商业买卖中，要约一般应包括商品的名称、价格、数量及交货和付款的时间等。因此，要约人不必在要约中详细载明合同的全部内容，而只要达到足以确定合同内容的程度即可。至于某些条件，可以留待日后确定。在这一点上，大陆法和英美普通法的要求基本上是一致的。

(3) 要约必须传达到受要约人时才能生效。要约是一种意思表示，按照大多数国家的法律，要约须于到达受要约人时方能生效。这里要注意，"交错的要约"不是要约。交错要约，又称为交叉要约或者要约之吻合，通常指当事人采取非对话式的方式，几乎同时相互向对方提出两个独立且内容相同的要约的现象。

例如，甲向乙发出一项要约，同意以30万美元将一处别墅卖给乙，而乙在收到上述要约以前，主动去信表示愿意以30万美元购买甲的别墅，尽管乙信的内容与甲要约的内容相同，但也不能认为这是一项承诺，而只能视为"交错的要约"，双方是不能因而成立一项有约束力的合同的。对于这个问题，《国际商事合同通则》明确规定，一项要约必须于其送达受要约人时，方能生效。

3. 要约的拘束力

要约的拘束力，是指要约一旦生效后对双方当事人的强制力。要约的拘束力包含两个方面的含义：一个是指对受要约人的拘束力；另一个是指对要约人的拘束力。要约对两者的拘束力是不一样的。

1) 要约对受要约人的拘束力

一般来说，要约对于受要约人是没有拘束力的。受要约人接到要约，只是在法律上取得了承诺的权利，但并不受要约的拘束，并不因此而承担必须承诺的义务。不仅如此，在通常情况下，受要约人即使不予承诺，也没有通知要约人的义务。但某些国家的法律规定，在商业交易中，在某些例外的情况下，受要约人无论承诺与否，均应通知要约人。例如，《德国商法典》《日本商法典》均规定，商人对于平日经常来往的客户，在其营业范围内，在接到要约时，应立即发出承诺与否的通知，如怠于通知时，则视为承诺。一般而言，缄默不等于承诺。

2) 要约对要约人的拘束力

要约对要约人的拘束力是指要约人发出要约之后在对方承诺之前能否反悔，能否把要约的内容予以变更，或把要约撤回或撤销的问题。

要约的撤回是指在要约人发出要约后，到达受要约人之前，取消其要约的行为。按各国的法律，要约必须在到达受要约人时才能发生效力，在要约人发出要约至该要约到达受要约人之前这段时间里，由于要约尚未发生效力，要约人当然有权把要约撤回，或更改要约的内容。例如，以平邮寄出的要约，在其寄达受要约人之前，要约人可以用电报或空邮等更为快捷的通信方式把该项要约撤回或更改其内容。

要约的撤销是指在要约生效以后使要约归于消灭的行为，对此，两大法系存在较大差别。

英美法系认为，要约原则上对要约人无约束力，要约人在受要约人对要约作出承诺之前，任何时间都可以撤销要约或更改要约的内容。即使要约人在要约中规定了有效期限，他在法律上仍可在期限届满以前随时把要约撤销。英美法系的上述原则与现代的经济生活是不相适应的，它对受要约人缺乏应有的保障。因此，《美国统一商法典》明确规定，在货物买卖中，在一定条件下可以承认无"对价"的"确定的要约"，即要约人在要约确定的期限内不得撤销的要约。其条件是：①要约人必须是商人；②要约已规定期限，或者如果没有规定期限，则在合理期限内不予撤销，但无论如何不超过 3 个月；③要约须以书面作成，并由要约人签字。如果符合上述条件，即使该项要约没有对价支持，要约人仍须受其要约的拘束，在要约规定的期限内或在合理时间内不得撤销要约。

典型案例 4-2

林肯被刺国防部悬赏缉凶纠纷案

林肯是美国第 16 任总统。林肯被暗杀，有三个犯罪嫌疑人，其中两人被逮捕后，剩下的一个就怎么都找不到。为此，国防部悬赏 25 万美金查找这个嫌疑犯。原来，这个人到意大利当兵了，隐姓埋名达数年之久。终于有一天，该人酒后向其他人炫耀，把当年暗杀林肯的事说了出来，听到该话的意大利人就把消息通过意大利官方告知了美国国防部。由于长期没有音讯，国防部已经把这个悬赏撤回了，但是意大利方面并不知道。后来，通风报信的人要求美国支付这 25 万美金的悬赏。在美国本土撤回的悬赏，在不知情的意大利人视为其未撤回，后来起诉到法院，双方达成了妥协，国防部给了报信人 10 万美金。

大陆法系原则上认为要约对要约人有拘束力。由于两大法系在要约法律规则上存在着重大的分歧，这给国际贸易带来了很大的不便。联合国国际贸易法委员会于 1980 年 3 月 10 日在维也纳通过的《国际货物买卖合同公约》对各国的分歧进行了调和折中。按照该公约的规定，要约在其被受要约人接受之前，原则上可以撤销，但有下列情况之一者则不能撤销。

（1）要约写明承诺的期限，或以其他方式表示要约是不可撤销的。

（2）受要约人有理由信赖该项要约是不可撤销的，并已本着对该项要约的信赖行事。

关于要约的可撤销性，《国际商事合同通则》兼用了两大法系的制度。它在第 24 条规定："在合同订立之前，要约得予撤销，只要撤销的通知在受要约人发出承诺之前送达受要约人。"但是，在下列情况下，要约不得撤销：要约写明了承诺的期限，或以其他方式表明要约是不可撤销的；受要约人有理由信赖该要约是不可撤销的，而且已基于对该要约的信赖行事。这一规定是采纳《国际货物买卖合同公约》第 16 条的结果。我国《合同法》在第十八条和第十九条中吸收了该公约的规定，但是将"已基于对该要约的信赖行事"改成了"已经为履行合同作了准备工作"。

典型案例 4-3

不可撤销的要约案

某绿色饮食公司先于 10 月 1 日向澳大利亚 A&AT 公司邮寄一份不可撤销的要约通知，后又于 10 月 8 日邮寄了一份撤回该要约的通知。澳大利亚 A&AT 公司在 10 月 1 日收到绿色饮食公司的要约通知，于当天打电话给绿色饮食公司表示完全接受，并于 10 月 15 日再次向绿色饮食有限责任公司邮寄一份确认函。10 月 20 日澳大利亚 A&AT 公司收到绿色饮食公司的撤回通知，绿色饮食公司也于 10 月 20 日收到澳大利亚 A&AT 公司的确认函。后来两家公司因合同的效力问题出现纠纷。根据《联合国国际货物销售合同公约》的规定，绿色饮食公司和澳大利亚 A&AT 公司之间的合同自澳大利亚 A&AT 公司收到绿色饮食有限责任公司的要约通知，于当天打电话给绿色饮食公司表示完全接受之刻起，合同已经成立。因为澳大利亚 A&AT 公司回电接受的行为已经构成了承诺，合同此时成立，又因绿色饮食公司发出的是不可撤销的要约，且其发出的撤回要约的通知发出时，前期发出的要约已经送达，所以该要约既不能撤回也不能撤销，所以该合同的成立合法有效。

4. 要约的消灭

要约的消灭是指要约失去效力，无论是要约人还是受要约人均不再受要约的拘束。要约失效的原因很多，主要有以下 4 种情况。

(1) 要约因期间已过而失效。如果要约规定有承诺的期间，则在该期间终了时自行失效。如要约人在要约中没有规定承诺的期限，则有两种情况：①如果当事人间以对话方式进行交易磋商，对于此种对话要约必须立即予以承诺，如不立时承诺，要约即失去其拘束力。所谓对话要约包括当事人间面对面的商谈和电话等方式。②如当事人间分处异地，以函电等非对话的方式发出要约，应在合理的时间内作出承诺，否则要约即告失败。合理时间是一个事实问题，应由法院根据具体案情来确定。

(2) 要约因被要约人撤回或撤销而失效。

(3) 要约因被受要约人的拒绝而失效。拒绝要约是指受要约人把拒绝要约的意思表示通知要约人的行为。要约在拒绝通知送达要约人时即告失效。此后，受要约人就不能改变主意再对该项要约表示承诺。

(4) 要约因实质性变更而失效。如果受要约人在承诺中对要约的条款作了扩张、限制或变更，其效果也视同对要约的拒绝，在法律上等于受要约人向要约人发出的一项反要约，须经原要约人承诺后，合同才能成立。

4.2.2 承诺

1. 承诺的概念

承诺是指受要约人按照要约所指定的方式，对要约的内容表示同意的一种意思表示。承诺的构成须符合以下条件。

1) 须由受要约人对要约人作出

受要约人包括其本人及其授权的代理人。除此以外，任何第三者即使知道要约的内容并对此作出同意的意思表示，也不是承诺，不能成立合同。

2) 须是对要约的回复

承诺是受要约人在收到要约并理解其内容之后，同意按要约中提出的条件与要约人订立合同的意思表示，是对要约的回复。如果受要约人在不了解要约内容的情况下实施了要约所要求的行为，或者两个内容完全相同的要约交叉地发出，则并不能使合同成立。

3) 须是对要约的无条件接受

如果受要约人在收到要约之后表示接受要约，但同时又附加了一些条件，这样的意思表示就构成反要约或称附条件的要约。从性质上说，反要约不是承诺，而是新的要约。

4）须采用要约限定的承诺方式，除非未采用该方式并不会损害要约人的利益

要约人有权对承诺的方式进行限定，这是为各国法律普遍接受的观点。采纳这一规则，是为了保护要约人的合法权益。

在某些情况下，受要约人不按要约限定的方式承诺不会损害要约人的利益，反而会对要约人有利。例如，甲向乙发出要约，要求乙用信件承诺，乙用传真作了承诺。该承诺通常是有效的。

2. 承诺生效的时间

承诺生效的时间即合同成立的时间，故确定这一时间具有重要意义。关于承诺生效的时间，存在着"投邮主义"与"到达主义"的分歧。

1）投邮主义

投邮主义指承诺于承诺的信件或电报寄出时生效。英美法系国家多采用投邮主义。大陆法系也有个别国家如瑞士和日本采纳的是投邮主义。《法国民法典》对承诺何时生效没有作出具体规定，但法院往往推定为适用"投邮主义"，即根据事实情况推定承诺于发出承诺通知时生效，合同亦于此时成立。

2）到达主义

到达主义指承诺于承诺的文件到达要约人时生效。大陆法系国家多采用到达主义。《德国民法典》第130条规定："在相对人以非对话方式为意思表示时，意思表示于通知达到相对人时发生效力。"

目前，在国际商事领域，合同法的发展更倾向于采纳到达主义。《国际货物销售合同公约》第18条和《国际商事合同通则》第26条都采纳了这一规则。其最重要的理由是，如果承诺的文件在中途丢失，依"投邮主义"，合同已成立，要约人就可能在不知情的情况下受合同的约束。这种因邮件丢失而导致的风险由受要约人承担更为公平，因为该方作为文件的投递人，可以采取措施防止这种风险发生。我国《合同法》第二十六条规定："承诺通知到达要约人时生效。"

4.2.3　对价与约因

有些国家的法律要求，一项在法律上有效的合同，除了当事人之间意思表示一致以外，还必须具备另一项要素——对价或约因。

1. 对价

对价是英美合同法独有的制度，它是指"合同一方得到的某种权利、利益、利润或好处，或是他方当事人克制自己不行使某项权利或遭受某项损失或承担某项义务"。也有人把对价简单地说成是"购买某种允诺的代价"，这种相互给付的关系就是对价。

英美法把合同分为两类：一类是签字蜡封的合同，这种合同是由当事人们签字、加盖印鉴并把它交给对方而做成的，其有效性完全是由于它所采用的形式，不要求任何对价；另一类是简式合同，它包括口头合同和非以签字蜡封式的一般书面合同，这类合同必须要有对价，否则就没有拘束力。

按照英美法的解释，一项有效地对价必须具备以下条件。

(1) 对价必须来自受允诺人。所谓对价必须来自受允诺人是指只有对某项允诺付出了

对价的人,才能要求强制执行此项允诺。例如,甲向乙许诺,若乙为他完成某项工作,他将付给丙一笔钱。如果乙完成了该项工作后,甲拒绝把钱付给丙,则丙不能要求法院强令甲履行向丙付钱的许诺。因为作为对甲的许诺的对价是来自于乙而不是来自于丙,丙并没有提供任何对价。

(2) 对价必须是合法的。凡是以法律所禁止的东西作为对价的,都是无效的。

(3) 对价必须具有某种价值,但不要求充足。对价必须具有某种价值,包括金钱上的价值,或提供某种服务、不行使某种权利等。但对价不是等价,不要求与对方的允诺相等。

典型案例 4-4

蒙特夫特诉斯考特案(1971)

被告答应以1英镑的价格把房子卖给原告,但后来被告反悔,声称1英镑是个不充分的对价。法院认为,对价并不要求对等或充分,合同能否执行取决于有没有对价,而不是对价充分与否问题,被告败诉。

(4) 已经存在的义务、职务或法律上的义务不能作为对价。

典型案例 4-5

海员诉船长案

船方雇用一批海员作一次往返于伦敦与波罗的海的航行,途中有两名海员开了小差,船长答应其余的海员,如果他们努力把船舶开回伦敦,他将把那两名海员的工资分给他们。事后船长食言,船员到法院起诉。英国法院判决,船长的允诺是无效的,因为缺乏对价。其理由是船员在开船时,已承担了义务答应在航行中遇到意外情况时应尽力而为。有两名船员开了小差属于普通意外事件。余下的船员依据其原来签订的雇佣合同有义务尽力把船舶安全开回目的港。即凡属原来合同上已经存在的义务,不能作为一项新的允诺的对价。

典型案例 4-6

哈特立诉鲍生比案(1857)

三分之一的船员开小差,船长答应分他们的工资给别的剩下船员,到了目的港,船长反悔了。法院认为,本案船员走了三分之一已非普通意外事件,这时船员继续开船属履行了合同义务以外的义务,应视为对价,应得到额外工资,被告败诉。

另外,凡属履行职务或法律上的义务的,也不能作为对价。例如,某公民的轿车被盗,他登报声明,如找到其轿车者,愿赏奖金2万美元。某警察被指定办理此案,并找回其轿车,但警察不该获奖,破案是警察法律上的责任,不足以作为对价。

（5）对价必须是待履行的对价或者是已履行的对价，而不能是过去的对价。

① 待履行的对价。所谓待履行的对价是指双方当事人允诺在将来履行的对价。例如，双方当事人于某年2月签订了一项合同，其中规定卖方于4月交货，买方于卖方交货时付款。在这个合同中，交货和付款都属于待履行的对价，都是有效的对价。

② 已履行的对价。所谓已履行的对价是指当事人中的一方以其作为要约或承诺的行动，已全部完成了他依据合同所承担的义务，只剩下对方尚未履行其义务。这有两种情况：一种是当事人一方的行为是作为要约作出的，例如，卖方主动向买方发货，当买方接受货物时，买卖合同即告成立，但这时卖方已履行了交货义务，对此，买方有义务支付合理的价金。另一种情况是，当事人一方的行为是作为承诺作出的，在这方面最常见的例子是悬赏广告。例如，某甲在报纸上刊登广告一则，许诺如有人找到他所丢失的物品，将付给报酬若干英镑，如某乙见报后找到失物交还某甲，合同即告成立，某乙的行为就属于已履行的对价，某甲有义务付给约定的报酬。

③ 过去的对价。所谓过去的对价是指一方在对方作出允诺之前已全部履行完毕的对价，它不能作为对方后来作出的这项允诺的对价。例如，甲将乙的公文包捡到并归还，乙表示感谢给酬金5 000美元，但这项允诺是缺乏对价的，因为过去做过的事情不能作为现在这项允诺的对价，这种允诺是属于无偿的允诺，无偿的允诺除非是以签字蜡封式作成，否则是没有拘束力的。这就是英美法的"过去的对价不是对价"原则。

但在英美法中，对于"过去的对价不是对价"这个一般原则也有例外的情况。例如，甲为乙装修房屋，乙对装修质量很满意，答应奖励甲1万美元，则这种过去已经提供的服务仍可作为日后允诺给予报酬的对价，这项允诺就是有拘束力的。美国许多州还把这种例外的原则推广到某些未经对方提出要求的行为，只要这种行为是在紧急情况下作出的，则在完成此种行为之后，如对方允诺给予报酬，该项行为可以作为此项报酬的对价，此项允诺即具有约束力，承诺人不得反悔。

随着经济社会的发展，传统的对价理论受到极大的挑战，以《美国统一商法典》为代表，对价制度受到一定的限制。

按照传统的对价理论，当事人间在签订合同之后，如要改变原来的合同，或者债权人想要免除债务人的债务，就会由于缺乏对价而不能实现。为了适应当代商业发展的需要，《美国统一商法典》第2.209条明文规定，关于改变现存合同的协议即使没有对价也具有约束力。

美国法创设的"不得自食诺言"原则，也修正了传统的对价理论在某些情况下产生的不公平结果。该原则认为：如允诺人在做出允诺时，应当合理地预料到受允诺人会信赖其允诺而做出某种实质性的行为或者放弃去做某种行为，并已在事实上引起了这种结果，只有强制执行该项允诺才能避免产生不公平的后果，那么，即使该项允诺缺乏对价，亦应予以强制执行。

英国法院的一些判例也朝着美国法的方向发展。英美法在对价的问题上正在逐渐演变之中，总的倾向是采取比较灵活的态度，以便使对价原则与现代商业的某些习惯做法协调起来。

2. 约因

法国法把约因作为合同有效成立的要素之一。约因是指订约当事人产生该项债务所追求的最接近和直接的目的。如在买卖合同中,约因都是以商品换取金钱;在雇佣合同中,约因都是以金钱换取劳务。根据《法国民法典》第1 131条的规定:"凡属无约因的债,基于错误约因或不法约因的债,都不发生任何效力。"

4.2.4 当事人的缔约能力

我们可以简单地把当事人分为自然人和法人两种,并分别阐述它们的缔约能力。

1. 自然人的缔约能力

自然人的缔约能力是自然人的行为能力的一种,是自然人本人与他人缔结合同的资格。各国有关当事人缔约能力的规定差别较大,现分述如下。

1) 英国的规定

英国《1969年家庭法律改革法》规定,年龄不满18周岁的自然人称为未成年人。《1987年未成年人合同法》确立了未成年人订立合同的基本规则:未成年人没有缔约能力,未成年人订立的合同对未成年人一般没有约束力,如果对方当事人是成年人,则对成年人有约束力。但也有未成年人订立的合同对未成年人有约束力的情况:一是对未成年人肯定有约束力的合同,如未成年人购买生活必需品(如服装、食品等)的合同等;二是未成年人可以撤销的合同,即未成年人在达到成人年龄时或者在成年后一段合理的时间内可以撤销的合同,主要是未成年人购买或租用土地的合同、未成年人的婚姻合同、未成年人购买股票的合同以及未成年人的合伙合同等,这些合同在撤销以前对未成年人是有约束力的。但英国法认为,如果合同的双方均在合同项下获得了利益,未成年人就不能再撤销合同。在1923年的斯坦伯格斯卡拉(利兹)有限公司〈Steinberg v. Scala(Leeds) Ltd〉案中,原告(未成年人)认购了被告公司的股份。她在按股票的面值缴足股金之后决定撤销合同。英国法院判决,她拥有撤约权仅意味着她不再负有继续付款的义务,但她无权将已付的股金要回。因为该股金并不是完全没有对价的,她已经得到了该股票,因而已经获得了回报。

英国普通法规定,精神病人应当受他订立的合同的约束,但如果他能够表明由于他的精神状况,他不能理解自己在干什么,并且对方当事人意识到了他的这种无行为能力的状况而就可以不受合同的约束。对酗酒的人或吸毒者的缔约能力,英国在判例中确认的检验标准是:醉酒的人或吸毒的人证明自己醉到或者中毒到不知道自己在做什么,并且对方当事人也知道这一点,合同对醉酒的人或吸毒者没有约束力,否则就应受合同的约束。

2) 美国的规定

美国绝大多数州都把成年人的标准定在年满18周岁。未成年人没有订立合同的能力,未成年人与他人订立的合同除未成年人购买生活必需品(如服装、食品等)的合同等外,一般都属于可撤销合同。

典型案例 4-7

职业介绍所诉罗杰支付介绍费案

罗杰19岁那年,与妻子住在租来的公寓内,当时他还在上学。后来,由于妻子怀孕,他不得不找一份工作。他找到一家职业介绍所,签订了一份协议,如果该介绍所能为他找到一份年薪是10 000美元以上的工作,他将支付给介绍所500美元。介绍所为他找到一份年薪是15 000美元的工作,但罗杰一直未付介绍费。该介绍所起诉罗杰,罗杰以自己订立合同时尚未成年作为抗辩,当时该州成年年龄为21岁。初审判罗杰胜诉,该介绍所上诉,上诉法院认为该合同属于未成年人订立的生活必需品的合同,这种合同也应包括其妻子和孩子的衣物,该合同可以强制履行,介绍所胜诉。

未成年人订立的合同是否成立、能否有效,决定权掌握在未成年人手中。未成年人对合同撤销权的行使既可以在其成年之前,也可以在其成年之后。未成年人对合同的撤销权可由他本人行使,也可以由他的父母或其他监护人行使。未成年人撤销合同必须把整个合同都撤销,不能仅撤销使其承担义务的那一部分。未成年人对其撤销合同的权利的放弃被认为是对合同的确认。未成年人在成年之前不能对合同作有效的确认,也就是说未成年人在成年之前所作的放弃其撤销合同的权利的表示是无效的,因为该确认行为或表示行为本身就是可以撤销的。

当未成年人订立的合同经未成年人的请求而撤销时,一般的原则是要求他们双方返还利益,在经济上恢复到合同订立之前的状态。但也有例外,如未成年人对于他所享用的由另一方提供的服务,不用支付费用;对于他使用过且已贬值或损坏的产品,只需将该物按现有状态返还给对方;对于其他的损失,不负赔偿责任。

对于成年人,由于精神上的缺陷所造成的能力丧失可以是多种原因,仅证明当事人有丧失能力的表现还不足以说明他已经不具有缔约能力,要证明当事人不具有缔约能力还必须有证据证明当事人不能正确理解交易的性质和后果,或者不能有效地控制自己的行为。这两个检验标准分别被称为认识标准和意志标准,只要具备一个标准,就说明当事人不具备缔约能力。但比较而言,认识标准是主要的和基本的标准,而意志标准是例外的和补充的标准。

在美国,精神病患者订立的合同在大多数州都被认为是可撤销合同,撤销权由无缔约能力的精神病患者一方行使,其对合同撤销或确认的规则与关于未成年人的合同的相关规则基本一致。依照美国的法例,酗酒者订立的合同,原则上应有强制执行力,但如酗酒者在订立合同时,由于醉酒而失去行为能力,则可要求撤销合同。对于醉酒者订立的合同,一方由于醉酒而不能理解合同的性质和内容使合同成为可撤销的合同,但另一方必须有理由知道他正在与一个醉酒者订立合同。在通常情况下,另一方是有理由知道这一点的,因为一个人喝醉了是容易被人看出来的。适用于醉酒人的法律规则也同样适用于因吸食毒品而丧失缔约能力的人。

3) 法国的规定

《法国民法典》第488条第1款规定:"年满18周岁为成年。满18周岁者,有能力为一切民事行为。"未成年人为无实施法律行为能力的人,未成年人只有通过解除亲权而依法获得行为能力。根据《法国民法典》第476条和第477条的规定,未成年人结婚,依法当然解除亲权,即使未婚,在年龄达到16周岁时也可以解除亲权。第481条规定:"解除亲权的未成年人,如同成年人,有进行一切民事行为的能力。"未解除亲权的未成年人在法律规定的限制范围之内无缔结契约之能力。《法国民法典》第1 312条还规定,合同被撤销后,未成年人有权要求相对方返还财产,而相对方则无权要求未成年人返还其所受的给付,除非未成年人所接受的利益依然存在。

为了维护交易安全,保护善意当事人的合法权益,法国法律也确认两种情况下未解除亲权的未成年人订立的合同有效。一是未成年人如果用欺诈手段使相对方误认为其具有行为能力而订立的合同有效;二是未成年人订立的合同如果不存在对未成年人的损害,则合同有效。

而对于成年人,《法国民法典》第489条第1款规定"任何人,为进行有效行为,精神应当健康;但是,以精神原因提出行为无效之诉的人,应当证明在此行为之时刻存在精神紊乱。"1968年法国第685号法律规定受法律保护的成年人有3类。第一,对精神官能失常、在民事生活行为中需要保护的人,得置于司法保护之下,保留行使其权利,具有缔约能力,但其订立的合同与缔结的义务,可以因价格过低、显失公平而取消,或者在负担的义务过分的情况下减少之。第二,对精神官能失常、在民事生活行为中需要由他人持续代理时,得对其设立监护。受监护的成年人在设立监护的判决作出之后订立的任何合同,依法当然无效。第三,精神官能失常的人在民事生活行为中需要得到指导与监督时,可以对其实行财产管理。受财产管理的成年人对日常生活中的交易有行为能力,也可因价格过低、显失公平而提出撤销之诉或减少义务负担之诉。但对于任何在对成年人监护时需要亲属会议同意的行为,以及接受资金和使用资金的行为,非经财产管理人参与,不得进行,否则本人或财产管理人均得请求撤销之。

4) 德国的规定

德国法将缔约能力区分为无行为能力与限制行为能力两种情况。依据《德国民法典》第104条的规定,凡有下列情况之一者,即属于无行为能力的人:①未满7岁的儿童;②处于精神错乱状态,不能自由决定意志,而且按其性质此种状态并非暂时者;③因患精神病被宣告为禁治产者。

把未成年人分为未满7岁的儿童与7岁以上的未成年人,并以此作为区别他们是无行为能力或限制行为能力的标准,这是德国法的一个特点。

在德国,因精神错乱不能自由决定其意志者被视为无行为能力人。《德国民法典》第105条规定:"无行为能力人的意思表示无效。在无意识或者暂时性精神错乱状态时作出的意思表示无效。"这里就包括了精神病、深度醉酒、强剂量吸毒等作出的意思表示。《1992年德国照管法》规定,如果成年人由于心理疾病或身体、精神上的残障而完全或部分不能处理其事务,则由监护法院经其申请或依职权为其任命一名照管人,对于被照管人的事务,照管人应当视其是否符合被照管人的幸福作出处理。

禁治产是大陆法的术语,指的是因精神病或因有酒癖不能处理自己的事务,或因浪费成性有败家之虞者,经其亲属向法院提出请求,由法院宣告禁止其治理财产。

上列无行为能力的人所作的意思表示一概无效,他们所订立的合同不产生任何法律效力。

所谓限制行为能力的人,是指年满7岁的未成年人,他们的行为能力受到法律上的一定限制。限制行为能力人订立的合同一般需要其法定代理人的同意或追认才能生效,或者经未成年人在其成年后的追认后生效。合同另一方当事人有权催告未成年人的法定代理人追认,也可以在法定代理人的追认前撤销合同,但如果合同另一方当事人明知未成年人未取得其法定代理人的同意而与之订立合同,则不得撤销合同。限制行为能力人在3种情况下无须其法定代理人的同意而自行订立合同:①为纯获利益而订立的合同;②利用自己的零用钱订立的金钱给付合同;③在被政府许可的情况下订立的劳务合同。

5）中国的规定

我国《民法通则》把公民的民事行为能力分为完全民事行为能力、限制民事行为能力和无民事行为能力 3 类。

（1）完全民事行为能力人。

按照《民法通则》第十一条的规定："十八周岁以上的公民是成年人，具有完全民事行为能力，可以独立进行民事活动，是完全民事行为能力人。十六周岁以上不满十八周岁的公民，以自己的劳动收入为主要生活来源的，视为完全民事行为能力人。"

（2）限制民事行为能力人。

在我国《民法通则》中，限制民事行为能力人包括两种人：①十周岁以上的未成年人是限制民事行为能力人，他们可以进行与其年龄、智力相适应的民事活动；至于其他民事活动应由其法定代理人代理，或者征得其法定代理人的同意；②不能完全辨认自己行为的精神病人是限制民事行为能力人，他们可以进行与他的精神健康状况相适应的民事活动，其他民事活动由其法定代理人代理，或者征得其法定代理人的同意。我国《合同法》规定，限制民事行为能力人的行为，经法定代理人追认后有效，但纯获利益的合同或者与其年龄、智力、精神健康状况相适应的合同不必经追认；相对人可以催告法定代理人在一个月内追认，法定代理人未作表示的，视为拒绝追认；合同被追认前，善意相对人有撤销的权利（第四十七条）。这些规定主要采纳了德国法上的制度。2017 年 3 月 15 日第十二届全国人民代表大会第五次会议通过，并于同年 10 月 1 日实施的《民法总则》第十九条规定，八周岁以上的未成年人为限制民事行为能力人，实施民事法律行为由其法定代理人代理或者经其法定代理人同意、追认，但是可以独立实施纯获利益的民事法律行为或者与其年龄、智力相适应的民事法律行为。从此，我国开始有民事行为能力人的年龄提前了两年，即八周岁，但与发达国家相比还是偏高。

（3）无民事行为能力人。

无民事行为能力人包括：①不满十周岁的未成年人；②不能辨认自己行为的精神病人。无民事行为能力人不能实施有效的法律行为，他们签订的合同是无效的。

6）各国自然人缔约能力的异同

综上所述，中国、英国、美国、法国、德国等国法律都区别成年人和未成年人。成年人除法律另有规定外，都具有订立合同的能力，未成年人和精神病患者没有订立合同的能力或者受到一定的限制。立法目的都是保护未成年人和精神病人的利益。由于这些群体，年龄太小或者神志不清，缺乏控制力和判断力，不能理解自身行为的后果，所以法律上需要给予特别的保护。

英国、美国、法国等国较为简单地规定成年人与未成年人的年龄界线。中国、德国的法律既规定了成年人与未成年人的年龄界线，又对未成年人进行了不同层次的分类，较为合理地考虑到未成年人的年龄、智力、能力的差异性，将未成年人进一步分为无民事行为能力人和限制民事行为能力人，在此基础上再相应确认他们的缔约能力。此外，中国的法律又将十六周岁以上不满十八周岁的以自己的劳动收入为主要生活来源的未成年人视作完全民事行为能力人，赋予其完全的缔约资格。

英国、美国、法国、德国等国的法律都规定对未成年人订立的合同既可以由其法定代理人追认，也可以由其本人在成年后追认。我国的法律没有规定未成年人可以在成年后对其未成年时期订立的合同进行追认。

中国、英国、美国、法国等国的法律都规定无民事行为能力人订立的合同无效。而德国民法中的"零用钱条款"则相应承认无民事行为能力人订立的合同相对有效。

英国、美国、法国、德国等国将精神病人、吸毒者、醉酒者都归入受法律保护的成年人，设立了实际的法律保护制度。例如，英美规定的受法律保护的成年人对合同可行使撤销权，法国、德国规定的受法律保护的成年人的照管制度。中国的法律则未对吸毒者、醉酒者进行具体规定，即他们不能以订立合同时吸毒、醉酒为由否认合同的效力。

2. 法人的缔约能力

法人是指拥有独立的财产，能够以自己的名义享受民事权利和承担民事义务，并且依照法定程序成立的法律实体。法人是由自然人组织起来的，它必须通过自然人才能进行活动。世界各国，最常见的法人是公司，各国的经济活动，主要也是通过各种公司来进行的。因此，我们在这里主要介绍公司的缔约能力。

根据各国公司法的规定，公司必须通过它授权的代理人才能订立合同，而且其活动范围不得超出公司章程的规定。

1）英美法系

在英国，公司大体上可以分为依制定法成立的公司和依英王颁发的特许状成立的公司。大多数商业公司属于前一种公司。后一类公司则主要是慈善机构和教育机构。过去英国普通法要求，公司所签订的合同原则上都必须以签字蜡封的方式作成，但普通法的这种旧套已不适应现代商业的需要，所以已被公司法的成文法废止。根据现行公司法的规定，公司也可以通过其代理人以自然人同样的方式订立合同，即可以签订简式合同，而无须采用签字蜡封的形式。

长期以来，在决定依制定法成立的公司的缔约能力时，适用的规则是"越权"无效的原则。其含义是，公司无权在其章程规定的营业目的之外签署合同，否则，该合同是无效的。

越权无效的规则的运用导致了大量的不公正的判例，因而受到人们的抨击。英国接纳的《1972年欧共体法》、英国通过的《1985年公司法》及修改该法的《1989年公司法》，都废弃了传统的越权无效的规则。

在美国，早期的判例也接受了越权无效的规则。然而从19世纪末开始，美国法院在审判实践中已经表现出对公司章程中的营业目的条款进行扩大解释的倾向。在20世纪，越权无效的规则在各州的制定法中已逐步被放弃。目前，美国各州的制定法几乎都废弃了这一规定。

2）大陆法系

法国在1969年在《商事公司法》第49条中增加了如下规定：对于有限责任公司，"在与第三人的关系中，经理拥有在任何情况下以公司的名义进行活动的最广泛的权力……公司甚至应对经理的不属于公司宗旨范围的行为负责，但公司举证证明第三人已知道或根据当时情况不可能不知道该行为超越了公司宗旨范围的除外。仅公布公司章程不足以构成此种证据。限制经理根据本条所产生的权力的章程条款不得对抗第三人"。上述规定也适用于股份有限公司的董事会和董事长。

在《德国民法典》第26条规定：对社团法人，"董事具有法定代理人的身份""董事会代表权的范围得以章程加以限制,限制得对抗第三人"。可是,依德国《股份有限公司法》第 82 条和《有限责任公司法》第 37 条的规定,公司章程中对公司营业目的的限制不得对抗第三人。根据特别法优于一般法的原则,至少对股份有限公司和有限责任公司而言,公司的行为越权并不会导致行为无效。

3) 中国法

在 20 世纪 90 年代之前,中国法院基本上奉行了公司的越权行为为无效行为的宗旨。例如,最高人民法院在 1987 年发布的《关于审理经济合同纠纷案件中具体适用经济合同法的若干问题解答》中说:"工商企业、个体工商户及其他经济组织……超越经营范围或者违反经营方式所签订的合同,应认定为无效合同……全部为超营项目的,全部无效,部分为超营项目的,超营部分无效。"20 世纪 90 年代以来,为了适应社会主义市场经济发展和使中国的法制环境与国际接轨的需要,上述立场已不再被坚持。1993 年,最高人民法院在《全国经济审判座谈会纪要》中指出:"合同约定仅一般违反行政管理性规定的,例如一般地超范围经营、违反经营方式等,而不是违反专营、专卖及法律禁止性规定,合同标的物也不属于限制流通的物品的,可按照有关的行政管理规定进行处理,而不因此确认合同无效。"

4.2.5 合同的形式

如前所述,按订立合同是否需具备一定的形式要件,可以把合同分为要式合同和不要式合同两种。要式合同是指必须按照法定的形式或手续订立的合同,不要式合同是法律上不要求按特定的形式订立的合同。

当代各国的法律,在合同形式问题上,均采不要式原则。只是对某些合同才要求必须按法律规定的特定形式订立,但这种要式合同一般为数甚少。

1. 英美法系

英美法系把合同分为签字蜡封合同和简式合同两类。签字蜡封合同是要式合同,这种合同无须对价,但必须以特定的形式订立。简式合同必须要有对价。

简式合同不等于不要式合同,在简式合同中,一般是不要式的,可以用口头订立,也可以用书面订立,任由当事人自由选择合同所使用的形式;但也有一些简式合同依法必须以书面形式订立,其作用有的是作为合同有效成立的条件,有的是作为证据上的要求,视合同的性质而定。

1) 签字蜡封合同

签字蜡封合同的订立必须遵守特定的形式,主要是合同必须以书面作成,有当事人的签名,加盖印戳,并须把它交付给合同的对方当事人。在过去,缔结签字蜡封式的合同,是一种庄重的仪式,但现在的做法已经从简。一般只不过是在书面合同上加上一条标签,上面写上 "Seal" 或 "L.S"(即 Loco Sigilli 代蜡封的简写)字样,然后由允诺人把合同文件交给对方,全部手续即告完成。

2) 简式合同

如上所述,简式合同是指必须要有对价支持的合同,但不等于完全是不要式的合同。按照英国的法例。以下两种简式合同是必须以书面形式作成的,否则合同就无效或者不能强制执行。

(1) 要求以书面形式作为合同有效成立要件的合同。

依照英国的法律，下列合同必须以书面作成，否则无效：①汇票与本票；②海上保险合同；③债务承认；④卖方继续保持占有的动产权益转让合同。

(2) 要求以书面文件或备忘录作为证据的合同。

这种书面形式要求同前一种不同之处在于，不具备这种书面形式要求的合同不是无效，而只是不能以口头证据来证明合同的存在及其内容，因而不能强制执行。如果双方当事人自愿执行，合同仍属有效。

《美国统一商法典》第 2 篇第 2.201 条也规定，凡价金超过 500 美元的货物买卖合同，除该法典另有规定外，均须以书面形式作成，否则不能向法院起诉要求强制执行。但该法典也规定了若干例外情况。在这些情况下，即使不具备书面形式的要求，合同也可以强制执行。例如，如果卖方已在实质上开始生产专为买方制造的，不宜于售给其他买方的商品，则该合同虽然没有采取上面形式，但仍有拘束力。又如，在合同已经部分履行的场合，即使没有采用书面形式，但对已经履行的部分，仍具有强制执行力。

典型案例 4-8

美国德卡特合作协会诉厄本案

原告是一个粮食买卖商，被告是一个农场主。原告和被告通过电话协商确定由被告向原告出售一万蒲式耳小麦，价格为每蒲式耳 2.80 美元。根据商业习惯，原告将电话里的协议写成备忘录转给被告，以确认此买卖。但事隔不久，小麦价格猛涨，被告以没有书面合同为由否认此买卖。原告认为被告毁约，诉诸法院，请求赔偿损失。根据《美国统一商法典》规定，价金在 500 美元以上的买卖必须订立书面合同；法典又规定商人之间的买卖只要有类似备忘录的文件就算成立，不必要求当事人签字。如果不是商人则要求有正式的书面合同。因此，被告败诉。

2. 大陆法系

1）法国

法国法对合同形式的要求主要分为 3 类。

(1) 公证合同。在法国，公证在社会生活和经济生活中起着重要作用。涉及合同关系须经公证的合同主要有赠与合同、夫妻财产合同、代位清偿债务的合同、设定抵押权的合同和某些种类的不动产合同等。

(2) 一般书面合同。这类合同主要包括某些劳动合同、营业资产买卖合同、房屋推销合同、发明专利的许可或转让合同、私人住宅建筑合同等。对这些合同的书面要求都是依单行的立法而提出的服务于特定的目的的。例如，要求海上劳动合同以书面方式签署，可以使水手或学徒更好地了解其义务。从中可以看出，对于一般的未作特别规定的合同，法律并不要求以书面方式订立。

(3) 实践合同。实践合同是当事人的意思表示于实物交付时生效的合同。因此，依法国法的理论，对于实践合同，实物的交付也是合同成立的形式要件。在传统上，借贷、寄存和质押这 3 种需归还原物的单务合同属于实践合同。这种传统的制度今天仍得到了保留。

关于合同在形式上不符合法律要求的后果，法国法院在实践中表现出明显的避免让这样的合同完全不发生效力的倾向。

2）德国

德国法奉行合同形式自由的原则，即除非法律要求或当事人约定合同的订立须按特定的方式，否则，合同的订立可采用任何方式。

德国法对合同形式的要求来源于当事人和立法者。

当事人可约定合同采取特定形式，但这些约定不能违反法律的强制性规定。其方式主要为两种：一种是在主合同的前合同中就签订主合同的形式进行约定；另一种是在主合同中就履行主合同的各种法律行为的形式作出规定，例如，在租赁合同中规定，终止租赁的通知须以书面方式发出。

基于立法者的意思而产生的要求，主要分为公证和一般书面形式两类。

须经公证的合同包括现存财产的合同、让与或受让土地所有权的合同、债权转移合同、赠与合同、通过债务约束实施赠与的合同、通过债务承认实施赠与的合同、夫妻间订立的处理其财产的合同、继承合同、抛弃继承的合同、继承人出卖属于自己的遗产的合同等。

一般的书面合同包括期限超过一年的土地租赁合同、支付养老金的合同、保证合同、非赠与性的债务约束和债务承认合同等。

上述规定也有若干例外，其中包括让与或受让土地所有权的合同，虽未公证，但让与已完成，且已完成登记的，合同有效；赠与合同虽然未经公证，但赠与已实施的，合同有效；租期一年以上的土地租赁合同，如果未以书面方式订立，视为不定期限的租赁等。

3）中国

我国《合同法》第十条规定："当事人订立合同，有书面形式、口头形式和其他形式。法律、行政法规规定采用书面形式的，应当采用书面形式。当事人约定采用书面形式的，应当采用书面形式。"依此规定，除非法律另有规定或当事人另有约定，否则，合同的订立以非要式为原则，即可以依包括口头形式和其他形式在内的任何方式订立。

书面形式是指合同书、信件和数据电文（包括电报、电传、传真、电子数据交换和电子邮件）等可以有形地表现所载内容的形式。当事人采用合同书形式订立合同的，自双方当事人签字或盖章时合同成立。可见，书面形式不仅限于双方共同签署的合同书，一切可以有形地表现所载内容的形式均为书面形式。其结果可能是，合同的存在和争议的内容只要能以书面文件或其他有形载体证明，即可符合该法的要求。进一步说，为订立书面合同，签字并不是在所有的情况下都是必经程序。

《合同法》规定的须采用书面方式签署的合同包括借款合同、租期6个月以上的租赁合同、融资租赁合同、建设工程合同、技术开发合同、技术转让合同等。该法没有规定赠与合同须以书面形式订立，但规定赠与人在赠与财产的权利转移之前可撤销赠与。这可以被理解为该权利的转移，是此种合同成立的形式要件。

《合同法》并没有就所有种类的合同的订立形式作出规定。例如，担保合同的形式是由《担保法》规定的。该法要求保证人与债权人以书面形式订立保证合同。又如，中外合资经营企业的合资各方订立的合营协议，依《中华人民共和国中外合资经营企业法》，须报国家对外经济贸易主管部门审批，故该种合同必须以书面形式订立，同时，主管部门的批准也可理解为合同成立的形式要件。

关于合同的订立不符合法定或约定的形式的后果，《合同法》第三十七条规定："采用合同书形式订立合同，在签字或者盖章之前，当事人一方已经履行主要义务，对方接受的，该合同成立。"

此外，《国际商事合同通则》在第 12 条规定："通则不要求合同必须以书面形式订立或由书面文件证明。合同可通过包括证人在内的任何形式证明。"这一规定与《国际货物销售合同公约》第 11 条的规定保持了一致。这些规定反映了这样一种倾向：在国际性的商事交易中，应放宽对书面形式的要求。

4.2.6　合同的合法性

契约自由是合同法的基本原则，但是，这种自由是受限制的，即不能违反法律的强制性规定。

1. 英美法

英美法认为，一项有效的合同必须具有合法的目标或目的。凡是没有合法目标的合同就是非法的，因而是无效的。以下 3 种合同属于非法。

1）违反公共政策的合同

违反公共政策的合同是指损害公众利益，违背某些成文法所规定的政策或目标，或旨在妨害公众健康、安全、道德及一般社会福利的合同。

2）不道德的合同

不道德的合同是指那些违反社会公认的道德标准，如果法院予以承认将会引起正常人愤慨的合同。

3）违法的合同

例如，差使他人做犯罪行为的合同、以诈骗为目的的合同、与敌人进行贸易的合同及赌博合同等，都是违法的，因而是无效的。

合同违法的后果是既不产生权利，也不产生后果。

2. 大陆法

1）法国

《法国民法典》第 6 条规定规定："当事人不得以特别约定违反有关公共秩序和善良风俗之法律。"这一规定使"合同不违背公共秩序和善良风俗"成为合同有效成立的条件。

无效合同主要包括违反性道德的合同；赌博合同；为获取不道德的利益而订立的合同；限制人身自由的合同；违背家庭伦理道德的合同；违背一般人类道德的合同等。

对于无效合同后果，如果合同在被法院确认无效之前尚未履行，则合同不得再履行；如果一个合同在被确认无效时已得到全部或部分的履行，其无效具有溯及力，即当事人订立合同前的财产状态应予恢复。

但我们要注意，法国法院在许多处理无效合同案件中作出了不准许当事人返还财产的判决。例如，法国最高法院 1905 年 7 月 17 日判决，购买房屋作妓院用的买方无权要求返还已支付的价款；该法院在 1923 年 4 月 17 日判决，向一个已婚妇女出借房屋使其离开家庭与情人相聚的出借人无权要求返还房屋。

2) 德国

根据《德国民法典》第134、138条规定,无效合同主要包括违反制定法的禁止性规定的合同;违反了善良风俗的合同;过分不公平的合同;限制人身自由的合同;过分地限制人身自由的合同;损害第三方利益的合同;一方通过不正当地影响另一方而签订的合同,等等。

涉及合同的合法性,德国法院在现代的审判实践中注重对个案的具体情况进行分析,注重对社会利益、合同当事人的利益及第三人的利益进行权衡。

3. 中国

根据《合同法》第五十二条规定,认定合同无效的情况包括:①一方以欺诈、胁迫的手段订立合同,损害国家利益;②恶意串通,损害国家、集体或者第三人的利益;③以合法形式掩盖非法目的;④损害社会公共利益;⑤违反法律、行政法规的强制性规定。

典型案例 4-9

特殊的遗赠纠纷案

原告张某与被告之夫黄某(已因病死亡的遗赠人)属非法同居关系,被告不能生育,且夫妻感情多年不和,长期分居,原告在遗赠人黄某病逝前一直照顾其生活。黄某生前立下遗嘱,将其个人财产遗赠给原告,并将遗嘱进行了公证。后原告持遗嘱向占有遗产的被告请求给付,遭被告拒绝。原告以此为由诉请法院判令被告按遗嘱执行。2001年10月11日,四川省泸州市纳溪区人民法院受理案件后,以《民法通则》基本原则第七条"民事活动应当尊重社会公德"的规定,认定黄某将遗产赠给"第三者"的行为违反了社会公德,当属无效。故判决驳回了原告的诉讼请求。而该案的二审也以维持一审判决而告终。尽管本案存在很大争议,但该案的判决创造了一个法律干预个人处分自己财产的先例。

无效的合同自始没有法律约束力,在合同被认定无效之后,当事人因合同取得的财产,应予以返还;不能返还,应当折价补偿;有过错的一方应当赔偿对方因此所受到的损失,双方都有过错的,应当各自承担相应的责任。当事人恶意串通,损害国家、集体或者第三人利益的,因此取得的财产收归国家所有或者返还集体、第三人。

4.2.7 合意必须真实

合同是双方当事人意思表示一致的结果,如果当事人意思表示瑕疵,即意思表示与真实的意思表示不一致,这时,双方当事人虽然达成了协议,但这种合意是不真实的。对于这种合同应当如何处理,作出错误的意思表示的一方,或受诈欺、胁迫、不利影响的一方当事人能否以此为理由主张该合同无效,或要求撤销该合同,各国通常规定,法定情形下的意思表示瑕疵,如错误、诈欺、胁迫、显失公平等,以真实的意思表示为准。

1. 错误

各国法律都一致认为,并不是任何意思表示的错误,都足以使表意主张合同无效或撤销合同,因为要是这样的话,交易安全就缺乏必要的保障。但与此同时,各国法律也都承认,在某些情况下,作出错误的意思表示的一方可以主张合同无效或要求撤销合同,这是为了使某些并非故意作出错误的意思表示的当事人不致承担过重的义务。至于在什么情况下有错误的一方可以要求撤销合同或主张合同无效,在什么情况下则不可以,各国法律有不同规定和要求。

1) 中国法

《合同法》第五十四条、《民法通则》第五十九条均规定,行为人对行为内容有重大误解的,一方有权请求人民法院或者仲裁机关予以变更或者撤销。所谓行为人对行为的内容有重大误解,是指行为人因对行为的性质,对方当事人,标的物的品种、质量、规格和数量等的错误认识,使行为的后果与自己的真实意思相悖,并造成较大损失。由于意思表示存在重大误解而订立的合同,有关当事人有两种选择:如果当事人请求变更,人民法院应当予以变更;如果当事人请求撤销,人民法院可以酌情变更或撤销。这里的误解一词,应包括错误和对合同另一方意思的误解两种情况。

2) 法国法

《法国民法典》第1 110条规定,错误只有在涉及合同标的物的本质时,才构成无效的原因。如果错误仅涉及当事人一方愿意与之订约的另一方当事人时,不能成为无效的原因;但另一方当事人个人被认为是合同的主要原因者,不在此限。按照法国法,以下两种错误都可以构成合同无效的原因。

(1) 关于标的物的性质方面的错误。法国法院对何谓"本质"错误往往作广泛和灵活的解释。法国的法官和学者有时把"性质"说成是"基本品质""决定性的考虑"或"买方非此不买的品质"等。例如,买方以为他所买的是路易十五的衣柜,但后来却发现并非路易十五的古物,他可依法主张合同无效。

这里重要的是根据什么标准来确定当事人对标的物的"基本品质"有错误的理解,是按主观标准还是按客观标准来确定?如果不考虑当事人的主观意思来确定,而是由法院根据合同的具体情况去确定,那就是客观标准。相反,如果按照当事人的主观意思,即探求当事人在出售或购买某个标的物的时把"决定性的考虑"集中在标的物的某一品质上来确定,那就是主观标准。在这个问题上,法国法院采用的是主观标准。

(2) 关于涉及与其订立合同的对方当事人所产生的错误。按照法国法,如果仅仅是在认定谁是订立合同的对象上产生错误,是不能构成合同无效的原因的。因为在大多数情况下,一个人或一家公司可以同任何人订立合同,所以,同什么人订立合同往往是无关紧要的。但是,如果对订约对象的考虑是订立该合同的主要原因,而在订约时错认了订约对象,那就可以作为合同无效的原因。但这种情况仅限于对方当事人本身具有特别重要意义的合同,如承包合同、雇佣合同或借贷合同等,因为在这些合同中,对方当事人的身份、能力、技能和品格对当事人决定是否同其订立合同具有重大意义。

法国法认为,动机上的错误原则不能构成合同无效的原因。

3) 德国法

《德国民法典》第119条规定:"表意人所作的意思表示的内容有错误时,或表意人根本无意为此种内容的意思表示者,如可以认为,表意人若知其情事并合理地考虑其情况而不会作出此项意思表示时,表意人可撤销其意思表示。"德国法不像法国法那样区别合同的标的物、标的物的性质的错误及认定合同当事人的错误。德国法所强调的是意思表示"内容"的错误,而不管该内容是涉及合同的标的物的本质、合同的对方当事人还是意思表示的动机。

德国法认为下列两种错误都可以产生撤销合同的后果。

（1）关于意思表示内容的错误，即表意人在订约时是在错误的影响下作出意思表示的。如一方表示愿与对方订约，但这是由于他搞错了对方是谁以及对方具有的特长。对方也知道这项意思表示，他之所以知道这一点，是因为表意人在意思表示中表达了这项用意。

（2）关于意思表示形式上的错误，如把美元误写作英镑。

法院在考虑上述两种错误是否足以撤销合同时，对第一种情形，法院将探索受错误影响的一方是否得到了他真正想得到的东西而定；对第二种情形，法院将探索表意人究竟想得到什么东西而定。

《德国民法典》第9条第2款还规定："关于人的资格或物的性质的错误，如交易上认为重要者，视为意思表示内容的错误。"而可按意思表示内容的错误处理。在这一点上，德国法与法国法不同，德国法所采取的是客观标准，即以该项性质的错误在交易上是否认为重要为条件，而不像法国法那样采取主观标准。

4）英国法

英国普通法认为，订约当事人一方的错误，原则上不能影响合同的有效性。只有当该项错误导致当事人间根本没有达成真正的协议，或者虽已达成协议，但双方当事人在合同的某些重大问题上都存在同样错误时，才能使合同无效。按照普通法，错误会导致合同自始无效；而按照衡平法错误通常只是导致一方撤销合同。按照英国的判例，下列错误都不能使合同无效。

（1）一方当事人意思表示的错误。

（2）一方在判断上发生差错。

（3）一方当事人对自身的履约能力估计错误。

（4）在凭说明的买卖中，对说明的含义的理解发生错误。

但是，如果某项错误导致双方当事人间根本没有达成真正的协议，则可以使合同无效，这主要包括如下。

（1）在合同性质上发生错误。

（2）在认定作为订立合同的要素的当事人时发生错误。

（3）在认定合同的标的物时，当事人双方都存在着错误。

（4）在合同的标的物存在与否或在合同的重大问题上，双方当事人发生共同的错误。

（5）允诺一方已经知道对方有所误会，在这种情况下，对方可以主张合同无效。

5）美国法

美国法同样认为，单方面的错误原则上不能要求撤销合同。至于双方当事人彼此都有错误时，亦仅在该项错误涉及合同的重要条款、认定合同当事人或合同标的物的存在、性质、数量或有关交易的其他重大事项时，才可以主张合同无效或要求撤销合同。美国法院在审理涉及错误的案件时，往往考虑到各方面的情况。例如，误会一方的错误的轻微程度，对方是否应注意到误会一方的错误，对方由于信赖误会一方的允诺已采取了什么行动，以及有无恢复原状的可能等。如果法院认为，对方由于信赖合同已有效成立而积极准备履约，从而改变了他的地位，以致难以恢复原状或不可能恢复原状时，有错误的一方就不能撤销合同。美国法院的态度是，宁愿让有错误的一方蒙受自身错误所造成的后果，而不把损失转嫁给对方。

2. 欺诈

欺诈是一方当事人为引诱对方当事人订立合同而对事实所做的欺诈性陈述（Fraudulent Misrepresentation）或沉默地隐瞒事实真相的行为（Misrepresentation by Silence）。欺诈在合同法上有两大特征：①欺诈由对事实的欺诈性陈述或沉默行为所构成，但在英美法系的国家，具有优越知识当事人的观点有时也可能被视作对事实的欺诈性陈述；②欺诈的目的在于引诱对方当事人订立合同。各国法律都认为，凡因受诈欺而订立合同时，蒙受欺骗的一方可以撤销合同或主张合同无效。

1）中国法

《合同法》第五十四条规定："一方以欺诈、胁迫的手段或者乘人之危，使对方在违背真实意思的情况下订立的合同，受损害方有权请求人民法院或仲裁机构变更或撤销。"第四十二条规定："一方故意隐瞒与订立合同有关的重要事实或者提供虚假情况，给另一方造成损失的，应当承担损害赔偿责任。"

由此可见，依据中国《合同法》，以欺诈手段订立的合同不是绝对无效的，而是效力待定合同，而这取决于受害人是否行使撤销权。

2）法国法与德国法

法国法与德国法对诈欺的处理有不同的原则。法国法认为欺诈的结果将导致合同无效，德国法则认为欺诈的结果将导致撤销合同。

3）英美法

英美法把欺诈称为"欺骗性的不正确说明"。英国《1976年不正确说明法》把不正确说明分为两种：一种叫作非故意的不正确说明，一种叫作欺骗性的不正确说明。所谓不正确说明是英美法的术语，它指的是一方在订立合同之前，为了吸引对方订立合同而对重要事实所作的一种虚假的说明。它既不同于一般商业上的吹嘘，也不同于普通的表示意见或看法。按照英国法的解释，如果作出不正确说明的人是出于诚实地相信真有其事而作的，那就属于非故意的不正确说明；如果作出不正确说明的人并非出于诚实地相信有其事而作的，则属于欺骗性的不正确说明。英国法律对于欺骗性的不正确说明在处理上是相当严厉的，蒙受欺诈的一方可以要求赔偿损失，并可撤销合同或拒绝履行其合同义务。

对于非故意的不正确说明，英国法区别两种情况：一种是非故意但有疏忽的不正确说明；一种是非故意而且没有疏忽的不正确说明。在前一种情况下，蒙受欺骗的一方有权请求损害赔偿，并可撤销合同。但法官或仲裁员有自由裁量权，他们可以宣布合同仍然存在，并裁定以损害赔偿代替撤销合同。在后一种情况下，受欺骗的一方可以撤销合同，但法官或仲裁员同样有自由裁量权，他们可以宣布维持原合同并裁定以损害赔偿代替撤销合同。两者的主要区别是：在后一种情况下，蒙受欺骗的一方无权主动要求损害赔偿，而只能由法官或仲裁员根据具体情况酌定是否可以以损害赔偿代替撤销合同。但无论在什么情况下，都只有受欺骗的一方才能要求撤销合同，至于作出不正确说明的一方则不能以其自身的错误行为作为撕毁合同的借口。

实际生活中，陈述错误事实并不少见，根据行为人的动机可以分为两类：第一类是行为人故意陈述错误事实，此时就构成欺诈的主观要件；第二类是行为人由于客观条件的限制，认为陈述的错误事实是真实的，即他主观上并没有陈述错误事实的故意，此时不构成欺诈的主观要件。但是如何区分行为人是否具有陈述错误事实的故意,却非易事。实务中,法官主要从行为人的行为动机、知识经验及其所处的客观环境去认定。

典型案例 4 – 10

奥茨加有限公司诉威廉姆案(1965)

被告(威廉姆)将其汽车卖给原告(奥茨加有限公司)时,称该车为1948年产的车型,但实际上该车是1939年的车型。当原告了解真相后,便以被告作出欺诈性陈述为由要求赔偿,英国法官却认为,原告是一家专门的汽车交易商,在了解真相方面和被告处于同样良好的位置甚至比被告处于更好的位置,原告相信被告的陈述是违背常理的,因此,原告的赔偿请求应予以驳回。

3. 胁迫

胁迫是指以使人发生恐怖为目的的一种故意行为。各国法律都一致认为,凡在胁迫之下订立的合同,受胁迫的一方可以主张合同无效或撤销合同。因为在受胁迫的情况下所做的意思表示,不是自由表达的意思表示,不能产生法律上意思表示的效果。

1)中国法

《合同法》第五十四条规定:"一方以欺诈、胁迫的手段或者乘人之危,使对方在违背真实意思的情况下订立的合同,受损害方有权请求人民法院或者仲裁机构变更或者撤销。"依据《合同法》,以胁迫手段订立的合同不是绝对无效的,而是效力待定合同,这取决于受害人是否行使撤销权。

2)法国法与德国法

德国法区别胁迫与乘人穷困的等情况。因被胁迫而为意思表示者,表意人得撤销其意思表示。对于乘人穷困而使之订立合同者,则可使该法律行为无效。

法国法明确的认为,胁迫是构成无效的原因。

3)英美法

在英美法中,胁迫构成撤销合同的行为。英美法普通法认为,胁迫是指对人身施加威吓或施加暴力或监禁。

典型案例 4 – 11

宇宙卫士海运股份公司诉国际运输工人联合会案

原告是利比里亚一海运公司,其公司全部股东均住在美国,该公司的宇宙卫士号货船(悬挂利比里亚国旗)从利比亚载物准时运达英国明福特哈温港。该船船员主要为亚洲人,由于他们的工资水平按照国际运输工人联合会的规定过低,故该联合会号召工人拒绝为该船卸货,使之不能离港。该联合会声明,除非原告公司捐助80万美元作为海员国际福利基金,否则不予卸货,原告公司被迫给付捐款,后于1983年起诉追偿。法庭裁定,这一支付是在经济胁迫下做出的,并且按照有关工业法规,此类给付要求也并不合法,故原告有权追回付款。

英美法除普通法上的胁迫外,在衡平法中还有所谓不正当影响的概念。现在,这两个概念已合为一。"不正当影响"主要适用于滥用特殊关系以订立合同为手段从中谋取利益的场合，如父母与子女、律师与当事人、受信托人与受益人、监护人与未成年人、医生与病人之间所订立的合同，如果这类合同有不公正的地方，即可推定为有"不正当影响"，蒙受不利的一方可以撤销合同。至于以揭发对方的犯罪行为进行要挟，亦构成胁迫，但如以对对方提起民事诉讼为要挟，则一般不能认为是胁迫。按照英美法，受胁迫者不仅包括订约当事人本人，而且还包括该当事人的丈夫、妻子或近亲，如果对后者施加威胁，迫使当事人不得不同意订立合同，也构成胁迫，当事人可以撤销合同。

关于来自订约双方当事人以外的第三者所施行的胁迫，各国法律的处理略有不同。德国法认为，胁迫较诈欺更为严重，应当让受胁迫者更容易从合同的拘束中解脱出来。因此，德国法认为，如胁迫是由第三者所为，即使合同的相对人不知情，受胁迫的一方也有权撤销合同。法国、意大利、西班牙等国的法律也有类似的规定。但英美法则把第三人所做的胁迫与第三人所做的诈欺同样看待，也就是说，对于来自第三人的胁迫，只有合同的相对人知道有胁迫情况时，受胁迫的一方才能撤销合同。

4. 显失公平

1）英国

根据英国普通法，已经订立的合同不能以合同的条件不公平为由不予执行。然而，当合同的条件显失公平时，受到不利影响的一方在一定的条件下可以获得衡平法上的救济。

英国的制定法也有纠正显失公平的规定，这些法律的发展对于保护弱方当事人的利益起了重要的作用。在这些制定法中，最重要的是《1977年不公平合同条件法》和《1994年消费者合同不公平条件条例》。

2）美国

根据《美国统一商法典》第2.302（1）条规定："如果法院发现，作为一个法律问题，合同或合同的任何条款在合同订立时是显失公平的，法律可以拒绝强制执行该合同，或者只强制执行合同中显失公平的条款之外的其他条款，或者对显失公平的条款的适用加以限制以避免显失公平的后果。"

显失公平的合同是可撤销的合同。当合同中的某一条款会导致显失公平的后果时，受到不利影响的一方通常有权否认该条款的效力，同时认可合同的其他条款的效力。

3）法国

《法国民法典》第1134条规定："依法订立的契约，对于缔约当事人双方具有相当于法律的效力。"这是阐明契约自由原则的著名条款，为法国合同法在19世纪——契约的世纪的发展提供了基本的指导思想。根据这一规定，对于依法订立的合同，法院不应以合同的条件不公平为由而加以干预。

但是，20世纪70年代以后，法国开展了大规模的保护消费者的立法活动。自此以后，干预格式合同的立法与保护消费者的立法已融为一体。

4）德国

关于合同的公平性，原来《德国民法典》奉行的指导思想，只要合同是依当事人的自主意志签署，不论其内容是否有利于一方而不利于另一方，都不应否认其效力。然而，进入现代社会，随着格式合同在产业生活被越来越多地采用，面对供货商、保险公司、银行及其他商业组织利用格式合同将消费者和其他弱方当事人置于不利地位的社会现实,德国法院援用《德国民法典》第 242 条的规定,对合同中的标准条件进行更为积极的干预。依据该条,合同当事人必须遵守诚信原则并照顾到交易的习惯。

德国在法院干预格式合同中的标准条件的大量判例基础上,于 1977 年制定了《标准合同条件法》。该法规定,标准合同条件是指使用者为了在未来的数次交易中使用而预先单方面地确定的;它由使用者向另一方出示,以便让另一方接受;在出示时,使用者具有确定的坚持使之成为合同的基础的动机;合同条件如果已经由合同各方进行个别的协商,就不再是标准条件。该法第 9 条规定了使标准条件归于无效的一般原则。该原则既适用于合同一方为消费者的合同,又适用于一般的商业合同。第 9(1)条规定:"如果标准条件对另一方过分地不利,以致违背了有关诚信的要求,该标准条件无效。"第 9(2)条规定:"标准条件如果使另一方的基于合同的性质而固定的实质性权利或义务受到了限制,以致损害了合同的主要目的,即属于对另一方过分地不利,因而是无效的。"

5)《国际商事合同通则》

格式合同之争是国际经济交往中长期争论不休的一个法律问题,基于各国法律制度的差异,国际社会对该问题尚不能达成共识。《国际商事合同通则》参照各国法律的不同做法,对此规定了公平合理的法律原则,为解决这一问题做出了较为完美的回答。《国际商事合同通则》第 2.17 条(2)规定:"标准条款指事先订立的为一方当事人通常、重复使用的条款,并且该条款无须同另一方当事人谈判而实际使用。"第 2.18 条规定:"如果双方当事人均使用标准条款,并就标准条款以外事项达成协议,合同应根据商定的条款和实质上共同的标准条款订立,除非一方当事人事先明确表示或事后没有不当迟延地通知另一方当事人,他不愿受此合同的约束。"第 2.20 条规定:"如果标准条款和非标准条款发生冲突,以非标准条款为准。"

《国际商事合同通则》第 3.10 条就重大失衡制度作了如下表述:"一方在以下情况下可以撤销合同或合同的某一条件:在合同订立时,该合同或条件无正当理由地给予了另一方一种过分的优惠。此时,除了其他因素之外,应考虑以下因素:另一方不公平地利用了前一方的依赖、经济上的困境或急迫的需要,或者,该方缺乏远见、无知、缺乏经验或缺乏谈判技巧,同时,还应考虑合同的性质和目的。依有权撤销合同的一方的请求,法院可以对该合同或条件进行调整,以使其符合有关公平交易的合理商业标准。法院也可以依收到撤销合同或其条件的通知的一方的请求对该合同或条件进行调整,只要该方在收到该撤约通知之后,另一方基于对该通知的依赖而行事之前,立即将此请求通知了另一方。此时,另一方撤销合同的权利即告丧失。"

6)中国

《合同法》第五十四条第二款规定,在订立合同时显失公平的,当事人有权请求变更或撤销。

商家利用格式合同的合法外衣,制造了大量的不公平案例。为了对格式合同进行管理、避免显失公平的后果,《合同法》第三十九条规定:"采用格式条款订立合同的,提供格式条款的一方应当遵循公平原则确定当事人之间的权利和义务,并采取合理的方式提请对方注意免除或者限制其责任的条款,按照对方的要求,对该条款予以说明。格式条款是当事人为了重复使用而预先拟定,并在订立合同时未与对方协商的条款。"

对于格式条款在何种情况下无效，《合同法》第四十、五十二、五十三条作了规定：第四十条格式条款具有本法第五十二条和第五十三条规定情形的，或者提供格式条款一方免除其责任、加重对方责任、排除对方主要权利的，该条款无效。第五十二条有下列情形之一的，合同无效。①一方以欺诈、胁迫的手段订立合同，损害国家利益；②恶意串通，损害国家、集体或者第三人利益；③以合法形式掩盖非法目的；④损害社会公共利益；⑤违反法律、行政法规的强制性规定。第五十三条合同中的下列免责条款无效：造成对方人身伤害的；因故意或者重大过失造成对方财产损失的。

1993年10月31日发布的《中华人民共和国消费者权益保护法》也包含了管理格式合同的内容。该法第二十四条规定："经营者不得以格式合同、通知、声明、店堂告示等方式作出对消费者不公平、不合理的规定，或者减轻、免除其损害消费者合法权益应当承担的民事责任。"

以上所介绍的要约与承诺、对价与约因、当事人须有订约能力、合同的形式、合同必须合法以及意思表示必须真实等，都是合同有效成立所必须具备的条件，如果任何一项不符合法律规定的要求，合同就不能有效成立。

4.2.8 缔约过失责任

过去，我们仅关注合同成立后双方的义务，而对合同成立前与合同履行后双方的义务很少思考。现在，包括中国在内的世界各国的合同法已经将有关合同的义务范围扩大到整个合同过程中，包括缔约过程中、合同成立及履行过程中、合同履行后。下面，针对缔约过失责任进行介绍。

1. 缔约过失责任的概念及构成要件

缔约过失责任是指缔约一方当事人违反依诚实信用原则所应承担的先合同义务，而造成对方信赖利益的损失时所应承担的民事赔偿责任。

缔约过失责任理论是由德国法学家耶林于1861年创立的，被誉为法学上的重大发现，填补了法学上的盲区。这个理论得到了世界范围内的承认。1994年《国际商事合同通则》和《欧洲合同法通则》均规定了缔约过失责任。例如，A了解到B有转让餐馆的意图，A根本没有购买餐馆的想法，但他仅为阻止B将餐馆卖给竞争对手C，却与B进行了长时间的谈判。当C买了另一家餐馆时，A中断了谈判，B后来仅以比C的出价更低的价格将餐馆转让了。对此，A应向B偿付这两种价格的差价。

我国《合同法》不仅成功地消化了耶林的缔约过失理论，而且在借鉴通则的基础上还有一定的发展。《合同法》第四十二条规定了缔约过失责任的3种情形。

（1）假借订立合同，进行恶意磋商。在这种情况下，一方当事人并没有订立合同的意思，与对方谈判只是为了损害对方或他人的利益。

（2）故意隐瞒与订立合同有关的重要事实或者提供虚假情况。

（3）有其他违背诚实信用原则的行为。这类行为主要是指违反先合同义务的行为，常见的有以下情况。

① 一方未尽通知、协助等义务，增加了对方的缔约成本而造成财产损失。

② 一方未尽告知义务，而使对方遭受损失。

③ 一方未尽照顾、保护义务，造成对方人身或财产的损害。

缔约过失后合同义务体现在《合同法》第五十八条，即：合同无效或者被撤销后，因该合同取得的财产应当予以返还；不能返还或没有必要返还的，应当折价补偿。有过错的一方应当赔偿对方因此受到的损失，双方都有过错的，应当各自承担相应的责任。这就是梁慧星先生所讲的"合同关系虽然消灭了，法律仍要求当事人负某种义务，违反了这种义务就要承担责任。这个责任不属于侵权责任，也不属违约责任，类似合同义务。"

我国《合同法》所提出新的规范，并未将缔约过失责任局限在缔约前，还有后合同义务，即附随义务。该义务在缔约前存在，在合同权利、义务终止后也存在，《合同法》第九十二条对此作了明确规定："即合同权利义务终止后，当事人应当根据诚实信用原则，根据交易习惯履行通知、协办、保密义务。"这样规定，加大了保护交易安全、惩罚违约的力度。

大陆法系关于缔约责任有 3 种归属方式。

(1) 先合同义务。德国自 2002 年起将缔约过失纳入了合同法的框架之内（见《德国民法典》第 311 条第 2 款和第 3 款），其归纳有如下原则，即注意义务、信赖责任、附随义务、保护义务。如一方违反上述义务，则承担原合同可得利益。案件类型有缔约前的人身伤害和财产损害，受损义务导致合同终止等。

(2) 将违反诚信原则、恶意终止合同磋商归属于侵权法，如 2002 年 9 月 17 日欧洲法院在判决中认为，根据国际管辖法，恶意终止合同磋商的损害赔偿责任应由《布鲁塞尔条约》第 5 条第 3 款调整。该条款的调整对象是侵权行为或类似行为。法国、比利时及卢森堡等多国持此观点。法国主流观点认为先合同责任属于侵权性质。1988 年《法国民法典》对此法律观点予以确认。比利时法学界的立法观点同样倾向于合同责任归于侵权责任之中，卢森堡法律体系主流观点也将先合同责任纳入侵权责任之中。

(3) 将缔约过失与侵权责任相区别。其代表性的国家是希腊。《希腊民法典》采取具体情况具体分析的态度，第 197、198 条依据缔约的目的来界定何为缔约过失、何为侵权行为。对此，法学家们举例说，假使某人走进一家商店打量陈列的商品，或走进一家餐馆找位子，并不属于希腊所理解的缔约过失责任范围，因为他们与合同标的之间没有任何内在联系。对学者们经常引述的德国法院判决的缔约过失案例，如"亚麻油地毡案""顾客香蕉皮滑倒案""菜叶案"，希腊法学家认为应当适用侵权法，而不是缔约过失责任，所说缔约过失应为缔约时违反诚实信用原则，恶意磋商或违反保密义务等才符合缔约过失构成要素。

综上所述，缔约过失责任应具备以下 3 个要件。

(1) 缔约相对人蒙受损失。这种损失有两种形态：①信赖利益的损失，即一方当事人在与另一方订立合同的过程中，基于信赖关系相信对方会真诚合作，相信合同最终成立乃至生效，然而由于对方的过失导致合同不成立或合同无效而造成的损失；②一方在缔约过程中没有尽到照顾、保护义务而造成他方损失。

(2) 行为人有过错。在我国，缔约过失责任是一种过错责任。缔约过失责任中的"过失"，包括故意和过失。这种过失表现为违背诚实信用原则。

(3) 缔约过失行为与损失之间有因果关系。所谓因果关系，即损失是由缔约过失行为而造成的，而不是由违约行为或侵权行为造成的。

承担缔约过失责任的形式主要是损害赔偿。缔约过失行为损害的是一种信赖利益，是由于对方当事人信赖有过失的一方有订立合同的诚意，并为合同的成立和履行做了一些前期的准备工作。因此，恶意谈判或违反诚实信用原则的当事人所应承担的责任，以给对方当事人造成的实际损失为限。主要包括以下 4 个方面。

（1）缔约费用，如资料费、通信费、差旅费等。

（2）准备履行合同所支付的费用，如因信赖合同将成立而进行的接货、进货准备工作，与第三人签订连环购销合同等。

（3）恢复原状所支出的费用。

（4）其他开支。

4.3 合同的履行

合同订立并生效后，合同便成为约束和规范合同当事人行为的法律依据。合同当事人必须按照合同约定的条款全面、适当地完成合同义务，如交付标的物、支付价款等。合同的履行是合同当事人订立合同的根本目的，也是实现合同目的的关键环节，直接关系到合同当事人的利益，而履行问题往往最容易出现争议和纠纷。因此，合同的履行成为合同法中的核心内容。

4.3.1 合同履行基本原则

为了保证合同当事人依约履行合同义务，必须规定一些基本的原则，以指导当事人具体地去履行合同，处理合同履行过程中发生的各种情况。合同履行的基本原则构成了履行合同过程中总的和基本的行为准则，成为合同当事人是否履行合同以及履行是否符合约定的基本判断标准。

在合同履行过程中，各国合同法中规定，必须遵循以下两项基本原则。

1. 全面履行原则

全面履行是指合同当事人应当按照合同的约定全面履行自己的义务，不能以单方面的意思改变合同义务或者解除合同。全面履行原则对合同当事人的要求相当严格，因此，合同当事人各方都应当严肃、认真、完整地履行合同义务，否则即应承担相应的责任。

全面履行原则对促使当事人保质、保量、按期履行合同义务，保护当事人的合法权益有着一定的指导意义和制约作用。根据全面履行原则可以确定当事人在履行合同中是否有违约行为及违约的程度，对合同当事人应当履行的合同义务予以全面制约，充分保护合同当事人的合法权益。

2. 诚实信用原则

诚实信用原则是指在合同履行过程中，合同当事人讲究信用，恪守信用，以善意的方式履行其合同义务，不得滥用权利及规避法律或者合同规定的义务。

根据我国《合同法》第 60 条第 2 款的规定，当事人要遵循诚实信用原则，根据合同的性质、目的和交易习惯履行下列法定的附随义务。

（1）及时通知的义务。

(2)协助的义务。
(3)提供必要条件的义务。
(4)防止损失扩大的义务。
(5)保密的义务。

4.3.2 有关事项约定不明情况下的合同履行规则

1. 协议补充

当事人可以对合同内容没有约定或约定不明确的,通过协商的方法订立补充协议,该协议是对原合同内容的补充,是原合同的组成部分。

2. 按照合同有关条款或交易习惯确定

当事人就没有约定或约定不明确的合同内容不能达成协议的情况下,可以结合合同的其他条款的内容确定,或者按照人们在同样的交易中通常采用的合同内容加以确定。这是一个一般性原则。

3. 补充性规定

如果合同当事人双方不能达成一致意见,又不能按照合同的有关条款或者交易习惯确定,可以适用下列规定。

(1)质量要求不明确的,按照国家标准、行业标准履行;没有国家标准、行业标准的,按照通常标准或者符合合同目的的特定标准履行。所谓的通常标准是指在同类的交易中,产品应当达到的质量标准;符合合同目的的特定标准是指根据合同的目的、产品的性能、产品的用途等因素确定质量标准。

(2)价款或者报酬不明确的,按照订立合同时履行地市场价格履行;依法执行政府定价或者政府指导价的,按照规定执行。此处所指的市场价格是指市场中的同类交易的平均价格。对于一些特殊的物品,由国家确定价格的,应当按照国家的定价来确定合同的价款或者报酬。

(3)履行地点不明确,给付货币的,在接受货币一方所在地履行;交付不动产的,在不动产所在地履行;其他标的,在履行义务一方所在地履行。

(4)履行期限不明确,债务人可以随时履行,债权人也可以随时要求履行,但应当给对方必要的准备时间。

(5)履行方式不明确的,按照有利于实现合同目的的方式履行。

(6)履行费用的负担不明确的,由履行义务一方负担。

4. 合同中执行政府定价或者政府指导价的法律规定

我国《合同法》第六十三条规定:"执行政府定价或者政府指导价的,在合同约定的交付期限内政府价格调整时,按照交付时的价格计价。逾期交付标的物的,遇价格上涨时,按照原价格执行;价格下降时,按照新价格执行。逾期提取标的物或者逾期付款的,遇价格上涨时,按照新价格执行;价格下降时,按照原价格执行。"这样规定,是对不按期履行合同的一方从价格结算上给予的一种惩罚,这有利于促进双方按规定履行合同。需要注意的是,这种价格制裁只适用于当事人因主观过错而违约,不适用因不可抗力所造成的情况。

4.3.3 双务合同履行中的抗辩权

抗辩权是指在双务合同中，一方当事人在对方不履行或履行不符合约定时，依法对抗对方要求或否认对方权利主张的权利。在大陆法系的传统民法理论中，在合同履行过程中的抗辩权主要包括两种：同时履行抗辩权和不安抗辩权。对于后履行抗辩权，长期以来是不安抗辩权的一部分内容。我国《合同法》将后履行抗辩权作为单独的制度加以规定。

1. 同时履行抗辩权

同时履行抗辩权是指双务合同的当事人一方在他方未为对待给付之前，有权拒绝自己的履行。同时履行抗辩权的行使必须符合下列条件。

（1）须是在同一双务合同中互负债务。
（2）双方债务无先后履行顺序之分，应同时履行。
（3）须双方互负的债务均已届清偿期。
（4）须对方尚未履行债务。
（5）须对方的对待给付是可能履行的。

同时履行抗辩权具有以下效力。

（1）阻却违法的效力。阻却违法是指因其存在，使本不属于合法的行为失去其违法的根据，而变为一种合理的为法律所肯定的行为。同时履行抗辩权是法律赋予双务合同的当事人在同时履行合同债务时，以保护自己的利益的权利。如果对方未履行或者未完全履行债务而拒绝向对方履行债务，该行为不构成违约，而是一种正当行为。

（2）对抗效力。同时履行抗辩权是一种延期的抗辩权，可以对抗对方的履行请求，而不必为自己的拒绝履行承担法律责任。因此，它不具有消灭对方请求权的效力，在被拒绝后，不影响对方再次提出履行请求。同时，履行抗辩权的目的不在于完全消除或者改变自己的债务，只是延期履行自己的债务。

2. 后履行抗辩权

后履行抗辩权是指在双务合同中应当先履行的一方当事人没有履行合同义务的，后履行一方当事人拒绝履行自己的合同义务的权利。

后履行抗辩权的成立条件包括以下 4 点。

（1）当事人因同一双务合同而互负债务。
（2）当事人一方须有先履行的义务。
（3）双方互负债务均已届清偿期。
（4）先履行一方到期未履行债务或未按约定履行债务。

后履行抗辩权属于负有后履行债务一方享有的抗辩权，它的本质是对先期违约的对抗，因此，后履行抗辩权可以称为违约救济权。如果先履行债务方是出于属于免责条款范围内（如发生了不可抗力）的原因而无法履行债务的，该行为不属于先期违约，因此，后履行债务方不能行使后履行抗辩权。即当发生了不可抗力等原因而导致先履行债务方无法履行债务的，后履行一方对相对人要求自己履行合同的请求，可主张权利消灭的抗辩，拒绝履行合同义务。

3. 不安抗辩权

不安抗辩权是指双务合同中应先履行债务的当事人有确切证据证明对方有丧失或可能丧失履行能力的情形时，中止履行自己债务的权利。

不安抗辩权的适用条件如下。

（1）须因双务合同互负债务，即不安抗辩权只能在双务合同中适用。

（2）当事人一方须有先履行的义务且已届履行期。

（3）后履行义务一方财产状况恶化，有丧失或可能丧失履行债务能力的情形。

（4）后履行义务一方没有对待给付或未提供担保。

不安抗辩权的效力有如下 3 点。

（1）中止履行。不安抗辩权能够适用的原因在于由于可归责于对方当事人的事由，可能给先履行的一方造成不能得到对待给付的危险，先履行债务一方最可能的就是暂时不向对方履行债务。所以，中止履行是权利人首先能够采取的手段，而且，这种行为是一种正当行为，不构成违约。

（2）要求对方提供适当的担保。不安抗辩权的适用并不消灭先履行一方的债务，只是因特定的情况，暂时中止履行其债务，双方当事人的债权债务关系并未解除。因此，先履行一方可要求对方在合理的期限内提供担保来消除可能给先履行债务一方造成损失的威胁，并以此决定是继续维持还是中止债权债务关系。

（3）恢复履行或者解除合同。中止履行只是暂时性的保护措施，并不能彻底保护先履行债务一方的利益。所以，为及早解除双方当事人之间的不确定的法律状态，有两种处理结果：如果对方在合理期限内提供担保，则中止履行一方继续履行完其债务；否则，可以解除合同关系。

4.3.4　合同的保全

合同的保全制度是大陆法系普遍采取的制度。合同的保全是指为防止因债务人的财产不当减少而给债权人的债权带来损害，允许债权人对债务人或第三人的行为行使代位权或撤销权，以保护其债权。合同的保全制度突破了合同的相对性，使合同的效力在特殊情况下扩大到第三人。

1. 债权人的代位权

债权人的代位权是指当债务人怠于行使其到期债权，对债权人造成损害的，债权人可以向人民法院请求以自己的名义代位行使债务人的债权。

代位权的构成要件有如下 4 个。

（1）债权人与债务人之间必须存在合法的并已到期的债权债务关系。

（2）债务人怠于行使权利已危及债权人的债权。

（3）债务人对次债务人的债权已到期。

（4）债务人对次债务人的债权不是专属于债务人自身的债权，即不具有人身性。

代位权的行使范围，以债权人的债权为限，但该债权专属于债务人自身的除外。代位权的适用对象是指债务人的消极行为，即债务人危及债权人利益的怠于行使其权利的行为，主要是指债务人不履行其对债权人的到期债务，又不以诉讼方式或者仲裁方式向其债务人主张其享有的具有金钱给付内容的到期债权，致使债权人的到期债权未能实现。例如次债务人（即债务人的债务人）提出抗辩，不认为债务人有怠于行使其到期债权情况的，应当承担举证责任。在代位权诉讼中，次债务人对债务人的抗辩，可以向债权人主张。

债权人行使代位权，其债权就代位权行使的结果有优先受偿权利。在代位诉讼中，原告是债权人（以自己的名义行使代位诉权），被告是次债务人，原告可以把债务人列为第三人，未列的，法院可以追加。债权人胜诉的，诉讼费由次债务人负担，从实现的债权中优先支付。

2. 债权人的撤销权

债权人的撤销权是指债务人放弃对第三人的债权，实施无偿转让财产或者以明显不合理的低价转让财产的行为而有害于债权人的债权时，债权人可以请求人民法院撤销债务人所实施的行为的权利。

撤销权的构成要件有如下 4 个。

（1）债权人对债务人必须存在有效的债权。
（2）债务人实施了一定的处分财产的行为。
（3）债务人处分财产的行为已经或将严重损害债权。
（4）债务人转让财产出于恶意。

撤销权行使的范围以债权人的债权为限。撤销权自债权人知道或应当知道撤销事由之日起一年内或债务人的行为发生之日起五年内行使。该期间没有行使的，该撤销权消灭。该期间为不变期间，不适用诉讼时效中止、中断或延长的规定。债权人行使撤销权的必要费用由债务人负担。第三人有过错的，应适当分担。

4.3.5 履约义务的免除

1. 英国

1）合同受挫

在英国，使合同当事人免除合同义务的基本制度是合同受挫（Frustration）。英国的权威学者认为，这一制度是在 1863 年的泰勒诉卡勒德维（Taylor v. Caldwell）案的判决之后得到发展的。在此之前，英国法奉行的一般原则是：一个人受其承担的义务的绝对约束；即使该义务的履行在后来变得不可能，他也不能因此而被免除履行的责任。

在泰勒案中，原告向被告租了一个音乐厅，以便演出节目。在演出日到来之前，该音乐厅因火灾而被烧毁。对于该火灾的发生，被告没有任何过错。原告向法院起诉，以被告未能提供剧院，违反了合同为由，要求被告赔偿损失。审理该案的后座法院判决："在我们看来，法律的原则是，在其履行取决于特定的人或物的继续存在的合同中，存在着一项默示条件（Implied Condition），即因该人或物的不复存在而导致的履行的不可能应使该合同的履行得到免除。"

在上述判决之后，英国法院在一系列判决中发展了合同受挫的制度，逐步扩大了其适用的范围，所依据的理论也不仅限于"默示条件"说。

2）合同受挫的情形

合同受挫的情形主要有以下 5 项。

(1) 合同标的物的灭失。当特定的物对合同的履行具有实质性时，如该物的灭失造成了履约的不可能，当事人因合同受挫而无义务继续履约。上文引述的 Taylor 案即是这方面的例证。

(2) 当事人期望的事件的未发生使订立合同的目的落空。这方面的典型案例是 1903 年的凯东诉亨瑞（Krell v. Henry）案。在该案中，原告同意于 1902 年 6 月 26 日和 27 日将自己房子的阳台出租给被告。被告想利用该阳台观看该日举行的英王爱德华三世的加冕典礼。由于这位国王生病，该日的庆典被取消，被告拒绝支付尚未付给原告的 2/3 的租金。英国上诉法院判决，合同的目的因该典礼的取消而落空，因此，被告的义务应被解除。

不过，英国法院在类似的案件中表现出的立场并不十分确定。根据这方面的判例，在合同履行前，诱使当事人签约的因素没有发生并不会必然地使当事人的合同义务得到解除；法院免除当事人义务的前提是，该事件的发生构成合同订立的基础。

(3) 当个人性质的服务构成合同的标的时，提供服务的人的死亡或意外地生病造成履约的不可能。在罗比森诉戴维森（Robison v. Davision）案中，被告的妻子是一个著名的钢琴家。被告代表其妻向原告许诺，由其妻在一场音乐会上演奏。后来，这位钢琴家因生重病而未能到场演奏。原告为索要赔偿金而提起诉讼。法院判被告不承担赔偿责任。

(4) 合同订立后法律的变化使合同的履行违法。在 1943 年的斯巴克纤维公司诉费尔贝恩芬森库姆巴伯公司（Fibrosa Spalka Akeyjna v. Fairbairn Lawson Combe Barbour Ltd.）案中，被告应向原告交付机器设备。可是，在机器交付之前，原告的所在国波兰被德军占领，继续交货成为非法的对敌贸易。因此，合同因受挫而被解除。

(5) 使合同的履行成为不可能的其他情况。除了以上列举的几种典型的情况之外，当合同的履行因合同订立后的情况的变化而变得不可能时，英国法院也通过行使裁量权，决定合同是否已经受挫。例如，在英国上议院 1916 年判决的一个案件中，船主与承租人达成协议，将一艘船从 1912 年 12 月—1917 年 11 月出租给承租人。然而到 1915 年 2 月，英国政府因战争需要征用了这艘船，将其用于运送军队。承租人表示，该方愿意继续向船主支付租金。实际上，政府因征用而支付的补偿金高于双方约定的租金。船主为了得到政府的补偿金，主张该合同因政府的征用而受挫。在审理此案时，上议院的意见出现分歧，最后以 3 票对 2 票形成判决：该合同仍然有效，因为该政府征用仅持续一段时间，在此之后，该船仍有时间可用于商业用途。这一判决表明，英国法院除了在先例确定的几类情况下认定合同受挫之外，也运用法律的原理决定合同是否受挫。

2. 美国

1）合同受挫

合同受挫在美国又称目的受挫。《第二次合同法重述》第 265 条对目的受挫的构成要件进行了 4 点概括：某一事件的发生使订立合同的主要目的实质性地受挫；该事件的不会发生是合同赖以订立的基本假定；该受挫不是请求免责的一方的过错所导致的；该方没有在法律强加的义务之外承担额外的义务。

2）履行不能

美国法除了继受英国法上的合同受挫理论之外，还发展了履行不能的制度。目前在实践中，更容易被法院接受的是后一种制度。《美国统一商法典》第 2.615 条规定："除非存在卖方已经承担了更多的义务的情况……否则，如果发生了某种意外情况，这种情况的不发生是合同赖以订立的基本假定，由于这种情况的发生，合同的履行像双方协议的那样付诸实施已变得不现实，那么，全部或部分货物的交付的拖延或不交付……并不构成对依买卖合同承担的义务的违反。"这一规定得到了《第二次合同法重述》第 261 条的采纳。

上述规定中采用了不现实而不是不可能的措辞。这是因为，法院在实践中并没有严格地要求意外事件对履约的阻碍须达到使履约不可能的程度，而只是要求该履行变得"不现实"或"极不现实"。在维瑟曼企业诉哈里斯（Wasserman Theatrial Enterprise v. Harris）案中，一个演员在登台演出之前感到喉咙发紧和发痒，于是拒绝表演。法院判决，这种担心是合情合理的，他可以被免除履约义务。

美国法院通常认为，履约成本的增加不能成为免责的理由，因为额外的支出尽管是由不测事件所致，并达不到履约不能的程度。另一种情况是，通过使用替代的履约手段可以使履约的障碍得到克服。此时，法院对于免除当事人的合同义务也会抱勉强态度。

3）两种理论的区别

合同受挫与履行不能的主要区别在于：在合同受挫的情况下，如果合同的目的实质性地落空了，当事人即可主张免责，尽管合同依然能得到履行。不过，美国法院对于依这一理由主张免责持一种限制态度。在著名的劳埃德诉墨菲（Lloyd v. Murphy）案中，一个租约规定，承租人只能用租赁的房产出售新汽车和经营加油站，不能在那里卖旧汽车，也不能将房产转租他人。不久，美国政府因加入第二次世界大战而颁布了限制出售新汽车的法令，该承租人因此而停止了租赁。加利福尼亚州最高法院判决：对于该租约的目的应作广义的解释，该出租人后来已放弃了该租约中的限制，使该房产可以用于任何合法的目的，并可转租。这种对权利的放弃不会使租约的目的因新法令的颁布而受挫。

3. 法国

1）不可抗力

与英美法不同的是，大陆法在原则上承认，如果合同的不履行非因过错所致，未履行的一方可以被免除履约义务。

《法国民法典》第 1 147 条规定："当债务的不履行是由于不应归咎于债务人的'外部原因'时，债务人对之不承担民事责任。"该法典第 1 148 条进一步规定："如债务人系因不可抗力或意外事件而未履行给付或作为的债务，或违反约定从事禁止的行为，不发生赔偿损失的责任。"

第 1 147 条的外部原因包含了 3 种情况：不可抗力、第三人的行为、债权人自身的行为。

在法国，不可抗力的构成须同时具备以下 3 个构成要件。

（1）不可预见性。不可预见性指当事人在订立合同时对于不可抗力事件的发生不可能作出预见。关于这一要件，一般的原则是，考查一个可获得充分的信息的债务人如果处于同样的情况可否预见到，而不看该特定的债务人能否预见到。这是评定可预见的客观标准。不过，在有的案件中，法院采用了主观的可预见标准决定这一问题，如在债务人所处的当地的条件下可否预见。

(2) 不可抵御性。不可抵御性强调合同的履行已达到了不可能的程度，或者说事件的不可克服性。因此，如果事件的发生仅使履约变得更困难了或成本增加了，债务人并不能主张不可抗力。例如，根据法国最高法院商事庭1969年11月12日的判决，在货物的海上运输因罢工的发生而受阻的情况下，承运人有义务采用空运送货，而不能主张不可抗力。

(3) 外在性。外在性指事件非因债务人自身的原因而导致。所谓债务人"自身"，包括债务人雇佣的履行合同义务的人。因政府的某项决定而引发罢工时，雇主可以主张不可抗力。但有的学者主张，对于周期性发生的罢工，不能主张不可抗力，因为这应该被预见到。

2) 第三人的行为和债权人自身的行为

当事件由第三人的行为引发时，如果该事件是不可预见和不可抵御的，债务人可以被免除不履约的责任。在一个案件中，当列车在乡村地区行驶时，一个人突然冲上铁道。列车的紧急刹车引起了一个旅客受伤。法院判决，该承运人不承担赔偿责任。然而，在一系列案件中，铁路事故是由第三人蓄意破坏引起的，第三人事先进行了威胁。结果，承运人因对事件的可预见或可抵御而被判决违反了合同。

当事件由债权人自身的行为所导致时，债务人可否免责取决于3种情况：①如果该行为不可预见和抵御，债务人可以完全免责；②如果该行为并不是不可预见和抵御的，且债权人并无过错，债务人不能免责；③如果该行为并不是不可预见和抵御的，债权人有过错，依该过错的程度，债务人可获得全部的或部分的免责。

3) 情况的变化

1876年，法国最高法院在克拉本运河（Canal de Craponne）案的判决中说："在任何情况下，法院均无权为了修改现存的合同和为了用新的条款取代那些被合同当事人自由接受的合同条款而对时间因素和环境因素加以考查，无论这样做会使其判决显得多么公平。"在该案中，一条运河的建设方兼经营人根据签署于1560年和1567年的合同承担了永久性的供水灌溉土地的事情。合同规定的供水价格为每190m^3 15生丁（1生丁等于0.01法郎）。后来，由于劳动力价格的上涨，水价上涨了4倍。于是，该方试图将水价上调至每190m^3 60生丁。上诉法院判决：该合同是持续有效的。当一方定期支付的价格与另一方付出的成本失衡时，法院有权对该价格进行调整。可是，这一判决被最高法院否决了，否决的基本理由是，依《法国民法典》第1 134条，依法订立的合同在缔约当事人之间具有相当于法律的效力。

上述判决，尽管受到过指责，但在法国的法理学中一直受到了维护。从法国最高法院商事庭1979年12月18日的判决可以看出，由克拉本运河案阐明的原则到现代社会依然得到了坚持。在该案中，上诉法院认为，由于经济情况的变化，该不定期的仓储合同中规定的仓储费已失去公正性。但最高法院依据《法国民法典》第1 134条否决了上诉法院的判决。

4. 德国

1) 履约的"嗣后不能"

在德国，合同的履行因障碍的发生而受阻的后果，属于嗣后不能的理论调整的范围。《德国民法典》把违约分为"给付不能"和"给付迟延"，又把给付不能进一步分为"自始不能"与"嗣后不能"。自始不能指合同自成立起即不可能被履行，嗣后不能则指合同在成立后因出现阻碍合同履行的情况使合同无法被履行。

关于债务人在何种情况下可依嗣后不能的理由被免除履约责任，德国的法理强调过错的概念。其基本的法律依据为《德国民法典》第276(1)条的规定："除另有规定外，债务人应对故意和过失负责。不为交易中必要之注意的人，其行为为过失行为。"依此规定，如果为债务人拥有的标的物因债务人的过失而发生损毁，债务人有义务使之得到修复。在德国最高法院1953年审理的一个案件中，一个医生因过度疲劳而没有把手术做好。该医生因过失而不能得到免责。

涉及债务履行的嗣后不能，《德国民法典》第275（1）条更明确地规定："给付因在债务关系发生后产生的不可归责于债务人的事由而致不能的，债务人免除给付的义务"。然而，在民法典确定的制度下，债务人要以嗣后不能为由使自己免责并不是一件容易的事。

首先，依《德国民法典》第282条，"对给付不能是否因可归责于债务人的事由所致有争议的，举证责任由债务人负担。"因此，债务人要依275条获得免责，必须证明合同因缔约之后的事由而不能履行，而自己对于该事由的发生并无过错。这是一种"推定过错"的制度，即除非债务人能证明自己无过错，否则，视其为有过错。

其次，根据《德国民法典》第281（1）条，当合同因嗣后不能而无法履行时，如果债务人能够对"负担的标的物取得赔偿或赔偿请求权"，他必须将其获得的"作为赔偿而受领的物"或"赔偿请求权"交付债权人，只要债权人有这样的要求。也就是说，如果债务人能够从其他渠道，如从与他签约的第三人取得替代的标的物，或者有权从他人获得赔偿，他有义务将该替代物或索赔权转移给债权人。

最后，依《德国民法典》第279条，如果合同标的物是种类物，而不是不可替代物，在可能的情况下，债务人有义务交付替代物，即使原有的标的物的不能交付并不是债务人的过错所致。这一规定对债务人造成了严重的负担。不过，在该法典颁布之后，德国法院即对这一条款进行了变通的解释。根据德意志帝国民事法院1904年的一项判决，如果可替代的货物在合同成立时可在国内市场（National Market）上获得，在合同履行时，由于不可预见的意外事件的发生，该货物只能在"遥远的市场（Distant Market）"上获得，债务人可以免责，而不必购入替代货物交付买方。今天，这样的变通做法依然为德国法院所保留。法院的解释是，卖方就交付种类货物作了保证，但这种保证仅限于该方能够在属于当事人期待之内的市场上获得货物。

2）交易基础的瑕疵

早在《德国民法典》诞生之前，交易基础瑕疵的理论已被写入了德意志民族的成文法中。1794年的《普鲁士民法典》规定："如果环境的不可预见的变化使当事人在合同中明示表达的或从交易的性质推定的其追求的最终目标不可能实现，任何一方均可摆脱尚未履行的合同。"根据1863年的《萨克森民法典》，如果合同赖以订立的环境发生了改变，或者合同的履行或对待履行变得不再对称，任何一方均有权从合同撤出。然而，1900年《德国民法典》的起草者在经过激烈的论争之后放弃了在法典中规定交易基础瑕疵的打算。这些起草者担心，采纳这一制度会对交易的安全产生不利影响。

第一次世界大战结束之后，客观情势的巨大变化促使德国法院采用务实的观点对待战前签订的长期合同。1920年，德意志帝国民事法院在一项判决中对一个签订于1912年的合同规定的蒸汽的价格进行了调整。该法院说："在蒸汽成本大幅度上涨的情况下，不这样做，情势就会变得无法接受，从而成为对诚信原则和所有正义公平戒令的嘲弄。"

为了满足司法实践的发展对理论的迫切要求，德国学者 Oertmann 在 1920 年发表了《交易的基础：一个新的法律概念》一书，对交易基础的概念进行了重新定义。根据他的观点，交易的基础是一方的假定（Assumption），这种假定对另一方来说是显而易见的，并得到了另一方的默认；在这一假定中，特定他们认为重要的情势或者是现存的或者将会发生；当合同订立时，在他们相互交换的明示意思中，这种假定是否被表达过，是无关紧要的。依这一定义，交易基础是事人在合同订立时关于合同赖以成立和合同条件赖以存在的背景条件的假定。

交易基础在两种情况下会出现瑕疵：一种是交易基础的事后丧失，即在合同成立之后不复存在；另一种是交易基础的自始欠缺，即在合同订立时，当事人假定其存在，但实际上并不存在。

交易基础学说在《德国民法典》中的依据是第 242 条规定的诚信原则。这实际上是用道德规范对合同双方的权利义务进行调整，即当交易基础不复存在时，如果依然坚持原定的合同条件的效力，是有违诚实信用的。在社会发生剧烈动荡的时期，如第一次世界大战之后，1923 年货币崩溃时期，第二次世界大战以后及东德、西德统一之后，这种调整，对于缓和各种社会矛盾，起了重要作用。

今天，交易基础学说也被运用于日常发生的民商事关系中。其典型的例证包括：夫妻在结婚时对未来生活作出的规划；当婚姻关系破裂时，该规划因基础丧失而对双方不再具有约束力。同样，如果两家足球俱乐部达成了让某一球员转会的协议，当该球员丧失了参赛权时，该协议的基础丧失，拟接纳该球员的一方不再负有向另一方支付高额转会费的义务。再有，合同中的违约金条款能够成立的假设前提是，当事人设置这类条款是合法的，如果这类条款后来成为违法的，该条款的基础即告丧失。

对于这一学说的适用，德国法学家关注的焦点在于如何界定它的适用范围。因为其扩大适用会导致对交易安全的不利。以下是进行这种界定的 3 项一般原则。

(1) 当新出现的情况处于一方分担风险的范围时，新情况的出现并不导致原有交易基础的丧失。

(2) 只有当情势出现重大变化时，才能认为原有的交易基础已经丧失。用德国最高法院的话说，必须发生了"如此深刻的变化，以至于如果恪守原来的规定，将产生一种不可承受的，与法和正义无法吻合的结果，因而，恪守原来的合同规定对相关当事人来说是不可合理期待的"。

(3) 交易基础学说的适用不得与旨在解决交易基础瑕疵问题的成文法相抵触。在《德国民法典》中，存在着许多这类的特别规定。例如，依第 519（1）条，当赠与人的生计发生困难时，赠与人有权拒绝履行有关赠与的约定。如果某赠与人在赠与合同签订之后自身陷入经济上的窘境，法院不应就交易基础是否已存在行使裁量权，而应直接适用《德国民法典》第 519（1）条的规定。

5.《国际商事合同通则》

《国际商事合同通则》对于履约障碍和"情况变化"并没有分别论及，而是在"艰难情势（Hardship）"标题之下一并规定的。该通则第6.2.1条规定："当合同的履行使一方负担加重时，从属于以下有关艰难情势的条款，该方仍有义务履行其义务。"第6.2.2条进一步规定："艰难情势指由于一方履约成本的增加，或由于一方所获得的履约价值的减少，而发生了根本改变合同的均衡的事件，并且，该事件的发生或受到不利影响的一方知道该事件的发生是在合同订立之后；在合同订立时，受到不利影响的一方不能合理地考虑到该事件的发生；该事件不能为受到不利影响的一方控制；受到不利影响的一方没有承担发生该事件的风险。"

6. 中国

我国《合同法》规定，在下列情况下债务人得依法律规定提出特定之抗辩或免责事由。

1) 不可抗力

不可抗力作为法定的免责事由，是指"不能预见、不能避免并不能克服的客观情况"，通常包括自然灾害、战争、国家行使立法、司法、行政等职能等。此种情形虽导致损害后果的发生，但由于债务人的行为与损害的发生不存在任何因果关系，因而不承担违约责任。但发生不可抗力并非完全绝对地免责，根据《合同法》的规定，当事人因不可抗力不能履行合同的，应当及时通知对方，以减轻可能给对方造成的损失，并应在合理期限内提供证明。

2) 债权人的过错

债权人的过错致使债务人不履行合同，债务人不负违约责任。例如，《合同法》第三百零二条规定，在客运合同中承运人应当对运输过程中旅客的伤亡承担损害赔偿责任，但伤亡是旅客自身健康原因造成的或者承运人证明是旅客故意、重大过失造成的除外。我国法律对债权人的过错有明文规定的还有《合同法》第三百一十一条（货运合同）、第三百七十条（保管合同）、第二百五十九条第二款（承揽合同）等。

3) 其他法定免责事由

主要有两类：第一，对于标的物的自然损耗，债务人可免责。这一情形多发生在运输合同中，如《合同法》第三百一十一条规定，在货运合同中，如果承运人能证明货物的毁损、灭失是因货物本身的自然性质或者合理损耗造成的，承运人不承担赔偿责任。第二，未违约方未采取适当措施，导致损失扩大的，债务人对扩大的损失部分免责，我国《合同法》第一百一十九条对此有所规定。

4) 合同中约定的免责条款

虽然合同责任同其他民事责任一样具有国家强制性，但其所具有的财产性、补偿性体现了其作为一种私法上的责任更具有"私人性"，因而对其规定并非强制性规范而是任意性规范，当事人自愿协议免除合同责任的，法律无强行干涉的必要。因而各国大都允许当事人在法律允许的范围之内得以协议免除合同责任，《合同法》显然对此也予以了肯定。但免责条款如果适用不当，则会对债权人造成极大的不公，进而危害社会正义的实现，这在标准合同中体现得尤为明显，在这方面，《合同法》也同其他国家一样对免责条款作出了必要的限制：①免责条款不得排斥法律的强制性规范的适用，如关于民事法律行为的生效要件的规定等，否则该免责条款无效；②免责条款不得排除给对方造成人身伤害的民事责任；③免责条款不得排除故意或者重大过失责任。

4.4 违约及救济措施

4.4.1 违约与违约责任的概念

1. 违约的概念

违约的概念有广义和狭义之分。广义的违约概念,是指合同当求人违反各种合同义务的行为,此种义务既包括合同约定的义务,也包括依法律规定和诚实信用原则所产生的告知、照顾、忠诚、说明、注意、保密等附随义务。狭义的违约概念,它是指合同当事人违反了合同所明确规定的义务的行为。只有在违反了合同规定的义务的情况下才构成违约。我们这里探讨的是狭义的违约概念。

2. 违约责任的概念及特点

1) 违约责任的概念

违约责任是合同法上的一项最重要的制度,是指合同当事人不履行合同义务或者履行合同义务不符合约定所应承担的民事责任。

2) 违约责任的特点

违约责任具有以下 5 个特点。

(1) 违约责任的产生是以合同当事人不履行合同义务为条件的。

(2) 违约责任具有相对性,它只能在特定的当事人之间,即合同关系的当事人之间发生。

(3) 违约责任主要具有补偿性,旨在弥补因违约行为造成的损害后果。

(4) 违约责任可以由当事人约定。

(5) 违约责任是民事责任的一种形式。

4.4.2 违约责任的归责原则

民事责任的认定必须依循一定的归责原则。违约责任的归责原则是违约责任制度的本质和核心内容。

纵观各国民事立法,在合同责任的归责方面,主要采纳了过错责任或严格责任原则。在合同法上,严格责任与过错责任是相对立的归责形式。一般认为,大陆法系沿袭了罗马法后期的传统过错原则,强调要有可归责于债务人的事由(即过错)才能承担合同责任,因不可归责于债务人的事由导致债务不履行时,债务人可免除责任。这里有两层含义:首先,过错责任原则要求以过错作为确定责任的构成要件,即确定违约当事人的责任,不仅要考查违约人的违约行为,而且要考察违约当事人的主观上的过错。若当事人没有过错(如违约是由于意外事故造成的),则虽有违约发生,当事人也不负责任。其次,过错责任原则要求以过错作为确定责任范围的依据,即在已经确定违约当事人应承担违约责任的情况下,还应当根据违约当事人的主观过错程度来确定违约当事人所应承担的责任范围。

而英美法系则奉行严格责任原则,认为在违约发生以后,确定违约当事人的责任,应主要考虑违约的结果是否是因被告的行为造成的,而不是被告的故意和过失。换言之,确定责任主要不考虑过错问题。一般来说，严格责任都是由法律明确加以规定的，而非当事人约定的责任，法律设定严格责任的宗旨在于合理补偿对债权人造成的损失，而不在于惩罚过错行为。

《合同法》第一百零七条规定："当事人一方不履行合同义务或者履行合同义务不符合约定的，应当承担继续履行，采取补救措施或者赔偿损失等违约的责任"。这是关于合同责任归责原则的规定。从这一规定可以看出，《合同法》在违约责任归责原则上采取了严格责任原则，清晰地表明了归责原则的法定性本质。在合同法上，严格责任是与过错责任相对立的一种归责形式，是指在违约的情况下，只要不属于法定或约定免责情形，违约这一客观事实本身即决定违约者应承担违约责任，而不必考虑违约者有没有主观上的过错。

《合同法》中确立了严格责任的归责原则，当然作为补充也存在过错责任的情况。严格责任原则明确规定在《合同法》的总则中，是违约责任的归责原则，它在《合同法》的适用中具有普遍意义。也就是说，《合同法》采用严格责任一元的违约归责原则体系，以过错责任为归责原则的情况只是出现在分则中；只有在法律有特别规定时，才可适用过错责任，无特别规定则一律适用严格责任。

综观《合同法》分则，涉及过错问题的有下列 5 类：①赠与合同、赠与人的损害赔偿责任；②运输合同承运人的过错责任；③保管合同保管人的过错责任；④委托合同受托人的过错责任；⑤居间合同居间人的过错责任等。

4.4.3　违约的救济措施（责任形式）

1. 实际履行

实际履行也称继续履行，是指违约方根据对方当事人的请求继续履行合同规定的义务的违约责任形式。其特征有以下 3 点。

（1）实际履行是一种独立的违约责任形式，不同于一般意义上的合同履行。具体表现在：继续履行以违约为前提；继续履行体现了法的强制；继续履行不依附于其他责任形式。

（2）实际履行的内容表现为按合同约定的标的履行义务，这一点与一般履行并无不同。

（3）实际履行以对方当事人（守约方）请求为条件，法院不得径行判决。

各国关于实际履行的规定差异较大。我国和德国法均规定实际履行是违约的主要责任形式。法国法将实际履行与解除合同并列对待。而英美法将实际履行作为衡平法的一种救济方法，只有在损害赔偿仍不能弥补受害方时，法院才颁布特别履行令。法院拒绝颁发特别履行令的情况有：①提供个人服务的合同；②需法院长期监督履行合同的；③履约细节规定模糊不清的合同；④只能强制一方履行的合同。

《国际商事合同通则》原则上允许给予实际履行的救济，但以下情况例外：①在法律上或事实上不可能；②会造成不合理的负担或费用；③可以合理地从其他渠道获得履行；④履行具有完全的人身性质；在知道或理应知道该不履行后的一段合理时间内未要求履行（第 7.2.2 条）。如果当事人不执行实际履行的判决，法院可以令其支付罚金。该罚金应支付受损害方，否则，除非法院所在地另有规定；该罚金的支付并不排除损害赔偿的权利

（第7.2.4条）。此外，如果实际履行未得到实施，当事人可以再诉诸其他的救济手段（第7.2.5条）。也就是说，受损害方并不因要求实际履行而从此丧失得到金钱赔偿或其他救济的权利。

2. 损害赔偿

损害赔偿也称赔偿损失，是指违约方以支付金钱的方式弥补受害方因违约行为所减少的财产或者所丧失的利益的责任形式。损害赔偿具有以下4个特点。

（1）损害赔偿是最重要的违约责任形式。赔偿损失具有根本救济功能，任何其他责任形式都可以转化为损害赔偿。

（2）损害赔偿是以支付金钱的方式弥补损失。金钱为一般等价物，任何损失一般都可以转化为金钱，因此，赔偿损失主要指金钱赔偿。但在特殊情况下，也可以以其他物代替金钱作为赔偿。

（3）损害赔偿是由违约方赔偿受害方因违约所遭受的损失。首先，赔偿损失是对违约所造成的损失的赔偿，与违约行为无关的损失不在赔偿之列。其次，赔偿损失是对守约方所遭受损失的一种补偿，而不是对违约行为的惩罚。

（4）损害赔偿责任具有一定的任意性。违约赔偿的范围和数额可由当事人约定。当事人既可以约定违约金的数额，也可以约定损害赔偿的计算方法。

赔偿损失的确定方式有两种：法定损害赔偿和约定损害赔偿。

法定损害赔偿是指由法律规定的，由违约方对受害方因违约而遭受的损失承担的赔偿责任。根据合同法的规定，法定损害赔偿应遵循以下原则。

1）完全赔偿原则

违约方对于受害方因违约所遭受的全部损失承担的赔偿责任。具体包括：直接损失与间接损失；积极损失与消极损失（可得利益损失）。我国《合同法》第一百一十三条规定，损失"包括合同履行后可以获得的利益"，可见其赔偿范围包括现有财产损失和可得利益损失。前者主要表现为标的物灭失、为准备履行合同而支出的费用、停工损失、为减少违约损失而支出的费用、诉讼费用等。后者是指在合同适当履行后可以实现和取得的财产利益。

《德国民法典》第286条规定，债权人有权就债务人的迟延所致的全部损失得到赔偿。为了避免这种不受限制的赔偿可能造成不合理的结果，在德国法学中出现了"因果关系的适当性"理论。依这种理论，如果损害由这样一种行为所导致：该行为在事件发展的通常过程中客观地和严重地增加了损害发生的可能性，该损害可以得到赔偿。评价这样的条件能否成就的基础是：一个有专业知识的人，在损害发生的时候，基于他所知道的全部有关情况，包括特定债权人的知识，会做出什么评价。

2）合理预见规则

违约损害赔偿的范围以违约方在订立合同时预见到或者应当预见到的损失为限。合理预见规则是限制法定违约损害赔偿范围的一项重要规则，其理论基础是意思自治原则和公平原则。对此应把握以下3点：①合理预见规则是限制包括现实财产损失和可得利益损失的损失赔偿总额的规则，不仅用以限制可得利益损失的赔偿；②合理预见规则不适用于约定损害赔偿；③是否预见到或者应当预见到可能的损失，应当根据订立合同时的事实或者情况加以判断。

关于损害赔偿的范围，英、美、法等国采纳的"可预见原则"（赔偿不得超出违约方在合同订立时可以预见到的损害的范围）。

3) 减轻损失规则

一方违约后，另一方应当及时采取合理措施防止损失的扩大，否则，不得就扩大到损失要求赔偿。其特点是：一方违约导致了损失的发生，相对方未采取适当措施防止损失的扩大，造成了损失的扩大。这一原则被世界大多数国家所采有。

约定损害赔偿，是指当事人在订立合同时，预先约定一方违约时应当向对方支付一定数额的赔偿金或约定损害赔偿额的计算方法。它具有预定性（缔约时确定）、从属性（以主合同的有效成立为前提）、附条件性（以损失的发生为条件）。

3. 违约金

1) 英国和美国

在英美法的制度下，受损害方只能要求违约方赔偿其损失，不能对之实施惩罚。这就决定了，合同中加入的旨在惩罚违约方的条款是无效的。

在决定合同中加入的违约金条款是一个无效的罚金条款，还是一个有效的、由当事人约定赔偿金的条款时，英美法院并不考虑这一条款中声明的该条款的性质。也就是说，尽管该条款冠以"违约金（Liquidated Damages）"的名称，或明确说明该条款是为了实施补偿而订立的，法官仍可能得出它是罚金条款的结论。反之，即使合同双方使用"罚金（Penalties）"作为该条款的标题，但其内容表明它是补偿性的，该条款仍然是有效的。

2) 法国与德国

在法国，基于当事人意思自治原则所处的神圣地位，当事人关于违约金的约定，原则上是有效的，不论这种约定是基于补偿的目的而做出的还是为了防范违约而做出的。进一步说，在当事人已约定赔偿金的情况下，这种约定将成为确定赔偿金额的依据；依《法国民法典》第1152条，法官原则上不能对这种约定进行调整。

在德国法中，包含在合同中的具有惩罚性质的违约金条款原则上是有效的。依《德国民法典》第340条第2款，在债权人就债务的不履行享有损害赔偿请求权的情况下，他可以将违约金作为最低限度的赔偿。也就是说，如果他不向债务人主张更多的赔偿金，他不必证明他蒙受的损失有多少便可从债务人处获得合同中规定的违约金。这一款进一步规定，对违约金的主张"不排除主张其他损害的权利"。依此规定，如果债权人蒙受的实际损失超过违约金的数额，他除了主张违约金之外，还可以主张超出的部分。其结果是，在债务人不履约的情况下，即使债权人没有蒙受损失，他也可以得到违约金，此时，违约金具有惩罚的性质；如果他的损失超过了违约金的数额，而他后来得到了全部的赔偿，违约金便成为赔偿金的一部分，因而成了补偿性质的。依《德国民法典》第343条，当违约金过高时，债务人可以请求法院减至适当金额，但依《德国商法典》第348条，如果支付违约金的诺言是由商人在经商过程中作出的，《德国民法典》第343条的这一规定不应适用。不过，德国法院在司法实践中依然依诚信原则对商事合同中的违约金条款进行调整，只是不像调整"标准合同"中的违约金时那么严格。

3) 《国际商事合同通则》

《国际商事合同通则》第7.4.13条规定："如果合同规定，不履行的一方应就该不履行而向受损害方支付某一特定的金额,受损害方有权获得这一金额,不论实际损害如何。然而,如果参照该不履行引起的损害以及其他情况,这一金额显然过高,可将其减少至一个合理的数额,无论有无与之相反的约定。"根据这一条款,约定的赔偿金原则上是有效的,但可根据实际损失的情况进行调整。

4)中国

我国《合同法》第一百一十四条作出了与《国际商事合同通则》相一致的规定。违约金是指当事人一方违反合同时应当向对方支付的一定数量的金钱或财物。

关于违约金的性质,我国和大多数国家一样,违约金制度是不具有惩罚性的,而基本属于赔偿性违约金制度。即使约定的违约金数额高于实际损失,也不能改变这种基本属性。关于当事人是否可以约定单纯的惩罚性违约金,合同法未作明确规定。通说认为此种约定并非无效,但其性质仍属违约的损害赔偿。

违约金是对损害赔偿额的预先约定,既可能高于实际损失,也可能低于实际损失。畸高和畸低均会导致不公平结果。为此,各国法律规定法官对违约金具有变更权,《合同法》第一百一十四条第二款也进行了规定。

我国《合同法》还规定了与违约金相似但又不同的违约定金制度。《合同法》第一百一十五条规定:"当事人可以依照《中华人民共和国担保法》约定一方向对方给付定金作为债权的担保。债务人履行债务后,定金应当抵作价款或者收回。给付定金的一方不履行约定的债务的,无权要求返还定金;收受定金的一方不履行约定的债务的,应当双倍返还定金。"所谓定金,是指合同当事人为了确保合同的履行,依照法律和合同的规定,由一方按合同标的额的一定比例预先给付对方的金钱或其他替代物。从这些法律规定可知,定金是债权担保的一种形式,定金之债是从债务,是从属于被担保债权合同的从合同。

违约定金和违约金是不可以并用的,我国《合同法》第一百一十六条规定:"当事人既约定违约金,又约定定金的,一方违约时,对方可以选择适用违约金或者定金条款。"

违约定金的运用不以实际发生的损害为前提,即无论一方违约是否造成实际损害,都可能导致定金责任。定金责任不能代替损害赔偿责任,不能将定金作为损害赔偿的最高限额,定金也不是法定损害赔偿的总额,因为当事人设立定金时,目的在于担保主合同债务的履行,同时也确立了一种合同关系的存在。若债务履行开始,则定金使命应该结束。这也说明,定金责任适用于不履行合同的行为,不适用于不适当履行的情形。

4. 禁令

禁令指由法院发出强制执行合同规定的某项消极的规定,即由法院判令被告不许做某种行为。这是英美衡平法上的救济办法,在下列情况下,法院才发出禁令:①采取一般损害赔偿的救济办法不足以补偿债权人所受到的损失;②禁令必须符合公平合理的原则。

5. 解除合同

解除合同是指一方当事人违约时,另一方当事人径自或通过法院判决解除自己履行合同的义务的一种救济方法。它不同于当事人在正常情况下解除合同关系。

设置合同解除制度的目的在于,因一方当事人的根本违约致合同履行利益不能实现,对方当事人为了防止合同在违约情形下给自己造成更大的经济损失而采取的一种补救措施,即享有解除权的当事人采取的一种自救措施,目的在于防止损失扩大,维护自身利益。

解除合同的法律后果，是消灭合同的效力。合同一经解除，合同的效力即告消失。但违约解除合同应具备哪些要件，解除合同的作用是溯及既往，还是指向未来，各国法律有不同的规定。

1) 法国与德国法

大陆法并不区分违反条件还是违反担保，一方违约另一方就有合同解除权，只是法国须通过法院判决，德国法中规定无须涉讼。

法国法认为，解除合同是使合同的效力溯及既往的消灭，未履行的债务当然不再履行，即使已经履行的债务，也因缺乏法律上的原因，而发生恢复原状的问题。在解除合同时，各方当事人应把从对方所取得的东西归还给对方，如应返还的物品因毁损、消耗而无法返还时，则应偿还其价额。在这个问题上，德国法与法国法的处理办法基本上是相同的。德国民法典规定，在解除合同时，各方当事人互负返还其受领的给付的义务。如已履行的给付是劳务的提供或以自己的物品供对方利用者，因无法恢复原状，应补偿其代价。

2) 英美法

英美法中规定在一方违反条件或重大违约时，另一方才有权通知违约方解除合同。英国法不同于大陆法，英国法把违约的情形区分为违反条件（Condition）与违反担保（Warranty）两种不同的情况，并针对不同的情况给予不同的救济办法。按照英国法的解释，凡属合同中的重要的、根本性条款，称为条件，如果一方当事人违反了条件，即违反了合同的主要条款，对方有权解除合同，并可要求赔偿损失。具体来讲，在商务合同中，关于履约的时间、货物的品质及数量等项条款，都属于合同的条件，如果卖方不能按时、按质、按量交货，买方有权拒收货物，并可以请求损害赔偿。但是合同中有关支付的规定，除双方当事人另有意思表示外，一般不作为合同的条件论处。至于哪些合同规定的事项构成条件，哪些不是合同的条件，这是一个法律问题，应由法官根据合同的内容和当事人的意思作出决定，而不是事实问题，不能由陪审员来决定。违反担保是指违反合同的次要条款或随附条款。违反担保的法律后果与违反条件有所不同。在违反担保的情况下，蒙受损害的一方不能解除合同，而只能向违约的一方请求损害赔偿。换言之，当一方违反担保时，对方不能以此为理由拒绝履行其合同义务，而仍须继续履行他所应承担的合同义务，但他有权以违反担保为理由请求损害赔偿。

近年来英国法院通过判例发展了一种新的违约类型，称为"违反中间性条款或无名条款"，即有别于"条件"与"担保"的条款。当一方违反这类中间性的条款时，对方能否有权解除合同，须视此种违约的性质及其后果是否严重而定。如果违反这类条款的性质及后果严重，守约的一方有权解除合同，否则，就不能解除合同。英国法的这一新发展是符合客观实际的需要的。

美国法也把违约分为两类：一种是轻微的违约，另一种是重大的违约。所谓轻微的违约是指债务人在履约中尽管存在一些缺点，但债权人已经从中得到该项交易的主要利益。例如，履行的时间略有延迟，交付的数量和质量略有出入等，都属于轻微违约之列。当一方有轻微违约行为时，受损害的一方可以要求赔偿损失，但不能拒绝履行自己的合同义务。所谓重大违约是指由于债务人没有履行合同或履行合同有缺陷，致使债权人不能得到该项交易的主要利益。在重大违约的情况下，受损害的一方可以解除合同，即解除自己对待履行的义务，同时可以要求赔偿全部损失。美国法对违约行为所作的这种区分，同英国法上的违反条件与违反担保,从法律后果来看,基本上是一致的,美国法上的轻微违约相当于英国法上的违反担保,重大违约相当于违反条件,二者并无实质上的差别。

英国法认为,由于违约造成的解除合同,并不使合同自始无效,而只是指向将来,即只是在解除合同时尚未履行的债务不再履行。至于已履行的债务,原则上不产生返还的问题。因此,任何一方当事人原则上都无权要求取回已交给对方的财产或已付给对方的金钱。解除合同是一方当事人由于对方的违约行为所产生的一项权利,基于此项权利他可以不再受合同的拘束。但是英国法在解除合同时,允许当事人提起"按所交价值偿还"之诉,以便收回他所提供的财物或服务的代价。

美国法认为,解除合同应产生恢复原状的效果。各个当事人均应把他从对方取得的东西返还给对方,尽可能恢复原来的状态,在这一点上,美国法同德国法有相似之处。

3)中国法

我国《合同法》第九十四条规定了与违约补救直接有关的两种可以解除合同的情况。

(1)根本违约情形。《合同法》第九十四条第四项规定:"当事人一方迟延履行债务或者有其他违约行为致使不能实现合同目的的",可以解除合同。也就是说,解除权人对方不履行全部债务,严重影响订立合同所期望的经济利益,即可直接导致合同目的无法实现,解除权发生并可直接行使。这实际上是将根本违约作为解除合同条件的。

(2)一般违约情形。《合同法》第九十四条第二项及第三项所规定的情形有所不同,前者规定了预期违约解除权,后者规定了瑕疵履行解除权,两者要构成合同目的无法实现的根本违约是附有条件的:对于预期违约,当事人一方明确表示或者以自己的行为表明不履行主要债务的,即解除权人对方以作为(明确表示或者以自己的行为表明)方式做出不履行主要债务的意思表示,此时合同目的无法实现而构成根本违约,解除权人方可以解除合同;对于瑕疵履行,需经解除权人催告后,在合理期限内仍未履行,方可解除合同,也就是说,经催告后仍未履行的,解除权人足以判断合同目的无法实现,此时瑕疵履行转化为根本违约,解除权人通过作为(催告)方式行使解除权。此类情形属于一般违约行为间接导致合同目的无法实现,解除权已发生,但不得直接行使。

《合同法》第九十七条对合同解除后的法律后果规定得十分明确,即"合同解除后,尚未履行的,终止履行,已经履行的,根据履行情况和合同性质,当事人可以请求恢复原状、采取其他补救措施,并有权要求赔偿损失。"可见,合同解除的作用是既溯及既往,又指向未来。

在我国适用合同解除时要注意以下4点。

(1)合同解除一般只适用于单方违约的情形,只有守约方才享有解除权,违约一方不享有解除权。在双方违约的情形下则比较复杂,要看哪一方的违约是根本违约,解除权的行使要视具体情况而定。

(2)合同解除权属私力救济权,由债权人单方作出意思表示即可。一般而言,主张解除的当事人不必向法院或仲裁机构提起确认之诉,但主张解除的当事人必须将解除合同的通知送达对方当事人所在的地方。通知应采用书面的形式。

(3)解除合同的宽限期应根据催告履行的内容、对方的履行能力、商业交易惯例等情况,给予合理时间。如果给予的时间太短,对被解除方将不公正,被解除方有异议诉请仲裁机构或法院确认解除合同无效的,应当支持。目前法律未作出明确规定,但最高法院对商品房买卖合同的司法解释中催告期间为3个月；其他合同的法定催告期间尚无类似规定，可参照上述规定的期间办理。

（4）解除合同一方不能主张违约金。合同解除虽然也是基于违约事实而产生的法律后果，但它不属于违约责任方式，而属于合同违约后的一种补救措施；合同解除后的法律后果也不表现为违约责任，而是一种民事责任，主要包括不当得利返还责任和损害赔偿责任。因为该赔偿责任的适用有两个原则：一是实行过错原则，无过错不产生赔偿责任，而违约责任实行无过错原则，只要有违约事实的存在，不论主观上有无过错，都要承担违约责任。二是损失实际发生原则，即赔偿的损失必须是实际发生的损失。

解除合同一方不能主张违约金的另一个理由是因为解除合同具有溯及力，合同解除后合同自始不存在，而违约金条款是原合同之一部分，不具有独立性，该约定也归于消灭，解除权人当然不得依照原合同约定的违约条款主张违约金，只能要求赔偿损失。如果合同中明确约定合同解除适用违约金条款的，从其约定。

典型案例 4-12

解除联营合同违约金纠纷案①

在我国，甲公司与乙公司订立合同，约定联合经营医院，由甲公司出资5 000万元，乙公司出资3 000万元，违约金为1 000万元。由于乙公司仅出资480余万元，导致医院未能如期开业。经甲公司催促，乙公司拒绝继续履行出资义务。甲公司直接提起诉讼，要求解除与乙公司订立的联营合同，并由乙公司支付其违约金400万元。乙公司同意解除合同，但不同意支付违约金。法官形成两种处理意见：一种意见认为，由于乙公司违约，就应当按照合同的约定支付违约金，合同解除不影响当事人主张违约金；第二种意见认为，因乙公司违约，迟延履行主要债务，经催告后在合理期限内仍未履行，甲公司有权解除合同，但合同解除时或者解除后，不能主张违约金。我们同意后一种意见。

甲公司由于没有深入了解合同解除与违约金的关系，而犯了一个千万元损失的大错。如果甲公司认为主张违约责任对自己更为有利时，就没有必要通知乙公司解除合同，而是要求其给付违约金。这样虽然合同不能继续履行，但作为守约方的甲公司可以依据合同履行抗辩权，使得自己在不构成违约的情况下，既拒绝履行自己的合同义务，又能通过主张违约金达到惩罚乙公司的目的。

4.5 合同的变更、转让和终止

4.5.1 合同的变更

1. 合同变更的概念与特点

合同法的传统规则不允许当事人随意变更合同。英国法将此称为"既存义务规则"，即根据对价原则，合同一方依合同对另一方承担的义务作为一种既存的义务，不能成为另

---

① 夏川. 因违约解除合同，是否应当支付违约金. http://www.cqcourt.gov.cn/Information/InformationDisplay.asp?newsid=40781.

一方新的诺言的对价。所以，对合同的变更无效。但是，由于合同订立后，往往订约时的客观情况发生了很大的变化，不修改原合同很难得到履行，履行原合同反而变得不公平。在这种情况下，英国法院又确认了适用既存义务规则的例外情况，认可当事人对合同内容的某些修改是有效的。尤其是《美国统一商法典》对当事人变更合同内容在法律上予以承认。该法典第 2.209（1）条规定："修改本篇范围内之合同的协议，即使缺少对价，仍可具有约束力。"这样，既存义务规则就不再适用于货物买卖合同。当事人修改合同协议的有效性已被各国法律所认可。《合同法》也是如此，既坚持合同依法成立即具有了法律约束力，各方当事人应该严格履行合同规定的义务，不得随意变更合同内容，更不能采取不正当手段迫使对方修改合同；同时也允许当客观情况发生了变化，原合同中的某些内容已不能履行或按原规定履行，各方可依法定要求对原合同内容作某些变更。

可见，合同的变更是指合同依法有效成立后，在尚未履行或完全履行时，由于订约时的情况变化，致合同的履行遇到意外困难，当事人通过协商对原合同的内容进行某些修改或补充。合同变更具有以下两个特点。

（1）合同的变更是在原合同基础上的局部内容的修改或补充，原合同主体及其相互的合同关系并未变更。

（2）合同的变更是在合同有效存续的时期内进行的，即合同有效成立后，还没有履行或还没有完全履行前进行的。

2. 合同变更的条件

合同变更的条件应具备以下 3 点。
（1）合同的变更须经合同当事人协商一致。
（2）合同的变更必须是善意的和公平的，否则对合同的修改是无效的。
（3）合同的变更应当遵守法定的方式和程序。

合同变更后的效力不溯及既往，即以往的双方责任仍按原合同的规定。如果合同变更的有效性被法院否定，主张合同变更无效的一方有权在履行了变更后合同的义务之后，要求恢复原状。此外，如果双方当事人对变更合同的内容约定不明确的，通常视为合同未变更。

4.5.2 合同的转让

1. 合同转让的概念与特点

合同转让在各国法律上有一个较大的演变过程，因此在合同转让的法律制度上并不完全相同。在德国、瑞士等大陆法系国家的法律规定中，合同的转让有两种情况，一种是债权转让，另一种是债务承担。债权转让是指债权人与另一人即第三人订立合同，将其债权转让给第三人，并向该第三人交付债权证明文件。在民法中要求，债权的转让非经原债权人或第三人把变更的事实通知债务人，对债务人不产生效力。在商法中，关于票据、提单等的转让则不要求通知债务人，只要经过背书方式即可转让。债务承担是指债务可以由第三人与债权人订立合同取代原债务人承担，同时也可由第三人与债务人订立合同，并得到债权人的承认。债务承担的效力是：由第三人（承担人）承担债务，使原债务人脱离债的关系，即合同关系；原债务人基于法律关系而产生的抗辩理由，第三人（承担人）也可向债权人提出。

在英美法系国家对合同的转让较大陆法系国家复杂。一种是成文法规定的转让,这种转让规定了比较严格的转让条件。《美国统一商法典》第 2.210 条规定,除非另有协议,卖方或买方的全部权利均可让与。但是,该法典还规定,如果此种让与将严重改变另一方的义务,或大大增加另一方合同项下的负担或风险,或严重损害另一方获得对等履约的机会时,债权不得转让。在英美法系国家另一种合同的转让是根据普通法或衡平法的转让。普通法或衡平法所规定的合同转让规则与成文法规定的转让规则并不完全相同。

我国关于合同的转让,《民法通则》第九十一条作了原则性的规定,允许合同一方将合同的权利、义务全部或者部分转让给第三人;《合同法》第七十九条至第八十三条则对合同的转让作了具体的规定。

综上所述,合同的转让一般是指合同当事人一方依法将合同的权利或义务,或者将权利和义务一并转让给第三方。因此,合同的转让可分为:合同权利的转让;合同义务的转让;合同权利与义务的一并转让。一些国家的法律对此规定了相应的规则。

合同转让有以下两个特点。

(1) 合同的转让原则上不改变合同内容,即原合同规定的权利、义务不变,否则不得转让。因此,合同的性质也不发生变化。

(2) 合同的转让是由第三人代替原合同的一方当事人,而成为合同的另一方当事人,从而使合同的主体产生了更替。

2. 合同转让的条件、程序与效力

1) 关于债权的转让

各国现代合同法一般都规定所有的合同权利都是可以转让的。我国《合同法》第七十九条规定,债权人不仅可以将合同的全部权利转让,也可将合同的部分权利转让给第三人。如果只将合同部分的权利转让给第三人,这样第三人就加入到原合同关系中,成为合同当事人(债权人)而不是完全代替原合同的债权人。但是,根据英美法系国家的普通法规则,认为部分合同权利的转让是无效的。只有部分权利受让人联合起来共同起诉,才可实现他们的权利。各国法律一般都对债权的转让设定了一些条件。

(1) 不准转让的情形。根据合同的性质,某些债权不得转让,如以特定人提供劳务为标的的债权不得转让,英美法系国家把这种情况称为个人性质的服务,因为这种合同的基础是债权人与债务人以相互信任的关系建立的。再如,合同是"需求合同"或"产量合同"也是不可转让的,因为如果买方(需方)将合同权利转让给第三方,第三方的需求量多于或少于原合同的买方,从而实质性地改变供方的义务;如果卖方同意将其产品全部卖给买方,卖方一般不能将其合同权利转移给第三方,因为第三方的产品可能多于或少于原来的卖方,从而实质性地改变买方的购买义务。基于特定人的身份订立的某些委托合同、承揽合同一般也不能转让。

依据当事人的约定,债权不得转让。根据我国《合同法》和一些国家的法律规定,如果合同当事人在订立合同时就明确约定该合同不能转让时,则合同不能转让。例如,法国法律允许,供货合同的当事人可以在合同中规定禁止转让的条款。再如,根据英美普通法的规定,合同中包括的禁止转让合同权利的条款通常是有效的。这种禁止转让条款不仅约束合同双方当事人,也约束知情的受让人(第三人)。但是,判定该禁止条款是否有效,尚须看条款的措辞。只有措辞明确表明该条款构成了合同的条件时，该禁止转让条款才是有效的。但是，《美国统一商法典》第 9.317 条第 4 款规定，如果账债债务人与债权转让人之间的合同条款规定，禁止转让债权，或要求必须征得账债债务人的同意才能转让，该条款是无效的。这里所说"账债"是指任何售出或租出的货物或对提供的服务收款的一种权利。法国法律也允许法庭在必要时，可确认阻止合同转让的条款无效。

法律规定不准转让的合同债权。英国普通法规定基于合同而产生的未来权利不可转让。《中华人民共和国担保法》规定，抵押权不得与债权分离而单独转让。我国法律还规定，依法须经国家批准的合同，合同当事人在转让权利时，也须经国家批准，未经批准的不得转让。

(2) 合同权利的转让必须是有效的无瑕疵的权利并符合有关国家规定的程序。关于转让的程序，各国法律的规定差别较大。有些国家规定了严格的程序；有些国家规定，只需通知债务人债权即可转让，不需要征得对方同意，也无须通知。

合同债权转让后，对权利转让人（原债权人）、权利受让人（第三人）和债务人之间的法律关系产生了一系列的法律效力，具体表现在以下两个方面。

① 合同权利由转让人转让给受让人。如果是合同债权全部转让，受让人即取代转让人而成为合同债权人一方，如果是合同债权部分转让，则受让人成为债权人之一，加入该合同关系。与此同时，在一般情况下，根据从债权附属于主债权的原则，从权利也随着主权利的转移而转移。但是，根据我国《合同法》第八十一条的规定："债权人转让权利的，受让人取得与债权有关的从权利，但该从权利专属于债权人自身的除外。"，例如，向某特定债权人提供的保证，这种从属性的权利不转移。

② 受让人可以直接对债务人享有请求其履行义务的权利。如果债务人不履行义务就可行使起诉权以实现受让的权利；债务人则不再向原债权人履行债务，而负有了向受让人履行债务的义务，同时也享有了对抗原债权人的抗辩权。根据我国《合同法》第八十二条规定："债务人接到债权转让通知后，债务人对让与人的抗辩，可以向受让人主张。"享有抗辩权的时间界限是债务人接到债权转让通知以后。但是，美国法院区分债务人的抗辩是与合同有关的抗辩，还是其他方面的抗辩。所谓与合同有关的抗辩，如债权转让所涉合同是无效的，或转让人对合同的履行存在瑕疵。如果是与合同有关的抗辩，债务人在收到债权转让通知之前或之后都可以提出，而其他方面的抗辩则须在受让人向债务人发出转让通知之前提出才可。此外，根据我国《合同法》第八十三条规定："债务人接到债权转让通知时，债务人对让与人享有债权，并且债务人的债权先于转让的债权到期或者同时到期的，债务人可以向受让人主张抵销。"即根据我国《合同法》第九十九条关于抵销的规定，债务人可以行使抵销权，向受让人主张抵销。

2) 关于债务的转移

根据各国法律规定，法律允许债务人可将其合同义务转移给第三人，由第三人来履行。同时，各国法律对债务的转移，规定了如下一些条件和转移程序。

(1) 债务转移应经债权人同意。

(2) 在法律规定的某些情形下，债务不能转移。

(3) 在债务转移的程序上，尽管各国规定不同，但较债权转让一般都更严格。

除了上面所指的，债务人转让债务时，必须要经债权人同意，这是债务有效转让的最主要的条件和不可缺少的程序外，各国法律还规定了一些其他程序。例如，《意大利民法典》规定，如果债务人与第三人就第三人替代债务人承担债务达成契约，则债权人可以接受该契约。但是债权人必须有接受契约的行为，一是解除债务人的债务有明确约定的条件，二是只有在债权人明确表示解除债务人的债务的情况下才可以。否则，在债务人未被解除债务的情况下，债务人仍要和第三人共同对债务承担连带责任。此外，根据我国《合同法》的规定，法律、行政法规规定转移义务应当办理批准、登记等手续的，也应办理相应的批准或者登记手续，否则转移不具法律效力。

同样，合同债务转移后，发生以下两种法律效果。

（1）当合同债务有效转移后，第三人（新债务人）通常应当承担合同的全部债务，包括主债务和从债务。但是，根据我国《合同法》第八十六条的规定："债务人转移义务的，新债务人应当承担与主债务有关的从债务，但该从债务专属于原债务人自身的除外。"此外，美国法院的判例规则认为，只有在债务人转移义务过程发生了合同的更新，债务人才可解除对原债权承担的义务。否则，债务人仍要承担第二位的履行转移义务的责任。这里所说的合同的更新是指债权人明确表示同意由第三人代替债务人履行债务人的合同义务，并取代债务人，从而债权人与第三人建立起直接的合同关系。

（2）债务转移后，新债务人（第三人）可以主张原债务人对债权人的抗辩，即可以享有对抗债权人的权利。

3）合同权利与义务的一并转让

合同权利与义务的一并转让是指原合同当事人中的某一方将其权利义务一并转让给第三人，由第三人取代该当事人的地位，承受合同中规定的权利义务。所以有人又把这种合同权利义务的一并转让，称为概括承受。对此，各国法律一般都予以认可或明确规定在合同法中。有时，合同的转让为法律所强制规定。合同权利与义务一并转移的基本特点是：合同当事人一方的地位完全由第三人所取代，即合同一方当事人的权利义务由第三人全部享有和承担。合同权利与义务的一并转让通常因约定产生，但有的则因法律规定产生。因法律规定产生的转让主要是在企业合并或分立等特定情形下。如我国《民法通则》第四十四条第二款规定："企业法人分立、合并，它的权利和义务由变更后的法人享有和承担。"同时，我国《合同法》第九十条则作了更具体的规定："当事人订立合同后合并的，由合并后的法人或者其他组织行使合同权利，履行合同义务。当事人订立合同后分立的，除债权人和债务人另有约定的以外，由分立的法人或者其他组织对合同的权利和义务享有连带债权、承担连带债务。"不过，在货物买卖中一方当事人权利与义务的一并转让，主要还是因约定而产生。关于合同权利与义务一并转让的条件与程序，基本上与上述合同权利或合同义务转让相同。

4.5.3 合同的终止

1. 合同终止的概念

合同的终止又称合同的消灭，是指由于某种原因（事实）合同的权利义务消灭。合同的终止与合同的解除不是一个概念，合同的解除只是合同终止的一种情形。不过在某些法律文件中把合同的解除称为合同的终止，如《国际商事合同通则》就是这样。《联合国国际货物销售合同公约》既未采用通常所说的"合同的解除"这一术语,也未采用"合同的终止",而使用了"宣告合同无效"的专门用语。实际上它们的含义是一样的,当符合有关的法律文件(如《联合国国际货物销售合同公约》)规定的条件时,使合同的效力归于消灭,解除有关当事人的合同关系。

目前,国际上对合同的终止并未制定出统一的规则,《联合国国际货物销售合同公约》只是对宣告合同无效的规则作了规定,而《国际商事合同通则》则对"合同的终止"作了规定。各国法律对合同终止的规则规定的差异甚大。

2. 合同终止的情形及其条件

根据各国法律及国际上有关规则的规定,合同的终止有以下 6 种情况:①合同已按约定履行;②合同解除;③当事人协议终止合同;④因法律规定的条件产生;⑤合同的债权人免除债务;⑥仲裁机构裁决或法院判决终止合同等。

1) 合同已按约定履行

因合同已履行而终止合同,这是常见的一种方式。在国际货物买卖交易中,绝大多数合同也都是如此。卖方依合同规定按时如数交付了合同规定的货物,买方按约定全部支付了货款。大陆法系国家把此称为清偿。

2) 合同解除

不论是各国法律规定,还是国际规则都允许当事人在符合其规定的条件下解除合同。例如,《法国民法典》第 1 134 条规定,依法订立的契约,"仅得由当事人双方相互的同意,或根据法律许可的原因,始得取消。"《德国民法典》第 360 条规定:"订立合同以债务人不履行其债务即应丧失其由合同产生的权利为保留条件的,在此种情形发生时,债权人有权解除合同。"《合同法》第九十一条也把合同解除作为合同的权利义务终止的一种情形。在国际上,《国际商事合同通则》第 7.3.1 条规定:"合同一方当事人可终止合同,如另一方当事人未履行其合同义务构成对合同的根本不履行。"《联合国国际货物销售合同公约》第 49 条、第 64 条和第 72 条等条款中对买方、卖方行使解除合同(宣告合同无效)的权利做了明确规定。

解除合同的方式有两种:一种是协议解除;另一种是法定解除。协议解除是指法律允许合同当事人通过协议解除合同。合同的协议解除,既指在合同履行过程中,双方经过磋商达成一致同意解除合同,也指在订立合同时,就在合同中约定解除条件,当解除条件成就时,合同即可解除。在国际货物买卖中这种情况较多,因为一旦产生问题可依约处理,相对比较容易解决。对协议解除合同,《合同法》第九十三条作了以下规定:"当事人协商一致,可以解除合同。当事人可以约定一方解除合同的条件。解除合同的条件成就时,解除权人可以解除合同。"英美法律也都允许双方当事人通过协议在合同中规定解除条件:一旦某种条件不能实现,或者出现某种情况时,合同即解除。前者如在合同中规定,本合同须经政府主管部门批准(或发给许可证),否则即解除。后者如规定,当发生不可抗力事故无法履行本合同时,合同即解除。

法定解除是指法律明确规定了在其规定的条件下,赋予合同当事人以解除合同的权利,而当事人一方行使法定解除权而使合同效力消灭。例如,《法国民法典》第 1 154 条规定:"如买受人不支付价金,出卖人得请求解除买卖。"《合同法》第九十四条则规定了以下几种情形，当事人可以解除合同：因不可抗力致使不能实现合同目的；在履行期限届满之前，当事人一方明确表示或者以自己的行为表明不履行主要债务；当事人一方迟延履行主要债务，经催告后在合理期限内仍未履行；当事人一方迟延履行债务或者有其他违约行为致使不能实现合同目的；法律规定的其他情形。《联合国国际货物销售合同公约》规定了在以下情况下可以宣告合同无效：卖方不履行其在合同或本公约中的任何义务，等于根本违反合同，或者如果发生不交货的情况，卖方不在买方按属第47条第（1）款规定的额外时间内交付货物，或卖方声明他将不在所规定的时间内交付货物，买方可以宣告合同无效［第49条第（1）款］；买方不履行其在合同或本公约中的任何义务，等于根本违反合同，或者买方不在卖方按照第63条第（1）款规定的额外时间内履行支付价款的义务或收取货物，或买方声明他将不在所规定的时间内这样做，卖方可以宣告合同无效［第64条第（1）款］；如果在履行合同日期之前，明显看出一方当事人将根本违反合同，另一方当事人可以宣告合同无效［第72条第（1）款］。

  关于合同解除的法律后果，大陆法系国家一般认为，合同解除，合同关系即归于消灭。这种消灭作用具有溯及力，即溯及合同成立时起消灭，双方未履行的债务不再履行，已履行的债务需恢复原状，应相互返还财产。只是某些受客观情况限制的少数合同，如租赁合同才不引起溯及既往的效果。

  而英美法系国家的规定不一致。英国法认为因违约导致的解除合同并不使合同自始无效，而仅指向将来，使尚未履行的义务不再履行，已履行的不产生返还效力。但是，美国法的规定，却与大陆法系国家的规定类似，即认为合同解除后应产生恢复原状的效力。不过与大陆法国家的溯及既往的效力还是有一定差别的，即有一定的限制条件，如卖方请求取回货物，只能基于买方在受领货物上存在欺诈等错误行为，或者基于卖方对货物保留了财产利益时才可以。《合同法》第九十七条明确规定："合同解除后，尚未履行的，终止履行；已经履行的，根据履行情况和合同性质，当事人可以要求恢复原状、采取其他补救措施，并有权要求赔偿损失。"关于合同解除的法律后果，在国际上一般都规定既指向将来，又溯及既往的规则。

  3）因法律规定的条件产生合同终止

  （1）根据破产法的规定，债务人依破产法规定的程序，宣告破产，从而使破产人的债务得到豁免，合同终止。

  （2）随着法定的时效期限到期，债权的诉权消灭，合同也告终止。不过，各国法律对时效期限的规定不同。《美国统一商法典》《合同法》《联合国国际货物销售合同公约》对货物销售合同的时效期限规定为4年。

  （3）债务人依法将标的物提存，而使合同终止。提存是一些国家法律设立的一种消灭合同的制度。它是指债务人的债务已到履行期限时，因债权人无理由拒绝接受债务的履行，如不去受领货物，或者不能确知谁是债权人，如债权人死亡未确定继承人、丧失行为能力未确定监护人及债权人的地址不明等，债务人按一定程序将债务的标的物送交提存部分，从而使债务归于消灭，合同关系终止。

  （4）抵销使合同终止。合同当事人彼此互负债务，而且债务的种类相同，并均已届清偿期，因而，双方均得以其债务与对方的债务在等额的范围内抵销而合同终止。这是《法国民法典》规定的抵销方法。该法典第290条规定双方互负债务时，"债务人双方虽均无所知,依法律的效力仍然可以发生抵销。"法国法称之为当然抵销。而德国、日本民法典和瑞士债务法典均认为,双方互负债务时,任何一方当事人均得以意思表示通知对方进行抵销。各国法律都允许互负债务的双方依照合同的约定,将各自的债务进行抵销。

(5) 混同使合同终止。混同是指债权与债务同属于一个人,即同一个人既是债权人同时又是债务人。在这种情况下,债的关系已无存在的必要,应归于消灭。如法国、日本民法典及《瑞士债务法典》都规定,债权与债务同归于一人时,其债权因混同而消灭。《德国民法典》虽无明文规定,但实际上也是承认混同这种制度的。因为债权与债务既已集中于一身,自己对自己讨债,自己对自己还债已无实际意义。混同的原因主要有以下3种。

① 民法上的继受:在自然人死亡时,如该死者是债权人或债务人,而由其债务人或债权人继承其债权或债务,在这种情况,其债权或债务即因混同而消灭。

② 商法上的继受:作为债权人的公司和作为债务人的公司进行合并时,公司的债权债务也可能因混同而消灭。以上两种情况称为概括继受。

③ 特定继受:如因债权转让或债务承担而使债权债务集中于一个人身上时,也可发生混同而使债的关系归于消灭。

4) 合同债权人免除债务

合同也可因债权人向债务人表示免除其债务而终止。不过,一些大陆法国家如法国、德国等国认为,免除是双方的法律行为,须经债务人同意,方为有效。而日本等国则认为,免除只是一种单独行为,只需债权人一方表示同意即可生效。我国《合同法》第一百零五条规定:"债权人免除债务人部分或者全部债的,合同的权利义务部分或者全部终止。"

 引例分析

作为一般规则,广告并不是要约,但是在该案中,法官没有照搬这一原则。被告在广告中提到,如果有人按被告的说明使用该公司生产的感冒药,连用两星期后仍患有流感,被告将支付100英镑作为补偿;为表示诚意,被告已将1 000英镑存入银行。上诉法院判决时则提到,该广告中"已将1 000英镑存入银行"的用词显示了被告的"诚意(Sincerity)",这是被告意在使自己在法律上受到约束的强有力的证据。最后法院判令该公司必须支付赔款。

本 章 小 结

本章运用比较分析方法、案例分析方法、历史分析方法系统而全面地阐述了合同的概念、特征、本质、分类及其重要性,以及合同的订立、履行、变更、转让、终止、违约与救济等合同法重要制度。合同法是从事国际商事交易活动的基础,要求大家不仅要全面掌握理论知识,而且要在实务上狠下功夫,达到学以致用。

名词与概念

对价（Consideration）　　　约因（Cause）　　　要约（Offer）
承诺（Acceptance）　　　合意（Consensus）　　　允诺（Promise）
交错的要约（Cross-offer）　　　签字蜡封（Signed and Seaeld）
简式合同（Simple Contract）　　　未成年人（Minors）
投邮主义（Mailbox Rule）　　　到达主义（Received the Letter of Acceptance）
违约（Breach of Contract）　　　损害赔偿（Damages）
合同的消灭（Discharge of Contract）　　　时效（Praescription）
清偿（Payment）　　　提存（Deposit）

思 考 题

1. 合同有效成立的要件有哪些？
2. 什么是要约？一项有效的要约应具备哪些条件？
3. 在要约拘束力问题上，大陆法和英美法的规定有哪些分歧？
4. 什么是要约的撤回？什么是要约的撤销？两者有何不同？
5. 什么是承诺？一项有效的承诺应具备哪些条件？
6. 大陆法和英美法在承诺生效问题上有何不同？
7. 什么是欺诈与胁迫？什么是不正当影响？
8. 在错误对合同效力影响问题上，法国法和德国法有何区别？英国法和大陆法有何区别？
9. 什么是违约？违约救济主要有哪些方法？
10. 什么是英美法中的"条件"和"担保"？
11. 关于合同履行，大陆法与英美法的规定有何不同？
12. 关于合同的转让与终止，大陆法与英美法的规定有何异同？
13. 我国合同法规定的因违约而解除合同的条件是什么？

练 习 题

1. 加拿大公司与英国公司洽谈出售某初级产品 2 000t。加拿大公司发出电报称："确认售予你方……2 000t……请汇 5 000 英镑。"英国公司复电："确认你方电报的规定……已汇交你方银行 5 000 英镑，该款在交货前由银行代你方保管……请确认在本电日期 30 天内交货。"加拿大公司未回电，以高价将该产品售与第三方。

问：加拿大公司是否违约？为什么？

2. 原告国际墙面装饰公司与被告市场营销公司订立独家代理合同，由被告代理原告销售原告生产的陶质瓦。合同规定每次交货后 90 天内被告应付款，被告总是推迟 2～20 天付款。后陶质瓦销路很好，原告想再设代理销售点，但鉴于同被告订立的独家代理合同。所以，想以被告迟延付款为由解除合同。

问：英国和美国的法院能支持原告的请求吗？为什么？

3. 原告克蒂斯去被告化学洗染有限公司洗衣服，被告规定对所洗衣服受损、受污不负责。但雇员对原告只说衣服受损不负责，后来衣服受污，洗染公司想以免责条款为由推脱责任。

问：英国和美国的法院能支持被告的主张吗？为什么？

4. 原告切佩顿租了被告佩雷一张桌子，后由于桌子坍塌，原告受伤。被告认为出租的地方挂了注意事项（其中含有免责条款），原告付钱后得到的收据上也有免责条款，但原告没有注意，所以出租方不负责任。

问：英国和美国的法院能支持被告的主张吗？为什么？

5. 我国某出口公司与往来多年的非洲客户签订一合同，交货条件为当年12月—次年6月，每月等量装运，凭不可撤销信用证自提单日后60天付款。为早出口早创汇，我方于次年1月将一季度应交数量一批装船，2月将二季度应交数量一批装清。我方银行凭单议付，对方发现后，以仓租、利息增加为由，要求赔偿。经反复协商。由我方垫付货款换取提单，并同意对方推迟4个月付款了结。

问：对方的主张合法吗？为什么？

6. 在我国，农民甲在明知自己的牛有病的情况下把这头牛卖给了农民乙，日后，这头牛的病传染给了农民乙的其他牛，引起了其他牛的死亡，并使他租赁的土地的耕作被延误，粮食歉收，无力支付租金，被出租方收回。

问：农民甲是否应就农民乙的牛死的损失、粮食的歉收、土地被收回及其与之相关的损失做出赔偿？

7. A公司与B公司，订立了一份购销合同。B公司从A公司购买应用于机械设备的部件三套，每套单价2 000元。因为A公司生产的部件不能完全符合机械设备的要求，故B公司要求A公司按其提供的图纸进行生产，A公司同意，并在合同中注明这一点。同年6月23日，三套配件到B公司。B公司随即按合同支付了货款。可是B公司在7月初，在安装配件之前进行测试发现配件存在一些问题，即要求A公司来人处理。经修理后，B公司安装发现机械设备远远达不到技术要求，原因是A公司的配件没有完全按B公司提供的图纸制作，由于配件存在以上问题，致使机械设备无法正常投入使用。B公司只能将其拆下来。

问：本案例中的合同是不是买卖合同？为什么？本案应如何处理？

8. 简述英美法中的合同对价的有效条件。

第 5 章

国际产品责任法

教学目标与要求

通过本章学习,要求学生重点掌握产品和产品责任的概念、产品责任法的性质和特征、产品责任法的作用;熟悉美国的产品责任法;了解中国、德国、日本等国的产品责任法及《斯特拉斯堡公约》《关于对有缺陷的产品的责任的指令》《海牙公约》的主要内容。要求学生能够用所学知识分析相关案例,掌握处理相对复杂产品责任法问题的能力。

英国过失责任原则第一案(1932 年)

1928 年 8 月 26 日,多诺霍偕其友到苏格兰 Paisley 地方的一家咖啡馆,其朋友为其购买了一瓶姜汁啤酒,侍者为多诺霍倒酒时,因酒瓶是不透明的,多诺霍并未发现有什么异样,就放心饮用。其后,当其朋友再为其添酒之际,突然浮出腐败的蜗牛躯体。多诺霍看到这些,想到刚才所饮的不洁之物,深感震惊,随即便昏厥过去,而且还得了严重的胃肠炎,使其健康蒙受损害。于是她起诉生产者史蒂文森要求赔偿损失,后来又提起了上诉。这个案件被认为是英国过失责任原则第一案。

思考:

请大家对此案进行分析。

5.1 产品责任法概述

商品经济的高度发展,使消费者一方面享受物质丰富带来的满足,另一方面又面临瑕疵产品的威胁。特别是产品的生产和销售的国际化,使产品责任问题日益普遍和复杂。为了保护消费者的权益,也为了使社会经济能够在良性的轨道上循环,各国开始关注消费者保护的立法。产品责任法作为消费者保护的核心制度,首先在美国颁行,此后世界各国纷纷立法。本章将系统介绍产品责任法的基本制度,以及包括我国在内的世界上主要国家在产品责任方面的立法状况。

5.1.1 产品责任法的概念和特征

1. 产品责任法的概念

产品责任法是调整产品的制造者或销售者因所制造、销售缺陷产品,而造成产品的消费者、使用者或第三人人身伤害或财产损害所引起的赔偿关系的法律规范的总称。

2. 产品责任法的法律特征

（1）调整的范围是消费者因缺陷产品所遭受的人身或除缺陷产品以外的其他财产损害的赔偿关系。例如,汽车起火爆炸,给驾驶员和乘客造成人身损害和财产损坏,属于产品责任法所调整的赔偿范围,而对于纯汽车本身的损害赔偿则依据《合同法》来调整。

（2）调整的对象主要是侵权关系。产品责任是一种侵权行为的法律后果,因此产品责任法是侵权行为法的重要组成部分,它调整对象主要是侵权关系的一部分,即特殊的侵权关系。

（3）赔偿责任原则一般为严格责任或无过错责任。但不排斥过错责任原则。

（4）法律性质为以私法为主、兼具公法性。产品责任法体现了现代商法发展的典型趋势——具有公法性和强制性,产品责任的产生不以约定为先决,也不得以无约定而排除。例如,产品生产者或销售者在出售商品时以店堂告示声称出现任何问题概不负责,即使消费者以默示表示同意,该声明也是无效的。但因缺陷产品造成产品的消费者、使用者或第三人人身伤害或财产损害所引起损害赔偿之诉,则属私法范畴,是否要求赔偿、要求谁赔偿、赔偿多少、都由受害者自己决定。

5.1.2 产品责任构成

1. 产品

欧洲理事会制定的《斯特拉斯堡公约》把产品定义为"一切可移动的产品",不论是未经加工的、还是加工过的,天然的还是工业的,甚至组合到另一个可移动或不可移动的东西中去的物品。欧盟的《产品责任指令》则把产品限于除初级农产品、狩猎产品以外的所有可移动的产品。

2. 产品缺陷

产品缺陷是指产品未提供使用者有权期待的安全或具有不合理的危险性。缺陷必须是产品离开生产者或销售者的控制以前,即投入流通以前已经存在。根据各国的法律及判例,依产品的生产及制造过程,将缺陷大致分为以下 5 种。

1) 设计上的缺陷

设计上的缺陷指由于不适当的设计而形成的缺陷。设计产品时,由于对产品可靠性、安全性考虑不周,如没有设计安全保护装置,往往发生产品责任事故,产品生产者对此应负设计上缺陷的责任。

2) 原材料的缺陷

原材料的缺陷指由于制造产品使用的原材料不符合质量、卫生、安全等标准而形成的缺陷。例如,2008 年,不法分子在原料奶中添加了三聚氰胺工业原料,使三鹿儿童乳制品具有很大的危险性,导致多名儿童患病甚至死亡。

3）制造、装配上的缺陷

制造、装配上的缺陷指因产品生产、装配的不当,致使产品质量未达到设计或预期的要求。有的汽车装配不当,导致汽车行驶过程中车轮松动脱落,造成伤害事故。

4）指示上的缺陷

许多产品本身并无任何缺陷,但如果使用不当,也会有危险。在这种情况下,生产者或销售者的责任不仅在于保证其产品没有实际缺陷,而且还在于应当对消费者或使用者适当告诫以防止不适当地使用。如果生产者、销售者对可能出现的危险没有提出警告或警告没有说明全部危险,可视为产品有缺陷。

5）科学上尚不能发现的缺陷

受现有科技水平的局限,产品在投入市场时,该缺陷不能被发现。对此类产品缺陷,生产者是否需要承担责任,各国法律存在着差异。

3. 产品责任

产品责任是指由于产品存在缺陷而导致产品消费者、使用者或第三人遭受人身或财产损害时,该产品生产者或销售者应当承担的一种损害赔偿责任。

产品责任的构成主要有以下3个要件。

1）产品存在缺陷

对于缺陷的认识,各国法律的规定不同,但一般认为缺陷是指产品欠缺人们有权期待得到的安全感,或具有不合理的危险性。

2）有损害的事实

这种事实可以是人身的伤害,也可以是除缺陷产品以外的财产的损失。如果产品有缺陷但没有给人造成损害,也不能要求生产者或销售者承担产品责任。受害者既包括从生产者或销售者那里购买产品并使用该产品的人,也包括虽不购买产品但却使用了产品的人,同时还包括虽非上述购买人或使用人但却遭受了产品损害的人。

3）损害与产品的缺陷之间存在因果关系。

如果损害是由于消费者、使用者或第三者的过错造成的,就不存在产品责任的问题。例如,微波炉的说明书中声明,不可以将金属制品放入其中,但使用者未加注意,结果引起爆炸造成损害的,不得要求产品生产者或销售者承担责任。

5.1.3 产品责任法的性质与作用

1. 产品责任法的性质

产品责任法是调整平等民商事主之间权利义务关系的法律,因此在性质上属于私法。由于早期的产品责任以"契约关系"理论作为责任承担的依据,所谓"无契约、无责任",因此产品责任法属于契约法的范畴。随着社会经济的发展,保护消费者利益的呼声日渐高涨,原有的契约关系理论无法适应新的要求,因此产品责任的承担基础过渡到过失(侵权)责任,进而转为严格(侵权)责任。这样,产品责任法就成为侵权法的重要组成部分。

从各国对产品责任法的立法状况来看,更多体现出国家维护社会经济生活安全,对社生活进行积极干预思想。产品责任法中的大多数规范都属于强制性规范,不允许有关当事人通过合同或其他任何方式加以排除或变更;并且在责任承担方式上,除民事责任外,还可能要求产品经营者承担行政甚至刑事上的责任等,因此可以说产品责任法在性质上属于具有较强公法色彩的私法范畴。

2. 产品责任法的作用

(1) 保护消费者权益。产品责任法从加强经营者责任的角度,使产品的生产者和销售者对于他们提供的缺陷产品给无过失的消费者造成的损害承担赔偿责任。之所以要求产品的生产者和销售者承担这种仅因产品存在缺陷,而并非他们自身存在过错,给他人造成损害的赔偿责任,是因为他们比普通消费者更有能力防止损害的发生,并承担因此所造成的损失。因此产品责任法的这种索赔机制,增强了消费者购买产品的安全感,给予了消费者更好的保护。

(2) 促进企业提高质量管理意识。由于经营者的责任加重,迫使企业为生存考虑。一定要向市场提供优质产品、安全产品,并不断消除自身的生产销售环节存在的各种可能影响产品安全性能的隐患。这样企业就必须建立质量监督管理体系,以提高产品的质量,促进自身的发展。

(3) 有利于建立良好的经贸秩序。产品在国内、国际的顺畅流通是以产品具有良好性能和品质为保障的。产品责任的国内、国际立法,对生产者和销售者起到了警戒和惩戒的双重作用,使其尽可能地向市场和广大消费者提供符合消费安全的产品,减少或避免因产品欠缺合理的安全性而发生的索赔,节约了贸易中的机会成本和经济成本,进而保障经贸的健康发展。

5.2 美国的产品责任法

在国际产品责任法中,美国产品责任法起步较早,发展较快,并在 20 世纪以来,具有里程碑意义的重大突破都发生在美国。美国产品责任法对世界其他国家产品责任法的产生、发展均有重要影响。

5.2.1 重要概念界定

1. 产品

产品,从经济学上讲,是指具有价值和使用价值的人类生产劳动的成果,既包括物质劳动成果,也包括智力精神成果。但是产品责任法所调整的产品的范围,则与经济学上的不尽一致。根据美国 1979 年《统一产品责任示范法》第 102 条(c)项将"产品"定义为:"具有真正价值的,为进入市场而生产、能够作为组装整件或作为部件、零件交付的物品。但人体组织、器官、血液组成成分除外","本法所称'相关产品'是指引起产品责任索赔的产品及其部件和零件"。

2. 缺陷

无缺陷则无责任。《侵权行为法重述(第二版)》(*Restatement of the Law of Tort*, 2nd)第 402 条 A 款规定:"凡销售有不合理的危险的缺陷产品者应对最终使用者或消费者因此而遭受的人身或财产损失承担赔偿责任",可见"不合理的危险"是美国产品缺陷概念的核心。

关于产品缺陷的种类，美国《统一产品责任示范法》第 104 条有明确的规定，具体界定为，"产品制造、设计上存在不合理的不安全性，未给予适当警示或不符合产品销售者的品质担保致使产品存在不合理的不安全性"。

1）产品制造缺陷

产品制造缺陷（Manufacturing Defect）是指产品在制造过程中，因质量管理不善、技术水平差等原因而使个别产品中存在的不合理的危险性。一般可分为原材料、零部件及装配方面的缺陷。

2）产品设计缺陷

产品设计缺陷（Defect in Design）是指产品的设计中存在不合理的危险性，它往往是导致整批产品存在潜在危险的根本原因。设计缺陷一般由配方、处方的错误、原理的错误、结构设计的错误等方面造成。与制造缺陷相比，一般来说产品设计缺陷造成的危害比较严重，判断较为困难且不被保险公司在责任险中承保。

3）产品的警示缺陷

产品警示缺陷（A Product is Defective Due to Inadequate Instructions or Warning）是指产品提供者对产品的危险性没有做出必要的警告或安全、使用方面的指导，从而对使用者构成不合理的危险。警示缺陷一般是与产品的生产者或销售者违反法律规定的告知义务相关联的。一般认为产品的制造者或销售者必须在产品投入流通领域时，针对可合理预见的产品使用者，对产品可能产生的危险及其预防方法以具体规范的用语尽可能详尽地予以警告和说明，否则他就必须对因违反其警示义务而造成的损害承担责任。但是，如果产品的危险是明显的或众所周知的，产品提供者得因此免责，即所谓"已知危险不得追究或完全排除的规则"。但是如果危险的性质和程度大大超出了使用者的期望时，仍应承担警示义务。

3. 责任主体

社会化大生产使消费者获得产品的环节呈现出多样性和复杂化的特点，既然产品责任以缺陷为承担责任的基础，就意味着在产品到达消费者之前的众多环节的制造、行销的参与者都应该对因产品缺陷造成的消费者的损失承担责任。

根据美国 1979 年《统一产品责任示范法》第 102 条、104 条、105 条规定，产品的制造者及销售者为承担产品责任的主体，其中产品制造者是指在产品出售给使用者或消费者之前，设计、生产、制作、组装、建造或者加工相关产品或产品组件的自然人或实体；还包括不是但自称是制造者的产品销售者或实体；此外制造者还包括主要经营产品批发、分销或者零售业务的产品销售者，但这些销售者局限于在销售前设计、生产、制作、组装、建造或者加工该产品的情形。所谓产品销售者是指从事产品销售业务的任何自然人或者实体，而不论交易是为了使用、消费或者再消费。销售者包括产品制造者、批发商、分销商和零售商，也包括产品的出租人和行纪人。

美国法倾向于将产品责任的承担主体做扩大的解释，以便于保护消费者的利益。但是根据美国法的规定，并不是所有的责任主体都无例外地承担严格责任，而是针对具体的情况分别依据侵权行为法的过失责任和严格责任两个领域确定责任主体所应承担的责任。

4. 请求赔偿的主体

按照美国法律的规定，凡是人身或财产遭受缺陷产品损害的当事人，无论其是否与产品提供者订立产品买卖合同，都有权要求产品的制造者或销售者向其承担责任。也就是说请求赔偿的主体并不局限于合同关系的对方当事人，任何遭到缺陷产品侵害的产品的使用者、消费者或第三者，都构成产品责任法的请求赔偿主体。

5.2.2 归责理论

产品责任法的归责理论是指缺陷产品的制造者或销售者承担赔偿责任的责任基础，也就是说缺陷产品提供者依据何种法律关系承担责任。美国产品责任法的归责基础理论经过了5个发展阶段：契约责任说、疏忽说、违反担保说、严格责任说及市场份额责任原则。

1. 契约责任说

这是美国早期信奉英国"无契约、无责任"原则，也是美国早期的产品责任法属于契约责任范畴，但是由于契约关系理论所确立的请求权利救济的主体和承担责任的主体范围过于狭窄，并且依据契约自由原则，产品的提供者可以利用免责条款对所产生的损害免于承担责任，这使消费者处于极其不利的地位，从而影响到法律处理产品责任问题的公平性。

典型案例 5-1

温特博姆诉赖特案

1842年原告温特博姆是英国公驿站长雇用的马车夫，驿站长事前与被告赖特订有一份由赖特提供合格安全的马车以运送邮件的契约。被告赖特在约定的时间内提供了马车。可当温特博姆驾驶该车运送邮件时，车轮突然塌陷，车子破裂使之受伤。为此，原告温特博姆向被告赖特提起了索赔之诉，被告赖特则以原告温特博姆不是供车契约当事人为由而提出抗辩。结果，英国最高法院认可了被告的理由，判其胜诉。法院认为，被告保证马车处于良好状态的责任是向另一签约方——驿站长承担的契约责任，而无须对原告温特博姆负有责任。由此案便形成了"无契约即无责任"原则。

2. 疏忽说

所谓疏忽是指产品的生产者或销售者有疏忽之处，致使产品有缺陷，而且由于这种缺陷，消费者的人身或财产遭到损害，对此，该产品的生产者和销售者应承担责任。在以疏忽为理由提起赔偿诉讼时，原告必须证明被告有疏忽，即被告没有做到"合理的注意"，以及由于被告的这种疏忽直接造成了原告的损失。

典型案例 5-2

托马斯诉温彻斯特案

1852年，原告托马斯购买了一瓶误贴了标签的毒药，其妻服用后中毒，原告遂向法院提起赔偿之诉。法院认为：可以预见，误贴标签的毒药会致人伤害或死亡，该制药厂商应对最后消费者负赔偿责任。法官认为：尽管原被告之间没有任何契约关系，但批发商将有毒颠茄错当成蒲公英出售，由于所出售的商品对生命及健康具有危险性，因而被告应对最终消费者——托马斯所受的损害负赔偿责任。该案是法官们为了克服、弥补契约关系责任的不足，根据实际情况借助某种理论创设的例外，也是对"无契约即无责任"原则的一种突破。

典型案例 5-3

"麦克弗森诉别克汽车公司"案

1916 年 3 月 14 日，美国纽约上诉法院审理的"麦克弗森诉别克汽车公司案"标志着契约关系理论在美国被彻底抛弃，以及产品责任领域里疏忽责任理论的形成。美国在 20 世纪发展为世界的最强国，因而其产品责任立法也相应地处于领先的地位。它率先打破了契约关系的界限，并运用侵权法的理论确定产品责任，标志就是"麦克弗森案"。该案案情为：原告麦克弗森从零售商处购买了一辆由被告别克汽车公司制造的汽车，当他驾车行驶时，因车轮破裂，汽车突然翻覆，原告被抛在外而受伤，于是原告提起诉讼，要求被告赔偿损失。被告的律师在答辩中声称：制造商对此不负责任，并援用温特博姆诉赖特案认为：买车合同是与销售商订立的，与买受人无直接合同关系，因此不存在赔偿问题。卡多佐法官代表上诉法院多数意见表示拒绝接受英国判例的约束，并声明："上述判例是以公共马车旅行的时代援引的，它不适用于今天的旅行条件。危险在所难免的原则固然没有变化，但适用该原则的事物已变化。"最后，法院判决被告败诉。由此，将传统侵权法中疏忽责任理论引入到产品责任领域，创设了著名的"商品制造人疏忽责任原则（Negligence Liability）"。在此案中，纽约最高法院的卡多佐法官突破了过去案件中契约关系原则的重重障碍，做了具有里程碑意义的判决。

在以疏忽为由起诉时，原告与被告之间不需要有合同关系，因疏忽在英美法中是一种侵权行为，这种诉讼不是根据合同提起的，且因此作为原告的一方就不仅限于买方，而且扩及其他有关的人。

3. 违反担保说

违反担保是指产品存在缺陷或瑕疵，卖方违反了对货物的明示或默示担保，如果原告由于产品有缺陷而遭受损失，他可以违反担保为由对被告提起诉讼，要求赔偿。这种诉讼是根据合同提起的诉讼，故要求原告、被告之间原来有合同关系。也就是说，除合同当事人外，其他人不得以此为理由提起赔偿之诉。所以，这种理论在过去对消费者的保护有一定的局限性。目前，美国有些州的法院在审判实践中对原告和被告的范围已有所放宽。以违反担保为理由提起诉讼对原告有利之处在于他无须证明被告有疏忽，而只需要证明产品有缺陷且处于这种缺陷使他遭受损失，即可要求赔偿损失。

典型案例 5-4

海文诉佩德案

1883 年，被告佩德作为船坞所有人，曾与一个漆工雇主签订了合同。被告提供脚手架和绳子，船舶漆工海文在脚手架上作业时绳子突然断裂而遭受伤害，佩德因此被追究责任。为了满足社会经济进步发展的需要，法官们从对消费者安全构成重大威胁的危险品开始寻找突破口，通过设定生产经营者的注意义务，使其对危险物品所致损害承担责任。

4. 严格责任说

严格责任又称侵权法上的无过失责任。按照这种理论，只要产品有缺陷，对使用者具有不合理的危险，并因此而使他们的人身遭受伤害或使他们的财产遭受损失，该产品的生产者和销售者都应对此负责。对原告来说，以严格责任为依据对被告起诉最为有利，因为严格责任是一种侵权行为之诉，不要求双方当事人之间有直接的合同关系；在以严格责任为理由起诉时，原告无须承担证明被告有疏忽的举证责任。举证责任仅限于以下3种情况：①产品确有缺陷或处于不合理的危险；②由于产品缺陷给使用者或消费者造成了损害；③这种缺陷是生产者或销售者把产品投入市场时就有的。

典型案例 5-5

格林曼诉尤巴电器公司案

1955年，原告威廉·格林曼的妻子在零售商处购买了被告制造的一种多功能电动工具作为圣诞节的礼物送给原告。1957年原告买来使用该工具作为车床用的必要附件，当他按说明书要求使用该工具锯木时，一块木片突然从电器中飞溅出来并击中他的头部使其受伤，原告于是提起赔偿之诉，初审法院判决原告胜诉。1963年1月24日经加利福尼亚州最高法院审理，维持原判。该案是全面阐述严格责任原则的开拓性判例，是产品责任法发展史上的重要里程碑。特雷诺法官在判决中指出："只要制造商将其产品投放市场，又明知使用者对产品不经检验就使用，只要证明该产品的缺陷对人造成了伤害，则制造商就应对损害承担严格责任。"这就是所谓产品责任法上著名的"格林曼规则"。

5. 市场份额责任原则（美国产品责任法的最新发展动态）

市场份额责任原则指当原告不能明确举证他的损害是由谁的缺陷产品所致时，就以各个被告人的市场份额作为判决的根据。

典型案例 5-6

辛德尔诉阿伯特实验室案

原告的母亲因怀孕为防止流产服用过已烯雌酚，导致原告成年后患有癌症，当时有190家公司制造生产这种药品，原告无法举证其母亲向哪家公司购买过该药，遂向法院控告当时在市场占有95%销售率的5家公司。为使消费者能得到补偿，法院最终判定各个被告可能给原告造成的损失额以他们在已烯雌酚市场中各自拥有的比例来计算。由于美国是判例法国家，强调判决拘束力原则，因此法院的上述判决对美国的产品责任法具有重要的意义。不仅如此，美国司法所确定的市场份额责任原则对其他国家产品责任法的发展也有较大影响，如德国联邦法院就曾适用此原则处理过类似案件。

5.2.3 原告举证与被告抗辩理由

以严格责任为例，原告要求产品提供者承担损害赔偿责任时，必须证明。

(1) 产品存在缺陷，并且根据《侵权行为法重述》的规定，受害人仅证明产品有缺陷也是不够的，还必须进一步证明产品的缺陷给消费者或使用者带来不合理的危险。这在一定程度上增加了原告的举证困难，因为危险的"合理"与否，是个复杂的判断过程。

（2）产品出厂时缺陷已经存在。如果受害人无法以有效的方法证明产品的缺陷在出厂时业已存在，那么他也可用自己按照产品的使用说明正确地使用了产品的方法反证缺陷在出厂前已经存在。

（3）损害与产品缺陷之间有因果关系。严格责任原则相对于一般的契约责任原则、疏忽责任原则、违反担保的责任原则而言，给消费者提供了更充分合理的保护方式。尽管在一些案例中表明适用如违反担保的责任原则更有利于受害人权利的保护，但依旧不能否认严格责任在消费者权益保护方面的意义和作用。

在不同的产品责任归责理论体系中，都规定了被告可以提出抗辩的事由，具体有如下3种。

（1）疏忽责任中的抗辩的事由。根据疏忽责任理论的应有之意，被告得通过证明自己尽了"合理注意"的义务仍不能发现产品的缺陷证明自己无疏忽，从而不承担赔偿责任。但是被告同样可以通过证明损害是由于：①原告自己的过失行为，如果双方均有过失，那么通过此项证明也可相应地减少被告赔偿的数额；②原告明知产品有危险仍自主或故意加以使用；③原告明显的危险或非正常使用或擅自改动而造成的，则被告可以获得免责。

（2）担保责任中的抗辩的事由。根据美国《统一商法典》和《麦格纽森·默斯保证条例》的规定，卖方可在产品买卖合同或产品说明书或其他记载其品质担保义务的书面文件中对其担保责任进行限制或排除，如果卖方这样做了，那么他对限制或排除了的担保内容所造成的损害得以免责。但是如果此项限制或排除是针对默示担保的，法律将不承认其排除的效力，此时法律禁止产品提供者对于人身伤害的责任进行排除或限制。

（3）严格责任中的抗辩的事由。由于严格责任对消费者而言是最有力的保障，因此，可以提供给被告的免责事由相当少，但这并不意味着依严格责任提起的诉讼，被告没有免责的可能。

根据美国法律，作为被普遍运用的被告抗辩的理由同样也适用于依严格责任提起的诉讼，这些免责理由包括以下6点。

（1）生产者未将产品投入流通领域。
（2）产品投入市场时引起损害的缺陷并不存在。
（3）产品不是为了营利目的而生产、销售的。
（4）产品的缺陷是由于遵循政府的强制性规定而导致的。
（5）产品缺陷是将其投入流通时的科技水平尚不能发现的。
（6）对于具有不可避免的危险性的产品，其缺陷不属于制造上的缺陷或该产品的提供者在采取了合理的行动，包括给予了充分而适当的警示，才予以销售的情况下，产品的提供者对产品的不可避免的危险性造成的损害不负担责任。

典型案例 5-7

美国大学生家属诉中国政府"中国马牌"烟花爆炸索赔案

一宗向中国政府索赔5 000万美元的烟花爆炸案，经过6年缠讼，于1999年9月13日在美国南卡罗莱纳州哥伦比亚地区联邦法院审结，法院判决中国政府不对美方原告承担任何责任。1993年6月，几名美国大学生在南卡罗莱纳州罗克希尔市装卸一批"中国马牌"烟花时,部分烟花突然爆炸,致使两死两伤。事后,死者亲属以产品责任为由,向哥伦比亚地区联邦法院起诉"中国马牌"和两家香港分销公司,并以"中国马牌"商标拥有者广东省土产进出口公司是国有企业为由,将中国政府也列为被告,要求损害赔偿高达5 000万美元。国家外交部和外经贸部指示对外应诉。1997年年初,广东省对外经济贸易委员会、省土产进出口公司有关人员及广东环宇商务律师事务所何培华律师赴美,并在美委托当地两家律师事务所共同应诉。在案件审理过程中,中方指出4点:①引起事故的烟花不是广东省土产进出口公司生产,也不是该公司出口至美国的,原告不能证明烟花来源于该公司;②经授权使用"中国马牌"商标的单位只有4家,而它们均非爆炸烟花的生产厂家或出口商;③搬运烟花的人员是暑期打工的大学生,不具有美国政府认可的搬运危险品的特殊资格;④广东省土产进出口公司虽是国有企业,但对外独立承担民事责任,其经营过程中产生的权利与义务均与中国政府无关,请求驳回对中国政府的诉讼。1999年6月,深知己方证据不足的原告律师主动提出和解,中方考虑庭审继续下去,虽然胜诉无疑,但开支特别是聘请美国律师的费用巨大,因此同意支付2万美元的抚慰金以了结此案。1999年8月,法院判决中国政府不对原告承担任何责任,9月13日,法院对和解协议也作出了裁决。

5.2.4 损害赔偿的范围

美国对产品损害的赔偿采用全面赔偿为主,兼有惩罚性赔偿的原则,对产品损害赔偿范围限定很少,产品造成的任何损害,几乎都可以依产品责任获得赔偿。

1. 人身损害赔偿

人身损害赔偿具体包括以下4个方面。

(1) 受害人过去和将来必要合理的医疗费用。

(2) 受害人生计上的损失以及失去谋生能力的补偿。

(3) 受害人肉体及精神痛苦的补偿等。

(4) 因产品缺陷致人死亡,死者的遗嘱执行人或遗产管理人或死者的遗产继承人或受益人向产品提供者主张权利并获得赔偿。

在司法实践中,美国法院对受害人人身损害赔偿判定的数额较大,往往大于实际支出的医疗费用及他的实际开支,并且精神损害的赔偿额较高。

2. 财产损害赔偿

产品责任法上的财产损害通常是指缺陷产品之外的其他财产的损坏、毁灭,而对于产品本身则可依买卖合同获得赔偿。财产损害的赔偿既受到损害财产的直接经济损失,也包括间接损失。

3. 惩罚性损害赔偿

惩罚性赔偿,也称为警示性赔偿或报复性赔偿,是指当被告以恶意、故意、欺诈或放任的方式实施行为而致原告受损时,原告可以获得的除实际损害赔偿外的损害赔偿金。惩罚性赔偿是民事诉讼中判给原告的一种金钱赔偿,它是对被告公然地侵害原告权利的一种罚款。惩罚性赔偿在英美法系占有特殊的地位,它要求陪审团在裁决赔偿金时充分考虑被告在伤害原告时的主观恶意程度,并且允许陪审团在裁决时有很大的自由裁量权。

惩罚性赔偿的最初目的主要是惩罚自然人,如1791年的科里尔诉科莱博(Coryell

V. Colbaugh）案。在该案中，陪审团对一个违反婚约的男子判处了惩罚性赔偿金。审理该案的法官在给陪审团的指示中，建议陪审团在裁决赔偿金的数额时不要只根据实际损失，而要从警示角度着眼，判处的赔偿金要足以能够阻止将来再发生类似的行为。但到19世纪末期，由于铁路公司和其他企业以牺牲雇工和顾客为代价攫取了巨额财富，法院开始对企业判处惩罚性赔偿，并且在惩罚性赔偿金的数额方面更"个体化"，充分考虑被告的经济状况，即在相同情形下，经济实力强的被告有可能被判处比经济实力弱的被告更多的惩罚性赔偿金。

直到20世纪70年代，美国惩罚性赔偿的案例并不多，判罚的金额也不大。但到20世纪80年代，惩罚性赔偿无论在适用的频率上还是在数额上都急剧飙升，史无前例的巨额惩罚性赔偿在产品质量案和其他侵权案中涌现出来。

然而，近几十年来，美国惩罚性赔偿又发生了变化。美国最高法院根据宪法正当程序条款，对惩罚性赔偿在适用的条件、程序及数额上进行了总体控制。美国大多数州也纷纷通过法令或判例对惩罚性赔偿的适用予以不同程度的限制。

1）明确禁止惩罚性赔偿

例如，路易斯安那州通过法令明确规定，禁止惩罚性赔偿的适用，除非得到法律授权。

2）给惩罚性赔偿金封顶

在1996年BMW一案中，美国最高法院以"数额过高"和违反宪法第十四修正案中的正当程序条款为由，撤销了阿拉巴马州高级法院对BMW公司判处的20万美元的惩罚性赔偿金，并提出了用以确定惩罚性赔偿金是否过高或违反宪法正当程序的3项指导原则。

（1）被惩罚行为的应受指责性。

（2）损害与惩罚性赔偿判决之间的关系是否合理。

（3）惩罚性赔偿与相似案件中所作出的民事惩罚之间的比较。

此后，各州法院分别通过法令或判例的方式对惩罚性赔偿金予以限制。有些州将惩罚性赔偿金限制在一个具体的数额之内，有些州在惩罚性赔偿金和补偿性赔偿金之间规定了一个比率，有些州除了将惩罚性赔偿金限制在补偿性赔偿金的一定倍数之内外，还规定了最高限额。

3）强制将惩罚性赔偿金的一部分分配给州政府

例如，犹他州规定，惩罚性赔偿超过2万美元的，其中50%归州政府；佛罗里达州规定，惩罚性赔偿的35%归州政府。

4）提高证据的证明标准

包括加利福尼亚州、新泽西州、得克萨斯州在内的多个州通过法令规定，如果原告要获得惩罚性赔偿，必须提出明确、有说服力的证据证明被告的行为具有应受谴责性。

5.2.5 美国产品责任法的新变化

20世纪70年代之后，严格产品责任越来越呈现出绝对责任的倾向，司法实践中出现了不少有利于原告的巨额赔偿判决，其结果迫使保险公司不得不采取措施，提高保险费或限制保险险种，由此出现了产品责任保险危机。对此，法律界、企业界和学术界都意识到，此危机根源在于过分有利原告的严格产品责任制度。于是，20世纪90年代，美国国会出现了产品责任公平法的提案，各州也纷纷通过立法对产品责任制度进行改革，以减少和限制产品责任诉讼。1998年美国法律学会正式通过的《第三次侵权法重述：产品责任》，正是在此背景下出台的，它标志着美国的产品责任制度开始向限制生产者责任为目的的方向转变。新变化主要体现在以下几个方面。

1. 制造缺陷

如果在出售或分销时，产品偏离其设计，即具有制造缺陷，即使在制造和销售中用尽了所有的努力，该产品仍视为缺陷产品。据此，可以认为这一标准体现的是严格责任的归责原则。与《第二次侵权法重述：产品责任》相比，《第三次侵权法重述：产品责任》更为严格，删除了有争论的"不合理危险"一词。

2. 设计缺陷

如果在出售或分销时，产品存在可预见的损害风险是销售者或其他分销者或商业流通链条中的前手通过采纳合理替代设计本来可以避免或减少的，但该合理替代设计未采纳而使该产品不够合理安全，则该产品的缺陷即为设计缺陷。据此，可以认为这一标准客观上体现的是过错责任的归责原则，即该产品在投入流通时存在可预见的致害风险，且存在针对该产品和合理替代设计，而合理替代设计可减少或消除该致害风险，但是被告未采纳合理替代设计以减少或消除本来可预见到的致害风险。也就是说，被告可以采纳更好的设计避免或减少该致害风险时，却以此种方式避免或减少该致害风险，那么被告就具有过错。与《第二次侵权法重述》相比，《第三次侵权法重述：产品责任》在设计缺陷上强调行为人的主观心理状态。

3. 指示和警示不足

所谓"指示和警示不足"，是指产品缺乏合理的指示和警示。如果在出售或者分销时，出售者未提供合理的指示和警示用以避免本来可以避免或者减少的可预见的产品致害风险，产品因此不具有合理的安全性，该产品的缺陷即为指示和警示不足缺陷。据此，同样可以认为这一客观上体现的是过错责任的归责原则。

《第三次侵权法重述：产品责任》对设计缺陷和指示和警示不足缺陷没有采用消费者期待标准，而是采用了风险——收益标准判断产品是否具有不合理的危险，即对该产品具有的社会效益和它可能带来的风险之间进行权衡。

5.3 德国、日本的产品责任法

5.3.1 德国的产品责任法

1989年12月5日德国议会通过《产品责任法》，将1985年7月25日欧洲共同体委员会制订的《产品责任指令》纳入其国内法，于1990年1月1日生效。该法是德国专门性的法律文件，其制订、颁布标志着主要以保护消费者为目的而实行严格责任（无过错责任）原则的产品责任制度在德国已经确立。

1. 产品与缺陷

根据德国《产品责任法》第 2 条规定:"本法所称产品,是指任何动产,即使已被装配(组合)在另一动产或不动产之内。产品还包括电。但未经初步加工的包括种植业、畜牧业、养蜂业、渔业产品在内的农业产品(初级农产品)除外,狩猎产品亦然。"尽管如此,但在德国法院的判例中,并没有明确强调只以动产为限。

对产品"缺陷"的定义,德国《产品责任法》采取了与欧洲共同体《产品责任指令》完全一致的做法,认为在综合考虑多项因素后,产品不能给消费者提供合理的安全预期,则构成产品缺陷。

2. 归责理论

德国法对于产品责任的归责理论也建立在合同责任和侵权责任之上。前者体现为《德国民法典》第 459 条规定的卖方对商品适销性的默示担保义务,认为卖方应对买方承担保证商品适合销售并符合制造和销售的一般目的。只要买卖事实已经发生,且卖方是商人,买方就有权以产品不符合生产和销售的一般目的及卖方违反担保为由,要求卖方承担赔偿责任。后者体现在德国的《产品责任法》,其在第一条规定,"如果有缺陷的产品造成他人死亡、人身或健康损害、财产损害,制造者应当向受害者承担损害赔偿责任",即确立了产品制造者承担严格(侵权)责任原则。

3. 责任主体

德国的《产品责任法》第 4 条规定,生产者为承担责任之主体,具体包括以下 3 个方面。

(1) 成品制造者、任何原材料的生产者和零部件的制造者。它还指将其名字、商标或其他识别特征标示在产品上表明自己是产品生产者的任何人。

(2) 任何人在商业活动过程中,为销售、出租、租借或为经济目的的任何形式的分销,将产品进口、引进到适用欧共体条约的地区,也当视为生产者。

(3) 在不能确认产品的生产者的情况下,供应者应当被视为生产者。除非他在接到确认要求的一个月内将产品生产者的身份或向他提供产品的人告知受害者。但是在进口产品的情况下,德国法对产品提供人采取了比《产品责任指令》更严格的做法,如果产品不能表明上述第(2)款规定的人员的身份,即使产品有生产者的名字,产品的供应者仍应当被视为生产者承担损害赔偿的责任。

4. 抗辩理由

尽管生产者对于缺陷产品造成的损害应承担严格责任,但德国法也规定了与《产品责任指令》一样的生产者免责条款。如果生产者能以证据证明存在法律规定的免责事项,则他们可不依《产品责任法》承担损害赔偿的责任。这些法定抗辩理由包括以下 6 个方面。

(1) 生产者未将商品置于市场销售。

(2) 依据情况判断,缺陷出现在生产者将商品置于市场上销售之后或销售当时并未有缺陷存在。

(3) 缺陷产品不是用于贩卖,或非用于经济销售目的,或非商业目的之供输。

(4) 产品缺陷是为配合政府颁布之强制法令所致。

(5) 商品销售时科技水准无法发现缺陷存在。

(6) 零件之缺陷系因产品设计所致，而且零件已经依制造商的指示符合设计标准者。如果产品缺陷是一种固有缺陷，如炸药、雷管等，或者损害是由消费者的过失引起的，或者损害是由第三人的行为所致，可以考虑作为减轻或免除生产者责任的依据。

5. 赔偿及限额

根据德国《产品责任法》第1条规定，如果有缺陷产品造成他人死亡、人身或健康伤害、财产损害，生产者应当就造成的损害对受害者予以赔偿。在造成财产损害的情况下，只有受到损害的是缺陷产品以外的财产，该财产通常是用于私人使用或消费，而且受害者主要为这种目的而获取该财产，才适用本法。该法对人身损害的赔偿不包括肉体的痛苦及精神上的损失等无形损失，关于精神损害等无形损失可依德国民法的有关规定进行赔偿。

德国《产品责任法》分别规定了最高限额责任和财产损害的最低起点。最高限额是针对人身损害赔偿而设定的。该法第10条规定由于某一产品或存在同样缺陷的同类产品给他人造成人身伤害的，责任者最高赔偿限额为1.6亿德国马克。如果有两个或两个以上受害者的赔偿总额超过1.6亿德国马克，则对每个受害人的赔偿额应按照最高限额与赔偿总额的比例相应减少，即责任人的最高赔偿额不超过1.6亿德国马克。对财产损害，该法第11条规定，只有当造成的损失超过1 125德国马克时才对受害者予以赔偿，不超过1 125德国马克的财产损失，责任人不予赔偿。

5.3.2 日本的产品责任法

日本的产品责任法以1995年7月1日生效的《日本产品责任法》（Japanese Products Liability Law，PL Law）为标志划分为两个发展阶段：在此之前产品责任案件由民法典中的"疏忽"理论来规范；在此之后则由基于无过错责任理论的产品责任法来规范。

1. 产品与缺陷

关于产品，《日本民法》第85条规定，是指有体物。解释为物质上占据一定空间而有形的存在。所有固体、气体、液体均为物，均可构成产品。此外，日本在近年的判例中，也倾向于将电、热、声、光等自然力，称为物。在"电气盗窃事件"的审判中体现了这样的思想，因此这些无形物也可归入产品的范畴。

对于缺陷，《日本产品责任法》规定，缺陷指"考虑到影响该产品的诸多因素，如产品特性、可预见的通常使用方式及生产者或其他人交货时间等，该产品缺乏一般的安全水平"。主要包括设计缺陷、制造缺陷、指示缺陷和发展缺陷等。

2. 归责基础

日本法对于产品责任的归责基础也建立在合同关系和侵权关系之上。合同关系的产品责任主要依据《日本民法典》第570条的规定，即购买了具有隐蔽瑕疵产品的买方可以向直接卖方提出损害赔偿的请求。将这种产品责任仅局限在具有直接合同关系的相对人之间，除非卖方纯粹为生产者的代理人，否则任何人不得向没有合同关系的生产者提出损害赔偿的要求。但如果合同关系的卖方是中间商，并且无力承担买方的索赔请求，买方可请求该卖方的直接卖方直至产品生产者承担产品责任。

日本对于产品责任的另一个归责基础建立在侵权关系上,同样源于《日本民法典》的规定。该法第709条确定了产品责任的过失责任原则,规定产品的生产者和销售者所应承担的产品责任必须以其对产品缺陷的存在具有过失为前提,由受害者对于缺陷、缺陷造成的损害、缺陷与损害之间的因果关系及生产者或销售者对于缺陷的存在具有过失承担举证责任。但新的产品责任法放弃了过失责任的理论,要求产品生产者或销售者承担严格责任,除非他们能够证明原告赖以胜诉的三个构成要件——产品存在缺陷、原告有损害、缺陷与损害之间有因果关系——不成立,否则就应承担责任。

3. 关于责任主体

日本法对于产品责任主体的规定与美国及欧洲一些国家的认识比较一致,认为产品的制造者(包括零部件的制造者、原材料的提供者以及将自己标识为制造者的人)、中间商(包括进口商、批发商、运转商、零售商)及其他在产品流转过程中从事过商业行为的人(如修理商、出租人、委托者等)都应对消费者有关产品责任的请求承担责任。但是日本法在一些问题的认识上也具有自身的特点,如对于零售商的责任承担,在著名的"瓦斯容器爆炸引火事件"的判例中,就采取相对宽松的态度,认为零售商除对指示缺陷及未尽必要的检查注意承担责任外,不承担对受害者的损害赔偿责任。

4. 抗辩理由

日本法认为在产品责任的承担过程中,生产者可以通过这样的方式进行抗辩:一是证明原告赖以胜诉的证据不成立;二是证明在交货时,在现有科技知识水平下不足以使生产者了解缺陷的存在。

与其他国家不同的是,日本法并不认为基于国家法令而产生的缺陷给消费者造成损害可以成为生产者免责的事由。比较著名的判例有两个:一是"三菱LA21型汽车肇事事件"。横滨地方法院认为,尽管被告证明该车的设计符合国家交通部67号令,但并不能使其免除自身责任,因为国家法令仅是原则性的规定而已,至于是否达到安全性的确保,仍应依赖于设计、制造者的注意;并且由于该种安全隐患在其他制造者生产的其他型号的汽车上已经得到消除,说明现有技术手段足以避免该设计缺陷,因此被告不能以其设计符合法律规定而免责。另一个是"亚急性脊椎视神经症"案件。法院最后判决国家卫生主管机构——厚生省和药品制造者一起承担赔偿责任。原因是厚生省作为医药卫生主管部门应对药局方所收载的药品配方负有安全性上的调查义务,而制造者虽依照药局方的记载而生产,但仍应尽开发中的完善义务。既然他们都没有很好地履行自己的义务,从而使产品具有缺陷并致人损害,应承担共同赔偿责任。

5.4 欧盟与国际产品责任统一法

欧盟产品责任统一法主要由《斯特拉斯堡公约》《缺陷产品责任指令》《产品安全指令》等构成。国际产品责任统一法由《海牙公约》构成。

5.4.1 《斯特拉斯堡公约》

欧洲各国由于传统上的密切联系,为打破产品责任的国际化发展与各国产品责任法律制度巨大差异之间的矛盾所带来的对商品流通和自由竞争的阻碍，20 世纪 70 年代以来，欧洲国家的领导机构，如欧洲理事会、欧洲经济共同体等区域性政治和经济组织，积极致力于统一产品责任国际立法活动，并缔结了专门性的国际公约《关于造成人身伤害与死亡的产品责任欧洲公约》（或称《关于人身伤亡的产品责任公约》，Convention on Product Liability in Regard to Personal Injury and Death）。该公约是由欧洲理事会拟定并于 1976 召开的理事会会议上通过的，欧洲理事会各成员国于 1977 年 1 月 27 日在斯特拉斯堡正式签订，故又称《斯特拉斯堡公约》。目前，该公约已生效，成员国有法国、比利时、卢森堡和奥地利等。该公约的基本内容包括以下 7 个方面。

1. 适用范围

《斯特拉斯堡公约》的适用范围仅限于对人的伤害、致死方面的案件，调整由于缺陷产品造成人身伤害和死亡所引起的赔偿责任问题，而不包括缺陷产品对财产造成的损害所引起的产品责任。

2. 关于产品的定义

根据《斯特拉斯堡公约》第 2 条规定，"产品"一词是指所有动产，包括天然动产或工业动产，无论是未加工的还是加工过的，即使是组装在另外的动产内或组装在不动产内。例如，桥梁是不动产，但建筑桥梁用的钢筋水泥仍可作为动产对待，如果桥梁内钢筋水泥等建筑材料有缺陷致使桥梁断裂造成人员伤亡，那么该钢筋、水泥的生产厂商应承担产品责任。

3. 关于缺陷的定义

《斯特拉斯堡公约》第 2 条 c 款规定，考虑包括产品说明在内的所有情况，如果一件产品没有向有权期待安全的人提供安全，则该产品有缺陷。

4. 关于责任主体

《斯特拉斯堡公约》将生产者确定为产品责任的承担主体，并进一步解释了生产者的范围：成品或零配件的生产者；任何以将产品投入流通为目的的按商业惯例进口产品的人；任何使自己名字、商标或其他标志特征出现在产品上将其作为自己产品的出示者；产品没有标明生产者时，每一供应者应被视为生产者，除非根据索赔人的要求，供应者将生产者或前供应者的身份在合理的时间内告知索赔人。

5. 归责原则

《斯特拉斯堡公约》规定了严格责任原则，并且如果数人对同一损害都负有责任时，他们之间承担连带责任。

6. 赔偿和免责

《斯特拉斯堡公约》没有对赔偿额进行最高限制，而是相反，确立了最低限制。它规定，对每个死者或伤者的赔偿额不得少于相当于 7 万特别提款权的国内货币；对同类产品的相同缺陷造成的一切损害的赔偿额不得少于相当于 1 000 万特别提款权的国内货币。

但如果存在以下情形，生产者可以不承担责任：①生产者未将商品置于市场销售；②依据情况判断，在产品投入流通时，造成损害的缺陷尚不存在或缺陷是投入流通后由第三人造成的;③造成损害之缺陷产品不是用于销售、出租或为经济目的的分销,而又非在商业过程中制造或分销;④受害人本身的过失。不过在最后一种情况下,应考虑所有情况后决定减少或免除生产者的责任。如果损害既是由产品的缺陷,又由第三方的行为或疏忽造成,则不应该减轻生产者的责任。此外,公约第 8 条还规定,本公约规定的生产者责任,不得以任何免责或解除义务的条款加以排除或限制。

7. 时效

《斯特拉斯堡公约》规定了诉讼时效为 3 年,自申请人发觉或必须合情合理地发觉损害、缺陷及生产者的身份之日起计算。如果诉讼未在自生产者将造成损害的单个产品投入流通之日起 10 年内提出,根据《斯特拉斯堡公约》的规定,则受损害者丧失对生产者要求赔偿的权利。

5.4.2 《关于对有缺陷的产品的责任的指令》

《关于对有缺陷的产品的责任的指令》(*Directive Concerning Liability for Defective Product*,以下简称《指令》),是欧洲共同体理事会于 1985 年 7 月 25 日通过的,按照《指令》的要求,各成员国应于 1988 年 8 月 1 日以前,通过本国的立法程序把《指令》纳入国内法予以实施。到 1993 年年底,有英国、希腊、意大利、卢森堡、丹麦、葡萄牙、德国、荷兰、比利时、爱尔兰、法国、西班牙等成员国通过国内立法将《指令》纳入国内法。就已经采取立法措施实施《指令》的成员国来看,他们都毫无例外地采取了"无过失责任原则",但在是否把初级农产品纳入产品责任法的范围、是否把"发展风险"作为抗辩理由,以及是否对生产者的总赔偿额加以限制 3 个问题上,仍存在着一些分歧。《指令》共有 22 条,其主要内容包括以下 7 点。

1. 采取严格责任原则

《指令》对产品责任放弃了欧洲大陆法传统的过失责任原则,而采用严格责任原则(Rigorous Responsibility),这是一个很大的变化。作出这种改变的主要出发点是为了使消费者获得更充分的保护。因为当代技术产品纷繁复杂,需要在生产者和消费者之间妥善地分摊风险,而在两者当中,生产者处于更有力的地位,他们能够而且应当通过严格的设计、加工和检验程序尽量减少或避免他们所生产的产品的危险性。而且,他们还可以通过产品责任保险,将保险费加在货价上而使自己获得保障。因此,在立法指导思想上就应当加重生产者的责任,使消费者受到更有力的保护。

基于上述考虑,《指令》明确规定,在产品责任诉讼中,受害的消费者只需证明他受到损害和产品有缺陷的事实,以及二者之间存在着因果关系,即可以使该产品的生产者承担责任,而无须证明生产者有过失。

2. 明确了产品的定义

《指令》的另一项重要内容是确定该指令所指的"产品"的定义。按照《指令》的规定,所谓"产品"是指可以移动的物品(Movable Items),但不包括初级农产品和戏博用品。不过各成员国可以通过国内立法,将上述两种产品包括在"产品"的定义范围之内。至于经过工业加工的农产品则包括在"产品"的范围内。对于核产品,如果出现核意外事故,则只要该事故已为各成员国批准的国际条约所包括,也被排除在"产品"的定义范围内。

3. 规定了生产者的范围

根据该《指令》第一条的规定,生产者应对有缺陷的产品所引起的损害承担责任。因此,确定谁是"生产者"是一个十分重要的问题。

《指令》对生产者所下的定义是较为广泛的,包括如下6个。

(1) 制成品的制造者。

(2) 任何原材料的生产者。

(3) 零部件的制造者。

(4) 任何将其名称、商标或其他识别标志置于产品之上的人。

(5) 任何进口某种产品在共同体内销售、出租、租赁或在共同体内以任何形式经销该产品的人。

(6) 如果不能确认谁是生产者,则提供该产品的供应者即被视为生产者,除非受损害的消费者在合理的时间内获得查出谁是生产者的通知。

4. 采用客观标准界定缺陷的定义

《指令》对缺陷的定义采用客观标准。按照这种标准,如果产品不能提供一般消费者有权期望得到的安全,该产品就被认为是有缺陷(Defects)的产品。在确定产品是否有缺陷时,要考虑到各种情况,其中包括产品的状况、对产品的合理预期的使用,以及把产品投入流通的时间。不能因为后来有更好的产品投入市场,就认为先前的产品有缺陷。例如,在20世纪60年代,汽车座位上都没有安全带,当时不认为这种汽车是有缺陷的产品,但是,如果80年代生产的汽车没有装设安全带,就将被认为是有缺陷的产品。对产品的操作、使用说明书,也是涉及产品的安全性的因素之一。

5. 规定了损害赔偿的范围

按照《指令》的规定,可以请求损害赔偿的范围,主要包括财产损失、人身伤害和死亡。对有缺陷的产品自身的损失,一般不予考虑。对不超过500欧元的损害也不予考虑,以免引起过多的小金额的诉讼。特别值得指出的是,《指令》对"痛苦(Pain and Suffering)"的补偿有所保留,它认为这是属于非物质性的损害赔偿,应按有关国家的国内法来处理。这一点与《美国产品责任法》有所不同。

6. 列举了抗辩理由

依照《指令》的规定,在产品责任诉讼中,被告可以提出以下6个抗辩理由。

(1) 生产者并没有把产品投入市场。

(2) 引起损害的缺陷在生产者把产品投入市场的时候并不存在,或者证明这种缺陷是在后来才出现的,例如,是由于对产品的不适当使用而引起的。

(3) 生产者制造该产品并非用于经济目的的销售或经销,亦非在其营业中制造或经销。

(4) 缺陷是由于遵守公共当局发布的有关产品的强制性规章而引起的。

(5) 按照生产者将产品投入市场时的科技知识水平,该缺陷不可能被发现。这种抗辩又称为"发展的风险"或"现有水平"抗辩。由于各成员国的法律对这一抗辩持不同的态度，因此，《指令》允许各成员国在各自法律中对是否采用这种抗辩自行作出取舍。

（6）零件的制造者如能证明该缺陷是由于该产品的设计所致，而不是零件本身的缺陷，也可不承担责任。

此外，在产品责任诉讼中，时效已过也是重要的抗辩理由。《指令》对时效做了如下规定：①受损害者的权利自生产者将引起损害的产品投入市场之日起10年届满即告消灭，除非受害者已在此期间对生产者起诉；②《指令》要求各成员国必须在其立法中规定提起损害赔偿诉讼的时效，该诉讼时效为3年，从原告知道或理应知道受到损害、产品有缺陷及谁是生产者之日开始计算。《指令》对时效的中止和中断没有作出规定，因此有关时效中止和中断的问题，应按适用的国内法来处理。

7. 规定了赔偿的最高额

生产者的责任原则上应当是没有限制的。但《指令》允许成员国在立法中规定，生产者对由于同一产品同一缺陷所引起的人身伤害或死亡的总赔偿责任不得少于7 000万欧洲货币单位的最高责任限额；同时规定，每一诉讼财产损失最低赔偿额不得低于500欧洲货币单位。

5.4.3 《一般产品安全指令》

为弥补欧盟各国关于消费者安全保护方面法规的差异性，确保投入市场的产品的安全性，2001年，欧盟对原有的1992年6月29日由欧盟理事会通过的通用产品安全指令（92/59/EEC）进行了修订，并通过了新的通用产品安全指令［2001/95/EC（一般产品安全指令，General Product Safety Directive）］。该指令覆盖了除服务领域之外的众多消费品，不仅适用于新产品，也适用于二手产品。另外，指令不适用于已制定特定产品指令的那些产品。

2006年7月22日，欧盟委员会发布第2001/95/EC号指令的标准清单，取代以前公布的所有官方标准清单，有关标准由欧洲标准化组织按欧盟委员会指示制定的，涉及运动设备、童装、奶嘴、打火机、自行车、家具（包括折叠床）等产品。

1. 指令适用范围

指令适用但不限于下列产品：服装、药品、个人用园艺用品、食品和饮料、家庭用品、婴幼儿用品、化学品和杀虫剂、消费者用烟花、机动车等。因此，纺织服装属于该指令的管辖范围。

2. 产品通用安全要求

指令对产品的通用安全方面作出了原则性的要求，主要内容包括如下4点。

（1）制造商有责任只将安全的产品投放市场。

（2）当涉及产品的安全性在共同体特定的法规中没有规定时，则该产品应符合销售地成员国的相关法律。

（3）按照通用安全标准对产品进行符合性评估时，应考虑以下因素：是否有由欧洲标准转化的国家自愿标准；销售地成员国是否已制定了标准；是否有委员会建议制定的产品安全评估指引；技术状态；消费者对产品安全的合理期望。

（4）指令制定还规定，即使产品符合该指令的基本安全要求，一旦有证据显示该产品是危险的，成员国执法机构同样可以采取相关措施限制产品投放市场，如要求撤出产品或召回产品等。

3. 制造商和经销商的责任

指令要求产品供应链中的制造商和经销商都有责任保证投放市场的产品的安全性，并且有责任与执法机构合作。当制造商和经销商基于他们所拥有的信息和专业知识，明确知道投放市场的产品存在某种危险性，不符合安全要求时，应立即通知成员国执法机构，以便采取相应措施防止伤害用户。

1) 制造商的责任

产品的某些安全性如果没有适当的警告，消费者是难以发现的，因此指令要求制造商应向消费者提供相关信息，使他们能够对产品在正常使用期间可能具有的危险性进行评估，以便采取必要的预防措施。同时也指出制造商提供的警告并不能免除应符合本指令的其他要求的责任。

制造商应针对产品特性采取相应的措施，以便能及时通知产品可能具有的危险，并撤回存在问题的产品，避免造成危险。可采取的措施包括，在产品或产品包装上标识制造商的身份和详情、产品的批次，对市场上的产品进行抽样测试及对消费者的投诉进行调查，同时制造商应让经销商了解所采取的监管措施。

2) 经销商的责任

指令要求经销商有协助满足本指令所规定的安全要求的责任，特别是不能提供不符合安全要求的产品。经销商应参与对投放市场的产品的监督，特别是应及时传达产品所具有的危险信息，保持和提供原产地的追溯性文件，配合制造商和执法机构避免危险的发生。

4. 指令的后续修订

为了加强对 CE（Conformite Europeenne，欧洲统一）标志的市场监管，欧盟于 2008 年发布了条例（EC）No 765/2008 和决定 768/2008/EC。具体的市场监管措施包括：强化欧盟各港口海关检查进口商品的合格性的责任；规定加贴 CE 标志产品的合格评定活动由指定评估机构完成，授权评估机构通知欧盟各成员国的程序，规定每个成员国只设一个评估机构，其评估通知对整个欧洲地区均有效；规定生产商、分销商、进口商的责任，细化合格评定程序的不同模块。

可以看到，当发现具有严重风险的产品时，GPSD 只是规定执法机构应采取适当措施，比如 1（b）到（f）中所规定的。而新条款规定，执法机构必须采取 1（b）到（f）中所规定的措施。也就是说，当发现具有严重风险的产品时，1（b）到（f）中所规定的措施从原先的可选性变成了强制性。因此，成员国对于严重风险产品的监管措施加强了。

5.4.4 《海牙公约》

《产品责任法律冲突规则公约》（Convention of the Law Applicable to Product Liability），通常简称《海牙公约》，它是由 1964 年第 10 届海牙国际私法会议各成员国签署的，1977 年 10 月 1 日正式生效。法国、卢森堡、荷兰、挪威、西班牙、南斯拉夫、芬兰等国批准了该公约。《海牙公约》是目前国际上唯一产品责任方面的冲突法公约，其宗旨是在国际范围内解决产品责任法律适用的问题。它主要适用于有关产品的国际性诉讼案件，而且仅适用于无合同关系的当事人之间所发生的纠纷。其主要内容有以下几方面。

1. 界定了"产品"的范围

"产品"的范围，包括一切可供使用或消费的天然产品和工业产品，而不论是加工的还是未加工的，也无论是动产还是不动产。应该说《海牙公约》对产品的定义比欧盟的《指令》的定义还要宽泛。

2. 规定了损害赔偿的范围

《海牙公约》认为损害是指对人身的伤害或对财产的损害以及经济损失。但是，除非与其他损害有关，产品本身的损害以及由此而引起的经济损失不应包括在内。

3. 规定了产品责任的主体范围

《海牙公约》中所指的承担责任的主体范围包括产品的制造商；成品或零配件的制造商；天然产品的生产者；产品的供应者；修理人、仓库管理人等在产品准备或销售等商业环节中的其他人，以及上述所有人的代理人或雇员。

4. 规定了产品责任的法律适用规则

公约根据当事人和有关国家之间连接点或接触点，规定 3 种法律适用规则：一是适用侵害地国家的法律；二是直接适用受害人的惯常居所地国家的法律；三是适用被请求承担责任人的主营业地国家的法律。公约对法律适用的规则充分考虑到受害者与损害发生地国的利益，具有合理、灵活的解决问题的特点。该公约既保留了与侵权行为的法律适用基本一致的法律选择原则，又采纳了新的、多项选择的法律适用规则，不拘于单一的联系因素。因此，受到许多国家的关注。

5.5 我国的产品责任法

5.5.1 立法概况

在我国，《民法通则》《中华人民共和国产品质量法》（以下简称《产品质量法》）《中华人民共和国侵权责任法》和《中华人民共和国消费者权益保护法》等构筑起产品责任法律制度的框架。另外，还制定了一系列相关的法律、法规，如《中华人民共和国食品安全法》《中华人民共和国药品管理法》《中华人民共和国食品卫生法》等。最高人民法院的有关司法解释也是产品责任法律制度的内容之一。

《产品质量法》是 1993 年 2 月 22 日第七届全国人大常委会第三十次会议审议通过的，历经 2000 年 7 月 8 日与 2009 年 8 月 27 日两次修正。

5.5.2 我国产品质量法的主要内容

1. 产品的界定

我国《产品质量法》的产品概念与欧盟和美国的相关概念基本相同，但外延相对较小。该法第二条规定："本法所称产品是指经过加工、制作，用于销售的产品。建设工程不适用本法规定,但是,建设工程使用的建筑材料、建筑构配件和设备,属于前款规定的产品范围的,适用本法规定。"根据此规定,必须符合下列3个条件才符合该条规定的产品含义:一是必须是经过加工、制作的工业品,不包括自然物品;二是必须用于销售的产品;三是必须是可移动的,不包括土地、房屋等不动产。

2. 产品责任的归责原则

我国《产品质量法》采取根据不同情况分别适用严格责任原则和过错责任原则。我国《产品质量法》第四十一条规定:"因产品存在缺陷造成人身、缺陷产品以外的其他财产(以下简称他人财产)损害的,生产者应当承担赔偿责任。"根据该条规定,只要生产者产品存在缺陷,并因此造成人身、缺陷产品以外的其他财产损害的,就承担赔偿责任,而不问生产者是否有过失。这是严格责任原则的体现。

【拓展视频】

第四十二条第一款规定:"由于销售者的过错使产品存在缺陷,造成人身、他人财产损害的,销售者应当承担赔偿责任。"这是销售者的过错责任原则的规定。第二款规定:"销售者不能指明缺陷产品的生产者也不能指明缺陷产品的供货者的,销售者应当承担赔偿责任。"这是对销售者对受害人义务的规定。即使证明无过错,销售者不能指明缺陷产品的生产者也不能指明缺陷产品的供货者的,销售者也要应当承担赔偿责任。

3. 连带责任

我国《产品质量法》第四十三条规定,生产者与销售者承担连带责任,即"因产品存在缺陷造成人身、他人财产损害的,受害人可以向产品的生产者要求赔偿,也可以向产品的销售者要求赔偿。属于产品的生产者的责任,产品的销售者赔偿的,产品的销售者有权向产品的生产者追偿。属于产品的销售者的责任,产品的生产者赔偿的,产品的生产者有权向产品的销售者追偿。"由此规定,受害人是对生产者还是对销售者起诉,还是把他们作为共同被告,这是受害人的权利。

4. 产品有缺陷

我国《产品质量法》第四十六条规定:"本法所称的缺陷,是指产品存在危及人身、他人财产安全不合理的危险;产品有保障人身、财产安全的国家标准或行业标准的,是指

【拓展视频】

不符合该项标准。"依据此条规定,确定一项产品是否有缺陷有两种标准:一是具有不合理的危险;二是不合法定的安全标准。如果有国家标准或行业标准的产品,不符合该项标准的规定即被认为有缺陷。如果某行业的产品没有该类产品的国家标准或行业标准,就以其是否具有不合理的危险判断是否存在着缺陷。

在实践中,法官也会根据被告的产品是否达到在产品说明书中许诺给消费者的安全保障,来判断产品是否合格。

 典型案例 5-8

张杰庭诉日本国丰田汽车股份有限公司赔偿纠纷案

原告张杰庭得知丰田在中国推出一种名叫"赛利卡"的新车,当时速超过20km而前部受到坚硬物体碰撞时,该车空气囊将瞬间自动弹出,以保护驾驶员头部和胸部不受伤害。原告随后购置了一辆。

1993年10月10日晚11时,原告以70km时速行驶时,不慎撞上清华大学南墙,空气囊未弹出,原告当场被撞昏迷。张杰庭在此次事故中因伤就医共支付人民币10 685.75元。被告丰田公司辩称:该车是为美国市场设计,符合美国相关车辆标准,中国无SRS(Electronic Control of Safety Airbay,电子安全气囊)装置强制规定和检验标准,所以该车无产品缺陷。对此,北京市海淀区人民法院认为,虽然目前中国法律没有将安装SRS空气囊装作为轿车行驶的最低安全保护标准,但法律并未排斥双方当事人之间就提高安全行驶保护标准的约定。北京锡华电子有限公司为该安全保护装置已交付相应价款,丰田公司接收价款并在该车上装置了SRS空气囊,应视为对产品使用者提供了进一步人身安全保护的承诺,丰田公司有义务实现承诺。当张杰庭驾驶该车发生碰撞事故时,该车所装置的SRS空气囊没有依其《用户手册》中所做的承诺适时发生保护作用,使按双方约定本应可以避免的给张杰庭带来的人身健康损害没能避免,对此丰田公司应承担相应的赔偿责任。丰田公司关于原告驾驶车辆姿势不正确,未系安全带及车辆碰撞时瞬时速度低于SRS展开最低时速等辩称,因其没有提供科学、客观的证据支持其主张,法院也未予采信。《民法通则》第一百二十二条规定:"因产品质量不合格造成他人财产、人身损害的,产品制造者、销售者应当依法承担民事责任。"第一百一十九条规定:"侵害公民身体造成伤害的,应当赔偿医疗费、因误工减少的收入、残废者生活补助费等费用。"被告的产品没有达到在产品说明书中许诺给消费者的安全保障,应属于不合格产品。由于产品不合格而造成消费者身体受到伤害,被告应承担医疗费、因误工减少的收入及今后继续治疗的费用。此外,被告还应给付原告因诉讼而支出的合理费用。原告已支出的律师费用中不合理的部分,应当自负。原告超出上述合理费用以外的诉讼请求,法院不予支持。据此,海淀区法院于1996年5月16日作出了如下判决:一、本判决生效后10日内被告日本国丰田汽车股份有限公司赔偿原告张杰庭医药费损失10 685.75元,今后治疗费用3 000元;二、判决生效后10日内,被告日本国丰田汽车股份有限公司给付原告张杰庭本案律师费用410元,其余此项费用由张杰庭自负;三、驳回张杰庭要求日本国丰田汽车股份有限公司赔偿其精神损害费的诉讼请求。

第一审宣判后,原告和被告均未提出上诉,被告已主动履行了判决的义务。

有时可能存在产品符合国家或行业标准却造成消费者人身或财产损害的情形,这是国家或行业标准存在问题,产品本身仍存在不合理的危险,该产品仍是缺陷产品。该法律条文的欠缺是未进一步规定何种情况才构成不合理的危险,规定过于笼统。为便于操作,《产品质量法》应对产品缺陷的种类予以明确规定,产品缺陷应包括设计缺陷、制造缺陷、指示缺陷等。

5. 损害赔偿的范围

根据我国法律规定,因产品缺陷造成受害人伤害和(或)财产损失的,损害赔偿包括人身和财产损害赔偿。

(1) 造成人身伤害的,侵害人应当赔偿医疗费、因误工减少的收入及残废者生活补助费用。

(2) 造成死亡的,并应当支付丧葬费、抚恤费、死者生前抚养的人的必要生活费等费用。

(3) 造成财产损失的,侵害人应当恢复原状或折价赔偿;受害人因此遭受其他重大损失的,侵害人也应赔偿。但法律未对"其他重大损失"作出解释。"其他重大损失"是指其他经济方面的损失,包括可得到利益的损失。对于受害人由此受到的精神损害的赔偿问题,《产品质量法》未作规定,司法解释已有规定,并且司法实践中已出现了大量案例。

典型案例 5-9

中国消费者诉美国制造商心脏起搏器损害赔偿案

1999年北京的一名消费者在北京的一家医院接受了心脏起搏器的安装手术,术后发现心脏起搏器的导管存在裂痕,但无证据表明该情况对该名消费者的人身造成了伤害。经查,心脏起搏器的导管是医院从一美国制造商处购买的,消费者即对该美国制造商提起有关产品质量的诉讼,要求美国制造商赔偿由于其产品缺陷给自己造成的精神损害,要求其支付十多万美元的赔偿,后经北京海淀区法院调解,美国制造商向该消费者支付了2万元人民币的赔偿费。

6. 产品责任的抗辩事由

抗辩事由,是指被告针对原告的诉讼请求而提出的证明原告的诉讼请求不成立或完全成立的事实。抗辩事由总是以法律所采用的归责原则为其设立前提的。

在严格责任归责中,生产者必须有法定事由才能免责。我国《产品质量法》第四十一条第二款规定:"生产者能够证明有下列情形之一的,不承担赔偿责任:未将产品投入流通的;产品投入流通时,引起损害的缺陷尚不存在的;将产品投入流通时的科技水平尚不能发现缺陷的存在的。"除此之外,受害人的故意或重大过失,也是生产者减免责任的依据。据此,我国有关产品质量责任抗辩事由的规定与欧共体产品责任指令的规定基本一致,适应了世界发展的趋势。

7. 产品责任的诉讼时效

诉讼时效是平衡生产经营者利益和用户、消费者利益从而稳定社会经济关系的重要法律手段。我国《产品质量法》在借鉴各国经验的基础上,对产品责任诉讼时效作出了与美国《统一产品责任示范法》基本相同的规定。

1)普通时效

因产品存在缺陷造成损害要求赔偿的诉讼时效期间为两年,自当事人知道或者应当知道其权益受到损害时计算。

2)除斥期间

因产品存在缺陷造成损害要求赔偿的请求权,在造成损害的产品交付最初消费者满10年丧失。但是尚未超过明示的安全使用期的除外。

8. 产品质量争议处理

【拓展视频】

《产品质量法》规定了解决产品质量纠纷的法律方式:"因产品质量发生民事纠纷时,当事人可以通过协商或者调解解决。当事人不愿通过协商、调解解决或者协商、调解不成的,可以根据当事人各方的协议向仲裁机构申请仲裁;当事人各方没有达成仲裁协议的,可以向人民法院起诉。"

5.5.3 完善我国产品责任法

1. 扩大产品的范围

"产品"在产品责任法中具有重要的地位,它是确定或限定产品责任范围的首要因素。

随着经济的发展,许多国家的产品责任法中"产品"的范围都在不断扩大。欧美一些国家近年的判例出现了将书籍、计算机软件、建设设计、血液等作为"产品"的新趋势,使得"产品"的范围进一步扩大。而我国《产品质量法》规定的"产品"的范围与欧美国家相差甚远,以至发生对于这些产品的纠纷时,无法依据我国法律处理。因而,我国产品责任法中关于"产品"的范围必须不断扩展。《民法典草案·侵权责任法篇》专家建议稿中扩大了产品的范围,增加了"下列用于销售的物,视为本法所称的产品:导线输送的电能及利用管道输送的油品、燃气、热能、水;计算机软件和类似的电子产品;用于销售的微生物制品、动植物制品、基因工程制品、人类血液制品。"[①] 建议人大立法时予以充分考虑。

2. 扩大义务主体的范围

现代产品责任法义务主体的范围越来越广泛。在美国法中,义务主体的范围包括在产品制造、销售过程中,因制造、销售缺陷产品而不合理危害使用者或消费者的任何人。如参与缺陷产品设计、制造、加工、销售、修理、运输、仓储、借贷或委托人等。欧共体国家一般把义务主体限定为生产者和一定范围的销售者。如果从产品上很难确定生产者的身份,《指令》规定提供产品者则被视为生产者而承担赔偿责任,除非他在合理的时间内指明真正的生产者或向他提供产品者的身份。我国的产品责任立法将义务主体只限于在中国境内的产品生产者和销售者,忽略了外国产品可能在中国的产品责任问题。为了保护我国消费者向国外生产者或出口商提起产品责任诉讼,保障我国法院依法对涉外案件行使管辖权,我国必须扩大产品责任义务主体的范围,使之不局限于中国境内,而同时包括境内境外的产品生产者与销售者。《民法典草案·侵权责任法篇》专家建议稿中,在原来的生产者和销售者基础上扩大了义务主体的范围,增加了"运输者和仓储者,原、辅材料和零部件提供者"的责任制度以及产品责任的分担制度,即"数人生产的同类产品因缺陷造成损害,不能确定致害产品的生产者的,应当按照各自产品在市场份额中所占的比例承担侵权责任"[②]。这些件建议,更有利于保护受害者,人大立法时应予以充分考虑。

3. 加大损害赔偿的严厉程度

各国在有关产品责任的案件中,对被告的惩罚越来越严厉。欧共体《指令》规定,生产者赔偿的最高限额为7 000万欧元(约合7 000多万美元)。美国的产品责任法近年来,虽对赔偿的数额有所限制,但数额仍很高。而我国产品责任法中的损害赔偿数额较低,在涉外产品责任纠纷中,不利于对我国消费者的保护。《民法典草案·侵权责任法篇》专家建议稿中,增加了惩罚性赔偿条文:"因生产者、销售者故意或者重大过失使产品存在缺陷,造成他人人身、财产损害的,受害人可以请求生产者、销售者给予双倍价金的赔偿。"[③] 双倍赔偿适合目前我国的国情,建议人大立法时予以充分考虑。

4. 明确产品缺陷标准

《产品质量法》规定了两种缺陷标准:①具有不合理的危险;②不符合法定的安全标准。事实上不合理危险属于产品缺陷的本质特征,而国家强制性标准只是判定缺陷的一种

---

①②③ 王利明,等. 中国民法典·侵权行为法编草案建议稿. http://www.civillaw.com.cn/Article/default.asp? id=10714.

方法，将这两者并列并不科学。从逻辑上讲，存在符合国家强制性标准而具有不合理危险的产品，如该产品致人损害，应作为抗辩事由，并不能否定其存在缺陷的事实。建议取消后一个标准。

5. 完善归责原则

美国《第三次侵权法重述：产品责任》规定的3种缺陷及其归责原则值得借鉴，即应区分制造缺陷，设计缺陷和指示、警示不足缺陷。对3种不同的缺陷使用不同的归责原则。而我国无论《产品质量法》，还是其他法律法规，都未对缺陷进行分类，并按照分类适用不同的归责规则。我国的立法技术和司法水平已经具备，客观上也有需要，建议相关立法中进行借鉴。

6. 建立相对独立的产品责任法律制度

目前，我国调整产品责任的法律规范分散于《产品质量法》《民法通则》《司法解释》等法律文件中，不利于受害者的保护。因此，建立一套相对独立的、先进科学的产品责任法律制度，迫在眉睫。

7. 完善涉外产品责任的法律适用制度

我国涉外产品责任的法律适用依据主要是《民法通则》第一百四十六条。该条规定："侵权行为的损害赔偿，适用侵权行为地法律。当事人双方国籍相同或者在同一国家有住所，也可以适用当事人本国法律或者住所地法律。中华人民共和国法律不认为在中华人民共和国领域外发生的行为是侵权行为的，不作为侵权行为处理。"可见，我国涉外产品责任的法律适用是笼统地采用侵权行为法律适用原则。这种规定在特殊而复杂的产品责任案件中仍不免机械单一、缺乏灵活性。因此，我国应参照《产品责任法律适用公约》，体现最密切联系原则，完善我国涉外产品责任的法律适用制度。

《中华人民共和国国际私法示范法》第一百二十一条【产品责任】产品责任的损害赔偿，当侵权行为地同时又是直接受害人的住所或惯常居；所地，或者被请求承担责任人的主要办事机构或营业所所在地，或者直接受害人取得产品的地方时，适用侵权行为地法。如果直接受害人的住所或惯常居所地同时又是被请求承担责任人的主要办事机构或营业所所在地，或者直接受害人取得产品的地方时，产品责任的损害赔偿，也可以适用直接受害人的住所地法或者惯常居所地法。该规定采用了适用多种连接点和有条件选择的方法，而且强调了侵权行为地法，既吸收了国际上的通行做法，又符合我国的实际情况，有利于维护我国消费者及生产企业和销售公司的合法利益。因此，建议在民法典的修订中予以采纳。

 引例分析

英国是产品责任法的发源地，是最早出现产品责任判例的国家，或者说最早以契约关系确定产品责任的国家，英国还是第一个颁布与欧共体《产品责任指令》相一致的立法的国家。

本案是英国乃至世界著名的"多诺霍诉史蒂文森案"。1932年5月26日由5名（上议院）成员组成的法庭受理了此案。法庭意见分两派：一派意见认为，本案涉及的是一个法律问题，即饮料的生产者在向分销商销售产品时，是否在产品的分销商、最终购买者或消费者无法检验产品缺陷的情况下，对最终购买者或消费者承担任何合理注意，使产品不存在能引起伤害的法律责任。5名法官在各自发表意见的基础上，结果以3∶2多数票判决原告（上诉人）胜诉，确立了产品疏忽侵权责任。英国上议院审理的"多诺霍诉史蒂文森案"将"过错"概念即疏忽责任引入产品责任法中，突破了英国长期使用的以契约关系（即无契约、无责任）确定产品责任范围的限制，标志着疏忽责任在英国得以确立。[①]

按照英国的法律，这场官司输的可能性要远较"温特博姆诉赖特案"大，因为英国是判例法国家，前一个官司消费者输了，后面的官司只能依照前例判决。但是，原告幸运地遇上了艾德金大法官，大法官放弃了前例中的契约关系，用侵权理论来明确了产品责任，使这个看起来要输的官司成了一个转折点。很快，这件案子的归责原则被上议院确立。

在这个案件中，法官讲了一段话："当充分享受自己生活的时候，你应该顾及你的'邻居'；你行为的影响如此之大，以至于影响到他人生活的时候，你的行为就是一种过失。"

自1932年多诺霍诉史蒂文森案确立产品过失侵权责任后，数十年来英国法院又有很多判决，使这一规则的范围得以延伸：一是在负有注意义务的主体方面，不仅制造商，而且所有那些"从事容易形成某种危险活动"的人也包括在内（这些人包括修理工、装配工、加工者以及那些为了表明自己的产品而将自己的标签或商标贴在他人产品上的人）；二是在受害人的范围上，与使用该产品有关的任何人或因该产品的危险祸及的任何人都包括在内，不限于最终的消费者；三是在危险产品的范围方面，包括不动产在内的各种产品，包括产品的种种缺陷，如设计缺陷或制造缺陷、指示或说明缺陷。

总之，在20世纪初，"多诺霍诉史蒂文森案"确立的疏忽责任是英国产品责任法发展史上的一大进步，其价值目标是为了更公平合理地保护产品受害人的合法权益，充分体现了现代法律的衡平法的精神。

本 章 小 结

产品责任法是调整产品制造者或销售者因所制造或销售的产品具有某种瑕疵或缺陷给产品消费者或其他第三者造成损害而引起的赔偿关系的法律规范的总称，在性质上属于侵权法范畴，体现出现代民商法发展的国家干预的社会本位倾向。

产品责任的构成要件有3个：产品存在缺陷、消费者或其他第三者受到损害、损害与缺陷之间有因果关系。

美国产品责任法的归责基础理论经过了4个发展阶段：早期信奉英国"无契约、无责任"原则，后来发展为疏忽责任理论、担保责任理论、严格责任理论以及市场份额责任理论。

产品责任的免责，是指责任主体基于法定事由而免除对损害赔偿责任的承担。具体免责事由各国及公约规定不尽相同，一般认为有以下5项：①产品未投入流通领域；②产品投入流通时不存在致人损害的缺陷；③产品不是为营利目的而生产、销售的；④产品的缺陷是由于遵循政府的强制性规定所致；⑤产品缺陷是将其投入流通时的科技水平尚不能发现的。

产品责任的法律适用主要为解决涉及不同国家当事人的产品责任问题，其核心为确定准据法。《海牙公约》规定了3种确定准据法的依据：①损害地；②直接受损害人的惯常居住地；③责任人的主要营业地。

---

① 疏忽责任是一种侵权责任，是指产品的制造者或销售者因在生产或销售过程中因主观上的疏忽导致产品有缺陷，而造成产品的消费者或使用者遭受损害所应承担的责任。产品缺陷的受害人以疏忽责任为理由寻求法律救济时，按照侵权诉讼的基本精神，受害人负有举证责任，即受害人必须证明以下事实：a. 被告负有"合理注意"的义务；b. 被告没有尽到"合理注意"的义务，即被告有疏忽之处；c. 由于被告的疏忽，造成原告的损害。也就是说，原告必须证明损害与产品缺陷之间有因果关系。

名词与概念

缺陷（Defects）　　　　　　　　　　产品责任（Product Liability）
惩罚性赔偿（Punitive Damages）　　　示范性赔偿（Exemplary Damages）
报复性赔偿（Vindictive Damages）　　严格责任原则（Rigorous Responsibility）
产品制造缺陷（Manufacturing Defect）　产品设计缺陷（Defect in Design）
产品警示缺陷（A Product is Defective Due to Inadequate Instructionsor Warning）

思 考 题

1. 什么是产品缺陷？试述美国产品责任法中关于产品缺陷的分类。
2. 什么是严格责任？其优点是什么？
3. 在产品责任诉讼中，被告可以提出的抗辩有哪些？
4. 以严格责任为理由起诉和以疏忽为理由起诉的主要区别是什么？
5. 在美国产品责任诉讼中原告可以提出的损害赔偿主要包括哪些？
6. 《海牙公约》对产品责任的法律适用有哪些规定？
7. 依据我国产品责任法，生产者不承担赔偿责任的情形有哪些？
8. 如何完善我国的产品责任法？

练 习 题

1. 单项选择题

（1）产品责任法的目的是保护（　　）。
　A. 生产者　　　B. 零售商　　　C. 批发商　　　D. 消费者
（2）根据中国法律规定，生产者的责任采用（　　）。
　A. 过错责任原则　　　　　　　　B. 严格责任原则
　C. 过失责任原则　　　　　　　　D. 连带责任
（3）下列国家中，将初级产品纳入产品责任法的范围的是（　　）。
　A. 英国　　　B. 希腊　　　C. 意大利　　　D. 法国
（4）依英国法律规定，对产品责任采取的归责原则是（　　）。
　A. 过失责任原则　　　　　　　　B. 无过失责任原则
　C. 公平责任原则　　　　　　　　D. 过错推定责任原则
（5）下列各项学说中，不属于美国产品责任法的法学理论依据的是（　　）。
　A. 疏忽说　　　　　　　　　　　B. 违反担保说
　C. 违反条件说　　　　　　　　　D. 严格责任说
（6）欧盟《指令》对产品缺陷的定义采用的标准是（　　）。
　A. 主观标准　　　　　　　　　　B. 客观标准
　C. 主观为主，客观为辅的标准　　D. 客观为主，主观为辅的标准

(7) 美国的产品责任法主要是（　　）。
A. 州法　　　　　　　　　　B. 联邦统一的宪法
C. 《统一产品责任法（草案）》　D. 国际公约
(8) 在美国由于使用有缺陷的产品遭受损害向法院起诉要求赔偿损失时，援引的理由对其最有利的是（　　）。
A. 违反担保　　B. 疏忽　　C. 严格责任　　D. 自担风险
(9) 美国某公司在一电台上对其产品球拍做了广告，但广告的内容与实际不符，结果该公司因产品的缺陷遭受了损失，公司对电台要求赔偿损失，其理由是（　　）。
A. 疏忽　　B. 严格责任　　C. 违反担保　　D. 违反合约

2. 多项选择题
(1) 根据美国产品责任法规定，产品的缺陷包括（　　）。
A. 设计缺陷　　B. 生产缺陷　　C. 运输缺陷　　D. 说明缺陷
(2) 目前国际社会最具代表性的有关产品责任的三个国际公约是（　　）。
A. 《斯特拉斯堡公约》　　　B. 《产品责任指令》
C. 《产品责任法律冲突规则公约》　D. 《纽约公约》
(3) 美国产品责任的法学理论依据是（　　）。
A. 疏忽说　　B. 严格责任说　　C. 自担风险　　D. 违反担保说
(4) 所谓自担风险是指（　　）。
A. 原告自己的疏忽而使自身遭到损害
B. 原告已经知道产品有缺陷或带有危险性
C. 原告知道危险也甘愿将自己置身于这种危险或风险的境地
D. 由于原告甘愿冒风险而使自己受到损害
(5) 在美国当原告以疏忽为理由向法院起诉要求被告赔偿其损失时，原告必须提出的证据证明有（　　）。
A. 由于被告的疏忽直接造成了原告的损失
B. 原告证明被告在生产或经销产品时，违反了联邦或州的有关这种产品的质量、检验或推销方面的规章、法令
C. 原告可以证明产品的设计有缺点
D. 原告可以证明被告对产品的危险性没有作出充分的说明
(6) 欧盟《指令》对生产者所下的定义包括（　　）。
A. 任何原材料的生产者
B. 零部件和制成品的制造者
C. 任何进口某种产品在共同体内销售、出租、租赁的人
D. 任何将其名称、商标或其他标识置于产品之上的人
(7) 欧盟《指令》中所指的产品包括（　　）。
A. 戏博用品　　　　　　B. 核产品
C. 家电产品　　　　　　D. 经过工业加工的农产品
(8) 《海牙公约》规定对产品承担责任的主体包括（　　）。
A. 产品包括天然产品或部件的制造商

B. 产品的供应者
C. 在产品准备或销售等整个商业环节中的有关人员
D. 上述人员的代理人或雇员

3. 填空题

（1）_____主要调整产品的制造者、销售者与消费者之间基于侵权行为所引起的人身伤亡或财产损害的责任。

（2）在资本主义国家中，_____的产品责任法发展得较早和发达。

（3）所谓_____不仅包括设计上的和生产上的缺陷，而且包括为使产品安全使用所必需的各种因素的缺陷。

（4）美国的产品责任法虽是国内法，但在某些情况下它也可适用于_____的对外贸易争议案件。

（5）欧洲共同体理事会于1985年7月25日通过了一项_____。

（6）美国产品责任法的归责基础理论经过了5个发展阶段：_____、_____、_____、_____和_____。

（7）《斯特拉斯堡公约》规定了诉讼时效为_____，自申请人发觉或必须合情合理地发觉损害、缺陷及生产者的身份之日起计算。

4. 名词解释

（1）产品缺陷　　（2）产品责任
（3）产品责任法　（4）违反担保　　（5）严格责任

5. 判断题

（1）产品责任法属于社会经济立法的范畴，它的各项规定和原则都是强制性的，双方当事人在订立合同时不得事先加以排除或变更。（　）

（2）只要有关产品存在瑕疵，使用者在使用该产品时又发生了损害事故，该产品的生产者和销售者就应该承担产品责任。（　）

（3）只有经过人类劳动而获得的产品才是产品责任法中的产品。（　）

（4）产品责任法不仅调整有合同关系的当事人之间的产品责任关系，而且调整没有合同关系的当事人之间的产品责任关系。（　）

（5）美国产品责任法由联邦政府统一制定。（　）

（6）在我国，产品责任对产品生产者和销售者采用不同的归责原则，生产者承担过错责任，销售者承担严格责任。（　）

（7）英国在实施欧盟《指令》时，承认"发展风险"可以作为抗辩理由。（　）

（8）在产品责任诉讼中，原告擅自改动产品，致使自己遭受损失，被告可以以此为由提出抗辩，要求免除责任。（　）

（9）《海牙公约》规定"产品"一词应包括天然产品和工业产品，无论是未加工的还是经过加工的，也无论是动产还是不动产。（　）

（10）《海牙公约》的损害指人身伤害和死亡。（　）

第 6 章

国际货物买卖法

教学目标与要求

通过本章的学习，了解国际货物买卖法的概念、特点、渊源；掌握国际货物买卖合同买卖双方的权利和义务；掌握货物风险转移制度；能起草国际货物买卖合同；熟悉国际货物买卖合同在履行过程中的违约类型及违约救济方法；把握根本违约与一般违约的区别；培养对国际货物买卖中交易事项的敏锐观察力和判断力，并能分析和解决相关的法律问题。

不可撤销的要约纠纷案

甲、乙公司是分处不同国家的外国公司。乙公司（买方）向甲公司（卖方）发盘，要求凭乙公司提供的规格、性能生产供应某机械设备，并列出产品名、质量、数量、价格、付款、交货期等必要条件，规定有效期为 1 个月，以便使甲公司有足够的时间研究决定是否能够按照买方提出的条件生产供应。甲公司收到发盘后，立即组织人员进行设计，探寻必要生产设备添置的可能性和生产成本核算。两周后，甲公司突然接到乙公司通知，由于资金原因，决定不再订购并撤销发盘。此时，甲公司已因设计、询购必要生产设备添置的可能性和生产成本核算等付出了大量费用。接到乙公司撤销发盘通知后，甲公司被迫停止尚未完成的设计与成本核算等工作。

思考：

乙公司的做法正确吗？

6.1 国际货物买卖法概述

6.1.1 国际货物买卖法的概念和特点

1. 国际货物买卖法的概念

国际货物买卖法是调整跨越国界的货物买卖关系的法律规范的总和，包括国际公约、国际贸易惯例及各国对外货物买卖方面的法律、法规与制度等。

2. 国际货物买卖法的特点

概括地讲，作为调整国际货物买卖关系的国际货物买卖法具有以下 3 个法律特征。

(1) 国际货物买卖法是调整国际货物买卖合同关系的私法性质的法律规范。国际货物买卖究其本质，属商行为。调整该商行为和法律规范为商法，其性质为私法规范。因此，调整国际货物贸易关系的法律不包括对国际贸易进行管制或干预的公法性质的法律规范。

(2) 国际货物买卖法调整的是国际货物买卖合同关系。在这种法律关系中，当事人往往位于不同的国家或地区，标的物为动产，当事人双方的权利关系受多种法律规范影响，但最终由一部法律约束其权利与义务。

(3) 国际货物贸易法范围包括国际法规范与国内法规范。从国内法规范看，调整国际货物贸易关系的法律是各主权国家制定的调整货物买卖关系的民商事法律规范；从国际法规范看，调整国际货物贸易关系的法律规范包括：国际条约和国际惯例。

6.1.2　国际货物买卖法的法律渊源

1. 国际公约

关于国际货物买卖的国际公约主要有：1964 年《国际货物买卖统一法公约》和《国际货物买卖合同成立统一法公约》、1974 年《国际货物买卖时效期限公约》、1980 年《修订国际货物买卖时效期限公约的议定书》、1980 年《联合国国际货物买卖合同公约》、1983 年《国际货物销售代理公约》、1985 年《国际货物买卖合同适用法律公约》和《国际货物买卖适用法律公约》及 1994 年《国际商事合同通则》等。其中，1980 年《联合国国际货物买卖合同公约》（以下简称《公约》）具有广泛影响。

由于《国际货物买卖统一法公约》和《国际货物买卖合同成立统一法公约》两个公约在国际上并未被广泛接受和采用，1969 年，联合国国际贸易法委员会决定成立了一个专门工作小组，在上述两项公约的基础上制定了一部统一的国际货物买卖法。于 1978 年完成《公约》的起草工作，并于 1980 年 3 月份在维也纳召开的有 62 个国家参加的外交会议上获得通过，1988 年 1 月 1 日起生效。截止到 2015 年 12 月 12 日，其成员国已有 83 个，包括美国、中国、德国、法国及俄罗斯、意大利、挪威、瑞士、瑞典和等世界重要贸易国。《公约》采取了双方的营业地处于不同国家的国际性的标准，而不是以合同双方的国籍为标准。①《公约》采用排除法，规定了不适用《公约》的货物。《公约》调整的货物不包括股票、投资证券、流通票据、货币、船舶、飞机、电力的买卖。《公约》调整的买卖，不包括调整供私人和家庭适用的消费交易；根据法律执行令状或其他令状进行的买卖，如拍卖；供货一方的绝大部分义务是提供劳务或提供其他服务的合同或由买方提供制造货物大部分原材料的合同，如来件装配、来料加工、国际租赁、国际服务合同。《公约》调整的合同内容，不包括合同与惯例的效力；货物售出后对货物所有权的影响；货物产生的侵权责任（产品责任）。

我国于 1981 年 9 月 30 日在公约上签字，1986 年 12 月 11 日交存批准书，但提出了保留，即排除了两个《公约》条款的适用效力。一是对合同的非书面形式提出了保留，即要求合同书面形式；二是对非缔约国当事人（因冲突规则）适用的保留，即我国要求外方所在当事国也是《公约》的缔约国。

---

① 我国的国际性标准比较广泛，一般认为当事人有外国国籍的、标的物在外国的都属于国际合同，与我国的香港、澳门、台湾方面的买卖也视为国际性买卖。

2. 国际贸易惯例

国际贸易惯例是在长期的国际贸易实践中形成的习惯。在国际货物买卖中，买卖双方可以在合同中采用某种国际惯例，来确定双方的权利义务。这样可以简化交易程序，节省交易成本和费用。重要的国际惯例有以下几种。

1) 华沙-牛津规则

1928 年国际法协会华沙会议编纂了 CIF（Cost，Insurance and Freight，成本费加保险费加运费）方面的惯例，称为《华沙规则》；后经该协会 1932 年牛津会议修订，改称《华沙—牛津规则》（*Warsaw-Oxford Rules*），全文 21 条。主要说明 CIF "成本、保险费加运费合同"的性质，对 CIF 合同中买卖双方所应承担的责任、风险与费用进行了详细的规定，在国际上有相当大的影响。

2) 国际贸易术语解释通则

《国际贸易术语解释通则》是国际商会于 1936 年制定的一套规则，其宗旨是为国际贸易中最普遍使用的贸易术语提供一套解释的国际规则，用以说明买卖双方在交易中的责任、费用、风险划分和明确买卖双方各自的权利义务，以避免因各国不同解释而出现的不确定性。随后，为适应国际贸易实践发展的需要，国际商会先后于 1953 年、1967 年、1976 年、1980 年、1990 年和 2000 年多次修订，最新文本为 2010 文本（《2010 年国际贸易术语解释通则》，简称 *INCOTERMS* 2010 或《2010 年通则》）。

3. 国内法

1) 大陆法系国家国内法

在大陆法系国家，大都把有关买卖的法律编入《民法典》内，作为《民法典》的一个组成部分，如《法国民法典》第 3 篇第 6 章、《德国民法典》第 2 篇第 2 章、《日本民法典》第 2 章第 3 节，都对买卖双方的权利义务作出具体规定。

2) 英美法系国家国内法

在英美法系国家，买卖法由判例法和成文法两个部分构成。其中在成文法方面，英国《1893 年货物买卖法》（*Sale of Goods Act*，1893）是英美法系买卖法的范例，美国《1906 年统一买卖法》（*Uniform Sale of Goods Act*，1906）是在参照英国 1893 年货物买卖法而制定的，该法曾被美国 36 个州所采用。从 1942 年起，美国统一各州法律委员会和美国法学会着手起草一部新的《美国统一商法典》，该法典于 1952 年正式公布，其后多次修订，现在使用的是 1987 年公布的文本，该法典第二篇专门对货物买卖作出了具体规定，其内容在西方各国的买卖法中最为详尽，但该法典不是由美国的立法机关制定和通过的法律，而是由一些法律团体起草，供各州自由采用的一部法律样本。根据美国宪法的规定，关于贸易方面的立法权原则上属于各州，联邦只对涉及州际之间的贸易和国际贸易享有立法权。所以，各州对于是否采用上述《美国统一商法典》有完全的自主权。但因该法典能够适应当代美国经济发展的要求，故现在美国所有各州均已通过本州的立法程序采用了《美国统一商法典》，使之成为本州的立法。《美国统一商法典》施行后，1906 年统一买卖法即予废止。

3) 中国

我国有关货物买卖的法律，主要见诸《民法通则》和《合同法》。1986 年公布的《民法通则》第四章第一节有关民事法律行为的规定和第五章第二节有关债权的规定,以及第六章有关民事责任的规定,都与货物买卖有密切的关系。1999年公布的《合同法》第九章对买卖合同(即货物买卖合同)作了明确的规定。

6.2　国际货物买卖合同

6.2.1　国际货物买卖合同的含义和特征

国际货物买卖,通过签订国际货物买卖合同来进行,国际货物买卖合同是国际贸易交易关系中最重要的合同,它区别于其他合同:首先它是有形货物买卖的合同,而且此种货物要进行跨越国界的流动;另外其双方当事人的营业地一定在不同国家,但与当事人的国籍无关。国际货物买卖合同是国际货物买卖法的核心。

国际货物买卖合同既关系着合同当事人的切身利益,也关系到有关国家的利益得失,因此,在国际货物买卖合同的订立、生效、履行与争议的处理上形成了一系列的基本原则、规则、做法和要求。

1. 国际货物买卖合同的含义

国际货物买卖合同属于涉外经济合同,又称进出口合同,是指当事人双方经过磋商,就一笔货物的进出口所达成的协议,协议是确定当事人权利和义务的法律依据。在该关系中,依照约定应交付标的物并转移所有权的一方称为卖方,受领标的物并支付价款的一方称为买方,卖方交付的标的物称为出卖物。

2. 国际货物买卖合同的特征

(1) 国际性。国际货物买卖合同与一般货物买卖合同的区别在于它的国际性,表现在:当事人营业地处于不同国家;货物跨越国境。

(2) 法律关系复杂性。与国内货物买卖合同相比,国际货物买卖合同所涉及的法律关系复杂,因此适用法律多样,包括买卖双方当事人各自的国内法、第三国的法律,以及国际公约和国际贸易惯例。

6.2.2　国际货物买卖合同的成立

国际货物买卖合同作为合同的一种,适用合同法的一般原则,即当事人具备法定行为能力、买卖双方意思表示一致、合同内容合法、具备法定形式等。

鉴于世界各国政治、经济、法律、制度等存在差异,对当事人的行为能力及合同的合法性等问题很难达成一致;因此国际货物买卖合同的成立,须具备两个根本条件:①双方意思表示一致,即当事人就合同内容达成协议;②确定合同形式。前者也称为实质要件,后者称为形式要件。

在实践中通常的做法是:买卖双方就合同条款进行谈判,然后签订协议,这时意味着双方意思表示一致,双方签字的日期和地点就是合同订立的时间和地点,就此确定合同的实质要件;再由当事人双方确定合同的订立形式,即以书面形式或口头形式等。

1. 国际货物买卖合同实质要件确定

买卖双方通过网络、电话或信件等方式订立合同时，双方是否达成意思表示一致，以及在何时何地达成一致，均较难判断。《合同法》第十三条规定："当事人订立合同，采取要约、承诺方式。"

1）要约

《公约》第 14 条规定，要约是指向一个或一个以上特定的人（Specific Persons）提出的订立合同的建议，如果其内容十分确定（Sufficiently Definite），并且表明发价人（Offeror）在得到其发价被接受（In Case of Acceptance）就将受其约束（To be Bound）的意思，即构成要约。

（1）要约须具备条件

一项有效的要约（实盘），必须具备以下 4 个条件。

① 要约须向一个或一个以上特定的人发出。特定人，即要约人在要约时必须指明收受该项要约的公司、企业或个人的名称或姓名。

《公约》第 14 条第 2 款规定："凡不是向一个或一个以上特定的人提出的订约建议（Proposal），仅视为要约邀请（Invitation for Offer，也称虚盘），除非提出建议的人明确地表明相反的意向。例如，我某进出口公司有一级红茶出售，这时可对外发出要约邀请，内容如下："可供中国一级红茶，八、九月份装船，请递盘（CAN SUPPLY CHINESE BLACK TEA A GRADE AUGUEST SHIPMENT PLEASE BID）"。

这一规定将那些为了邀请对方向自己订货或宣传自己的商品而刊登的普通商业广告等行为与要约区别开来，但如果商业广告的内容十分明确、肯定，在某些例外的情况下，也可以视为要约。例如，有的广告中注明"本广告构成要约"等，则应视为要约。我国《合同法》第十五条也规定："商业广告的内容符合要约规定的，视为要约。"

② 清楚地表明要约人愿意按照其所提出的条件订立合同的意思。要约是合同成立的主要行为之一。一般是卖方收到买方的询盘或得知买方欲购买某商品后，向买方作出的发盘；如果是卖方向买方发出询盘而邀请买方递盘时，买方也可向卖方作出发盘。发盘人发盘后，一经受盘人无条件接受，合同即告成立，买卖双方均受合同的约束。

③ 要约的内容必须十分确定，不得有保留条件。主要交易条件必须是肯定的，至少必须包括商品的品质、数量、包装、价格、交货期限和支付方式等。《公约》第 14 条的规定，如果其内容十分确定，并且表明发价人在得到其发价被接受就将受其约束的意思，即构成要约（发价）。

④ 要约必须送达到受要约人。如果要约未送达受要约人，或受要约人不知要约的内容，当然无法表示承诺，即使从其他途径得知要约的内容，要约也是无效的。

（2）要约的生效时间。

《公约》第 15 条规定，要约在送达受要约人时生效。我国《合同法》第十六条规定："要约到达受要约人时生效。"国际上通常有两种不同的规定。

① 具体地规定受要约人接受的有效期限。明确规定发盘有效期的如："发盘有效至 10 日（OFFER VALID TILL TENTH）"、"发盘有效至星期三我方时间（OFFER VALID TILL WEDNESDAY OUR TIME）"、"发盘 10 天内复（OFFER REPLY IN TEN

DAYS)"。我国在进出口业务实践中，常见的采用该种规定，并以收到接受的时间为准。

② 不规定肯定的有效期限，而按惯例在合理的时间内有效。《公约》第 18 条（2）款的规定，如果在发盘中未规定接受的期限，则在一段合理的时间内有效，同时采取以送达受盘人为准的方法。关于"合理时间"，《公约》及各国法律都未明确规定，由当事人根据商业惯例或法院根据所涉货物交易中的具体情况予以裁定。不过，《美国统一商法典》第 2.205 条则规定，要约不可撤销的最长时间不得超过 3 个月。

我国很少采用该种规定。但鉴于《公约》已对我国生效，因此，我国应按《公约》有关规定执行。

③ 要约的撤回和撤销。《公约》第 15 条规定，要约在送达受要约人时生效。这一规定表明，要约在未送达受要约人之前，如果要约人改变了主意，或者情况发生变化，就必然会产生要约的撤回或撤销的问题。要约在生效之前的收回称为撤回，要约在生效之后的收回称为撤销。关于要约的撤销和撤回，如按《公约》的解释，它们的法律含义是有区别的。

a. 要约撤回。《公约》第 15 条第 2 款规定，一项要约，即使是不可撤销的要约，也可以撤回，如果撤回的通知在要约送达受要约人之前，或同时送达受要约人。《合同法》第十七条规定："要约可以撤回。撤回要约的通知应当在要约到达受要约人之前或者与要约同时到达受要约人。"各国法律都承认，要约发出之后，只要尚未送达受要约人，要约可以随时使用更为快捷的方法将其追回。

b. 要约撤销。《公约》第 16 条规定："在未订立合同之前，发盘得予撤销，但须撤销通知于受盘人发出接受通知之前到达受盘人。但在下列情况下，发盘不得撤销：发盘写明接受发盘的期限或以其他方式表示发盘是不可撤销的；受盘人有理由信赖该项发盘是不可撤销的，而且受盘人已本着对该项发盘的信赖行事。"

对于要约送达受要约人之后，即要约已生效之后，是否可以撤销或变更其内容，大陆法系和英美法系适用不同的原则。英美法认为，要约原则上对要约人没有约束力，不论要约是否已经送达受要约人，要约人在受要约人作出承诺之前，随时都可以撤销其要约或变更其内容；大陆法特别是德国等国的法律则认为，要约原则上对要约人具有约束力，除非要约人在要约中已表明不受其约束，否则，要约一经生效，要约人就要受到约束，不得随意将其撤销。

2）承诺

《公约》第 18 条对承诺做了如下规定，被要约人声明或作出其他行为表示同意一项要约，即是承诺。缄默或不行为本身不等于承诺。承诺要约于表示同意的通知送达要约人时生效。

从《公约》的规定可见，承诺是指被要约人在要约有效期限内无条件地同意要约的意思表示。《合同法》《国际商事合同通则》及《欧洲合同法原则》也都有类似的规定。

(1) 承诺具备要件。

根据公约的上述规定，构成一项有效的承诺必须具备以下 3 个要件。

① 承诺必须由受要约人作出。在每项要约中，一般都明确指定受要约人（个人或者团体），被指定的受要约人所作出的承诺才是有效的，任何第三方所表示的承诺，均无法律效力。

② 承诺必须是无条件的，即承诺的内容必须同要约中的各项交易条件严格一致，否则，在法律上就不构成有效的承诺。

按照传统的普通法理论，承诺应像镜子一样反射要约的内容。不能随意加以变更，如果承诺的内容与要约的内容不一致，那就不是真正有效的承诺。《公约》基本上采纳了这一传统的法律原则，但是，为了避免由于承诺的内容与要约稍有出入，影响合同的订立，《公约》根据现代国际贸易的实际情况，提出了一项比较灵活的处理办法：如所载的添加或不同条件，在实质上（Materially）并不变更该项要约的条件，而且要约人在不过分迟延的时间内（Without Undue Delay）未以口头或书面方式提出异议，则仍可构成有效的承诺，合同仍可成立。

属于实质性的变更，《公约》第19条第3款用列举的方式进行了回答，该款规定：有关货物的价格；付款；货物的质量和数量；交货的地点和时间；赔偿责任范围；解决争端的方法等。如果受要约人在承诺中，对要约中所涉及的上述任何一项条件做了添加或更改，那就不是一项有效承诺，而是反要约。

③ 承诺必须在要约规定的有效期限内作出。要约通常都规定了有效期，受要约人只有在此期限内承诺才有效；对于未规定具体有效期限的要约，受要约人也应在合理的时间内表示承诺才有效。如未在要约规定的时间内或未在合理的时间内（要约未规定时间时）送达，承诺无效，但须适当地考虑交易情况，包括要约人所使用的通信方法的迅速程度。对口头要约必须立即承诺，但情况有别者不在此限。但是，如果根据该项要约或依照当事人之间确立的习惯做法或惯例，被要约人可以作出某种行为，如用与发运货物或支付价款有关的行为来表示同意，而无须向要约人发出通知，则承诺于该项行为做出时生效，但该项行为必须在规定的期限内作出。

对逾期的承诺，不能认为均属无效，而应按具体情况区别对待。下列情况的逾期承诺，应属有效：承诺到达的最后一天恰好是要约人所在地的正式假日或非营业日，而使承诺不能如期送达要约人，事后只要受要约人能证明有关情况属实；如要约人认为该项逾期承诺可以同意，并及时无误地将此意见通知受要约人；出现传递不正常的情况等。

（2）承诺的生效。

关于承诺的生效问题，各国法律存在着分歧。英美法系国家主张，承诺在通知发出时生效（即采取投邮生效原则）；而大陆法系国家却主张，承诺应在通知送达要约人时生效（即采取到达生效原则）；《公约》第18条第2款的规定采纳了大陆法系国家的主张。我国与《公约》的规定相同。但是，如果受要约人表示承诺的方式不是发出通知而是做出其他行为，则该要约的生效从受要约人作出该项行为时开始。

典型案例 6-1

费兰图诉洽尔维奇国际公司案（1992）

被告（洽尔维奇国际公司，卖方）与俄罗斯一外贸公司签订了销售鞋子的合同，规定所有争议在莫斯科仲裁。接着被告即与位于意大利的原告（费兰图）协商落实货源。1990年5月，被告将一份自己已签名的书面文件寄给原告签署。该文件不仅包含交货、价格及信用证支付条款，而且合并了上述仲裁条款。被告当月给原告开出了信用证，部分货物得到装运，被告也支付了部分货款。同年8月，原告签署了上述书面文件,同时也附了一封信表示不接受仲裁条款。由于被告拒绝接受其余的货物,原告诉向美国法院。被告提出管辖异议:该案应在莫斯科仲裁。美国联邦法院 1992 年判决被告胜诉,其理由是:《公约》第 18 条第 1 款规定承诺既可以用声明的方式,也可以用其他行为的方式;原告对被告要约中的仲裁条款没有及时表示异议,反而接受了被告的履行,原告的这种行为构成了《公约》中的承诺。

3)承诺的撤回

英美法系国家认为,承诺在发出时已生效,故承诺不能撤回;大陆法系国家则认为,一项承诺在其生效前是可以撤回的;《公约》第 22 条规定:"承诺得予撤回,如果撤回通知于承诺原应生效之前或同时送达要约人。";我国《合同法》第二十七条也规定,承诺可以撤回。撤回承诺的通知应当在承诺通知到达要约人之前或者与承诺通知同时到达要约人。

2. 国际货物买卖合同形式要件确定

合同形式有的是采用当面交谈或电话的形式,有的是采用信件、电报、电传等形式。如果采用信件、电报、电传进行洽商的,便可构成书面证明。

《公约》第 11 条规定:"销售合同无须以书面订立或书面证明,在形式方面也不受任何其他条件的限制。"我国在批准该公约时对此提出了保留,在订立国际货物买卖合同时,一定要具备书面这一形式要件,并须由当事人签字,不采用书面形式的国际货物买卖合同是无效的。

我国《合同法》第三十二条规定:"当事人采用合同书形式订立合同的,自双方当事人签字或者盖章时合同成立。"第三十三条还规定:"当事人采用信件、数据电文等形式订立合同的,可以在合同成立之前要求签订确认书。签订确认书时合同成立。"采用数据电文等形式订立合同的,除非当事人另有约定,以收件人的主营业地为合同成立地;没有主营业地的,以其经常居住地为合同成立地(我国《合同法》第三十四条)。

对外贸易合同的书面形式,国际上没有统一的规定,在我国出口业务中,外贸公司所采用的形式有买卖合同和买卖确认书两种。何时采用买卖合同、何时采用买卖确认书,要根据商品或成交金额大小来确定。一般的做法是,在出口大宗商品或成交金额较大时,采用买卖合同;一般商品出口或金额较小时,采用买卖确认书。在法律上,两者的效力并无差异。

3. 国际货物买卖合同的主要条款

尽管《公约》对合同的主要条款并未加以规定,实务中的每份国际货物买卖合同也并不完全一致,但作为一个比较完备的合同,通常由"约首""正文""约尾"3 部分组成。约首包括合同的名称、编号、缔约日期、缔约地点、缔约双方的名称及地址、合同序言等,本文为合同主体部分,包括各项交易条件与合同条款,约尾是合同的结束部分,包括合同的份数、附件、使用文字及其效力、合同的生效日期与双方签字等。

正文应当包括以下主要 10 个条款。

(1) 货物条款。该条款应具体描述货物的名称、品质、数量、规格、包装等。其中描述货物品质的内容是合同非常重要的部分。在国际货物买卖中,表示货物品质的方法主要有凭样品买卖,凭规格、等级或标准买卖,凭牌号或商标买卖,凭说明书买卖和按现状买卖等。

(2) 价格条款。该条款要写明计价货币、价款总额、有关价格术语和确定价格的方法等。

(3) 交货条件。交货条件指所选择的国际贸易术语，每一术语应包括相应的指定地点、目的地、装运港或目的港，并注明 Incoterms2000（关于这部分内容将在第 7 章详细讲解）。

(4) 交货时间。根据上述相应的贸易术语，确定卖方必须完成其交货义务的日期或期间。

(5) 货物检验。货物检验主要包括检验权、检验机构与检验证书、检验的时间与地点，以及检验的方法和检验标准等内容。

(6) 支付条件。支付条件即采用何种支付方式，如跟单托收、信用证等。

(7) 违约责任。违约责任主要规定买卖双方在各种违反合同的情况下，对方可采取的救济方法。

(8) 保险条款。保险条款中写明由谁投保和支付保险费用，投保的险种和保险金额等。

(9) 不可抗力条款。不可抗力条款是国际买卖合同中普遍采用的一项例外条款。它的作用是在签订合同后，如果发生了人力不可抗拒的意外事故，以致不能履行合同或不能如期履行合同，遭受事故的一方可以免除履行合同的责任或推迟履行合同，另一方无权要求其履行合同或赔偿损失。该条款要写明不可抗力的含义、范围，以及不可抗力引起的后果。

(10) 争议解决。争议的解决主要由双方约定，既可以约定仲裁，也可以约定诉讼，但约定了其中一样，就不能约定采取另一项。约定仲裁的，应写明仲裁机构；约定诉讼解决的，应写明管辖的法院和适用的法律。

6.3 买卖双方的义务

6.3.1 买方的义务

《公约》第 53 条规定，买方必须按合同和公约的规定支付价款和收取货物。根据公约规定，买方的义务主要有两项：支付货款、接收货物。

1. 支付货款

支付货款是买方按照合同约定的时间、地点、数额、方式支付买卖合同货款的义务。如向银行申请开出信用证，或银行保函。在实行外汇管制的国家，向政府申请外汇。

1) 支付地点

《公约》第 57 条规定，如果买方没有义务在任何其他特定地点支付价款，他必须在以下地点向卖方支付价款：卖方的营业地；或者如凭移交货物或单据支付价款，则为移交货物或单据的地点。卖方必须承担因其营业地在订立合同后发生变动而增加的支付方面的有关费用。

2) 支付时间

《公约》第 59 条规定，买方必须按合同和本公约规定的日期或从合同和本公约可以确定的日期支付价款，而无须卖方提出任何要求或办理任何手续；如果合同没有确定具体支付价款时间，《公约》第 58 条规定，若买方没有义务在任何其他特定时间内支付价款，他必须于卖方按照合同和本公约规定将货物或控制货物处置权的单据交给买方处置时支付价款；买方在未有机会检验货物前，无义务支付价款，除非这种机会与双方当事人议定的交货或支付程序相抵触。

总之，有抵触时，先付款后检验，若有问题，再要求卖方赔偿损失。

3）支付数额

《公约》第 55 条规定，如果合同已有效地订立，但没有明示或暗示地规定价格或规定如何确定价格。在没有任何相反表示的情况下，双方当事人应视为默示地引用订立合同时此种货物在有关贸易的类似情况下销售的通常价格。《公约》第 56 条规定，如果价格是按货物的重量规定的，如有疑问，应按净重确定。

2. 接收货物

《公约》第 60 条规定，买方采取一切理应采取的行动，以期卖方能交付货物，接收货物。即指买方做各种准备，如在 FOB 条件下，买方要指派运输工具等。

1）区别接受和接收

（1）接受，是指买方认定货物与合同相符，承认货物所有权已转移至买方的行为。

（2）接收，是指行使保全货物义务，不承认货物所有权转移，而保留索赔权。

2）接收货物数量

买方应按合同约定的数量收取。如果卖方多交货物的，按照《合同法》第一百六十二条的规定，买方可以接收，也可以拒绝接收多交的部分。买方接收多交部分的，应按合同价格支付价款；买方拒绝接收多交部分的，应当及时通知卖方。而《公约》并无就买方接收多交部分货物的规定。

买方无理拒收货物，是贸易实践中经常发生的违约行为，买方应承担相应的违约责任。此时卖方应尽快处置货物，防止损失扩大，然后行使索赔权。

6.3.2 卖方的义务

《公约》第 30 条规定："卖方必须按照合同和本公约的规定，交付货物，移交一切与货物有关的单据并转移货物所有权。"《公约》第 35 条、41 条、42 条规定："卖方交付的货物必须与合同所规定的数量、质量和规格相符，并须按照合同所规定的方式装箱或包装""卖方所交付的货物，必须是第三方不能提出任何权利或要求的货物""必须是第三方不能根据工业产权或其他知识产权主张任何权利或要求的货物"。

根据上述《公约》的规定，卖方的义务主要有以下两项。

1. 交付货物义务

交付货物义务，是卖方按照合同和公约规定提交货物与单据及转移货物所有权的义务。

1）交货

交货是卖方按照合同约定的时间、地点、数量、质量、包装方式等交付标的物并转移标的物的所有权于买方，约定的地点和时间可以由贸易术语确定，如在 CIF、FOB（Free

On Board，船上交货价）装运合同条件下，卖方在指定港口完成装运就完成交货，该义务是买卖合同中卖方的主要义务。

如果合同中对交货时间、地点未作规定，则应寻求有关法律或《公约》的解释。

(1) 交货地点未作规定。

交货地点关系到买卖双方风险和费用的分担问题。

① 按照《公约》第31条的规定："卖方没有义务在任何其他地点交付货物，而是在自己的营业地向买方提交货物。但是，如果在订立合同时，双方都知道货物不在卖方的营业地，而是在某一特定地点，则交货地点即是该货物存放或生产制造的特定地点。涉及运输时，卖方只要把货物交给第一承运人就算履行了交货义务。"

② 英美法系国家对交货地点的规定基本一致。

英国的《1893年货物买卖法》和《美国统一商法典》都规定，除非另有约定，对于非特定货物，交货地点是在卖方的营业处所，如卖方无营业处所时，则应在卖方的住所。但如果该契约买卖的是指定货物（特定化的货物），且缔约时双方都已了解该货存放在其他某地，在此情况下，交货地点应该是在货物存放地点。

英国法还对货物由第三方控制的情况进行规定："如买卖时货物是在第三者控制下，则除非等到该第三者向买方承认他是代表买方保管货物时，否则不能认为卖方已经交货。但本款规定不应影响货物所有权证件的签发或转移。"如卖方同意自负风险地将货物从出售时的所在地点运到另一地点交货，则除另有约定者外，买方仍须承担货物在运输途中必然发生的变质的风险。

③ 大陆法系国家对这个问题的规定各自不同。

法国和瑞士与英美等国的规定相近。日本法也做了如上的货物区分，所不同的是，它认为对于非特定物的交付不应在卖方营业地，而应在买方的营业地。

德国法则没有将欲交付的货物区分为特定物或非特定物，通常情况下，无论货物是否特定，卖方可选择的第一交付地为其住所地，只有当货物交付这种债务是产生于业务经营过程中（尽管这是经常发生的），且营业地与住所地不同时，营业地才被确定为交付的地点。

无论如何，都不能简单地依据卖方承担运费这样的事实推断货物的交付地为货物的运达地，因为这将关系到货物风险承担划分的依据。

④《合同法》在第一百四十一条和六十一条规定，如果当事人无法确定交付货物的地点，可以适用以下3种方法：第一，如果货物需要运输，卖方应将货物交付给第一承运人以交运给买方。第二，如果货物不需要运输，卖方和买方在订立合同时知道货物在某一地点的，卖方应在该地点交付货物；不知道货物在某一地点的，应当在卖方订立合同时的营业地交付货物。第三，交付不动产的，在不动产所在地履行；交付其他，在卖方所在地履行。

(2) 交货时间未作规定。

交货时间是一个关系买卖双方成本利益的问题，如果合同中对交货时间没有规定或规定不明确，那么就应该寻求有关法律或《公约》的解释。事实上由于各国立法的利益保护倾向不同，对这一问题的规定也不尽相同的。

①《公约》第33条的规定，卖方应在订立合同后的一段合理时间内交货。所谓合理

时间，按照一般的国际实践，是作为事实由法院根据货物的性质及合同的其他规定决定的。如果卖方在规定日期前交付货物，则买方有收取货物或拒绝收取货物的选择权。

② 英美法系国家的有关法律以"合理时间"作为合同未规定交货时间的解决办法，如《美国统一商法典》第 2.309 条第（a）款规定："如本章未做规定，当事人又未做约定，合同上指的发货时间或交货时间或其他合同规定的行为的时间应为合理时间。"英国《1893 年货物买卖法》第 29 条第（b）款规定："如果买卖契约规定卖方必须将货送到买方，但对送交时间并无规定时，卖方应在合理时间内履行之。""合理时间"应视具体的交易状况而定。

③ 大陆法国家，如《德国民法典》第 271 条则规定："未约定给付期限或不能从情况推断给付期限者，债权人得立即请求给付，债务人亦得立即履行给付。"

④ 我国《合同法》第一百三十九条则规定，合同没有约定货物交货期限，或约定不明确的，可以协议补充，达不成协议时，按照交易习惯确定。按上述情况仍不能确定时，卖方可以随时交货，买方也可随时要求交货，但应当给对方必要的准备时间。此规定比《公约》关于"卖方应在订立合同后一段合理时间内交货"的规定更为灵活、可行。

此外，《合同法》第六十一条和第六十二条还规定，当合同未就质量、价款、履行方式、履行费用等事项作出或约定不明确时，当事人通过协议或按交易习惯仍不能确定的，当事人应分别按如下规定履行：质量要求不明确的，按国家标准、行业标准履行；无上述标准的，按通常标准或符合合同目的的特定标准履行；价款规定不明确的，按订立合同时履行地的市场价格履行；履行方式不明确的，按有利于实现合同目的的方式履行；履行费用的负担不明确的，由履行义务一方负担。而《公约》则未对上述问题作出规定。就此问题言，《合同法》比《公约》规定得更加具体，并充分体现了合同当事人的意思自治。

2）交单

交单是卖方向买方交付所卖标的物的有关单证和资料的行为。卖方交付单据应保证单据的完整和符合合同及《公约》的规定。所谓完整，是指卖方应提交一切与货物有关的单据使之足以作为买方正当获得货物所有权与占有货物的保证。这些单据通常包括提单、保险单、发票、商检证、领事签证、原产地证书等单据资料。此外，卖方应在合同约定的时间、地点交付单据。根据《公约》的规定，如果卖方在规定日期前提交了单据，如单据中有与合同不符之处，卖方有权予以修改，但对由此给买方造成的损失要承担赔偿责任。

这里，我们要注意《公约》与《2000 年通则》所体现的贸易惯例的差异：《公约》把交货和交单等同看待，没有实际交货和象征性交货的区别。但是，在《2000 年通则》中，强调了在 CIF、FOB 交易条件下交单的重要性，这被认为是交货的标志，因而产生了实际交货与象征性交货的区分。实际交货，即卖方在指定的时间、地点把货物连同代表货物所有权的单据一起交到买方手中，完成货物所有权与占有权的同时转移；象征性交货，即卖方将代表货物的单据或凭以提取货物的单据交给买方，完成货物所有权的转移即完成交货义务，此交单的时间和地点即为履行交货义务的时间和地点。

2. 担保义务

担保义务是指卖方要保证提交的货物在各方面符合合同的规定，包括所交货物的品质保证和权利保证。

1) 品质担保

品质担保又称瑕疵担保,指卖方对其所售货物的质量、特性或适用性承担的责任。卖方提交的货物除了应符合合同的规定外,还应符合《公约》第 35 条的如下要求,否则,卖方则要承担交货不符违反合同的责任。

(1) 货物适用于同一规格货物通常使用的目的。

(2) 货物适用在订立合同时买方明示或默示通知卖方的特定目的。

(3) 在凭样品或说明书的买卖中,货物要与样品和说明书相符。

(4) 卖方应按照同类货物通用的方式装箱或包装,如果没有通用的方式,则用足以保全和保护货物的方式装箱或包装。

根据各国法律与实践,如果因货物的质量问题导致人身伤亡和财产损失,当事人还要依法承担产品责任。目前,国际上尚不存在统一的关于产品责任的国际公约。这样,由货物瑕疵导致的产品责任问题只能依据各国的国内法的相应规定解决。

2) 权利担保

权利担保,也称所有权担保、追夺担保,是指卖方应该对货物享有合法的权利,所提交的货物必须是第三者不能提出任何权利要求的货物,即在订立合同时卖方应保证其所售货物的所有权不因存在买方所不知的瑕疵而被追夺,从而影响买方的利益。

(1) 卖方应该对货物享有合法的权利,其有 3 个方面的含义。

① 卖方保证对其出售货物拥有所有权或有权转让货物所有权。

② 卖方保证所售货物不存在任何未曾向买方透露的担保物权,如抵押权、留置权等。

③ 卖方保证所售货物没有侵犯他人的知识产权。

典型案例 6-2

知识产权担保违约案

日本公司与中国公司签订了一项买卖合同,合同规定由日本公司向中国公司出售一台精密仪器,并约定该仪器将转售到 M 国并在该国使用,合同履行完毕。M 国一生产商发现该仪器的制造工艺侵犯了其专利权,遂根据 M 国专利法向当地法院提出请求,要求法院禁止该仪器在 M 国境内的销售和使用,同时要求损害赔偿。M 国法院作出判决,禁止在 M 国境内销售和使用该仪器。中国公司提起仲裁,要求日本公司承担违约责任。仲裁庭经过审理认为,日本公司所售的仪器侵害了 M 国生产商的知识产权,违反了对其出售的商品的知识产权担保义务,应当承担违约责任。

(2) 卖方提交的货物必须是第三者不能提出任何权利要求的货物,其含义包括以下两方面。

① 如果第三人起诉,不论卖方是否胜诉,皆违反"必须是第三方不能提出任何权利或要求的货物"规定(因为第三人已经提出请求,使买方受到了干扰,买方又不愿意打官司)。

② 必须是第三方不能根据工业产权或其他知识产权主张任何权利或要求的货物,但以卖方在订立合同时已知道或不可能不知道的权利或要求为限。

当第三者根据工业产权或知识产权提出要求时,根据《公约》的规定,需具备以下两个条件。

① 第三者的权利是依据货物将要销往或使用的目的地国家或地区的法律取得的。在这种情况下，如果卖方知道或不可能不知道第三者的权利存在，则要承担责任；但是，卖方也可以辩解说，买方知道或不可能不知道这个事实，此情况可能由买卖双方分担责任。

② 第三者的权利是依据买方营业地所在国家的法律取得的。在这种情况下，不管货物销往哪个国家，也不管卖方是否知晓，卖方均要为侵犯第三者依据买方营业所在地国家的法律取得的专利权承担责任。

这里注意，买方必须在已知道或理应知道第三方的权利或要求后一段合理时间内，将此一权利或要求的性质通知卖方，否则，买方将丧失其权利；但是，卖方如果知道第三方的权利或要求及此一权利或要求的性质，他便必须承担权利担保的责任。

(3) 根据《公约》的规定，卖方的所有权担保责任在下列情况下可以免除。

① 买方同意在有第三方权利或要求的条件下接受货物。

② 买方在订立合同时知道或者不可能不知道第三者的知识产权主张和要求。

③ 上述权利和要求的发生是由于卖方要按照买方提供的技术图样、图案、程序和其他规格。

6.4 货物所有权及风险的转移

6.4.1 货物所有权的转移

国际货物买卖合同是卖方向买方转移货物所有权、买方支付价款的合同。在国际货物买卖中，所有权的转移意味着货物所有权从原所有人处转移到新的所有人处。货物所有权从何时起由卖方转移到买方，是关系到买卖双方切身利益的一个重大问题。因为一旦货物的所有权转移于买方，如果买方拒付货款或遭遇破产，卖方就将蒙受重大的损失。但货物所有权何时由卖方向买方转移，国际公约、各国法律没有统一规定。公约将这一问题交由各国国内法决定，所以，货物所有权转移是各国国内法调整的问题。

在国际货物买卖实践中，一般由受理国际货物买卖争议的法院或仲裁庭，依据有关国际惯例或以国际私法冲突规范指引的国内法来解决该问题，对买卖货物所有权的转移，主要有两种方法确定：一个是买卖当事人约定；另一个是法定。

1. 约定

买卖当事人自行约定的，买卖货物所有权按约定的时间、地点与方式实现转移。各国立法几乎都容许买卖当事人采取自行约定的方法以实现买卖货物所有权的转移。

1) 在英美法系

英国《货物买卖法》第 17 条规定，在特定物或已经特定化的货物买卖中，货物所有权自买卖当事人意图转移时转移给买方。买卖货物所有权的转移意图可以通过对买卖合同、买卖当事人的行为及具体的买卖环境进行推定而给予确认。

《美国统一商法典》第 2 401 条规定：如果买卖当事人对买卖货物所有权转移的具体时点有约定，则所有权按约定的条件实现转移。

2) 在大陆法系

《法国民法典》原则上规定，特定物或已经特定化的货物，其货物所有权在买卖合同订立时即发生转移，但在司法实践中，法国法院实际上也承认买卖当事人可以自行在买卖合同中对买卖货物所有权的具体转移加以约定。

《德国民法典》第2篇、第3篇规定，买卖合同只能转移债权而不能转移所有权，买卖货物所有权的转移必须另外订立一项与买卖合同相分离的物权合同另加自行约定才能实现。这主要是因为，在《德国民法典》中，所有权转移属于物权法的范畴，而买卖合同则受债法管辖。

在我国，根据《民法通则》第七十二条的规定，所有权原则上从财产交付之时点起转移，但也允许当事人自行约定。

2. 法定

买卖当事人无约定的，货物所有权按法定的时间、地点与方式实现转移，货物所有权的转移主要有以下原则。

1) 合同订立时转移

在英美法系中，英国《货物买卖法》规定，如果买卖当事人对买卖货物所有权没有自行约定，并且如果卖方无保留对货物的处分权，而货物已经特定化且又处于可交付状态时，则买卖货物所有权在合同订立时转移给买方，此时即便付款与交货尚未履行也无关紧要。《美国统一商法典》第2 401条规定，在一定条件下，货物所有权可在买卖合同订立时转移给买方。

在大陆法系中，《法国民法典》第1 583条规定，在买卖当事人就买卖标的物及其价款自行达成协议即买卖合同确认成立的时点，即便买卖货物和相应的价款尚未履行交付，买卖货物的所有权也依法即时由卖方转移给买方。

2) 货物特定化后交货时转移或货物特定化后依当事人的意图转移

所谓"特定化"，又称为"划拨"，是指对买卖合同项下的货物进行包装，加上标记，或以装运单据，或向买方发出通知或其他方式清楚地注明货物已归于合同项下。经过特定化的货物，卖方不得任意处置。

买卖货物特定化的一般惯例与具体做法主要有如下5点。

① 以货物上加标记。
② 将货物单独堆码或另行排放。
③ 以货物装运或转让交付装运单据，如提单等。
④ 以向买方发出通知或提出货物已经特定化，如发出装船或装运通知等。
⑤ 以其他方式将货物拨归或划拨在合同项下。

3) 交货时转移

《美国统一商法典》第2 401条规定，除非买卖当事人另有约定，买卖货物所有权在卖方完成实际交货的时点转移给买方。并且，实际交货既可以在装运地，也可以在目的地的指定地点履行。如果是前一种情形，而且合同另外要求或授权卖方将货物发送给买方，则所有权在买卖货物交付发运的时点发生转移。

我国《民法通则》第七十二条规定："财产所有权的取得，不得违反法律规定。按照合同或者其他合法方式取得财产的,财产所有权从财产交付时起转移,法律另有规定或者当事人另有约定的除外。"

4) 其他规定

1980《公约》没有涉及货物所有权的转移问题,《公约》把货物的所有权转移与风险的转移区分开来,原则上以交货时间来确定风险转移的时间。

《华沙—牛津规则》明确规定CIF合同中货物所有权转移的时间,既不在订立合同时转移,也不在交货时转移,而是在卖方把代表货物所有权的单据交付给买方时转移。

总之,《公约》和权威惯例都将买卖货物的风险转移与所有权转移分开,并承认买卖当事人在此问题上的约定对法定具有排除效力。

6.4.2 风险的转移

1. 风险和风险转移的概念

国际货物买卖中,风险转移的风险主要是指货物高温、水浸、火灾、严寒、盗窃或查封等非正常情况下发生的短少、变质或灭失等损失。

风险转移一般须符合两个基本特点:首先,这种损失并不是因为合同一方当事人的违约造成的,也就是说任何一方当事人对此损失都无过失。其次,这种风险是当事人不可预见的,具有不确定性,在商业贸易中的正常风险,如货物行情的涨跌等并不包括在内。

风险的转移问题在国际货物买卖中涉及买卖双方的基本权利和义务,关系到由何方承担风险和损失。货物风险转移的后果是:如果货物的风险已由卖方转移至买方,则货物由于意外事件所遭受的损失就应由买方承担,即使货物灭失或损坏,买方也不能以此为理由拒绝支付货款及履行其他相应的义务;如果货物的风险尚未转移给买方,则货物遭受的损失仍由卖方承担,即使卖方已经托运交付货物,也不能以此为理由要求免除其交货义务,除非卖方能证明这是由于不可抗力事件造成的。

2. 风险转移的原则

风险转移的关键是从何时起风险开始转移。根据《销售合同公约》第9条规定,双方当事人业已同意的任何惯例和他们之间确立的任何习惯做法,对双方当事人均有约束力。如果双方当事人在买卖合同中采用了《2000年通则》中的贸易术语,则风险转移的时间应按这些贸易术语的规定来确定,即约定优先原则。而且,风险转移的前提是货物特定化。

典型案例6-3

货物风险转移纠纷案

出口商甲向进口商乙出售小麦1 000t,CFR价格条件。但在装运港装船的小麦都是混装的,共3 000t,卖方准备当货物运抵目的港后再分拨1 000t给买方。但小麦在路途因高温天气发生变质,共损失1 200t,其余1 800t得以安全运抵目的港。卖方向买方声明其出售的1 000t小麦已在途中全部损失,且认为根据CFR合同,风险从货物越过船舷时已转移给买方,故卖方对以上损失不应承担任何法律责任。买方则要求卖方继续履行合同。双方遂提起仲裁。

判决结果:

仲裁庭认为,本案使用的是CFR(Cost and Freight,成本加运费)价格条件,按照国际惯例的规定,此条件下当事人的风险划分是以装运港船舷为界。该案中货物在运输途中遭受风险损失，货物损失看似应由买方承担，但实际上卖方在装船时是将 3 000t 小麦混装的，在货物抵运目的港后，再将其中 1 000t 分拨给买方，即在货物海运途中，合同项下属于买方的 1 000t 货物尚未从卖方的其他货物中划拨出来，货物未特定化，因此不具备风险转移的前提条件，即使货物在装运港越过船舷仍不发生风险的转移，有关风险损失仍应由卖方承担。本案因卖方未对合同项下的货物进行划拨，因此不具备风险转移的前提。据此裁定，卖方应承担货物在途中灭失的一切风险，应向买方交付 1 000t 小麦。

除此，各国相关理论对风险转移时间规定大概有 3 种。

(1) 合同订立的时间为风险转移时间，即买卖合同一经订立，货物的风险损失就由卖方转移到买方。瑞士《债务法》第 185 条规定："除因特别关系或约定外，物之收益及风险于契约成立时转移于买受人"。

此观点显然不符合公平原则，在国际货物买卖中，双方远隔重洋，订立合同时货物大都在卖方控制下，即使买方想对货物加以保护以避免风险损失，也很难做到。

(2) 所有权转移的时间为风险转移时间，即把风险转移同货物所有权转移联系在一起，以货物所有权转移的时间决定风险转移的时间。英国《货物买卖法》第 20 条规定："除双方当事人另有约定外，在货物所有权转移于买方前，货物的风险由卖方承担，但所有权一经转移给买方，则不论货物是否已经交付，其风险即由买方承担"。

此观点也不符合公平原则，因为在国际货物买卖中，货物所有权转移常常是一种名义上的转移，而货物实际仍在卖方的控制下。

(3) 交货时间为风险转移时间。即以交货时间（Time of Delivery）来决定风险转移的时间。美国、联邦德国、奥地利及斯堪的纳维亚各国的法律都属于这一类。

此观点认为风险转移直接关系买卖双方利益，应公平合理解决。特别在国际货物买卖中，货物所有权同其占有权常常分离，因此主张应当把所有权转移同风险转移区别开来，原则上应以交货时间来确定风险转移的时间，而不论所有权是否已经转移。该观点具有科学性和公平性，为《公约》所采纳，并得到《公约》缔约国的广泛认同，《2000 年通则》及我国《合同法》均采用了这一原则。

《公约》对货物风险转移的具体规定如表 6-1 所示。

表 6-1 《公约》对货物风险转移的具体规定

转 移 前 提		货物特定化
按约定转移		如约定的贸易术语（所有权保留不影响风险转移）
交货时转移	一般情况	交货时转移
	涉及运输	无指定地点交货时，货交第一承运人时转移
		有指定地点交货时，货交承运人时转移
交货时转移	不涉及运输	卖方营业地交货时，买方收货时；非卖方营业地交货时，交货时间到时
	途中售货	订立合同时转移；情况需要货交承运人时
违约与风险		违约不影响风险的转移，但违约方导致的风险除外；风险转移也不影响索赔的权利

3. 当事人违约对风险转移的影响

从交货时间起，风险转移于买方，这是国际惯例的一般规则。但是假若有违约行为的发生，则此规则不适用。所以违约行为对风险转移将产生不同的影响。

1) 买方违约对风险转移的影响

按照《公约》第 69 条规定，如果卖方已按约定的时间将货物交给买方处置，而买方没有在适当的时间内接受货物，即使他没有实际占有货物，风险也自货交他处置时转移。《2000 年通则》也做了相似的规定，如在 CFR 术语条件下，买方一旦有权决定装运货物的时间和目的港，买方必须就此给予卖方充分通知，若买方未履行此义务，则风险提前至约定的装运日期或装运期限届满之日起转移。

2) 卖方违约对风险转移的影响

《公约》第 66 条规定，在合同履行中如果卖方违约，买方可拒绝履行支付价款义务。同时，《公约》第 70 条规定："如果卖方已根本违反合同，第 67 条、第 68 条和第 69 条的规定，不妨害买方因此种违反合同而可以采取的各种补救办法。"

这里，根本违约在实践中表现为两种情形。

（1）卖方不履行交付或者未按约定的时间交付，此时风险当然由卖方承担。

（2）卖方交付的货物不符合合同的约定，此时风险是否转移，若买方出于经济和效率的考虑，接受了货物并采取了违约救济办法，则根本违约不影响风险转移；但买方因此种违约而拒绝接受货物或者解除合同时，风险由卖方承担。

4. 我国《合同法》

我国合同法吸收了《公约》的风险转移原则，在合同法"买卖合同"部分做了规定。

1) 风险转移的原则

除法律另有规定或者当事人另有约定的除外，交货时风险转移。卖方违约没有交付货物单证的，不影响风险的转移。

2) 买方违约时的风险转移

因买受人的违约致使货物不能按照约定的期限交付的，或者买方违反约定没有收取货物的，买受人应当自违反约定之日起承担货物毁损、灭失的风险。

3) 卖方违约时的风险转移

卖方违约时，在买受人依法拒绝接受货物或者解除合同的情况下，标的物毁损、灭失的风险由出卖人承担。

4) 风险转移与违约索赔的关系

风险由买受人承担的，不影响因出卖人履行债务不符合约定，买受人要求其承担违约责任的权利。

6.5　国际贸易术语中买卖双方的义务

国际贸易术语（International Trade Terms）又称为价格术语，是在长期的国际贸易实践中产生的，用以明确国际贸易商品的价格构成，说明交货地点或到货地点，划分买卖双方的风险、责任和费用等问题，并用英文缩写形式（三个大写字母）表示的一种专门用语。贸易术语是国际贸易惯例的一种,因它简化了交易手续,缩短了磋商时间,减少了贸易纠纷和节约费用等而促进了国际贸易的发展。

目前国际上通行的贸易术语惯例主要有3个体系:国际商会制定的《2010年国际贸易术语解释通则》,国际法协会制定的《华沙—牛津规则》美国九大商业团体制定的《1941年美国对外贸易定义修订本》(Revised American Foreign Trade Definition 1941)解释了6种术语,现主要在北美国家采用。由于上述各项解释国际贸易术语的规则,在国际贸易中运用范围较广,从而成为一般的国际贸易惯例。其中《2010年国际贸易术语解释通则》是包括术语最多、适用范围最广和影响最大的一种。

自1936年国际商会创制国际贸易术语以来,这项在全球范围内普遍被接受的合同标准经常更新,以保持与国际贸易发展步调一致。《2010年国际贸易术语解释通则》考虑到了全球范围内免税区的扩展,商业交往中电子通信运用的增多,货物运输中安保问题关注度的提高以及运输实践中的许多变化。《2010年国际贸易术语解释通则》更新并加强了"交货规则"——规则的总数从13降到11,并为每一规则提供了更为简洁和清晰的解释。《2010年国际贸易术语解释通则》同时也是第一部使得所有解释对买方与卖方呈现中立的贸易解释版本。

《2010年国际贸易术语解释通则》两个主要特点是:首先是根据适用的运输方式分成两组。第一组适用于任何一种运输方式或是多种运输方式,第二组只适用于海运或者内河航运方式。然后是按买卖双方的义务的大小排列各术语,被排在第一组的共7个,即EWX(Ex Works,工厂交货)、FCA(Free Carrier,货交承运人)、CPT(Carriage Paid to,运费付至)、CIP(Carriage and Insurance Paid to,运费及保险费付至)、DAT(Delivered at Terminal,目的地交货)、DAP(Delivered at Place,所在地交货)、DDP(Delivered Duty Paid,完税后交货);被排于第二组的共4个,即FAS(Free Alongside Ship,船边交货)、FOB(Free on Board,船上交货)、CFR(Cost and Freight,成本加运费)、CIF(Cost Insurance and Freight,成本、保险费加运费)。EWX术语下卖方承担最小义务,DDP术语下卖方承担最大义务。

以下介绍常用的7个贸易术语下买卖双方的义务。

6.5.1 FCA

FCA是可适用于任何运输方式,包括多式联运。其基本含义是:卖方在其所在地或另一指定地点将货物交给买方指定的承运人或另一人并在需要的情况下办理了货物的出口结关,即完成交货。货物的风险在指定的交货地点转给买方。在本术语下,卖方没有任何义务办理任何进口手续和支付任何进口税。

1. FCA合同下的卖方的义务

(1) 卖方必须在指定的地点,按约定的日期或在约定的期限内,讲符合合同规定的货物交由买方指定的承运人或另一人。如果卖方的所在地为指定地点,卖方将货物装入买方指定的承运人的运输工具时即完成交货。在其他情况下,卖方则应将置于自己运输工具上的货物准备好卸载并交给买方指定的承运人或另一人处置。如果在指定地点范围内买方没有通知特定地点并有几个地点可以选择,则卖方可选择最适合的交货地点。除非买方另有通知,卖方可以货物数量和/或性质所要求的方式将货物交付运输。

（2）卖方必须按照合同提供商业发票和已按上述第一项要求交货的通常证明，以及合同可能要求的证明商业发票和货物符合合同要求的任何其他凭证。应买方要求并由买方承担风险及费用，卖方应协助买方取得运输单据。在当事人之间有约定或符合惯例的情况下，这些单证和以下各项义务中的任何文件可以是相等的电子记录或程序。

（3）在需要时，卖方必须自负风险及费用，取得出口许可证或其他官方批准证件，并办理货物出口所需的一切有关的税费。

（4）卖方无订立运输合同的义务。但是，如果应买方的要求或按商业惯例并且买主未及时作出相反的指示，在由买方承担风险和费用的前提下，卖方可以按照通常的条件订立运输合同。在任一情况下，卖家可以拒绝订立运输合同，如果拒绝，则应当立即通知买方。同时，卖方无订立保险合同的义务，但是应买方要求，卖方必须提供买方获得保险所必需的信息。

（5）除应由买方承担的风险外，承担货物灭失或损坏的一切风险，直至货物按上述第一项要求已交付时为止。

（6）除应由买方承担的费用外，卖方必须支付有关货物的一切费用，直至货物按上述第一项要求交付时为止；卖方必须支付货物按上述第一项要求交付所需的货物核查（如核查品质、丈量、过磅、点数）费用；除非在特定行业中，否则运送合同货物通常无须包装，卖方必须自负费用包装货物；除非订立买卖合同前买方已通知卖方特别的包装要求，否则卖方必须以适合运输的方式包装货物，包装上应适当加上标记。

（7）在买方承担风险及费用的情况下，卖方必须给予买方货物按上述第一项要求交付或买方所指定的承运人或者另一人尚未在约定的时间内取走货物的充分通知。

（8）应买方要求并由买方承担风险及费用，给予买方一切协助以取得买方可能要求的由交货地国/或原产地国签发或传递的关于货物进口及必要时经任何国家过境所需的任何单证或相等的电子单证（上述第二项中所提到的单证除外）。在适用时，应买方要求并由买方承担风险及费用，卖方必须及时提供或协助买方获得货物进口和/或货物运往最终目的地所需的任何文件或信息。包括安全信息。

2. FCA合同下的买方义务

（1）买方必须按买卖合同规定支付价款，买方以下各项义务中的任何文件可以是相等的电子记录或程序。

（2）在需要时，买方必须自担风险和费用，取得任何进口许可证或其他官方授权，并办理货物进口及经任何国家运输所需的一切海关手续和支付一切有关税费。

（3）在卖方拒绝订立运输合同并立即给予通知的情况下，买方必须负担费用自行订立从指定地点承运货物的合同。

（4）买方必须在充分的时间内给予关于承运人或另一指定人名称的通知以卖方能够按其义务交货；买方必须向卖方通知指定人使用的运输方式、指定地点内收货点；在适用时，买方必须就约定期限内所选择的承运人或指定人收货时间向卖方发出通知。

（5）买方必须收取卖方按其合同义务交付货物和有关证明，并自货物交付时起，承担货物灭失或损坏的一切风险。如果买方未履行上述第四项通知义务，或其指定的承运人或者另一人未收受货物，则自规定的交付货物的约定日期或未约定日期的情况下卖方在约定期限内的通知日期或无此通知时约定期限届满之日起,承担货物灭失或损坏的一切风险,但应以该货物已清楚地划归本合同项下为准。

(6) 自卖方按其义务交付货物时起,买方必须支付有关货物的一切费用。若买方未指定承运人或另一人未按约定时间收受货物,或未根据上述第1项义务给予适当的通知,支付由此所产生的任何额外费用,但应以该货物已清除地规划本合同项下为准;支付卖方有义务承担部分以外的出口所必要的海关手续费;支付装运前货物的检验费用,出口国当局强制检验的除外;支付卖方协助订立运输合同和取得有关单证的一切费用。

(7) 买方必须及时地对所请求的安全相关信息向卖方作出建议,同时在适用时,向卖方要求并由卖方承担风险及费用,买方必须及时提供或协助卖方获得货物出口和货物运往经任何国家运输所需的任何文件或信息,包括安全相关的信息。

6.5.2　CPT

CPT可适用于各种运输方式,包括多式联运,其基本含义是指卖方在约定的地点(在当事人之间约定这样地点的情况下)讲货物交给其指定的承运人或另一人并订立运输合同和支付必要的运费以将货物运往指定的目的地,但是货物的风险在交货地转移给买方。

1. CPT合同下卖方的义务

(1) 卖方必须提供符合合同规定的货物和商业发票,以及合同可能要求的证明货物符合合同要求的任何其他凭证。在当事人之间有约定或符合惯例的情况下,这些单证和以下各项义务中的任何文件可以是相等的电子记录或程序。

(2) 在需要时,卖方必须自负风险及费用,取得出口许可证或其他官方批准证件,并办理货物出口所需的海关手续和支付一起有关税费。

(3) 卖方必须按通常条件自负费用订立运输合同,将货物按惯常航线和习惯方式运至指定目的地的约定地。如果具体交货地点未约定或习惯上未确定,卖方可在指定目的地选择适合其意图的地点,支付因本项义务所产生的费用和其他一切费用,包括按运输合同应由卖方承担的装货费用,经过任何国家的运输费用及在目的地卸货的费用,

(4) 在约定的日期或期限内讲货物交给按前项要求签约的承运人,除非买方在有权利决定交货时间和/或指定的目的地或者该地的收货点而没有向卖方发出充分通知,卖方必须承担货物在此之前的灭失或损坏的一切费用及风险。

(5) 卖方必须给予买方关于货物按上述第(4)项规定已交付的充分通知,以及为使买方采取通常必要措施能够提取货物所要求的其他任何通知。

(6) 如果存在习惯或买方作出了请求,卖方必须自付费用向买方提供符合上述第(3)项运输合同规定的通常的运输单据。该运输单据必须列明合同货物和约定期限内的装运日期,且能使买方在指定的目的地向承运人主张货物,以及能使买方通向后续买方转让数据或者通知承运人的方式出售货物。如果这种运输单据以流通方式签发并有数份原件,卖方必须向买方提交全套原件。

(7) 卖方必须支付交货目的所需的货物核查费用(如核查品质、丈量、过磅、点数)和出口国当局强行的装运前检验费用。除非在特定行业中,否则运送该合同货物无需包装,卖方必须自负自负费用包装货物,包装上应适当地加上标记。

（8）在适用时，应买方要求并由买方承担风险及费用，卖方必须及时提供协助买方获得货物进口和/货物运往最终目的地所需的任何文件或信息，包括安全相关信息。同时，应买方要求，卖方也必须提供买方办理保险所需的信息，此外，对于经请求由买方提供或协助货物运输与出口及经过任何国家的运输所需任何文件和信息的所有成本与费用，卖方还必须向买方作出补偿。

2. DAT 合同下的买方义务

（1）买方必须支付买卖合同规定的价款。买方以下各项义务中的任何文件可以是相等的电子记录或程序。

（2）在需要时，买方必须自负风险与费用取得进口许可证或其他官方授权，办理货物进口以及经由任何国家过境所需的一切海关手续和支付一切有关的税费。

（3）买方必须接受卖方按其义务交付的货物，并在指定地点从承运人那里收取货物，以及接受按其义务提交的运输单据。

（4）自货物由卖方按其义务已交付时起，买方必须承担货物灭失或损坏的一切风险和支付有关货物的一切费用，但属于卖方应承担的风险和费用除外。

（5）在有权确定装货时间和/或目的地时，买方必须给予卖方充分的通知，否则，自约定的日期或期限届满之日起，承担货物的一切风险和支付由此所产生的一切额外费用，但应以该货物清楚地划归本合同项下为准。

（6）买方必须支付装运前货物的检验费用，出口国当局的强制检验的除外。

（7）买方必须及时地对所请求的安全相关信息向卖方作出建议，同时在适用时，应卖方要求并由卖方承担风险及费用，买方必须及时提供或协助卖方获得货物出口和货物运往经任何国家运输所需的任何文件或信息，包括安全相关的信息。

6.5.3 CIP

CIP 是指卖方负有 CPT 术语相同的义务外，还必须办理货物运输途中应由买方承德那的货物灭失或损坏风险的保险，因此卖方应订立保险合同并支付保险费。

CIP 合同中，买方的具体义务与 CPT 合同下的买方义务完全相同，卖方的义务则包括了 CPT 合同下卖方所有义务并加投保和支付保险费的义务。应予注意的是，买方根据 CIP 术语只能要求卖方与协会货物条款（Institute Cargo Clause，ICC）C 款险相符的最低保障范围的保险险别。如买方需要更广范围的保险险别，则需要与卖方明确地达成协议，或者自行作出额外的保险安排。

6.5.4 DAT

DAT 适用于各种运输方式，包括多式联运，其基本含义是指卖方在指定目的港或目的地终端将货物从到的运输工具上卸下交给买方处置时即完成交货义务。该术语"终端"一词包括码头、仓库、集装箱堆散场或公路、铁路或者航空货物的终端的任何地点，其是否有遮盖则不论。

1. DAT 合同下的卖方的义务

（1）卖方必须提供符合合同规定的货物和商业发票，以及合同可能要求的证明货物符合合同要求的任何其他凭证。在当事人之间有约定或符合惯例的情况下,这些单证和以下各项义务中的任何文件可以是相等的电子记录或程序。

(2) 在需要时,卖方必须自负风险及费用取得出口许可证或其他官方授权,并办理货物出口、交货前经任何国家运输所需的海关手续和支付一切有关税费。

(3) 卖方必须自负费用订立运输合同,将货物运至约定目的港或目的地的指定终端。如果特定的终端约定或习惯上未确定,卖方可在约定目的港或目的地选择最合适其意图的终端。

(4) 卖方必须在到达的运输工具上卸下货物,且于约定的日期或期限内在按前项标准确定的终端将货物交给买方处置。支付因本项义务所产生的运费和其他一切费用,包括按运输合同应由卖方承担的装货费用、经过任何国家的运输费及在目的地卸货的费用。

(5) 卖方必须给予必要的通知并自负费用提供单据以使买方采取通常必要的措施取走按前项要求提交的货物;货物已按上述第(4)项要求交付的,卖方必须向买方发出通知。如果存在习惯或买方作出了请求,卖方必须自负费用向买方提供符合上述第(4)项要求的运输合同规定的通常的运输单据。该运输单据必须列明合同货物和约定期限内的装运日期,且能使买方在指定的目的地向承运人主张货物,以及能使买方通过向后续买方转让单据或者通知承运人的方式出售货物。如果这种运输单据以流通方式签发并有数份原件,卖方必须向买方提交全套原件。

(6) 除非买方在有权利决定约定期限内的交货时间和/或指定终端的交货点而没有向卖方发出充分通知,卖方必须承担按上述第(4)项要求交货前的货物灭失或损坏风险。

(7) 卖方必须支付交货母的所需的货物核查费用(如核查品质、丈量、过磅、点数)和出口国当局强行的装运前检验费用。除非在特定行业中,否则运送该合同货物无需包装,卖方必须自负自负费用包装货物,包装上应适当地加上标记。

(8) 在适用时,应买方要求并由买方承担风险及费用,卖方必须及时提供协助买方获得货物进口和/货物运往最终目的地所需的任何文件或信息,包括安全相关信息。同时,应买方要求,卖方也必须提供买方办理保险所需的信息,此外,对于经请求由买方提供或协助货物运输与出口及经过任何国家的运输所需任何文件和信息的所有成本与费用,卖方还必须向买方作出补偿。

2. DAT 合同下买方的义务

(1) 买方必须支付买卖合同规定的价款。买方以下各项义务中的任何文件可以是相等的电子记录或程序。

(2) 在需要时,买方必须自负风险与费用取得进口许可证或其他官方授权,办理货物进口以及经由任何国家过境所需的一切海关手续和支付一切有关的税费。

(3) 买方必须接受卖方按其义务交付的货物,并在指定地点从承运人那里收取货物,以及接受按其义务提交的运输单据。

(4) 自货物由卖方按其义务已交付时起,买方必须承担货物灭失或损坏的一切风险和支付有关货物的一切费用,但属于卖方应承担的风险和费用除外。

(5) 在有权确定装货时间和/或目的地时,买方必须给予卖方充分的通知,否则,自约定的日期或期限届满之日起,承担货物的一切风险和支付由此所产生的一切额外费用,但应以该货物清楚地划归本合同项下为准。

（6）买方必须支付装运前货物的检验费用，出口国当局的强制检验的除外。

（7）买方必须及时地对所请求的安全相关信息向卖方作出建议，同时在适用时，应卖方要求并由卖方承担风险及费用，买方必须及时提供或协助卖方获得货物出口和货物运往经任何国家运输所需的任何文件或信息，包括安全相关的信息。

6.5.5　FOB、CFR 与 CIF

1. FOB

FOB 只适用于海运或内陆水道运输，其基本含义是卖方在指定的装运港将货物交到买方选定的船上或促成货物已如此交付，货物灭失或损坏的风险自货物装上该船时转移，且买方自此刻时起承担所有的费用。

1）FOB 合同下卖方的义务

（1）卖方必须提供符合合同规定的货物和商业发票，以及合同可能要求的证明货物符合合同要求的任何其他凭证。在当事人之间有约定或符合惯例的情况下，这些单证和以下各项义务中的任何文件可以是相等的电子记录或程序。

（2）在需要时，卖方必须自负风险及费用取得出口许可证或其他官方授权，并办理货物出口、交货前经任何国家运输所需的海关手续和支付一切有关税费。

（3）卖方必须自负费用订立运输合同，将货物运至约定目的港或目的地的指定终端。如果特定的终端约定或习惯上未确定，卖方可在约定目的港或目的地选择最合适其意图的终端。

（4）卖方必须在到达的运输工具上卸下货物，且于约定的日期或期限内在按前项标准确定的终端将货物交给买方处置。支付因本项义务所产生的运费和其他一切费用，包括按运输合同应由卖方承担的装货费用、经过任何国家的运输费及在目的地卸货的费用。

（5）卖方必须给予必要的通知并自负费用提供单据以使买方采取通常必要的措施取走按前项要求提交的货物；货物已按上述第（4）项要求交付的，卖方必须向买方发出通知。如果存在习惯或买方作出了请求，卖方必须自负费用向买方提供符合上述第（4）项要求的运输合同规定的通常的运输单据。该运输单据必须列明合同货物和约定期限内的装运日期，且能使买方在指定的目的地向承运人主张货物，以及能使买方通过向后续买方转让单据或者通知承运人的方式出售货物。如果这种运输单据以流通方式签发并有数份原件，卖方必须向买方提交全套原件。

（6）除非买方在有权利决定约定期限内的交货时间和/或指定终端的交货点而没有向卖方发出充分通知，卖方必须承担按上述第（4）项要求交货前的货物灭失或损坏风险。

（7）卖方必须支付交货母的所需的货物核查费用（如核查品质、丈量、过磅、点数）和出口国当局强行的装运前检验费用。除非在特定行业中，否则运送该合同货物无须包装，卖方必须自负自负费用包装货物，包装上应适当地加上标记。

（8）在适用时，应买方要求并由买方承担风险及费用，卖方必须及时提供协助买方获得货物进口和/货物运往最终目的地所需的任何文件或信息，包括安全相关信息。同时，应买方要求，卖方也必须提供买方办理保险所需的信息，此外，对于经请求由买方提供或协助货物运输与出口及经过任何国家的运输所需任何文件和信息的所有成本与费用，卖方还必须向买方作出补偿。

2) FOB 合同下的买方的义务

（1）买方必须支付买卖合同规定的价款。买方以下各项义务中的任何文件可以是相等的电子记录或程序。

（2）除非卖方按前述义务条件订立了运输合同，买方必须自负风险与费用订立自指定装运港的货物运输合同，且给予卖方关于船名、装船地点和在必要情况下在约定期限内所选择交货时间的充分通知，并承担货物在装运港自越过船舷后的一切风险。货物已适当地划归合同项下后出先下列情况之一的，自约定的交付日期或约定的交付期间届满之日起，买方必须承担货物的损坏或灭失的风险：①未按以上义务给予指定船舶的通知；②指定船舶未按时到达以使卖方能够交货、指定船舶不能收取货物，指定船舶早于通知时间结束装运。

（3）买方必须负担货物在装运港越过船舷后的一切费用，以及货物已适当地规划合同项下后出现下列情况之一而发生的额外费用：①未按以上第（2）项要求给予适当地通知；指定船舶未按时到达、指定船舶不能装载货物、指定船舶早于通知时间结束装运。

（4）在需要时，买方必须自负风险与费用取得进口许可证或其他官方授权，办理货物进口以及经由任何国家过境所需的一切海关手续和支付一切有关的税费。

（5）承担货物的检验费用，但出口国强制检验的除外。接受与本术语规定相符的有关单证，并补偿卖方协助取得有关单证的费用。

（6）买方必须及时地对所请求的安全相关信息向卖方作出建议，同时在适用时，应卖方要求并由卖方承担风险及费用，买方必须及时提供或协助卖方获得货物出口和货物运往经任何国家运输所需的任何文件或信息，包括安全相关的信息。

2. CFR

CFR 只适用于海运或内陆水道运输，其基本含义是卖方将货物装上船舶或促成已如此交付，货物灭失或损坏的风险自货物装上该船是转移给买方，但是卖方必须订立运输合同和支付必要的运费与费用将货物运到指定的目的港。本术语要求卖方办理货物出口清关，并只能用于海运或内河运输。

1) CFR 合同下卖方的义务

（1）卖方必须提供符合合同规定的货物和商业发票，以及合同可能要求的证明货物符合合同要求的任何其他凭证。在当事人之间有约定或符合惯例的情况下，这些单证和以下各项义务中的任何文件可以是相等的电子记录或程序。

（2）在需要时，卖方必须自负风险及费用取得出口许可证或其他官方授权，并办理货物出口、交货前经任何国家运输所需的海关手续和支付一切有关税费。

（3）卖方必须按照惯常航线中通常类型可供装载该合同货物的海上航行船只的标准自负费用订立或促成运输合同，以将货物装运至指定的目的地。如果有约定的交货点，从约定。卖方还必须在规定的日期或期限内将货物交到船上或促成如此交付，并给予买方任何必要通知以使买方能够采取通常必要的措施提取货物。

（4）卖方必须自负费用毫不迟延地向买方提供为约定目的港所用的通常的运输单据。该单据必须载明合同货物，单据上的日期在约定装运期限内，以使买方能够在目的港从承运人那里提取货物。并且除非另有约定，否则买方能够通过转让单据或者通知承运人的方式向其后的买方出售在运输途中的货物。在运输单据以流通方式签发并有数份原件，卖方必须向买方提交全套原件。

（5）在需要时，卖方必须自负风险及费用取得出口许可证或其他官方授权，并办理货物出口、交货前经任何国家运输所需的海关手续和支付一切有关税费。

（6）承担货物灭失或损坏的一切风险，直至货物交到船上或促成如此交付时为止。

（7）卖方必须支付交货母的所需的货物核查费用（如核查品质、丈量、过磅、点数）和出口国当局强行的装运前检验费用。除非在特定行业中，否则运送该合同货物无需包装，卖方必须自负自负费用包装货物；除非订立买卖合同前买方已通知卖方特别的包装要求，卖方必须以适合的运输方式包装货物，包装上应适当地加上标记。

（8）卖方必须给予买方任何必要通知，以使买方能够采取通常必要的措施提取货物。

（9）在适用时，应买方要求并由买方承担风险及费用，卖方必须及时提供协助买方获得货物进口和/货物运往最终目的地所需的任何文件或信息，包括安全相关信息。同时，应买方要求，卖方也必须提供买方办理保险所需的信息，此外，对于经请求由买方提供或协助货物运输与出口及经过任何国家的运输所需任何文件和信息的所有成本与费用，卖方还必须向买方作出补偿。

2）CFR 合同下买方的义务

（1）买方必须支付买卖合同规定的价款。买方以下各项义务中的任何文件可以是相等的电子记录或程序。

（2）在需要时，买方必须自负风险与费用取得进口许可证或其他官方授权，办理货物进口及经由任何国家过境所需的一切海关手续和支付一切有关的税费。

（3）买方必须自在装运港装上船或如此交付时起承担货物灭失或损坏的一切风险。在买方有权确定装运货物的时间和/或目的港给予卖方充分的通知，否则，自约定的装运日期或期限届满之日起承担货物灭失或损坏的风险，但应以已被清楚地划归为本合同项下的货物为准。

（4）买方必须接受与卖方义务相符的货物和运输单据，并在指定的目的港从承运人那里收领货物。

（5）除应由卖方承担的费用外，支付货物交付至装运港船上时起的一切费用，以及包括运输合同规定由卖方承担部分以外的卸货驳运与码头费在内的卸货费；在没有履行应承担的通知义务时，承担货物自约定的装运日期或期限届满之日起产生的额外费用，但应以货物已被清楚地划归为本合同项下的货物为准；支付装运前货物的检验费用，但出口国当局强制检验的除外。

（6）买方必须及时地对所请求的安全相关信息向卖方作出建议，同时在适用时，应卖方要求并由卖方承担风险及费用，买方必须及时提供或协助卖方获得货物出口和货物运往经任何国家运输所需的任何文件或信息，包括安全相关的信息。

3. CIF

CIF 只适用于海运或内陆水道运输，在本术语下，卖方除负有 CFR 术语下的义务外，还必须办理货物在运输途中应由买方承担的货物损灭失或损坏风险的海运保险，订立保险合同并支付保险费。但应注意，买方根据 CFI 术语只能要求卖方与协会货物条款 C 款险相符的最低保障范围的保险险别。如买方需要更广范围的保险险别，则需要与卖方明确地达成协议，或者自行作出额外的保险安排。

在 CIF 合同下，买方的义务与 CFR 合同下完全相同。卖方的义务则包括了 CFR 合同下卖方所有义务并加投保和支付保险费的义务。该项投保和支付保险费义务的具体内容有如下两点。

（1）卖方必须根据合同约定自负费用取得货物保险，使买方或任何其他对货物拥有保险利益的人有权直接向保险人索赔。

（2）卖方应与信誉良好的保险人或保险公司订立保险合同，应根据与协会货物条款 C 款险相符的最低保障范围的保险险别获得货物保险。保险涵盖范围至少为货物自装运港交货点开始至指定目的地。在买方要求并根据其提供的卖方所请求的必要信息时，卖方应提供由买方规定的价款另加 10%（即 110%），并应采取合同中的币种。

需特别注意的是，《2010 年国际贸易术语解释通则》在 FOB、CFR 与 CIF 中关于货物风险的转移时间均取消了"船舷"的概念，但并没有模糊具体转移时刻，而是更加明确了货物风险的转移是在装运港的船上，由此避免了"船舷"这个概念的不确定性，因为在实际装船时由于风力等因素会造成货物在船舷左右摇摆，而无法确定究竟是否"越过"船舷。所以，为确定和避免争议，用"船上"替代了"船舷"。

6.6 违约及其救济方法

6.6.1 违约

1. 违约的概念

违约（Breach of Contract），是指合同当事人违反合同义务的行为，即当事人一方不履行合同义务或者履行合同义务不符合约定的，即构成违约。依《英国法律辞典》的解释，"违约是指无论是行为亦好，还是遗漏，凡是不履行契约里所规定的都叫作违背契约"。

在国际货物买卖中，卖方的违约主要表现为不履行交货义务或不适当履行交货义务，如所交货物或单据与合同不符，交付的货物违反了卖方的权利担保等；买方的违约则主要表现为不付款或不依合同的约定付款，或不依合同的约定提取货物。

2. 违约责任

违约责任是指因当事人违反合同义务而产生的一种民事责任，主要表现为财产责任。违约行为是违约责任的基本构成要件，没有违约行为，也就没有违约责任。

违约责任的归责原则有两项：过错责任原则和严格责任原则。

1）过错责任原则

过错责任原则，以过错的存在作为追究违约责任的要件。对过错的存在采取两种方式确认，其一是适用"谁主张，谁举证"的原则，由债权人举证证明债务人存在过错；其二是在特定情况下适用"举证责任倒置"的原则，债务人须举证证明自己不存在过错。

2）严格责任原则

严格责任原则，不以过错的存在作为追究违约责任的要件，适用于法律明文规定的情况。

按照英美法的普通法，违约责任不以违约人有过错为构成要件，只要有违约行为，即应承担责任，除非有约定或法定的免责事由，为严格责任。

《公约》和我国《合同法》也采用严格责任原则。

严格责任原则的优点：①原告只需证明被告未履行合同义务之事实，而无须证明被告不履行有过错，也无须被告证明其对于不履行无过错，这可方便裁判和减少诉讼成本；②确定违约行为与违约责任间的因果关系，利于督促当事人严格履行合同，强化其信用与法律意识。

3. 违约形态

违约形态即违约分类，罗马法将违约形态分为给付不能和给付迟延两种，受其影响，法国1804年民法典规定了不履行和延迟履行两种违约形态。德国司法实践中形成了履行不能、延迟履行和积极违约（亦称不完全履行）3种违约形态。其中，法国法中完全不履行的含义与德国法中的履行不能的含义基本相同。

在英美法上无违约的一般分类。

根据《公约》第25条的规定，违约形态又分为根本违约和非根本违约。

下面以违约发生的时间，对违约进行分类，总体上可分为预期违约和实际违约。

1）预期违约及其救济方法

预期违约（Anticipatory Breach of Contract）又叫作先期违约、事先违约、提前违约、预期毁约，是指合同订立之后履行期到来之前，一方明示或者默示其将不履行合同。明示预期违约源于英国法院1853年关于霍切斯特诉德拉图尔的判决，它是一方当事人在合同规定的履行期到来之前明确肯定的表示他将不履行合同。默示预期违约源于英国法院1894年辛格夫人诉辛格一案，它是指一方当事人在履行合同期限到来之前，以其自身的行为或某些客观情况表明他将不履行合同或不能履行合同。

当一方当事人发生预期违约，另一方当事人可以中止履行义务，中止履行义务一方当事人必须立即通知另一方当事人，如经另一方当事人对履行义务提供充分保证，则他必须继续履行义务。预期违约是英美法上独创的制度。

预期违约制度是为解决合同生效后直至履行前发生在合同履行上的危险而设立的。这项制度的确立可以使双方当事人的实际损失降低到较低限度，并有利于保护守约方的利益，使守约方能及时解除合同，符合法律的公平原则。

《公约》《美国统一商法典》都规定了预期违约制度。《合同法》吸收和借鉴了英美法中的预期违约制度，在《合同法》第一百零八条作出规定："当事人一方明确表示或者以自己的行为表明不履行合同义务的，对方可以在履行期届满之前要求其承担违约责任。"

2）实际违约

实际违约又可分为根本违约、拒绝履行、不符合约定的履行（包括部分履行、迟延履行、质量有瑕疵的履行、履行地点不当的履行等）。

（1）根本违约。按照《公约》第25条定义，根本违约是指违约方的这种违约直接损害了受害方对合同的预期利益。当然，合同一方因不可抗力事件所造成的此类后果不在此列。根本违约的构成要件有如下两个。

① 违约的后果及损害无法或迟迟不能得到修补。即使违约行为是十分严重的，可能导致剥夺受害人所期待的东西，但如果这种违约是可以修补的，它仍不构成根本违约。

② 预知性，即实质损害的发生如果从违约方的角度看是非预期的，就不构成"根本违约"。

根本违约是从英国普通法上发展而来的一种制度，现在《公约》《国际商事合同通则》均有规定，《美国合同法》是以"重大违约"或"实质不履行"体现。我国《合同法》也采纳了根本违约制度。

大陆法对根本违约也有规定，德国法中，违约后"合同的履行对于对方无利益"作为是否可以解除合同的标准，"无利益"是指因违约债权人不能获得订立合同时所期望得到的利益，这一概念与英国法上的"条件标准"及美国法上的"重大违约"标准相似。

(2) 拒绝履行又称履行拒绝、给付拒绝，是指履行期届满时，一方当事人无正当理由表示不履行合同义务的行为。此时另一方当事人可解除合同，并请求损害赔偿。

(3) 不符合约定的履行。不符合约定的履行包括部分履行、延误履行、质量有瑕疵的履行三类。

① 部分履行或称对分批交货合同违约。当合同为可分合同时，对某批交货义务的违反一般不构成根本违约。当合同为不可分合同时，某批交货与合同不符就可能导致整个合同的目标无法实现，此时一般认为构成根本违约。在实际操作中，具体案例要具体分析。

② 迟延履行是指债务人无正当理由，在合同规定的履行期届满时，仍未履行合同债务。合同中未约定履行期限的，在债权人提出履行催告后仍未履行债务，就是迟延履行。

③ 质量有瑕疵的履行又称不适当履行，是指债务人所作的履行不符合合同规定的质量标准，甚至因交付的产品有缺陷而造成他人人身、财产的损害。

6.6.2 违约的救济方法

国际货物买卖合同有效成立后，当事人应该根据合同的规定履行自己的权利和义务，以实现其各自的经济目的。但由于国际货物买卖的复杂性，常有不履行合同的情况发生，除了部分属于免责允许，更多的是由于当事人一方的违约行为造成的。不论违约的性质如何，受害方均有权依照合同规定采取合理的救济措施，以维护自身的权益。这些违约救济措施中，有的仅限于卖方或买方采用，有的则是买卖双方当事人均可采用的。

1. 卖方违约时买方的救济方法

1) 要求实际履行

《公约》第 46 条第 1 款规定了卖方违反合同时，买方可以采取要求实际履行的补救办法，除非买方已采取与此要求相抵触的某种补救办法。公约以实际履行作为第一种补救办法，目的是保证合同履行的稳定性。另外，《公约》第 47 条还规定一个合理的履约宽限期，即买方可以规定一个合理时间的额外时间，让卖方履行其义务。

2) 交付替代物

《公约》第 46 条第 2 款规定了交付替代物的补救办法。交付替代物是在货物与合同不符时的一种补救办法，即要求卖方替代交付与合同相符的货物。依《公约》的规定，买方只有在货物与合同不符构成根本违反合同时，才可以要求交付替代货物，而且关于替代货物的要求，必须与说明货物与合同不符的通知同时提出，或者在该项通知发出后一段合理时间内提出。

3) 修理

《公约》第 46 条第 3 款对修理的补救办法进行了规定。修理是卖方对所交付与合同不符的货物进行的修补、调整或替换有瑕疵部分等。买方请求修理的要求须与发出的货物不符的通知同时提出，或在该通知发出后一段合理时间内提出。

4) 减价

《公约》第 50 条规定，如货物与合同不符，不论货款是否已付，买方都可以减低价格。减价按实际交付的货物在交货时的价值与符合的货物在当时的价值两者之间的比例计算。如买方请求了损害赔偿就不能再进行减价了，当然，如减价不足以补偿买方的损失，还可同时请求损害赔偿。

5) 宣告合同无效

《公约》第 51 条规定，卖方在完全不交付货物或不依合同规定交付货物等于根本违反合同时，买方可以宣告合同无效。根本违反合同是指因一方当事人违反合同而使另一方当事人遭受损害，实际上剥夺了其依合同规定期待取得的东西。

2. 买方违约时卖方的救济方法

1) 要求履行义务

《公约》第 61~63 条规定，如果买方不履行其在合同中和公约中规定的任何义务，卖方可以要求其履行义务，卖方可以要求买方支付货款、收取货物以及其他应履行的义务，只要卖方没有采取与此要求相抵触的某种补救办法。

2) 宣告合同无效

《公约》第 64 条规定，卖方在下列情况下可以宣告合同无效：①当买方没有履行合同或公约规定的义务等于根本违反合同时；②买方不在卖方规定的额外时间内履行支付价款的义务或收取货物，或买方声明他将不在所规定的时限内履行。但是，如买方支付了全部货款，卖方原则上就丧失了宣告合同无效的权利。

3. 适用于买卖双方的一般规定

上述是适用于买方或卖方的规定，此外《公约》还规定了适用于买卖双方的一般规则，主要有中止合同、损害赔偿、支付利息、免责、宣告合同无效的效果、货物保全等。

1) 预期违反合同和分批交货合同

预期违反合同是指在合同订立后，履行期到来前，一方明示拒绝履行合同的意图，或通过其行为推断其将不履行。当一方出现预期违反合同的情况时，依公约的规定，另一方可以采取中止履行义务的措施。《公约》第 71 条对中止合同的内容进行了规定。

(1) 中止合同的适用条件有如下两个。

① 被中止方当事人在履行合同的能力或信用方面存在严重缺陷。

② 被中止方当事人不能履行合同中的大部分重要义务。

(2) 中止履行义务的结束：中止履行义务的措施可因被中止方当事人提供了履行合同义务的充分保证而结束。

(3) 预期违反合同与宣告合同无效：依《公约》的规定，如果在履行合同日期之前，明显看出一方当事人将根本违反合同,另一方当事人可以宣告合同无效。

(4) 分批交付的货物无效的处理原则有如下 3 个。

① 在一方当事人不履行任何一批货物的义务构成对该批货物的根本违约时,只能宣告合同对该批货物无效。

② 如有充分理由断定今后各批货物将会发生根本违反合同,则可在一段合理时间内宣告合同今后无效。

③ 当买方宣告合同对任何一批货物的交付为无效,而各批货物又是相互依存,可宣告对已交付的或今后交付的各批货物均无效。

2) 损害赔偿

买方或卖方所进行的其他补救并不妨碍其同时提出损害赔偿。《公约》第 74~77 条对损害赔偿进行了规定。依公约的规定,损害赔偿是指对由于一方当事人违反合同,而给另一方当事人造成的损害或损失,给予金钱上的补偿。赔偿金额计算的原则是:一方当事人违反合同应负的损害赔偿额,应与另一方当事人因他违反合同遭受的包括利润在内的损失额相等。《公约》第 77 条规定,声称另一方违约的当事人,必须按情况采取合理措施,以减轻由于另一方违约而引起的损失,如果他不采取这种措施,违约的一方可以要求从损害赔偿中扣除原可以减轻的损失数额。

典型案例 6-5

买方诉卖方违约赔偿案

8 月 12 日,申请人与被申请人按信用证付款条件签订了两份买卖硅的合同。合同订立后,硅价格上涨,申请人依约开出了信用证,但被申请人拒不按约交货。申请人见信用证已过期,为减少损失,便从别的公司购买了相同品质的替代货物。之后,申请人以被申请人违约为由,向被申请人索赔差价损失。双方协商未果,申请人遂向中国国际经济贸易仲裁委员会提请仲裁。仲裁庭开庭审理后,对申请人采取的补救措施予以支持,裁定申请人应赔偿申请人购买合同替代货物所造成的货物差价损失。该案被申请人在收到申请人依约开来的信用证后,理应履行约定的交货义务,但由于其出售的货物市价上涨,即拒不交货,违反了诚信原则,构成根本违约。由于被申请人未按约定时间交货,导致信用证已过期,在此情况下,为了减少损失,申请人采取合理补救措施,从别的厂家购买了合同替代货物,并要求被申请人赔偿其差价损失。申请人的上述补救措施和索赔请求,是有合同依据的,也符合国际贸易的一般惯例,理应得到支持。

3) 支付利息

《公约》第 78 条是关于支付利息的补救办法的规定,支付利息是指拖欠价款或其他金额的一方当事人应向另一方当事人支付上述款项的利息。支付利息有两种:一种是货款的利息;另一种是拖欠金额的利息。采用了支付利息的补救办法后,仍然可以要求损害赔偿。

4) 免责

《公约》第 79~80 条对免责的情况进行了规定。

(1) 免责的条件包括以下 3 点。

① 不履行必须是由于当事人不能控制的障碍所致,如战争、禁运、风暴、洪水等。

典型案例 6-6

不可抗力纠纷案[①]

  1974年，波兰公司出售一批食糖给英国公司。合同规定"1974年11~12月交货"，还规定："如发生政府干预行为，合同应予延长，甚至撤销。"1974年8月由于波兰连遭大雨，甜菜严重歉收。1974年11月5日波兰政府禁止食糖出口，此项禁令一直到1975年7月仍然有效。英国进口商因波兰公司未能出口食糖而提出损失赔偿，但波兰公司认为它是因为不可抗力的原因不能履行义务，双方发生纠纷。法院认为，波兰公司以不可抗力为抗辩理由是成立的。因为，本案涉及的有自然灾害和政府禁令问题，前者指的是，在合同订立后，原规定1974年11~12月交货，但8月因波兰连下大雨，致使甜菜严重歉收，导致食糖的原料短缺。但仅凭这一点而撤销合同的理由是不充分的，因为双方买卖的商品是食糖，不仅仅是有待生产的新货，还有过去的存货。但是，这个原因正是导致波兰政府发布禁止食糖出口命令的关键所在，而这项禁令才是波兰公司不能履约的真正无法克服的障碍。因此，波兰公司以政府禁令作为不可抗力的抗辩理由，要求免除其不能履约的责任，理由是充分的。

  ② 这种障碍是不履行一方在订立合同时不能预见的。

  ③ 这种障碍是当事人不能避免或不能克服的。公约所称的"不能控制的障碍"实际上就是"不可抗力"，公约没有采用"不可抗力"这一传统用语，是由于各国对该用语的理解有一定的差异，沿用传统用语可能会引起不必要的误解。

  (2) 免责的通知。《公约》第79条第4款规定，不履行义务的一方必须将障碍及其对他履行义务能力的影响通知另一方。如果对方在不履行义务的一方已知道或理应知道此一障碍后一段合理时间仍未收到通知，则不履行义务的一方对由于对方未收到通知而造成的损害应负赔偿责任。

  (3) 免责的后果。《公约》第79条第5款规定，免责一方所免除的是对另一方损害赔偿的责任，但受损方依公约采取其他补救措施的权利不受影响。

  5) 宣告合同无效的效果

  宣告合同无效的效果指合同无效对买卖双方当事人基于合同产生的权利义务的影响。《公约》第81~84条关于宣告合同无效效果的规定，包括以下3点。

  (1) 合同一经被宣告无效，即解除了买卖双方在合同中的义务。但它并不解除违约一方损害赔偿的责任及合同中有关解决争议和合同中有关双方在合同无效后的权利义务的规定。

  (2) 宣告合同无效，要求买方必须按实际收到货物的原状归还货物。如买方归还的货物不具有交货时的使用价值，买方就丧失了宣告合同无效或要求卖方交付替代货物的权利。

  (3) 合同宣告无效后，买卖双方必须归还因接受履行所获得的收益。即卖方应归还所收取的货款的利息，买方应归还由于使用货物或转卖货物所得的收益。

  6) 保全货物

  《公约》第85~88条关于保全货物规定，保全货物是指在一方当事人违约，另一方当

[①] 钱益明. 100 国际贸易纠纷案例答疑. 北京：商务印书馆，1998.

事人仍持有货物或控制货物的处置权时,该当事人有义务对他所持有的或控制的货物进行保全。保全货物的目的是减少违约一方当事人因违约而给自己带来的损失。

(1) 保全货物的条件。卖方保全货物的条件是:买方没有支付货款或接受货物,而卖方仍拥有货物或控制着货物的处置权。买方保全货物的条件是:买方已接收了货物,但打算退货。

(2) 保全货物的方式。保全货物的方式是将货物寄放于仓库,或将易坏货物出售。

 引例分析

乙公司的做法不正确。乙公司的发盘是一项不可撤销的发盘。因为,发盘人乙公司要求受要约人甲公司凭发盘人提供的规格、性能生产供应某机械设备,同时发盘人除列明品质、数量、价格、付款、交货期等必要条件外,还特别规定了1个月的有效期,以便受要约人甲公司有足够时间研究决定是否能够按照买方提出的条件生产供应。而甲公司收到发盘后立即组织人员进行设计,探寻必要生产设备添置的可能性和生产成本核算。这表明,受要约人甲公司已经信赖买方的发盘不会撤销,并本着此项信赖行事。根据《公约》第16条第2款的规定,在下列情况下,要约一旦生效,即不得撤销:①在要约中已载明了承诺的期限,或者以其他方式表明它的不可撤销性。②受要约人甲公司有理由信赖该项要约是不可撤销的,并已本着对该要约的信赖行事。本案中乙公司的要约注明了有效期是1个月,故而是不可撤销的,如果甲公司最终同意该发盘,乙公司必须与甲公司订立合同。

本 章 小 结

国际货物买卖法律关系的核心内容是合同双方当事人的权利义务关系。为了保证国际货物买卖合同的顺利履行和合同目的的实现,合同中所涉及的买卖双方的权利义务通常是具体而详尽的,它们与违约救济共同构成了买卖法的制度框架。

卖方的主要义务有5项:交付货物、转移单证、品质担保、权利担保、转移货物所有权。相应的卖方的权利为收取货款。

买方的义务主要有支付货款和接收货物。相应地,买方的权利为检验货物,获得与合同相符的货物。

根据《公约》的规定,违约方式有实际违约和预期违约、根本性违约和非根本性违约。对于这些违约的救济方式,《公约》规定了5种,即实际履行、损害赔偿、中止履行、给予履行宽展期和宣告合同无效。买卖双方各自的救济方式如下:①卖方违约时,买方可采取的办法包括要求卖方交付替代货物、要求对货物不符之处进行修补、购买替代货物、卖方应对不履行义务作出补救、要求减价、拒绝收取货物等救济方式;②买方违约时,卖方可采取的办法包括转卖货物、自行确定货物的具体规格、要求支付利息等救济方法。

关于货物风险转移,各国规定不同。《公约》认为,风险转移时间的划分依据有:当事人约定的时间、交付货物的时间、订立合同的时间。风险转移的后果是由买方承担货物灭失的损失,不得拒绝履行支付货款的义务。

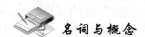 **名词与概念**

要约（Offer）　　　　　　　　要约邀请（Acceptance）
承诺（Specific Performance）　　根本违约（Fundamental Breach of Contract）
预期违约（Anticipatory Breach of Contract）　损害赔偿（Damages）
实际履行（Specific Performance）　所有权（Ownership）　　风险转移（Passing of Risk）

思 考 题

1. 《联合国国际货物买卖合同公约》对货物风险的转移是怎样规定的？
2. 货物买卖合同中卖方和买方有哪些违约救济措施？
3. 一个国际货物买卖合同应当具备哪些条款？
4. 1980 年《联合国国际货物销售合同公约》的适用范围有哪些？
5. 中国加入 1980 年《联合国国际货物销售合同公约》时的保留有哪些？
6. CIP 与 CIF 的主要区别有哪些？
7. 《2000 年通则》对《1990 年通则》的主要修改和补充有哪些？

练 习 题

1. 单项选择题

（1）依 1980 年《联合国国际货物销售合同公约》的规定，要约于（　　）时生效。
　　A. 发出　　　　　　　　　　B. 传达到受要约人并且受要约人理解
　　C. 交邮局发出　　　　　　　D. 传达到受要约人营业地或其惯常住所地

（2）依 1980 年《联合国国际货物销售合同公约》的规定，对于正在运输途中的货物进行交易，货物的风险从何时由卖方转移给买方？（　　）
　　A. 卖方交货时　　　　　　　B. 合同成立时
　　C. 在装运港船舷　　　　　　D. 买方收取货物时

（3）出租人在一定期限内把配备船员的船舶出租给承租人供其按照约定的用途使用的书面协议属于下列哪项合同？（　　）
　　A. 定期租船合同　　　　　　B. 航次租船合同
　　C. 光船租赁合同　　　　　　D. 班轮运输合同

（4）（　　）是对各种违反合同都可以采取的救济办法。
　　A. 减低价格　　　　　　　　B. 宣告合同无效
　　C. 实际履行　　　　　　　　D. 损害赔偿

（5）根据《2000 年国际贸易术语解释通则》，CFR 条件下货物风险转移的界限是（　　）。
　　A. 货交承运人　　　　　　　B. 货交收货人
　　C. 货物在装运港越过船舷　　D. 货物到达目的地

（6）为吸引对方向自己订货而发出的商品目录单、报价单及一般的商业广告，是（　　）。

A. 要约　　　　B. 反要约　　　　C. 要约邀请　　　　D. 新要约

(7)《联合国国际货物销售合同公约》在风险转移方面采取（　　）原则。

A. 以合同订立时间确定风险转移　　B. 以交货时间确定风险转移

C. 以所有权转移时间确定风险转移　D. 以买方实际控制货物时间确定风险转移

(8) 国际货物买卖合同中的保全货物义务（　　）。

A. 只有买方承担　　　　　　　　B. 只限于合理措施和费用

C. 只有对货物享有所有权时才存在　D. 不能采取出售货物的方式履行

(9)《2000 年国际贸易术语解释通则》对贸易术语分类的标准是（　　）。

A. 英文字母顺序　　　　　　　B. 卖方承担义务大小

C. 交货方式　　　　　　　　　D. 交货地点

(10)《2010 年国际贸易术语解释通则》根据适用的运输方式，将国际贸易术语分为（　　）组。

A. 4　　　　　B. 6　　　　　C. 8　　　　　D. 2

(11)《2010 年国际贸易术语解释通则》对（　　）种贸易术语进行了解释。

A. 11　　　　B. 13　　　　C. 15　　　　D. 17

(12)《2010 年国际贸易术语解释通则》中，卖方承担义务最大的术语是（　　）。

A. DAP　　　B. CIP　　　C. DDP　　　D. CIF

(13)《2010 年国际贸易术语解释通则》中，卖方承担义务最小的术语是（　　）。

A. DAT　　　B. FOB　　　C. CIF　　　D. EXW

(14) 在合同订立之后，履行期到来之前，依 1980 年《联合国国际货物销售合同公约》的规定，一方表示拒绝履行合同的意图的被称为什么？（　　）

A. 严重违反合同　　　　　　　B. 预期违约

C. 一般违约　　　　　　　　　D. 实质性违约

(15) 在国际货物买卖中，卖方只将代表货物所有权的提单、发票等交到买方手中，以完成货物所有权转移的交货方式称为下列哪种方式？（　　）

A. 象征性交货　B. 目的港交货　C. 工厂交货　D. 实际交货

(16)《联合国国际货物销售合同公约》适用于（　　）。

A. 卖方提供劳务或其他服务的买卖

B. 具有不同国家国籍的当事人之间的货物买卖

C. 船舶、飞机、气垫船的买卖

D. 营业地分处不同缔约国的当事人之间的货物买卖

(17)《联合国国际货物买卖合同公约》对（　　）予以规范。

A. 合同的效力　　　　　　　　B. 货物对人身造成伤亡引起的产品责任

C. 合同对货物所有权的影响　　D. 合同的成立

(18) 明确规定货物所有权转移时间的国际货物买卖法律是（　　）。

A.《2000 年国际贸易术语解释通则》

B.《1932 年华沙-牛津规则》

C.《国际货物买卖合同成立统一法公约》

D.《联合国国际货物买卖合同公约》

（19）根据《联合国国际货物销售合同公约》的规定，判断货物买卖合同的国际性的标准是（　　）。

A. 当事人具有不同国家的国籍

B. 当事人的营业地在不同国家

C. 合同项下的货物跨越国境

D. 合同订立时及合同履行过程中，当事人的营业地在不同国家

（20）为吸引对方向自己订货而发出的商品目录、报价单及一般的商业广告是（　　）。

A. 新要约　　　B. 反要约　　　C. 要约邀请　　　D. 要约

2. 名词解释

（1）国际货物买卖法　（2）不可抗力条款　（3）FCA

（4）承诺　　　　　　（5）预期违反合同

3. 简答题

（1）FOB 贸易术语条件下卖方应承担的主要义务是什么？

（2）简述 CIP 与 CIF 的异同。

（3）简述《2010 年通则》相对《2000 年通则》的主要变化。

（4）简述要约的构成条件。

4. 论述题

论述在国际货物买卖中卖方知识产权担保义务和责任。

5. 案例分析题

（1）韩国大宇水产公司给山东某水产公司发出要约称："鳗鱼饲料数量 185 吨，单价 CIF 上海 981 美元，合同订立后 3 个月装船，不可撤销即期信用证付款，请电复"。山东某水产公司还盘："接受你方发盘，在订立合同后请立即装船"。对此韩国大宇公司没有回音，且也一直没有装船。山东某水产公司认为韩国大宇公司违约，并要求其赔偿不履约造成的损失。

试分析：依 1980 年《联合国国际货物销售合同公约》的规定，合同是否成立？为什么？

（2）德国甲公司与中国乙公司订立了从中国出口某产品的合同，合同约定了产品的质量及规格。在产品的生产过程中，德国甲公司又寄来了合同产品的样品，并来电：请收到后确认，请依样品履行合同。乙公司收到样品后回电：样品收到确认，保证依合同约定的规格履行合同。后德国甲公司称中国乙公司交付的产品与其寄到中国的样品不符，要求中方承担违约责任，而中方公司则认为其生产的产品完全符合合同规定的规格，并有商检的证明。

试分析：中国乙公司是否违约？为什么？

第 7 章 国际货物运输与保险法

教学目标与要求

通过本章的学习，使学生了解国际货物运输方式及规范各种运输方式的国际规则，掌握不同国际运输方式下承运人的责任和相互之间的差异；了解国际货物保险的相关法律，掌握国际货物运输保险的性质、基本原则、保险单与保险合同的关系、保险条款、损失的界定和分类、保险险别等内容，掌握海上、航空、陆路货物运输保险的合同订立，掌握交易所适用的险别，能够起草保险合同。

Manifest 运输公司诉 Uni-Polaries 保险公司案

"星海号"轮船上的发动机室和货舱都有水喷二氧化碳灭火装置，此外，该轮船的发动机室和船首舱还分别有一个电动灭火和紧急灭火泵。在向巴西运香蕉途中，比利时港务当局检查了该轮船，发现其紧急灭火泵失灵。主机械师在修理该紧急灭火泵时，割断了交叉的抽水泵管，而该抽水泵管未再修理。

在回南美洲途中，该轮船发动机室着火，发生了推定全损。船东 Manifest 运输公司向被告 Uni-Polaries 保险公司索赔遭拒。

思考：

该案船东 Manifest 运输公司能否胜诉？为什么？

7.1 国际货物运输法

国际货物买卖中的货物必须从卖方所在地运至买方所在地，因此，国际货物运输是国际贸易中的一个重要环节。国际货物运输的方式很多，主要包括海上运输、铁路运输、航空运输及多式联运等。其中，海上运输是最主要的运输方式，国际货物买卖中 80% 左右的运输量是通过海上运输方式完成的。近年来，随着集装箱运输的广泛运用，多式联运也迅速发展起来。

调整国际货物运输关系的法律规范构成国际货物运输法，包括国际海上货物运输法、国际铁路货物运输法、国际航空货物运输法及国际货物多式联运法等。

7.1.1 国际海上货物运输法

1. 国际海上货物运输的概念和种类

国际海上货物运输是指承运人或出租人将货物经由海道由一国的港口运到另一国的港口，交给收货人的运输。

国际海上货物运输一般可以分为租船运输和班轮运输两种。

1) 租船运输

租船运输是指国际贸易中成交的大宗货物，由承租人租用船主船舶的全部、部分或指定舱位进行海上运输。租船运输又可分为航次租船运输、定期租船运输和光船租赁运输。

(1) 航次租船运输。航次租船运输是指出租人将船舶租给承租人，按照约定的一个航次或几个航次运输货物，由承租人支付约定运费的运输。在航次租船运输中，出租人保留船舶的所有权、占有权，出租人负责雇用船长、船员，船舶由出租人负责经营管理。

(2) 定期租船运输。定期租船运输是指出租人将船舶租给承运人，在约定期间内由承租人按照约定的用途使用船舶，由承租人支付约定租金的运输。在定期租船运输中，出租人保留船舶的所有权、占有权，出租人负责支付船长、船员工资，船舶的经营及经营产生的直接费用由承租人负责。

(3) 光船租赁运输。光船租赁运输是指船舶所有人保留船舶所有权，而将船舶的占有权转移给承租人，由承租人雇用船长、船员，负责船舶的经营、管理和航行事务，并向出租人支付约定租金的运输。按照光船租赁合同，承租人在租期内对船舶享有完全的占有权和控制权。严格来讲，光船租赁合同是一种财产租赁合同，并不是运输合同。

在海运实践中，通常采用航次租船运输或定期租船运输，而较少使用光船租赁运输。

目前国际上尚未就租船合同制定公约。大陆法国家在其国内的海商法中对租船合同有规定，英美法国家无此类单行法，主要适用航运公会制定的标准合同，如金康（Gencon）航次租船合同格式和波尔的摩（Baltime）定期租船合同格式。各国法院有关租船合同条款争议的判决在本国有约束力，对别国也有参考作用。我国远洋运输公司在金康及波尔的摩格式的基础上，制定有程租船合同范本和期租船合同范本。

2) 班轮运输

班轮运输又称件杂货运输、零担运输、提单运输，是指托运人将一定数量的货物交给作为承运人的轮船公司，由轮船公司按固定航线、沿线停靠若干固定港口，按固定的航期、固定的运费率承揽、组织件杂货、由托运人支付约定运费的运输。班轮运输合同以提单形式表现。在班轮运输条件下，货物的装卸由船方负责，而且凡班轮停靠的港口，不论托运的货物多少都能接受，因此对于成交数量少、运输数量少、批次多、货价高、交接港口分散的进出口货物的运输比较合适。

提单合同与租船合同最大的不同是在于是否有固定的船期表。由于租船合同中的船东和承租人势力均衡且各自资本雄厚，往往通过谈判确定其权利和义务，故法律无须特殊保护任何一方当事人。而在提单合同中，班轮经营人比货主处于更优势的谈判地位，故法律需加干预，以保护货主的利益。

2. 调整国际海上货物运输的法律规范

目前,调整海运关系的规范主要有国际公约、国际惯例和国内法。

1) 国际公约

调整国际海上货物运输关系的国际公约大致分为两类。

一类是关于国际海上货物运输的专门性公约,此类公约主要有三大公约:《海牙规则》《维斯比规则》和《汉堡规则》。

(1)《海牙规则》。《海牙规则》是在1924年8月25日,由26个国家在布鲁塞尔签订,1931年6月2日生效。公约草案是1921年在海牙通过,因此定名为《海牙规则》。包括欧美许多国家在内的80多个国家都先后加入了这个公约。它是关于提单法律规定的第一部国际公约。我国虽然没有加入该公约,但却把它作为制定我国《海商法》的重要参考依据;我国不少船公司的提单条款也采纳了这一公约的精神。所以,《海牙规则》堪称现今海上货物运输方面最重要的国际公约。

(2)《维斯比规则》。《海牙规则》较多地维护了承运人的利益,在风险分担上很不均衡,因而引起了作为主要货主国的第三世界国家的不满,纷纷要求修改,建立航运新秩序。在第三世界国家的强烈要求下,修改《海牙规则》的意见已为北欧国家和英国等航运发达国家所接受,但他们认为不能急于求成,以免引起混乱,主张折中各方意见,只对《海牙规则》中明显不合理或不明确的条款作局部的修订和补充,《维斯比规则》(*Visby Rules*)就是在此基础上产生的。所以维斯比规则也称为《海牙-维斯比规则》(*Hague-Visby Rules*),它的全称是《关于修订统一提单若干法律规定的国际公约的议定书》(*Protocol to Amend the International Convention for the Unification of Certain Rules of Law Relating to Bill of Lading*),或简称为"1968年布鲁塞尔议定书"(The 1968 Brussels Protocol),1968年2月23日在布鲁塞尔召开的由53个国家和地区的代表参加的第12届海洋法外交会议上通过,于1977年6月生效。目前已有英、法、丹麦、挪威、新加坡、瑞典等50多个国家和地区参加了这一公约,其中包括英国、法国、德国、荷兰、西班牙、挪威、瑞典、瑞士、意大利和日本等主要航运国家。因该议定书的准备工作在瑞典的维斯比完成而得名。我国虽然没有加入该公约,但却把它作为制定我国《海商法》的重要参考依据。

(3)《汉堡规则》。《汉堡规则》(*Hamburg Rules*)是《1978年联合国海上货物运输公约》(*United Nations Convention on the Carriage of Goods by Sea*,1978)的简称,1976年由联合国贸易法律委员会草拟,于1978年3月6日至31日在德国汉堡举行由联合国主持的由78国代表参加的海上货物运输大会讨论通过,于1992年11月1日生效。《汉堡规则》可以说是在第三世界国家的反复斗争下,经过各国代表多次磋商,并在某些方面作出妥协后通过的。《汉堡规则》全面修改了《海牙规则》,其内容在较大程度上加重了承运人的责任,保护了货方的利益,代表了第三世界发展中国家的意愿。目前已有埃及、尼日利亚等成员国28个,其中多数为发展中国家,因此,《汉堡规则》对国际海运业影响不是很大。我国虽然没有加入该公约,但其中成熟与合理的内容为我国《海商法》所采纳。

从《海牙规则》到《汉堡规则》有关提单的国际公约在内容上发生了质的变化,对当事各方利益的保护更加合理,也适应了不断发展的航运技术的要求。这3个国际公约的主要区别如下。

① 承运人的责任基础不同。《海牙规则》由于在当时的历史背景下，船东的强大势力和航运技术条件的限制决定了《海牙规则》对承运人的要求不会十分严格，因此《海牙规则》对承运人责任基础采用了"不完全过失原则"。《维斯比规则》对这点没加任何修订。《汉堡规则》则将其改为了"推定的完全过失原则"。

所谓"过失原则"是指有过失即负责，无过失即不负责，一般国家的民法多采用这一原则为基础。《海牙规则》总的规定也是要求承运人对自己的过失承担责任，但同时又规定"船长、船员、引航员或承运人的雇佣人员在驾驶或管理船舶上的行为、疏忽或不履行契约"可以要求免责，即有过失也无须负责，因此，《海牙规则》被认为采用的是不完全过失原则。比起过失原则，这种责任制度虽然对承运人网开一面，但在当时的历史条件下还是有着明显的进步意义。

《汉堡规则》则不仅以是否存在过失来决定承运人是否负责，而且规定举证责任也要由承运人承担，即第五条规定的"除非承运人证明他本人，其受雇人或代理人为避免该事故发生及其后果已采取了一切所能合理要求的措施，否则承运人应对货物灭失或损坏或延迟交货所造成的损失负赔偿责任。"这样承运人的责任大大加重了。

② 承运人的最高责任赔偿限额不同。首先，从《海牙规则》到《汉堡规则》依次提高了对每单位货物的最高赔偿金额。《海牙规则》规定船东或承运人对货物或与货物有关的灭失或损坏的赔偿金额不超过每件或每单位 100 英镑或相当于 100 英镑的等值货币。《维斯比规则》将最高赔偿金额提高为每件或每单位 10 000 金法郎或按灭失或受损货物毛重计算，每千克 30 金法郎，两者以较高金额的为准。同时明确一个金法郎是一个含有 66.5 毫克黄金，纯度为千分之九百的单位。《汉堡规则》再次将承运人的最高赔偿责任增加至每件或每货运单位 835 特别提款权①（Special Drawing Rights，SDR）或每千克 2.5 特别提款权，两者以金额高的为准。

另外，对灭失或损害货物的计量方法越来越合理。《海牙规则》是以每件或每单位来计量货物。随着托盘、集装箱等成组化运输方式的发展，这种计量方式的弊端逐渐显现。因而，《维斯比规则》和《海牙规则》都规定如果以集装箱或托盘或类似集装运输工具运送货物，当提单内载明运输工具内货物的包数或件数时，以集装箱或托盘所载货物的每一小件为单位，逐件赔偿；当提单内未载明货物具体件数时，则以一个集装箱或一个托盘作为一件货物进行赔偿。

③ 对货物的定义不同。《海牙规则》对货物定义的范围较窄，将活动物、甲板货都排除在外。《汉堡规则》扩大了货物的定义，不仅把活动物、甲板货列入货物范畴，而且包括了集装箱和托盘等包装运输工具，"凡货物拼装在集装箱、托盘或类似运输器具

---

① 特别提款权（Special Drawing Right，SDR）是国际货币基金组织（International Monetary Fund，IMF）在1969年创立的创设的一种储备资产和记账单位，也称"纸黄金（Paper Gold）"。它是基金组织分配给会员国的一种使用资金的权利。会员国在发生国际收支逆差时，可用它向基金组织指定的其他会员国换取外汇，以偿付国际收支逆差或偿还基金组织的贷款，还可与黄金、自由兑换货币一样充当国际储备。但由于其只是一种记账单位，不是真正货币，使用时必须先换成其他货币，不能直接用于贸易或非贸易的支付。因为它是国际货币基金组织原有的普通提款权以外的一种补充，所以被称为SDR。由1974年起，IMF以标准篮（Standard Basket）形式，组合4种不同的币值计算SDR的价值，而该4种货币和计算比例，则由过去5年不同经济体系的平均出口金额决定。因此，2006年至2010年的4种货币定为美元、欧元、日元和英镑，计算比例分别为44%、34%、11%和11%。SDR首次在1978年签订汉堡公约时被采用，用作计算赔偿限额。

内，或者货物是包装的，而这种运输器具或包装是由托运人提供的，则'货物'包括它们在内"。

④ 公约适用范围不同。《海牙规则》只适用于缔约国所签发的提单。这样，如果当事各方没有事先约定，那么对同一航运公司所经营的同一航线上来往不同的货物，可能会出现有的适用《海牙规则》，有的不能适用《海牙规则》的奇怪现象。《汉堡规则》则避免了这一缺憾。它不仅规定公约适用于两个不同缔约国间的所有海上运输合同，而且规定被告所在地、提单签发地、装货港、卸货港、运输合同指定地点等五个地点之中任何一个在缔约国的都可以适用《汉堡规则》。

⑤ 承运人的责任期间不同。《海牙规则》规定承运人的责任期间是"……自货物装上船舶开始至卸离船舶为止的一段时间……"，有人称之为"钩至钩"。《汉堡规则》则将责任期间扩大为承运人或其代理人从托运人或托运人的代理人手中接管货物时起，至承运人将货物交付收货人或收货人的代理人时止，包括装货港、运输途中、卸货港、集装箱堆场或集装箱货运站在内的承运人掌管的全部期间，简称为"港到港"。

⑥ 诉讼时效不同。《海牙规则》的诉讼时效为1年。1年后"……在任何情况下承运人和船舶都被解除其对灭失或损害的一切责任……"。1年时间对远洋运输的当事人，特别是对要经过复杂索赔、理赔程序，而后向承运人追偿的保险人来讲，无疑过短。《维斯比规则》规定诉讼时效经当事各方同意可以延长。并且在"……1年期满之后，只要是在受诉讼法院的法律准许期间之内，便可向第三方提起索赔诉讼……"，但时间必须在3个月以内。这样部分缓解了时效时间过短在实践中造成的困难。到《汉堡规则》一方面直接将诉讼时效延长至2年，另一方面仍旧保留了《维斯比规则》90天追偿诉讼时效的规定。

⑦ 对承运人延迟交货责任的规定不同。《维斯比规则》对延迟交货未作任何规定，《汉堡规则》则在第2条规定：如果货物未能在明确议定的时间内，或虽无此项议定，但未能在考虑到实际情况对一个勤勉的承运人所能合理要求的时间内，在海上运输合同所规定的卸货港交付，即为延迟交付。承运人要对延迟交付承担赔偿责任。赔偿范围包括行市损失、利息损失、停工损失、停产损失。赔偿金额最多为延迟交付货物所应支付运费的2.5倍，且不应超过合同运费的总额。

调整国际海上货物运输关系的国际公约的另一类是涉及国际货物海上运输的一些相关公约。此类公约主要有《1910年救助公约》《1972年国际海上避（难）碰（撞）规则》《统一船舶碰撞某些法律规则的国际公约》《1976年海事索赔责任限制公约》等。

2) 国际惯例

调整国际货物海上运输的国际惯例主要有港口码头惯例和某些统一解释的惯例规则。

世界上著名的一些港口（如利物浦、鹿特丹等）都有自己的港口惯例。例如，利物浦港口，经过多年的航海贸易运输作业，就形成了有一定特点的有关运输的贸易术语惯例。被利物浦商会推荐的所谓"FOB利物浦条款"就是如此。该港口对运输还有一些其他的独特规定，如规定非公共的承运代理人有权自由选择航线，有权在货物运费未付时对其所掌握的货物和单据行使部分或总的处置权利。

关于在运输方面统一解释的惯例规则中，代表性的有两个：一个是《联合国贸发会议/国际商会多式联运单证规则》。本规则对多式联运合同的绝大部分标准条款做了规定，方便了新兴的多式联运业务，也填补了《多式联运公约》生效前的法律真空。它受到了国际商界、运输界和银行界的普遍欢迎和接受。该惯例规则已于 1992 年 1 月 1 日起生效，另一个是《1994 年约克—安特卫普规则》。本规则是关于在海上运输中发生共同海损的理算规则。它对共同海损下了定义，并对共同海损的范围、举证责任、共同海损的牺牲和费用和共同海损的担保等规定了一系列的规则。目前，它已被国际上绝大部分的海运货物承运人和海运船舶及货物保险人接受，在共同海损理算上得到了广泛的适用。

3）国内法

随着海上货物运输业的发展，许多国家都专门制定了有关海上（或水上）货物运输的法律。美国国会早在 1893 年就制定了《哈特法》（Harter Act），即《关于船舶航行、提单以及与财产运输有关的某些义务、职责和权利的法案》（An Act Relating to Navigation of Vessels, Bill of Lading, and to Certain Obligations, Duties, and Rights in Connection With the Carriage of Property），第一次在成文法中确立了承运人最低责任的强制性法律传统，对于那些免除承运人"在装载、储存、保管、照料或适当交付的谨慎义务"及承运人"适当装备船舶设施、配备船员、提供食品和必需品和配件，使船舶适航"的义务（亦即通称的使船舶适航义务和管货义务）的提单条款进行立法干预，保证了托运人的最低限度正义。由于 1893 年《哈特法》较好地平衡了当时历史条件下船货双方的利益要求，有力促进了海上货物运输的发展，符合了历史发展的趋势，因而受到各国立法的广泛重视和借鉴，掀起了一股以《哈特法》强制性法律规范为蓝本的海上货物运输立法热潮。澳大利亚于 1904 年制定了《海上货物运输法》，加拿大于 1910 年通过了《水上货物运输法》，国际法协会也以《哈特法》为蓝本于 1921 年制定了首个提单国际公约——《海牙规则》，并于 1924 年 8 月 25 日在布鲁塞尔获得通过。《海牙规则》通过后，紧接着一向主张合同自由的英国于 1924 年通过了《海上货物运输法》，中国也于 1992 年通过了《海商法》。

3. 提单运输

1）提单的概念

提单是指用以证明海上货物运输合同和货物已经由承运人接收或者装船，以及承运人保证据以交付货物的单证。货物由承运人接收或者装船后，应托运人的要求，由承运人或承运人的代理人签发提单。承运人签发的俗称大提单（Ocean Bill of Lading），承运人货运代理人签发的俗称小提单（House Bill of Lading）。

2）提单的作用

（1）提单是海上货物运输合同的证明，是船货双方在货物运输关系中权利义务的依据。

提单的证明作用，指在法律上可以作为证据。其含义：一是承托双方之间海上货物运输合同存在的证据，因为提单的签发就是履行运输合同的一个条款；二是海上货物运输合同的内容证据。承运人的权利义务适用提单的规定。提单不是海上货物运输合同本身，却是合同的证明，除另有约定外，提单上的条款是承运人与托运人之间达成的海上货物运输合同的内容。承运人与提单持有人之间的权利义务关系依据提单的规定来确定，这是海上货物运输合同的一个特点。如果提单的内容与运输合同条款不一致，则以合同为准。

按照英国法，提单只是运输合同的证据。如果提单所列条款与双方事先达成的协议有矛盾，应以事先的协议为准。承运人在完成运输任务过程中，如果违背事先的协议，就应赔偿托运人的损失。明确这一点之所以重要，是因为按照英国法原则，当书面合同成立以后，除非能证明有欺诈或有错误，一切事先的口头协议均不能更改书面合同条款。因此认定提单只是运输合同的证据，此项原则就不适用，双方事先的口头协议就可以使与之相反的提单条款失效。

典型案例7-1

阿登尼斯案

一个经营柑橘的托运人在西班牙与承运人约定，承运人应于1947年12月1日，即在这种货物的进口税提高以前，把货物直接运往伦敦。1947年11月22日，货物在西班牙卡塔里纳港装上"阿登尼斯"轮。承运人向托运人签发了提单，提单内载有通常的条款，规定承运人可以任意经过任何航线把货物直接或间接运至目的港。实际上阿登尼斯轮首先开到安特卫普港，至12月4日才到达伦敦。那时进口税已经提高。托运人要求承运人赔偿由于它违反口头约定造成的损失。承运人抗辩说，双方当事人之间的合同是提单，提单条款约束双方的权利与义务，凡与提单条款不相符合的口头约定均应无效。1951年英国法院的法官戈达德在其判决中指出，提单不是运输合同，合同是在提单签发以前缔结的，承运人所做的该船应直接开往伦敦的允诺是一项担保，该项口头担保已使提单所列条款无效。因此承运人应赔偿托运人的损失。

但是，对提单的受让人来说，提单是运输合同的唯一证据。签发提单前的口头协议，仅能约束缔约人即托运人与承运人，而不能约束提单受让人。

(2) 提单是承运人接管货物或将货物装船的证明。

承运人签发提单，就意味着一定数量、品名的货物已装上船，或者在其保管下，等待装运。提单作为承运人收到货物的证明有两层含义：其一，当提单在托运人手中时，它是承运人已按提单上所载情况收到货物的初步证据。如果承运人实际收到的货物与提单上的内容不符，承运人可以提出反证，证明货物的缺陷在装船时就已存在，或证明货物的缺陷是由托运人的欺诈行为所致，承运人可据此向托运人追索或反诉。其二，当提单在受让人手中时，它是承运人收到货物的终局性证据。这是因为提单的受让人在购买提单时，并没有机会去检查实际装船或交给承运人的货物，只能全凭信赖承运人在提单中所承认的事项行事。所以，承运人不仅有责任按照提单中所列的数量或表面良好的状况向收货人交货，而且不得以提单中的"承运人对货物数量、重量、件数、表面状况未详"或"托运人装船并点数"等"未知条款"来对抗任何善意的持有人。即使货物确定未装船，承运人也不能免除自己对收货人的责任，除非提单的受让人在接受提单时，也接到货未装船的通知。

(3) 提单是代表货物所有权的凭证。

根据商业单据惯例，提单代表着货物，谁占有提单，谁就占有提单项下的货物。提单的转移标志货物所有权的转移。提单的持有人可以在货物运输的过程中通过处理提单来处理提单项下的货物，实现国际贸易的快速自由流转。由于提单的这种作用，在国际贸易中，它可以作为买卖的标的物和向银行押汇的担保品。提单的这种作用使其具有流通性，其流通性是通过背书实现的。如果出让人的意思是转移货物的所有权，则一经背书并将提单交给受让人后，受让人便可以取得该提单项下货物的所有权。因此，承运人的责任是向提单的持有人交货，而不问提单持有人的权利来源是否正当。若承运人对出示提单人的身份有怀疑，可以要求他出示证明或提供担保，但这并非固有义务。即使提单的持有人确实无权占有货物，只要承运人对此不知情而善意地将货物交付给他，承运人就可以不负责任。反之，即使是真正的收货人，若不能出示正本提单，也不能提走货物。否则，承运人便要承担由于无单放货而引起的一切责任。

3）提单的种类

（1）根据货物是否已装船，可将提单分为已装船提单和收货待运提单。已装船提单指由船长或承运人的代理人在货物装上指定的船舶后签发的提单。银行一般也只接受已装船提单。收货待运提单指船方在收到货物后，在货物装船以前签发的提单。银行通常不愿意接受收货待运提单作为议付的担保，为托运人提供资金的融通。

（2）依收货人的抬头，可将提单分为记名提单、不记名提单和指示提单。记名提单指提单正面载明收货人名称的提单。在这种情况下，承运人只能向该收货人交付货物。记名提单一般不能转让。不记名提单指提单正面未载明收货人名称的提单。这种提单的转让十分简便，无须背书，只要将提单交给受让人即可。指示提单指提单正面载明凭指示交付货物的提单。指示提单的转让必须经过背书。

（3）根据提单有无批注，可将提单分为清洁提单和不清洁提单。清洁提单指提单上未附加表明货物表面状况有缺陷的批注的提单。承运人如签发了清洁提单，就表明所接受的货物表面或包装完好，承运人不得事后以货物包装不良等为由推卸其运送责任。银行在结汇时一般只接受清洁提单。不清洁提单指在提单上批注有表明货物表面状况有缺陷的提单。银行除非在信用证规定可以接受该类提单的情况下，一般会拒绝接受不清洁提单办理结汇。

（4）根据运输方式，可将提单分为直达提单、转船提单和联运提单。直达提单指中途不经转船直接将货物运往目的地的提单。转船提单指当货物的运输不是由一条船直接运到目的港，而是在中途需转换另一船舶运往目的港时，船方签发的包括全程的提单。联运提单是指须经两种或两种以上运输方式（海陆、海河、海空、海海等）联运的货物，由第一承运人（第一程船运输的承运人）收取全程运费后，在起运地签发到目的港的全程运输提单。

（5）依是否已付运费，可将提单分为运费预付提单和运费到付提单。运费预付提单指载明托运人在装货港已向承运人支付运费的提单。运费到付提单指载明收货人在目的港提货时向承运人支付运费的提单。

4）提单的内容

提单并无统一的格式，可由轮船公司自行制定。目前，在远洋运输中所使用的提单，都是由各航运公司按照自己的提单格式事先印刷好的。提单通常是一页纸，分正反两面，提单正面是提单记载的事项，提单的背面为关于双方当事人权利和义务的实质性条款。

在提单的正面，主要载明以下 9 项内容。

（1）船名和船舶的国籍。

（2）承运人名称。

（3）装货地和目的地或者运输航线。

（4）托运人名称。

(5) 收货人名称。
(6) 货物的名称、标志、包装、件数、重量或体积。
(7) 运费和应当给承运人的其他费用。
(8) 提单签发的日期、地点、和份数。
(9) 承运人或其代理人或船长的签字。

在上述 9 项内容中，(1)～(6) 项由托运人填写。托运人应向承运人保证他所填报情况的正确，如因托运人填写不清楚或不正确，以致引起灭失或损害，托运人应赔偿承运人的损失。如果承运人怀疑所收到的货物与提单上所填报的情况不符，应在提单上添加批注。(7)～(9) 的内容一般由承运人填写。提单通常是一式三份，但也可以根据托运人的需要适当增加或减少份数。承运人凭其中一份提单交付货物后，其余一律作废。

提单的背面主要载有以下 10 项内容。
(1) 管辖权和法律适用条款。
(2) 承运人责任条款。
(3) 承运人的免责条款。
(4) 承运人责任期间条款。
(5) 赔偿责任限额条款。
(6) 特殊货物条款。
(7) 留置权条款。
(8) 共同海损和新杰森条款。
(9) 双方有责碰撞条款。
(10) 其他条款，如提单中关于战争、检疫、冰冻、罢工、拥挤、转运等内容的条款。

承运人总是试图在提单中加入减免其对所运货物的责任的条款，但如果提单规定适用 1924 年《海牙规则》，承运人就不能在提单条款中排除其按《海牙规则》所应承担的基本义务，即使承运人在提单中加入了这样的免责条款，按照《海牙规则》的规定，这类免责条款也是无效的。

5) 提单当事人的基本义务和责任

当事人的基本义务和责任是由提单条款加以规定的。由于目前大多数国家已采用《海牙规则》，因此，现以《海牙规则》为主，适当对照《维斯比规则》和《汉堡规则》及我国《海商法》的有关规定，对提单当事人的基本义务和责任加以介绍。

(1) 承运人的基本义务。

① 谨慎处理使船舶适航。船舶的适航性是一个古老的概念，也是承运人"最低法定义务"之一。我国《海商法》第四十七条对船舶的适航作了规定："承运人在船舶开航前和开航当时，应当谨慎处理，使船舶处于适航状态，妥善配备船员、装备船舶和配备供应品，并使货舱、冷藏舱、冷气舱和其他载货处所适于并能安全收受、载运和保管货物。"这一规定与《海牙规则》第 3 条第 1 款的规定基本相同。船舶的适航性主要包含以下 4 点含义。

a. 船舶处于良好的工作状态，即能够抵御航次中通常出现的或能够合理预见的风险。要求船舶在船体、构造、性能和设备等方面具备在特定航次中安全航行并且抵御通常出现的海上危险。船舶备有适航证书，在法律上并不能必然地证明船舶适航。但是船舶如果未备有相应的有效适航证书，则可以断定船舶是不适航的。1983年，美国纽约南区地方法院在"塔奇（Tachi）"一案判决中就明确指出："不管怎样，外国政府的船级社或按照海上生命安全公约所颁发的有关证书本身并不能证明船舶适航。"仅凭借适航证书并不能证明船舶适航，其原因有二：一是验船师验船及颁布适航证书可能有疏忽或者过失；二是在适航证书的有效期间之内，可能由于发生新的情况而导致船舶实际不适航。

船舶适合于航行的一项基本要求就是船舶能够抵御通常发生的海上危险。怎么样确定航程中的通常危险，又往往是决定承运人能否免责的一个关键问题。《海牙规则》第4条第2款中规定的免责原因是"海上或者其他可航水域的灾难、危险或意外事故。"这就是我们通常所说的海难。显而易见，船舶适合航行，并不要求船舶能够抵御这类属于不可抗力性质的海难。因此，必须把通常的危险与海难明确区别开来。例如，在冬季的北大西洋上，八九级的大风是司空见惯的，因而只能认为是通常危险。在日本海峡上，八九级的大风可能被认为是海难。因为八九级的大风在日本海峡上是非常罕见的。

b. 船员配备、船舶装备和船舶供应适当。所谓船员配备适当，是指船舶必须配备足够的合格船员。合格船员的含义有两个：一是这些船员必须持有相应的合格证书；二是船员必须具备相应的工作能力，也就是要能够胜任工作。

船舶装备适当是指船舶要适当地备有航海所需要的各种仪器设备及必要的文件如海图等。船舶究竟应当装有哪些仪器和装备有哪些文件才算适当，是一个技术性很强的问题。例如，在20世纪60年代，船舶未装有雷达，不能说是船舶装备不适航，但是国际海事组织制定的《1974年国际海上人命安全公约》修正案中，却已经规定一切远洋商船都必须安装雷达。

船舶供应适当是指船舶在航行中要备有适当的燃料、淡水、粮食、药品及供应品。船舶的燃料供应是否适当，是经常引起纠纷的一个问题。船舶一般必须保证备足保证全航程所需要的燃料。燃料不足或者燃料质量不符合要求，都可以被视为不适航。在长途旅行时，自然不可能将整个航程所需要的燃料一次备足，但是至少要备足从起运港到下一停靠港所需要的燃料。对于船舶供应品，也可以采用分段补充的方法。

c. 船舶适货。船舶适货是船舶适航的另一重要内容。船舶适货要求承运人正确装载、积载、保管和照料货物。就积载货物而言，承运人应当考虑到船舶的总体安全，避免因为配载重心偏离，使得船舶丧失稳定性，避免超载和不平衡装载而对船体结构强度产生不利影响，从而导致船舶不适航。就保管和照料货物而言，承运人必须保证船舶符合运输特定货物的特殊要求，否则，船舶就是不适宜收受、运送和保管该特定货物。船舶适航不仅是指船舶自身的安全航行能力，而且船舶应当具备将所载运的货物运达保险单载明的目的港的合理能力。

例如，承运人将罐头和毛织品装入同一货舱。罐头需要间断地通风，而毛织品则需要连续通风。船抵达目的港后，发现因为航行中的连续通风导致罐头遭到损害。法庭认为，承运人应当了解这批货物的不同特性和不同的通风要求。承运人将两种要求采取不同通风措施的货物堆放在同一货舱，应当视为船舶不适航。

d. 船舶适航的时间和对承运人主观状态的要求。关于承运人使船舶适航的义务应从何时开始并从何时终止，国际航运历史上曾经有过"阶段论"的观点，即船舶在航次的每一阶段，都必须适航。我国《海商法》仿效《海牙规则》要求"承运人在船舶开航前和开航当时"应当承担适航的义务。即在开航以后船舶不适航不是承运人的责任。具体而言，所谓开航前，应当是指开始装货之时；开航时，是指船舶离开锚地之时。但是适航的时间并不仅仅指开始装货之时与开航时这两个孤立的时间段，而是指从开始装货至开航这一整段时间。但是在这整段时间之内，对不同的阶段，如装货和开航阶段，对适航有不同的要求。在开始装货之时，仅要求船舶适于接收货物并能经受装货阶段的一般风险；在开航之时，还必须要求船舶经得住航程中可能遭遇到的一般风险。如果装货完毕后还有一个停泊等待开航的阶段，则船舶应当适于开航前的停泊。根据我国《海商法》规定，主观上承运人只要做到谨慎处理使船舶处于适航状态就可以了，但是对什么是"谨慎处理"这个纯粹的事实问题，必须在具体案件中结合具体案情才能知道。一般认为，"谨慎处理"要求承运人作为一名具有通常技能，并且谨慎行事的船舶所有人，采取各种为特定情况所合理要求的措施。

关于船舶的适航性问题上，我们要注意船舶适航条件的新发展。为保证海上安全，防止人身伤害或生命损失以及财产损失，国际海事组织在1993年第十八届大会上通过了《国际船舶安全营运和防止污染管理规则》[ISM（*International Safety Management*）规则]，并于1994年5月通过《国际海上人命安全公约》[SOLAS（*International Convention for Safety of Life at Sea*）公约]新增第九章船舶安全营运管理，使ISM规则成为强制性规则。ISM规则的核心是建立起一套科学、系统、程序化的安全管理体系，它是由组织结构、职责、程序、活动过程和资源所组成，以文件的形式落实其管理程序，以保证岸上及船上涉及安全和环保的条件、活动和任务都能按照法规和船公司的要求进行计划、组织、实施、审核和检查。ISM规则的实施，使得船舶适航的标准更加严格。首先，ISM规则规定船公司应当建立有关程序，各种程序应保证船舶始终处于适航状态。这样，船公司提供适航船舶义务，从时间角度上就大大扩展了范围，要求船公司保证船舶始终处于适航状态。其次，在船舶配备船员的要求上，ISM规则在配备船员方面对公司的要求是极为严格的。从规则的措辞上看，使用的是"保证"，而不是"妥善"。ISM规则第六条做出如下规定："公司应保证船长在指挥方面有适当资格；全面熟悉公司的SMS；得到必要的支持以便能安全地执行船长的任务。公司应保证每艘船上的船员都是根据国家及国际要求考核、持证并且身体健康。公司应建立程序，以保证有关安全和环境保护的新聘人员及调至新岗位人员适当熟悉其任务，主要的须知应在开航前提供，它应标识、形成文件并发给有关人员。公司应保证全公司与SMS有关的所有人员都具有对有关规范、规则及指南的适当理解。公司应建立和保持程序，标识实施SMS可能需要的培训，并保证这种培训提供给所有的有关人员。公司应制订程序，保证船上人员能收到用他们懂得的工作语言编写的有关SMS信息。公司应保证船上人员在执行有关SMS的任务中能有效地交流。"

最后，ISM规则在装备船舶、适货和适航能力上都提出了更加详细、更加严格的要求。如要求船舶必须持有安全管理文件，必须随船带有"符合证明"的副本和安全管理证书以及船舶应制订有关船舶操作程序，包括特殊操作和关键操作，各项任务都应由合格的人员来执行。为保证船舶按照国际、国内法规和公司要求进行维护，公司应当制订船舶和设备的维护程序，以便使船舶始终处于适航状态。ISM规则是一项关于船舶安全营运和防止污染方面的强制性的国际标准，它对航运企业和国际航行船舶在包括船舶适航等各方面都提出了更高的要求。置身于国际航运市场的船公司，如果不按期实施ISM规则，没有拿到有关主管当局颁发的合格证明，所经营管理的船舶没有拿到有关主管当局颁发的安全管理证书，船舶的航行和靠港将受到限制或停航，无法从事国际海上货物运输，从而失去客户和市场，难以发展和生存。

"9·11"事件之后，随着各国空中与地面警戒力度的加强，国际恐怖组织渐渐将目光投向了国家控制力量相对薄弱的海洋，如 2002 年的法国邮轮"林堡号"事件、2004 年 4 月份的伊拉克"巴士拉港口爆炸案"等。国际海事组织（International Martime Organization，IMO）于 2002 年 12 月 13 日在"海上保安外交大会"上通过了《1974 年国际人命安全公约修正案》和《国际船舶和港口设施保安规则》[ISPS（*International Ship and Port Facility Security Sea*）规则]，该修正案和规则对船舶和港口制定了详细的保安规定，为各国开展海上保安工作提供了可以操作的国际法律框架。ISPS 规则规定："正在全球范围之内运行的 6 万余艘 500 总吨以上的国际航运船舶（不包括高速快艇、沿海自航钻井平台、港口码头工作船舶等）和 2 万多家国际港口码头，均必须在 2004 年 7 月 1 日前达到 ISPS 规则规定的国际安全标准，否则就要受到处罚。"SOLAS 公约修正案和 ISPS 规则的目的是反恐和加强海上保安，但其真正意义却远不止此，它对航行安全和避碰，打击"幽灵船"和低标准船有重要的影响。就承运人的适航义务上看，它也提出了新的标准。在船员配备方面，ISPS 规则规定，所有船上人员应当进行关于应对恐怖分子威胁方式及其策略方面的培训，并建立起能够识破恐怖威胁的意识。同时还规定，在每艘船上应当指定一名船舶的保安员，如果船舶公司没有做到，那么可能会被认定为船舶不适航。在船舶装备方面，ISPS 规则从硬件和软件两方面对船舶适航提出了新标准。从硬件方面看，SOLAS 公约修正案将公约的第 V 章中强制配备 AIS（*Automatic Dentification System*，海事自动识别系统）的日期提前到了 2004 年 7 月 1 日（特殊情况到 2004 年 12 月 31 日）。新增加的 XI-2 第 6 条要求每艘船舶必须配备两套 SSAS（*Ship Security Alert System*，船舶安全报警系统）。此外还有船舶识别号的标注：在船体上的明显位置和机器处所，泵舱，滚装处所的舱壁上永久性地标注船舶的 IMO 号码。从软件方面看，增加了 3 项新的要求：一是要求有船舶的连续概要记录；二是要求有国际船舶保安证书；三是要求每艘船应当随船携带《船舶保安计划》。

典型案例 7-2

"亚历山大"号油轮货损纠纷案

美国某公司租用南欧某国"亚历山大"号油轮，于 1994 年 8 月 8 日在美国纽约港装运散装豆油 20 397t，驶往目的港上海，收货人为中国粮油进出口公司，价格条款为 CFR。船舶中途遇 8～9 级大风，以致颠簸严重。8 月 30 日发现第二左舷边舱的豆油外漏，为避免更大损失，不得已将豆油转移至其他各舱。9 月 6 日又发现第六、七右舷边舱的豆油外漏。9 日，"亚历山大"轮驶至海礁岛和长江口锚地之间，此时又发现第六、七右舷船壳板裂缝，致使豆油大量外漏，且裂缝越来越严重。应船长的请求，其代理人要求上海救助部门援助，上海救助部门即派拖轮前往救助难轮，10 日下午将难轮拖至上海检疫锚地，并于水下堵漏以减少污染。经检测，豆油损失达 1 463t，价值人民币 125.9 万元。

该轮船东于 1994 年 11 月宣布共同海损，并要求收货人及货物保险人提供共同海损担保书、共同海损协议书和货物价值单，双方由此发生争议，争议焦点在于船舶是否适航。在案件诉诸法院后，组成了联合检验小组。经检验查明:"亚历山大"轮有 8 处船壳板与强肋骨边接焊缝脱开,且均有老痕;外板多处裂开;外板和舷侧铁骨腐蚀率已超过 25% 和 50%。遂作出相应检验结论:"现该轮处于不适航状态,并取消船级"。鉴于此,货物保险人要求船东承担因船舶不适航所造成的损失的责任,要求船东及其保赔协会提供足额提保。后经保赔协会要求,双方通过协商解决争议,船东保赔协会实赔损人民币 125.9 万元的 80%,亦即 105.5 万元(因考虑到"解除共同危险",船东确已支付救助费用等人民币 26 万元)和油污所致损失人民币 90.7 万元的 85%,即 77.1 万元。

② 妥善谨慎的管理货物。承运人应妥善和谨慎地装载、搬运、积载、运输、保管、照料和卸载所运货物,如果因其疏忽或过失造成货损,则承运人应负赔偿责任。

妥善是指技术上的要有一定的业务水平,谨慎通常指责任心上的要求。例如,某轮在海上遇到异常大的风浪,舱内的一台机器脱离本位到处碰撞受损,本来该次异常风浪承运人是可以依靠天灾免责的,但是,船东事前并没有把该机器牢固在舱内而留下空间,属于未谨慎积载。

③ 不进行不合理绕航、合理速遣。承运人应当按照约定的航线行驶,在约定的时间交货。如果当事人约定了交货时间,承运人应在约定时间交货,否则构成迟延交付;按我国《海商法》没有约定时间,承运人没有在合理时间交货,不构成迟延交付,按《汉堡规则》则构成。在海上为救助或企图救助人命或财产,或有其他合理需要,船舶可以驶离航线。

典型案例 7-3

船舶绕航纠纷案

美国某公司以航次租船合同租用某船将茶叶从中国运往美国。合同中明示规定船舶有权救助人命、财产。承租人在运输途中接到另一港他人的求救信号,于是绕航救起两名落水渔民。在返回原航道途中突遇大风浪,部分茶叶因进水而受潮。茶叶所有人认为:此项损失应由该承租人负责。法院认为,此项损失不应由承租人负责。其原因是在航次租船合同中一般都规定船舶不绕航的义务,但合同中明示规定可以救助他人或财产,由此所做的绕航是不违背合同意愿的。由此可知本案例绕航救人是合乎合同规定的,同时茶叶受潮的损失是绕航后发生的,因为是合理绕航,所以可知承租人不应对合理绕航而发生的损失负责。

在正常情况下,承运人应将货物运至约定的目的港交给收货人。但是,如果目的港发生战争、封锁、瘟疫、罢工、冰冻或者承运人无法控制的其他情况,使船舶不能驶入原定的目的港时,船长有权把船舶驶到附近的安全港口卸货,并通知收货人,即可认为承运人已履行其交货义务。

(2) 承运人的免责事项。

① 船长、船员、引水员或承运人所雇用的其他人员在驾驶或管理船舶上的行为有疏忽或过失。

这是所有免责事项中最为重要的一项,也是免除承运人的雇员全部疏忽责任的唯一条款。以往法律上从来没有明文规定任何人对自己的疏忽或行为过失所造成的损失不用负责,美国的《哈特法》首开先河。在 100 多年前的海上运输业仍然是一个较具危险性的事业，而正是这项事业对一个国家的经济和外贸发展有着非常重要的意义。为了鼓励航运业的发展，美国的立法当局对船东的利益作出了适当的让步。当然要享受权利必要先履行义务，如果造成意外的原因是由于未尽基本义务，那么承运人就不能享受免责。

所谓驾驶上的过失，是指船舶开航后，船长、船员在驾驶船舶中所发生的判断上或操纵的错误。例如，船舶在航行中，由于船长在驾驶操作上的疏忽，发生触礁、搁浅或碰撞等责任事故，致使船上货物受损，承运人可以免责。所谓"管理上的过失"，是指船长、船员在管理船舶方面缺乏应有的注意，如未适时关闭进水阀门、使用抽水泵不当等，如因此而使货物受损，承运人亦可以免除责任。

需要指出的是，该项免责条款适用的对象是承运人的雇员，包括船长、船员、引水员或承运人的其他受雇人，而不包括承运人本身。此外，该项免责条款适用的范围是上述对象的过失行为，不包括主观上存在故意的行为。

实践中，管船过失与管货过失很难区分，因为两者相互联系，但是它们的性质不同，管船过失可以免责，而管货过失不能免责。如果某项行为主要是针对船舶本身而做的，虽然它对货物也产生了间接影响，但这项行为仍属管理船舶的行为，承运人可以免责。反之，如果某项行为主要是针对货物作出的，虽也与船舶有间接关系，但仍属于管理货物的行为，也就意味着，如果存在疏忽或过失而使货物受损，承运人则不能免责。

例如，一艘船舶在寒冷天气里，燃油舱内燃油结块，船员对燃油舱进行加热，使燃油能流动，但没有及时停止加热，使装在燃油舱上的石蜡货物因融化而受损，船员的这一过失属于管理船舶的过失。再如，某轮在航行中遇到大风浪，需要往压载舱打压载水，以提高船舶的稳定性，但船员误将海水打入货舱，使货物受到湿损，这一过失也属于管理船舶的过失。又如，某船运输水泥，航运途中，船员为了查看舱内货物打开舱盖，但出舱时忘记关上，后因甲板上浪，海水进入货舱使货物受损，这一过失属于管理货物的过失。

② 火灾，但是由于承运人本人的过失造成的除外。船舶引起火灾的原因是多方面的，它包括由于船长、船员或装卸人员的疏忽而引起的火灾，由于货物的自然特性而蔓延起来的火灾，或由于其他原因所造成的火灾，承运人对于这类火灾所引起的货物损失，以及因扑灭火灾而造成的货物损失，可以免除责任。但是，如果火灾是由于承运人本人的实际过失或参与所引起的，承运人不能免责。此外，如果火灾是由于船舶不适航所引起的，承运人也不能免责，除非他能证明他已尽到谨慎处理的责任使船舶适航。

例如，船员不小心烟火引起的火灾，承运人免责；而承运人明知轮机人员经常在机舱内违章明火作业而未加阻止引起的火灾，不能免责；承运人为骗保险金指使船员纵火烧毁船舶，不能免责。

③ 天灾、海难。这一免责条款应理解为不能合理预见，超出了一艘适航船舶所能抵御范围的海上风险，即海难危险是承运人在航行前无法预料，在危险发生后无法避免和无法抵御的，而且也不是因为船舶不适航或承运人的管货过失所造成的。

例如，八、九级的风浪并不一定是海难，因为冬天在北大西洋航行容易遇到大风浪，要预备行走该航线就应能经受起这种大风浪。

天灾与海难很难区分，两者的唯一区别是天灾不涉及人为因素，纯属自然灾害，如海上风暴、严重冰冻等。

④ 战争或者武装冲突。

⑤ 政府或者主管部门的行为、检疫限制或者司法扣押。政府或者主管部门的行为指一国政府或有关部门所采取的禁止装货或卸货、禁运、封港、扣押、没收充公等行为；如两国关系恶化，一国政府下令扣押在该国港口的另一国商船。

司法扣押，如船舶未支付有关费用，港务监督机关禁止船舶离港，但不包括因债权债务纠纷，法院采取保全或强制执行行为。

例如，一轮船自高雄装运香蕉至日本，因高雄刚发生过霍乱，日本政府下令对来自高雄的船舶一律进行熏蒸，经过 8 天的熏蒸，该船香蕉全部变质，承运人可以援引检疫限制免责。

⑥ 罢工、停工或者劳动受到限制。罢工是发达国家常有的事，如澳大利亚、英国、美国、日本等国常发生罢工。如果船舶装载着易腐烂的货物并未抵达已知正在罢工的目的港，并且有理由相信在短期内不会结束罢工，船东有责任为谨慎妥善照料货物而合理地将货物改卸在临近而货方又方便提货的港口，不能任由货物随船舶驶入原港口延滞变坏。

⑦ 在海上救助或者企图救助人命或者财产。

⑧ 托运人或者货物所有人或者他们的代理人的行为。

⑨ 货物的自然特性或者固有缺陷。

⑩ 货物包装不良或者标志欠缺、不清。

包装良好是托运人的义务之一。它是指包装方式、强度或状态能够承受装卸和运送中发生或可能发生的正常风险。承运人在装船时如果发现货物包装存在缺陷，应当如实在提单上批注，否则承运人不能要求免责。

货物标志清楚、适当也是托运人应承担的义务之一。如果货物标志不清或不当，引起货物错交、错卸、倒置、破碎、霉变、受潮等，承运人可援引此项免责。

⑪ 经谨慎处理仍未发现的船舶潜在缺陷。所谓潜在缺陷，一般是指一个合格的专业人员，以一般应有的注意所不能发现的缺陷。它通常是指船舶结构方面的缺点，即船壳、机器及船舶附属品的缺陷，如船舶钢板的例钉松移、冷藏舱的橡皮联节漏水等。

⑫ 非由于承运人或者承运人的受雇人、代理人的过失造成的其他原因。

（3）承运人的责任期限。

集装箱货物的责任期限：装货港接受-卸货港交付。

非集装箱货物的责任期限：货物装上船-货物卸下船。

在上述期间内，由于不能免责的原因造成货物的灭损，承运人应该对损失负责。

海运实践中的"钩至钩"或"舷至舷"一般的理解为：承运人的责任期限从货物开始装船，吊钩受力的时间开始，直至货物卸下船脱离吊钩。

（4）承运人的赔偿责任限制。

承运人的赔偿责任限制又称承运人单位责任限制，指对承运人因不能免责的原因造成的货物灭失、损坏或迟延交付，将其赔偿责任在数额上限制在一定的范围。实质上是承运人赔偿责任的部分免除。

① 责任限制。《海商法》折中了《海牙规则》和《汉堡规则》的赔偿规则。

a. 承运人对货物的灭失或损坏的赔偿限额，按货物件数或其他货运单位计算，每件或每个货运单位为 666.67 SDR，或按毛重计算，每公斤 2 SDR，择两者中较高的为准；货方不能索赔利润损失和违约损失。

b. 延迟交付货物未灭失损坏，而只是造成了其他经济损失的，限额为延迟交付货物运费的 2 倍。

c. 如果托运人已经申报其货物的性质和价值，并在提单中载明，或另约定了更高的限额，则以货物的实际价值或另行约定为准。

d. 如果货物的灭失或损坏和迟延交付同时发生，则适用承运人对货物灭失或损坏的赔偿限额；此时，货物灭损的金额中包括因迟延交付造成的其他经济损失金额。

② 计算单位。

a. 货物的件是指包装单位，如捆、盒、箱、桶、包等；其他货运单位是对非包装货物而言，如机床、汽车、游艇等按台、辆计算；运费单位主要用于散装货物的运输，如谷物、矿砂等。

b. 如果货物是以集装箱、货盘或者类似装运器具集装的，则提单中载明内装件数的，应以该内装件数为计算赔偿限额的件数，如提单上未注明内装件数的，则以每一装运器具为一件或一个单位；如果装运器具非承运人所有或非承运人提供时，装运器具本身也视为一个单位。

③ 损失计算。

a. 货物灭失：货物的实际价值。

b. 货物损坏：受损前后实际价值的差额或货物的修复费用。

c. 实际价值：CIF 价格下货方少付的费用。

④ 责任限制权利的丧失。如果经过证明，货物的灭失、损坏或迟延交付是由于承运人的故意或者明知可能造成损失而轻率的作为或不作为所造成，承运人便不得援用责任限制的规定；如果是由于船长、船员、承运人的其他受雇人或代理人的故意或明知可能造成损失而轻率的作为或不作为所造成，承运人责任限制的并不丧失。

应该指出的是，随着国际集装箱运输的迅速发展，货损事故发生的概率也越来越高，从原因上看，主要有装箱、封箱不当，搬运、装卸不宜、堆放、保管不当，集装箱不适载，船方积不当及集装箱不水密、集装箱老化等。实践中，收货人收到的虽然是外表状况良好、铅封完整的集装箱，但却可能出现集装箱内的货物污损、污染、泄漏损坏等情形。因此，在集装箱运输中，有关各方应做好以下两项工作以减少或避免货损事故的发生。

a. 凡箱号及装载规范不明、不全，封箱标志破损、丢失、脱落、无法辨认或与进出口文件的记载不相符合，箱体结构不符合 ISO（International Organization for Standardization，国际标准化组织）标准，集装箱箱体不水密、箱门无法关启、擦伤、割伤、破洞、漏光等情形，应在进出场集装箱设备交接单上注明。

b. 注意箱体是否完好，箱号和装载规范是否清晰，标志是否规范无误，箱体是否清洁、干燥、无味等。

⑤ 托运人的义务

托运人的义务包含以下 3 个。

① 按合同约定提供托运的货物，并对货物情况作正确陈述。

② 及时向有关主管机关办理必需的各项手续。

③ 按合同规定及时支付运费和其他费用。

6）提单的签发

人们通常认为，提单由船长签发，因为在海运初期，地中海一带船舶所有人均随船往返,自任船长,所以,他既是船舶所有人,又是船长和承运人。后来,由于经济组织的变迁,船长与船舶所有人并不当然为同一人,而且也不都随船往返,因此便委托其代理人代为签发提单。这样,有权签发提单者,便不再限于船长一人了。例如,《海牙规则》第3条第3款就明确规定:"承运人或船长或承运人的代理人,在接管货物后,应依照托运人的请求,发给托运人提单。"英国1924年《海上货物运输法》和美国1936年《海上货物运输法》均采纳了此项国际规定。根据此项规定,承运人、船长或承运人的代理人都有权签发提单。

我国《海商法》第七十二条规定:"货物由承运人接收或者装船后,应托运人的要求,承运人应当签发提单。……提单可以由承运人授权的人签发。提单由载货船舶的船长签发,视为代表承运人签发。"该规定是参照《汉堡规则》制定的。根据该项规定,承运人在接到货物后,应托运人的要求,有义务签发提单,但对收受的货物尚未确定船舶的,应签发"收货待运"提单,如船舶已经落实并货物已装船,则应签发"已装船"提单。承运人对货物名称、数量或重量及货物的表面状况有权作出保留或批注,承运人依法签发的提单,托运人应当接受。

根据航运惯例,船长是承运人的当然代理人,他无须承运人的授权即可签发提单,其签发的提单视为代表承运人签发。其他人员如大副等,则只有在承运人授权的情况下才可以签发提单。

签发提单的基本要求有如下两个。

① 承运人必须依法签发提单。依法签发提单包括:①依法定程序签发。当托运人将货物运至码头后,通常由班轮公司的装船代理接收,并由其签发大副收据,之后再由托运人填写提单上的有关内容,承运人核对提单内容和大副收据无误后,即**签发提单交与托运人**。承运人如因未确定船舶而签发了收货待运提单的,在船舶确定并将货物装船后,应及时给托运人签发已装船提单。②按法定格式签发。承运人事先印制的提单格式必须符合法律的要求,根据我国《海商法》第七十三条的规定,提单正面的内容包括了11项,与《汉堡规则》第15条第1款列举的15项内容基本相同,承运人必须按这些内容签发。③依法依惯例签发。无论是关于提单的3个规则,还是各国的海商法都明确承运人在接收货物后才签发提单,故提单的签发日期应当是货物的装船日期。但实践中,某些承运人应托运人的请求或接受托运人提供的保函,倒签了提单日期或在货物尚未装船之前预先签发了提单,构成了倒签提单或预借提单,此二者均为法律所禁止。另外,航运惯例上,承运人对同批货物只允许签发一套正本提单。

典型案例 7-4

中国锦州美凌铜业有限公司诉美国埃尔西航运有限公司案①

原告于1994年3月17日与美国三得利铜业有限公司签订了购买200吨旧塑料和100吨废旧金属及电线的买卖合同,被告以承运人身份签发一式三份正本提单。根据提单,货物由美国长滩港运至中国大连港,原告根据买卖合同CIF价格条件,以信用证方式支付合同款项,获取了全部正本提单,等待提货。

---

① 参见《海事审判》1995年第4期,第27页。

但被告却与托运人美国三得利铜业有限公司达成默契,在明知未收回第一套正本提单的情况下又签发了第二套正本提单,造成一货二主,侵害了第一套正本提单的合法持有人即原告的合法权益。上海海事法院认定被告没有遵守承运人应当恪守的职责,违反了法律和航运惯例,导致原告因支付货款又提不到货的经济损失。因此,根据《海商法》第59条、第71条和《民法通则》第一百一十七条的规定,判决被告赔付原告货款损失及其利息以及因货物落空而支付给第三方的违约赔偿金。该案从反面说明了承运人在履行其签发提单义务时只能依法和依照航运惯例办理,否则,必须受到法律的追究。

(2)承运人必须如实签发提单。如实签发提单是指根据货物的实际状况,包括货物的名称、数量或重量或体积,主要标志及表面状况等签发提单。我国《海商法》第七十五条的规定,赋予了承运人在提单上批注权,但这项权利的行使必须依据事实,并在以下3种情况下才能行使:①明确知道提单的记载与实际接收或装船的货物不符;②有合理的根据怀疑提单的记载与实际接收或装船的货物不符;③没有适当的方法核对提单的记载。同时,承运人在行使批注权时,应当说明不符之处和怀疑的根据或说明无法核对。

当承运人或者代其签发提单的人未就货物不符之处在提单上作批注或保留,以及未在提单上批注货物表面状况的,该提单视为一张清洁提单。它是承运人已按照提单所载状况收到货物或者货物已经装船的初步证据。承运人向善意受让提单的包括收货人在内的第三人提出的与提单所载状况不同的证据,不予承认(《海商法》第七十六条、第七十七条)。因为提单上的记载在承运人与收货人、提单持有人之间构成了最终证据。

总之,承运人对提单是否加以批注,完全由承运人依实际状况决定。承运人对于提单记载与实际装船的货物不相符,或货物表面状况不良而仍然签发不加批注的提单,因此而产生的责任由承运人自负。相反,承运人无合法依据滥加批注,侵害托运人或收货人利益的,也要承担法律责任。所以,承运人必须如实签发提单。

4. 租船合同

租船合同包括航次租船合同、定期租船合同和光船租赁合同。租船合同都必须以书面形式订立。租船合同的订立在实践中需要经过询租、报价、还价、接受等步骤。合同的签订通常是通过电报、电传和传真来进行。

1)航次租船合同

航次租船合同又称为航程租船合同,是指航次出租人向承租人提供船舶或者船舶的部分舱位,装运约定的货物,从一港运至另一港,由承租人支付约定的运费的合同。在航次租船合同下,出租人保留船舶的所有权和占有权,并由其雇用船长和船员,船舶由出租人负责经营管理,由出租人承担船员工资、港口使用费、船用燃料、港口代理费等费用。承租人除依合同规定负担装卸费等费用外,不直接参与船舶的经营。

为了简化租船合同的谈判过程,国际上的航运民间组织制定了一系列的租船合同标准格式。目前,国际上最常用的航次租船合同格式是《统一杂货租船合同》,租约代号GENCON,简称"金康合同",该格式由波罗的海国际航运公会制定。航次租船合同的主要内容包括以下6个方面。

(1)船舶说明条款。船舶说明是出租人对船舶的情况在合同中所作的陈述。该陈述使船舶特定化,它是承租人决定是否租用该船的重要依据。该条款包括船名、船舶国籍或船旗、船级、船舶吨位和船舶动态等项内容。

(2) 预备航次条款。船舶在上一个卸货港时达成一项租船合同，则船舶驶往下一个租船合同的装货港的空放航次被称为预备航次。船方在预备航次中应尽责速遣，否则，船方须对因延迟而造成的承租人的损失负赔偿责任。此外，预备航次还涉及下列两项内容：①受载日，指租船人可以接受船舶并进行装货的最早日期；②解约日，指合同中规定的船舶应到达装货港的最迟日期。船舶如迟于解约日到达装货港，租船人有解除合同的选择权。

(3) 有关货物的条款。合同中应规定货物的货类、货名、包装等内容。对于货物的数量通常只规定一个约量，例如，规定"10 000 吨，±5%，船方选择。"在装货前，船长须根据将要履行的航次情况，向承租人宣布本航次可以承载货物的数量。

(4) 装卸期间。装卸期间是合同当事人双方约定的货物装船或卸船而无须在运费之外支付附加费的期间。航次租船合同中有装卸期间的规定是因为航次租船的时间损失在船东。如租船人未能在装卸期间内装货或卸货完毕，则须按超过的时间向船方支付滞期费。如租船人在装卸期间届满前提前完成装货或卸货，则由船方向租船人支付速遣费。

(5) 运费条款。运费是对出租人提供的服务所支付的报酬。运费的表现形式主要有两种：①运费率，例如，每公吨 35 美元或每 40 立方英尺 35 美元；②整船包价，指按所提供的船舶规定的一笔整船运费。在整船包价的情况下，不管实际装货多少，一律照付全部运费。

(6) 出租人的责任条款。租船合同不受《海牙规则》的管辖，因此，航次租船合同中有关货物损害责任的条款，得由出租人和租船人双方协商确定，法律上无强制的规定。例如，"金康合同"所规定的出租人的义务就低于《海牙规则》的有关规定。在实践中，更多的做法是删除上述条款，用附加条款说明出租人对货物的责任与免责适用《海牙规则》。

此外，航次租船合同中还有责任终止和留置权条款、装卸港口、装卸费用、绕航条款、罢工条款、战争条款和冰冻条款等内容。

在航次租船运输的条件下，船长或承运人的代理人仍须签发提单，这种提单被称为租船合同项下的提单。租船合同项下的提单与班轮运输中的提单相比要简单得多，只有提单正面的内容，没有背面的内容，又称为简式提单或短式提单。这是因为在班轮运输中，承运人与货方之间的唯一书面凭证就是提单，因而订得很详尽。又由于班轮运输有固定的航线、固定的挂靠港口，固定的费率，因而班轮提单的条款也很少改变。而租船运输则是相对灵活的，如在港口的选择、装卸率等方面都是千变万化的，不可能像班轮一样用统一的提单格式。因此租船合同项下的提单只有提单正面的内容，其余一般是通过"租船合同条款并入此提单"的字样将租船合同的内容并入提单。

2) 定期租船合同

定期租船合同是指船舶出租人向承租人提供约定的由出租人配备船员的船舶，由承租人在约定的期限内按约定用途使用，并支付租金的合同。定期租船合同与航次租船合同在许多方面有不同之处。

首先，在营运成本上，在航次租船中由船方负担的航次成本在定期租船下转由租船人承担，因而在定期租船合同中有关燃油消耗量、航速的规定。

其次，在时间损失上，航次租船的时间损失由船方承担，因此，在航次租船合同中有关装卸时间的规定。而在定期租船中，时间损失由租船人承担，因此，定期租船合同中有关停租的规定。

再次，在经营权上，航次租船由船东负责经营，而在定期租船下，船舶的经营权转归租船人，船东为了保证其船舶的安全，就会在合同中加入有关航区、可装运货物范围等航次租船合同中没有的规定。

目前，国际上最常用的定期租船合同格式主要是《定期租船合同》，租约代号"Produce Form（土产格式）"，又被称为"NYPE（纽约格式）"。定期租船合同的条款主要内容有如下 6 个。

（1）船舶说明条款。有关船舶的说明称为船舶规范，主要的船舶规范包括船舶名称、船籍、船级、吨位和容积、船速和燃料消耗。

（2）租期条款。租期是租船人使用船舶的期限。租期可以用日、月或年来表示。由于租期届满很难与租船人安排的最后航次的结束相吻合，常常会出现"超期"还船的现象。一般认为承租人经合理计算有权超期还船，以完成最后航次。对于超期期间的租金，承租人应当按合同约定的租金率支付租金；如市场的租金率高于合同约定的租金率的，也可约定承租人应按市场租金率支付租金。

（3）租金支付条款。定期租船合同的租金通常按每月每载重吨若干金额计收，一般规定每隔半个月预收一次。租船人须准时和如数支付租金，否则，出租人有权撤回船舶。在租船市场行情看涨的情况下，出租人随时都想寻找时机将船撤回，再以比原合同高的租金将船另行出租。

（4）停租条款。定期租船合同的时间损失在租船人，租船人是按时间交付租金的，而不是按航次交付租金的，如果租船人将船舶搁置不用，他仍需向船方支付租金。但有时船舶不能使用是由于发生了某些影响租船人使用船舶的情况，此时，租船人可以停付租金。可以停付租金的事项由双方协商决定，通常包括船体、机器及设备的故障或损坏；因海损事故而引起的延滞；等待补充船长或船员或物料的期间；船舶入坞修理等事项。

（5）运送合法货物条款。定期租船合同中规定可以装运的货物被称为合法货物。不准装运的货物通常由双方在合同中列明除外。对于租船人要求装运除外货物的命令，船长可以拒绝。船方接受装运了除外的货物，并不等于弃权，日后船舶所有人仍然可以拒绝装运此类除外的货物。另一方面，因装运了除外货物而引起的船舶所有人的损失也可以向租船人提出赔偿请求。

（6）航区条款。定期租船合同的经营权在租船人，如合同中没有限制性的规定，租船人是可以环球航行的。这样一来船舶所有人的船舶就要冒很大的风险。因此，合同中一般都规定租船人可以使用船舶的范围，如租方驶离约定的范围而造成船舶的损失，则须承担损害的赔偿责任。船舶所有人除去的航行区一般有战区、冰区、不合法贸易区等。

除了上述条款以外，定期租船合同中还有交船与还船条款、租船人指示条款、留置权条款、转租条款、法律适用条款、仲裁条款、共同海损条款、新杰森条款、留置权条款、双方互碰责任条款、佣金条款、战争条款等条款。此外，双方当事人在谈判中还可以另行附加其他的条款。

5．光船租赁合同

光船租赁合同指由船舶所有人提供不配备船员的光船，由租船人雇用船员，在约定期限内占有、使用船舶，并支付约定租金的租船合同。光船租赁合同具有财产租赁合同的性质,船舶出租人只保留船舶的所有权,船舶的占有权、使用权和营运权均转移给了承租人。由承租人雇用船员,并在合同规定的范围内进行船舶的经营,经营中发生的风险和责任也由承租人承担。承租人从出租人那里获得的是对船舶的"占有"和"使用"权,而不是出租人提供的劳务服务。因此,光船租赁合同具有财产租赁合同的性质。由于光租的财产租赁性质,使得船东的责任与一般运输合同中的责任有很大的不同。在光租合同中,船东除了提供适航船舶和有关船舶的文件外,不再承担其他的责任。他只对其提供的财产负责,不对运输业务中产生的责任负责。

光船租赁合同通常是在事先拟订的格式基础上达成的。光船租赁合同的主要内容应包括:出租人和承租人的名称、船名、船籍、船级、吨位、容积、航区、用途、租船期间、交船和还船的时间和地点及条件、船舶检验、船舶的保养维修、租金及其支付、船舶保险、合同解除的时间和条件,以及其他有关事项。

7.1.2 国际铁路货物运输法和国际航空货物运输法

1. 国际铁路货物运输法

国际铁路货物运输是指两个或两个以上国家之间根据铁路联运协定,使用一份统一的运单办理全程铁路运输,由一国铁路向另一国铁路移交货物,不需要发货人参加的联合运输方式。运单(Consignment Note)是国际铁路货运合同的证明。

1) 有关国际铁路货物运输的国际公约

(1)《铁路货物运输国际公约》。1890年制订并经多次修改的《铁路货物运输国际公约》(以下简称《国际货约》),目前使用的是1961年在伯尔尼签订、1975年生效的公约文本,其成员国共有28个:阿尔及利亚、比利时、保加利亚、匈牙利、德国、希腊、丹麦、伊朗、伊拉克、爱尔兰、西班牙、意大利、列支敦士登、卢森堡、摩洛哥、荷兰、挪威、波兰、法国、葡萄牙、罗马尼亚、叙利亚、突尼斯、芬兰、捷克斯洛伐克、瑞士、瑞典和南斯拉夫。我国未加入该公约。

(2)《国际铁路货物联运协定》。1951年签订的《国际铁路货物联运协定》(以下简称《国际货协》),最初由前苏联、捷克、斯洛伐克、波兰、罗马尼亚、匈牙利、保加利亚、阿尔巴尼亚和前民主德国8个国家参加,中国、朝鲜和蒙古于1953年、越南于1956年均参加了该协定,该协定至少有12个成员国,其中保加利亚、匈牙利、罗马尼亚、波兰、捷克斯洛伐克、德国等国同时是《国际货约》的成员国。为了便于《国际货协》成员国向其他国家运送进出口货物,《国际货约》规定可用一份运单装运货物通过铁路转运至《国际货约》成员国。我国与《国际货协》各成员国之间通过铁路运输的进出口货物均按《国际货协》的规定办理。因此,《国际货协》是我国对外铁路货物联运的主要法律依据。

2) 运单

运单是国际铁路货运合同的主要形式。发货人在托运货物时,应对每批货物按规定格式填写运单及其副本,由发货人签字后向始发站提交,由始发站在运单及其副本上加盖日期印戳,从这时起合同即告成立。此后,运单随同货物从始发站至终点站全程附送,最后交给收货人,而运单副本则退还发货人。

作为铁路货运合同形式的运单具有如下 5 个作用：①它是铁路货运合同的凭证，在发货人提交全部货物和付清其所负担的一切费用并由始发站在运单及其副本上加盖日期戳记后，即证明货物业已承运；②它是铁路收到和承运运单所列货物内容的表面证据；③它是铁路在终点站向收货人核收运杂费用和点交货物的依据；④它是货物出入沿途各国海关的必备文件；⑤运单副本是买卖合同支付货款的主要单证。

但此运单与提单有重要区别，即运单不是物权凭证，不能转让，须随货送到收货人手中。

3）承运人的责任

根据《国际货协》第 21、22 条的规定，按运单承运货物的承运人，应对货物负连带责任。责任期间自承运货物时起至到站交付货物时止。在此期间内，承运人对所承运的货物运到逾期以及因货物全部或部分灭失或毁损而引起的损失负责。另外，承运人还应对发货人在运单内所记载并添附的文件因承运人过失而遗失的后果，以及因承运人过失未能执行有关要求变更运输合同的申请书的后果负责。

但是，如果承运的货物由于发生下列原因而引起货物的全部或部分损失、减量或毁损，承运人则可以免责：①由于承运人无法预防和无法消除的情况；②由于货物的特殊自燃性质，引起自燃、损坏、生锈、内部腐坏和类似的后果；③由于发货人或收货人的过失（包括装卸过失；使用敞车类货车运送货物；货物押运人未采取保证货物完整的必要措施；在承运货物时无法从其外表发现的容器或包装的缺点；用不正确、不确切或不完全的名称托运违禁品或应按特定条件承运的货物等）所致的后果；④由于自然减量、水分减少或其他自然情况而引起的货物减量。

此外，在铁路运输途中，由于发生雪（沙）灾、水灾、崩陷和其他自然灾害，或按有关国家政府的指示，发生其他行车中断或限制情况，导致货物未按规定的期限运到时，承运人也可免责。

4）承运人的责任限制

《国际货协》第 22、24、25 和 26 条对承运人在其责任范围内应负赔偿的责任规定了相关的限额。首先，承运人赔偿损失的款额，在任何情况下，均不得超过货物全部损失的款额。其次，分别规定三种不同情况的赔偿限额：①货物全部或部分灭失的，该赔偿限额应按外国售货者账单所列的价格计算，如不能按上述办法确定全部或部分灭失的货物价格，则货物的价格应由国家鉴定机关确定，如发货人对货物的价格另有声明，则该声明的价格即为赔偿限额；②货物毁损的，承运人应支付相当于货物价格减低额的款额，不赔偿其他损失，声明价格的货物毁损的，承运人应按照相当于货物由于毁坏而减低价格的百分比，支付声明价格的部分赔款。③货物运到逾期的，承运人以所收运费为基础，按逾期期限的长短，向收货人加倍递增支付逾期罚款：如逾期不超过总运到期限 1/10 的，则应支付运费的 6%；超过 1/10 但不超过 2/10 的，则应支付运费的 2%；超过 4/10，则应支付运费的 30%。

还应指出的是，当货物全部灭失而予以赔偿时，不得要求承运人支付逾期罚款；但如运到逾期的货物发生部分灭失，则承运人应对未灭失部分支付逾期罚款；如运到逾期的货物发生毁损，承运人除应支付相当于货物价格减低额的款额外，还应支付运到逾期罚款。但无论如何，赔偿额与逾期罚款相加，不应超过货物全部灭失总值赔偿的总款额。

5) 索赔与诉讼

《国际货协》第 28 条规定：①发货人和收货人有权根据运输合同提出赔偿请求，请求的提出，应附相应证据并注明款额，以书面方式由发货人向发送站提出，或由收货人向到达站提出，同时附送运单或运单副本；②货物部分灭失、毁坏或腐烂时，由发货人或收货人提出，并附送运单及商务记录；③货物运到逾期时，由收货人提，并附送运单；④多收运送费用时，由发货人按已交付的款项提出，同时须提交运单副本或发送国国内规章规定的其他文件，也可由收货人按其所交付的运费提出，并附送运单。

铁路部门在收到赔偿请求之日起 180 天内进行审查，并作出答复。当发货人或收货人的请求得不到满足或答复时，有权向受理赔偿请求的铁路所属国法院提起诉讼。

关于赔偿请求或诉讼时效，按《国际货协》第 30 条的规定，应在 9 个月内提出；但货物运到逾期的赔偿请求或诉讼，应在 2 个月内提出。上述期限的计算有不同的规定：①货物全部灭失的赔偿，自货物运到期满后 30 天起计算；②货物部分灭失或毁损及运到逾期的赔偿，自货物交付之日起计算；③补充支付运费、杂费、罚款的要求，或退还这些款项的赔偿请求，或纠正错算运费的要求，均自付款之日起计算，如未付款，则自交货之日起计算；④支付变卖货物余额的要求，自变卖货物之日起计算；⑤在其他所有情况下，自确定成为赔偿请求根据之日起计算。

2. 国际航空货物运输法

航空运输是一种现代化的运输方式，它不受地面条件的限制，运输速度快，航行时间短，货物在运输途中受损率小。因此，对于某些急需物资、鲜活商品、易损货物和贵重商品来说，航空运输是一种适宜的运输方式。航空运输的运费虽然比海运和铁路的高，但有些商品采用航空运输，其运杂费的支出反而可以降低。这是因为航空运输收运费的方式不同于其他运输方式；另外，采用航空运输可以减少包装费、装卸搬运费、仓储费和运输途中利息开支等附属费用。正因为如此，近年来航空运输在国际贸易中的使用越来越多，货运量不断增加。

航空运输有班机运输和包机运输两种方式。班机运输是指经由客、货班机，定时、定点、定线进行的运输，它适用于载运数量较少的货物。包机运输是指包租整架飞机运输货物，它适用于载运数量较大、有急需或有特殊要求的货物。

我国民航机构大都有直接办理国际货物航空运输的业务。

1) 有关国际航空货物运输的国际公约

有关航空货物运输方面的法律主要是关于统一航空运输规则的条约。该条约共有八个文件，总称《华沙体制》（*The Warsaw System*），其中主要是以《华沙公约》《蒙特利尔第四号议定书》《海牙议定书》3 个文件作为基础。在形式上《华沙公约》和《海牙议定书》构成了一个不可分离的统一文件；在实际使用过程中，这两个条约使用最多。

(1)《华沙公约》的全称为《统一国际航空运输某些规则的公约》，它是欧洲 23 个国家于 1929 年 10 月份在华沙签订的，于 1933 年 2 月 13 日生效，经过多次修改和补充，至今已有 130 多个国家加入。我国于 1958 年加入。该公约适用于运输合同中规定的启运地和目的地都属于成员国的航空运输，也适用于启运地和目的地都在一个成员国内，但飞机停留地在其他国家的航空运输。

(2)《海牙议定书》。1955 年 9 月份,《海牙议定书》并未对《华沙公约》基本框架作实质性的修改,而是就航行过失免责、责任限制、运输单证的项目以及索赔期限等问题作出进一步的统一和完善。我国已经于 1975 年加入《海牙议定书》。

(3) 华沙体制的适用范围。国际航空货物运输主要指航空器的始发地点和目的地点位于两个国家的运输;或者同属于一个国家,但航空器在另一个国家有一约定的经停点的货物运输。同时,国际航空运输的国际航班的国内段同样适用于华沙体制,而不要用国内航空法,这一点尤为值得注意,因为国内赔偿与国际赔偿差距甚远,如有一航班由法兰克福经北京中转至青岛,如果货物在北京至青岛段发生问题,则解决方案适用华沙体制。

我国除参加了《华沙公约》和《海牙议定书》外,还与 30 多个国家缔结了双边航空协定,并由中国民航总局制定、发布了《中国民用航空货物国际运输规则》,该规则已于 2000 年 8 月份施行。我国与《华沙公约》成员国间的航空运输适用《华沙公约》,与《海牙议定书》成员国间的航空运输则适用《海牙协定书》,同时还适用有关的双边航空协议。

鉴于《华沙公约》在国际上的普遍适用,我国也是该公约的成员国,我们有必要对国际航空货物运输,尤其是空运单的主要法律问题进行简要的分析。

2) 航空货运单

(1) 航空货运单是订立合同、接受货物和运输条件的初步证明。没有这项凭证、这项凭证不合规定或丢失,不影响运输合同的效力。一旦承运人收取了托运人所交运的货物,就应当向托运人签发空运单,证明货物已经由承运人掌管。同时,还要对货物的状态予以说明,以免以后发生争议。各国航空法及民航管理部门均对公共航空运输企业的承运条件加以规定,托运人接受承运人所签发的空运单,即表示托运人已经初步概括性地接受了承运人对承接运输所规定的条件,如托运人在办理航空货运时,承运人所出具的空运单上列名了经停地点,但由于某种原因承运人改变了经停地点时,托运人不得以承运人在空运单上列明的经停地点以外的地点经停而对抗承运人。

(2) 航空货运单的签发。如果承运人承运货物而不出具运单,则无权享受法律所规定的免责及责任限额。虽然公约规定空运单的三份正本应由托运人填写,但实践中,托运人一般只填写托运书,而空运单则由承运人或承运人的代理人签发。如果托运人以自己未亲自填写空运单而提出抗辩,公约认为,在没有相反证明的情况下,承运人填写的空运单视为代托运人填写。

(3) 航空货运单的流通性。对于航空货运单是否可以转让,理论界争论比较多。从公约来看,首先,它是由承运人或其代理人出具的货物的单据,不具有权利内容。因而它不是通常意义上的有价证券或物权凭证,自然不具有可转让性。其次,它都是记名的,而且航空运输的速度太快,通常在承运人通过航空运输把货运单递交给收货人时,货物同时也就到达了,这在很大程度上排除通过转让装运单据来转让货物的需要,因此货运单的转让也就没有什么实际的意义。

在实际业务中,航空货运单都印有"不可转让"的字样。货运单和海运提单不同,它主要是作为运输合同、货物收据和运费账单而起作用,同时还起到报关单据、保险证书等作用。

3) 托运人和收货人的权利和义务

(1) 托运人的权利和义务。托运人有权要求承运人接受空运单正本,并在第三份正本上签章后交还给托运人；在履行了航空货运合同规定义务的条件下，托运人有权对合同进行变更，但不得损害承运人及其他托运人的权利；托运人的货物价值超过每公斤250法郎，便有权要求在空运单上申明货物价值，承运人不得以任何理由拒绝托运人去声明价值。

托运人应负责货运单上所填写货物的项目和声明的正确性。在没有相反证据时，承运人可以信赖托运人在空运单上的各项声明和说明是正确的。托运人应提供正确、完备的单证，以便承运人办理海关、税收或公安手续。由于单证不合规定造成的损失，应由托运人对承运人负责。例如，由于托运人疏忽未在空运单上附带必要的文件，导致飞机不能准确起飞而造成其他托运人货物延误损失，托运人就应对其他人的延误负责。

(2) 收货人的权利和义务。收货人应向承运人支付相关费用；如货物在空运单上约定的到达时间届满后仍没有到达，收货人便可以向承运人主张权利。

4) 承运人的责任

(1) 承运人的主要责任。承运人对在其保管期间内空运单项下货物的灭失、损坏及延误交付而造成的损失负责。例如，某服装由于航空运输的缘故而未赶上一个世界性的服装博览会，造成收货人拒收，从而造成托运人损失，尽管这种损失不涉及货物本身的灭失、损坏，但延误交付而对托运人造成了损害，承运人就应当负责。

(2) 承运人的责任期间。对于交运的货物因毁灭、遗失或损坏而产生的损失，如果造成这种损失的事故发生在航空运输期间，承运人应负责。航空运输期间不包括在航空站以外的任何陆运、海运或河运，但为了履行航空运输合同，为了装货、交货或转运，责任和损失应认为是航空运输期间发生的结果，除非有相反的证据。这里的承运人包括填开航空货运单的航空承运人及承运货物或提供与航空运输有关的任何其他服务的所有航空承运人，也包括代理人、受雇人或任一航空承运人的代表。

(3) 承运人责任的减轻和免除。如果承运人证明他和他的代理人为了避免损失，已经采取一切必要措施，或不可能采取这种措施时，承运人不负担责任。

公约对行为过失的认定采用了推定过失责任原则，即在这种过失责任中，假定承运人是有过失的，除非承运人证明他和他的代理为了避免损失已经采取一切必要措施，或不可能采取这种措施时方能免责，也就是承运人要想不承担责任必须证明自己无过错。这里强调承运人举证，是一种倒置举证。由于航空货运十分专业化，一般人根本无法举证，所以将举证责任转嫁给承运人是必要的、合理的。

承运人证明受害人自己的过失是造成损失的原因或原因之一时，法院可以按照其法律规定减免承运人的责任。但在受害人有过失时，承运人并非一概全部免责，而是根据受害人过失与货损间的因果关系来确定承运人免责的范围，只有货损全部是由受害人过失造成的，承运人才不承担责任，另外是否免除责任或减轻责任的幅度，不由公约决定，而是按法院的规定处理。

(4) 承运人的责任限制。承运人对货物的灭失、损坏或迟延交付承担的最高赔偿金额为每千克250金法郎。不论货物的毁损、遗失、运输延迟所造成损失的根据是什么，即无论是以合同，还是以侵权起诉，只能按照公约的规定条件和责任限额向承运人提出。但如果经证明损失是由于承运人故意造成或明知可能造成而漠不关心的行为或不行为所致，则丧失责任限额的保护。同样适用于承运人的受雇人或代理人。

5）索赔和诉讼

（1）索赔。如果有损害情况，收件人应在发现损坏后立即向承运人提出异议，如是货物，最迟在收到货物之日起14天内提出。如果有延误，应最迟在货物交收件人自行处置之日起21天内提出异议。在规定期限没有提出，就不能向承运人起诉，除非承运人有欺诈行为。

（2）诉讼。诉讼应在航空器到达目的地之日起，或应该到达之日起，或运输停止之日起的两年内提出，否则就丧失要求赔偿的起诉权。诉讼期限的计算方法根据受理法院的法律规定。

7.1.3 国际货物多式联运法

1. 国际货物多式联运的概述

传统的转运（Traditional Transhipment）做法是把整个运输过程分成几个阶段，而多式联运则是把海、陆、空运输联结一起，作为一个单一的运输过程来安排。国际货物多式联运（International Multimodal Transport of Goods）是指多式联运经营人按照多式联运合同，安排两种以上的运输方式，将货物由一国指定地点运至另一国指定地点的运输。国际多式联运是随着集装箱货物成组运输的发展而发展起来。属于海商法调整的国际货物多式联运合同，其中规定的运输方式之一必须是海运，如海陆、海空、海陆空等联运。

1）国际货物多式联运具有的优点

（1）"五个一"。一次托运，一个合同，一次运费，一份多式联运单据，一个承运人负责。

（2）使用集装箱，快速安全。使用集装箱避免因劳力不足、天气恶劣等原因造成的船舶延滞。货物密封在集装箱内，减少盗窃、损坏的风险。

（3）运输方式多样，结汇时间提前。多式联运则是把海、陆、空运输联结一起，作为一个单一的运输过程来安排，结汇时间提前。

（4）降低运输成本，加速货物周转。由于装卸作业高度机械化，缩短装卸时间，节省装卸费用。集装箱船与普通船比较，据估计，装卸率可以提高十倍，装卸费可以节省5/6。

2）国际货物多式联运符合的条件

（1）使用包括全程的运输单据。

（2）采用两种或两种以上的不同运输方式。

（3）属于国际的货物运输。

（4）实行全程单一的运费费率。

（5）由多式联运经营人负全程运输责任。

2. 国际多式联运的法律规定

由于国际多式联运产生的时间并不长，各种制度并不健全，即使在国际多式联运日臻成熟的发达国家，其商法或海商法对此未作规定或未作相对完善的规定。国际社会为确定多式联运合同各方当事人的权利义务和责任，保障和促进多式联运的发展和繁荣，制定了相应的公约和规则。早在1973年，国际商会（International Criminal Court，ICC）就制定了《联运单证统一规则》（*Uniform Rules for a Combined Transport Document*），后又于 1975 年修订。《联运单证统一规则》并非国际公约，不具有强制实施的效力，属于国际商事惯例。1980 年 5 月，联合国贸易和发展会议在日内瓦通过了《联合国国际货物多式联运公约》(United Nations Convention on Multimodal Transport of Goods，简称《多式联运公约》)。该公约在承运人责任制度方面沿用了《汉堡规则》的基本原则，因响应者甚少，目前尚未生效。为了能够保证国际社会的普遍认可和参与，联合国贸发会议和国际商会又联合制定了《1991 年多式联运单证规则》，它是在国际商会《1973 年联运单证统一规则》的基础上形成的。《1991 年多式联运单证规则》已于 1992 年公布实施，作为最终实施《联合国国际货物多式联运公约》的过渡。国际商会或联合国贸发会议通过的规则依然以规范承运人的责任为其目的和核心。

3. 《多式联运公约》的主要内容

1) 多式联运经营人与多式联运合同的定义

多式联运合同，是指多式联运经营人以两种以上的不同运输方式，其中一种是海上运输方式，负责将货物从接收地运至目的地交付收货人，并收取全程运费的合同。

多式联运经营人是与发货人订立联运合同的当事人。它（他或她）不是发货人的代理人或代表，也不是参加多式联运的承运人的代理人或代表。多式联运经营人有履行整个联运合同的责任，对联运的全程负责，而不能以全程或某一阶段委托给运输分包人而不负责任。

多式联运经营人（Multimodal Transport Operator，MTO），是以一份合同、一张单证、一次收费负责门到门全程运输的现代化运输组织。多式联运经营人为同托运人签订多式联运合同的承运人，必须负责履行多式联运合同，并对全程运输负责。由于多式联运包括公路运输、铁路运输、航空运输和海上运输，因不同的运输方式适用不同的法律规定，承运人亦有不同的责任制度。如公路、铁路运输一般实行过失责任制，而海运大多实行不完全过失责任制；此外，在免责事由、责任限制等方面亦有不同的规定。那么如果货物在运输过程中发生损害，是由多式联运经营人负责，还是由区段承运人负责？是依据同一标准承担损害赔偿责任，还是依据不同的标准，即按损害发生的区段所适用的法律承担责任？这就是国际多式联运中多式联运经营人的责任形式所要解决的问题。依各国法律及国际公约的规定，有统一责任制与网状责任制之分。

2) 采用统一责任制

网状责任制（Network Liability System）和统一责任制（Uniform Liability System）是现行国际集装箱运输中承运人和经营人所采用的主要责任形式。

网状责任制，是指对全程运输负有责任的多式联运经营人，在确知货物的灭失或损坏发生于某一运输区段的（非隐藏性损失），多式联运经营人的赔偿责任和责任限制，适用调整该区段运输方式的法律规定；在货物的灭失或损坏发生的运输区段不能确定的（隐藏性损失），多式联运经营人应按海上货物运输合同所约定的国际法或国内法直接规定的赔偿责任和责任限额负赔偿责任。依我国《海商法》第一百零五条和一百零六条的规定，多式联运经营人的责任制度为网状责任制。现在多数国家采用网状责任制，因为网状责任制将多式联运经营人的责任与区段承运人的责任统一起来，避免因责任制度的不同而给多式联运经营人增加额外责任，而这样做有利于多式联运业的发展。

统一责任制，是指多式联运经营人负责全程运输时，法定的赔偿责任和责任限额等适用于整个运输区段，即不论货损发生在哪一运输区段，承运人的赔偿责任和责任限额等适用统一法律规定。

多式联运公约规定，对货物的赔偿责任，运输全程适用一个责任标准，即采用统一责任制，而否定网状责任制。但是，遇到下述一些情况，可不适用联运公约责任制。

（1）凡从属于单一方式运输合同的货物接送业务，不作为国际多式联运，以照顾国际空运现状。

（2）对于公约缔约国与非缔约国之间发生的有关多式联运的诉讼，如两国均受同一其他公约的制约，则该缔约国法院可适用该其他公约的规定。

（3）国际公路货物运输公约或国际铁路货物运输公约第二条规定的货物运输，不作为国际多式联运。

3）货物赔偿的责任限制

在多式联运经营人的赔偿限额方面，《多式联运公约》和《1991年多式联运单证规则》在方式上对包括水运和不包括水运的多式联运采用不同的责任限制。多式联运包括水运，责任限制采用双轨制，《多式联运公约》将其限定为，每件或其他货运单位920 SDR或货物毛重每公斤2.75 SDR（以高者为准）；《1991年多式联运单证规则》将其调低为每件或每单位666.67 SDR或货物毛重每千克2 SDR（以高者为准）。若多式联运不包括水运，责任限制采用单轨制，《多式联运公约》规定为货物毛重每千克8.33 SDR；《1991年多式联运单证规则》亦规定为货物毛重每千克8.33 SDR。

按《多式联运公约》第17、18条的规定，多式联运经营人对于货物的责任期间，自其接管货物之时起到交付货物时为止。公约对多式联运经营人的赔偿责任采取"完全过失责任制"，即他对于货物在其责任期间内所发生的灭失、损坏或延误而引起的损失负赔偿责任，除非他能证明其本人或其代理人或受雇人或其他有关人员为避免损失的发生已采取一切合理的措施。

多式联运经营人的责任限额，为每件货物不得超过920 SDR特别提款权，或毛重每公斤不得超过2.75 SDR特别提款权，以较高者为准。如果多式联运中不包括海上或内河运输在内，则赔偿限额为毛重每斤8.33 SDR特别提款权。

但是，货物的损失、损坏或延迟是由于多式联运经营人有意造成或明知可能造成而毫不在意的行为或不行为所引起，则他无权享受此项责任限制的利益。

公约还规定，如能确定货物损害发生的运输阶段，而该阶段所适用的国际公约或国内法又规定了较高的限额时，则应按照后者的有关规定办理。

4）多式联运单据的作用及证据效力

多式联运单据是国际多式联运合同的主要形式，它是证明多式联运合同及多式联运经营人接管货物并负责按照合同条款交付货物的单据。根据这个定义可以看出多式联运单据具有3个作用：它是多式联运合同的证明；它是货物的收据；它是收货人提取货物的凭证。按公约规定，发货人托运货物时，可按需要要求多式联运经营人签发可转让单据或不可转让单据，单据一经签发，多式联运合同即告成立，双方均受合同的约束。

根据《多式联运公约》第6条、第7条的规定，只有多式联运单据的签发人承担全程责任时，才有可能作成可转让的单据，这时该单据即具有物权凭证的作用。在做成可转让单据时,应列明按指示交付或向持票人交付,如按指示交付,须经背书方可转让;若向持票人交付,则无须背书即可转让。收货人只有提交可转让单据才能提取货物。如签发不可转让的多式联运单据,则应指明记名的收贷人,多式联运承运人将货物交给单据所指明的记名收货人才算履行了交货义务。

关于多式联运单据的证据效力问题,《多式联运公约》第10条又进行了明确规定,即多式联运单据是其上所载明的货物由多式联运经营人接管的初步证据,当可转让的多式联运单据转让至第三方时,该单据上所载明的货物状况即构成最终证据。

5) 公约的适用

凡订明货物起运地点或交货地点位于缔约国境内的国际多式联运合同,应强制适用公约。

6) 索赔和诉讼、仲裁

(1)《多式联运公约》采用推定过失原则作为货物赔偿责任的基础。这和《汉堡规则》赔偿责任的规定一致。联运公约规定联运人应对其雇员、代理人和其他人的过失负责,进一步明确公约规定的过失责任原则是完全的过失责任原则。

(2)《多式联运公约》第24、27条规定,发货人提出索赔均需向对方发出有关损失的书面通知,索赔必须在规定的期限内提出。收货人向多式联运经营人提出索赔时,应在货物交给他的次一工作日提出;如果货物的灭失或损坏不明显,则收货人应在接货之日后的6日内提出;如果是延迟交货的索赔,收货人应在接货日之后的60日内提出。多式联运经营人向发货人索赔时,应在损失或损坏发生后90日内提出,如果未在规定的期限内提出索赔,则被视为放弃索赔权。

(3) 根据本公约有关国际多式联运的任何诉讼,如果诉讼时效在2年期间内提起诉讼或交付仲裁,即失去时效。原告进行诉讼,或申请人申请仲裁,可以选择下列地方有关法院或仲裁机构提起。

① 被告主要营业所所在地,或被告的经常居所地的法院或仲裁机构。

② 多式联运合同缔结地的法院或仲裁机构。

③ 多式联运货物接管地或交付地的法院或仲裁机构。

④ 多式联运合同中所指定或载明的其他地点,或仲裁协议中所指定的任何其他地点的法院或仲裁机构。

4. 我国立法

我国现行《海商法》第一百零二至一百零六条、《合同法》第三百一十七至三百二十一条均为多式联运合同的规定,它们是我国目前调整多式联运合同关系的主要法律。这些法律也都是参照《多式联运公约》制定的,其中关于多式联运合同的定义、多式联运经营人的责任期间和责任原则等均与该公约相同。

1)《海商法》有关条款

第一百零二条 本法所称多式联运合同,是指多式联运经营人以两种以上的不同运输方式,其中一种是海上运输方式,负责将货物从接收地运至目的地交付收货人,并收取全程运费的合同。

前款所称多式联运经营人,是指本人或者委托他人以本人名义与托运人订立多式联运合同的人。

第一百零三条　多式联运经营人对多式联运货物的责任期间,自接收货物时起至交付货物时止。

第一百零四条　多式联运经营人负责履行或者组织履行多式联运合同,并对全程运输负责。

多式联运经营人与参加多式联运的各区段承运人,可以就多式联运合同的各区段运输,另以合同约定相互之间的责任。但是,此项合同不得影响多式联运经营人对全程运输所承担的责任。

第一百零五条　货物的灭失或者损坏发生于多式联运的某一运输区段的,多式联运经营人的赔偿责任和责任限额,适用调整该区段运输方式的有关法律规定。

第一百零六条　货物的灭失或者损坏发生的运输区段不能确定的,多式联运经营人应当依照本章关于承运人赔偿责任和责任限额的规定负赔偿责任。

2)《合同法》有关条款

第三百一十七条　多式联运经营人负责履行或者组织履行多式联运合同,对全程运输享有承运人的权利,承担承运人的义务。

第三百一十八条　多式联运经营人可以与参加多式联运的各区段承运人就多式联运合同的各区段运输约定相互之间的责任,但该约定不影响多式联运经营人对全程运输承担的义务。

第三百一十九条　多式联运经营人收到托运人交付的货物时,应当签发多式联运单据。按照托运人的要求,多式联运单据可以是可转让单据,也可以是不可转让单据。

第三百二十条　因托运人托运货物时的过错造成多式联运经营人损失的,即使托运人已经转让多式联运单据,托运人仍然应当承担损害赔偿责任。

第三百二十一条　货物的毁损、灭失发生于多式联运的某一运输区段的,多式联运经营人的赔偿责任和责任限额,适用调整该区段运输方式的有关法律规定。货物毁损、灭失发生的运输区段不能确定的,依照本章规定承担损害赔偿责任。

7.2　国际货物运输保险法

7.2.1　概述

在国际贸易中,每笔交易的货物都要经过长途运输。在储存、装卸和运输的过程中,货物可能会遇到各种各样的风险事故,从而导致货物遭受意外损失。为转嫁这种风险,通常都要投保货物运输险。这样,即使货物遇到事故遭受损失,被保险人可从保险人那里得到约定的补偿。因此,可以说,国际货物运输保险已成为国际货物贸易的一个不可缺少的组成部分,国际货物运输同货物的保险几乎是同时进行的。国际货物运输保险不但可以给运输中的货物提供保障,而且还能为国家提供无形贸易的外汇收入。

1. 国际货物运输保险的基本概念

1) 国际货物运输保险的概念和分类

国际货物运输保险是指投保人对国际运输的货物按照一定的险别向保险人投保,交纳保险费，当货物在国际运输途中遇到保险事故时，由保险人对进出口商品的损失按约定的数额给予补偿的一种法律关系。由此可见，国际货物运输保险是对国际货物运输中货物的保险，而非对运输工具的保险。

国际货物运输保险直接由国际货物运输所引起，并服务于国际货物买卖；但运输保险的法律关系又独立于国际货物运输法律关系，是在国际货物运输过程中的一种财产保险关系。

根据不同标准，国际货物运输保险可分为不同种类。

(1) 根据货物的运输方式不同，国际货物运输保险主要可分为货物海上运输保险，货物航空运输保险，货物陆上运输保险及国际货物联运保险等。其中，历史最悠久，数量最大，影响最深远的是海上货物运输保险。

(2) 按保险价值是否确定，可分为定值保险和不定值保险。①定值保险是指在保险单中记载有保险合同的当事人事先确定的保险标的价值，定值保险单项下货物发生损失索赔时，不论所保财产当时的实际价值有多少，保险人均按保险单上订明的保险金额计算赔偿。②不定值保险是指在保险单中不记载有保险合同当事人事先确定的保险标的价值的保险。这种保险仅记载保险金额，而将保险标的实际价值留待需要确定保险赔偿的限额时才去估算。由于保险标的在这种保险单中所载的实际价值可能变动，因此据此理赔的价值也是不固定的。

(3) 按保险期限，可分为航程保险、定期保险及混合保险。①航程保险，保险人的承保责任为某一航程，在这一航程内货物发生损失由保险人负责的保险。②定期保险，保险人的承保责任为某一时期，在这一时期内货物发生损失由保险人负责的保险。③混合保险，兼有航程和定期两种性质的保险，在这种保险下，保险人仅对在保险期限内和规定的航程所发生的损失负赔偿责任。

(4) 按承保方式，可分为流动保险、预约保险及总括保险 3 种。①流动保险，也称统保保险，或报告式保险，是一种连续有效的保险。保险当事人预先规定一个总保险金额，每批货物装运后被保险人将投保金额通知保险人，保险人即从总保险金额中逐笔予以扣除，直到总金额用完，保险单自动注销。②预约保险，又称开口保险，在货物出运前，先签协议，规定保险范围、货物种类、保险费率等条件下，保险人一接到被保险人的装船通知，保险立即生效，即使在接到通知前货物受损，保险人仍负赔偿责任。③总括保险，又称闭口保险，指保险人在约定的保险期间内承保存放在同一地点的多种货物或存放在一个以上地点的一种或多种货物的保险，保险单内被保险人和保险人商定一个总保险金额、承保险别、起运地点费率水平等，被保险人支付一笔总的保险费，在约定的保险期间内，保险人对于被保险人每批出运的货物全部承保，被保险人不必逐笔向保险人发出装船通知，直到总保险金额扣净后，保险人不再承担保险责任。

2) 国际货物运输保险合同的主体及相关用语

(1) 保险合同的当事人。

① 投保人（Applicant），也称要保人，是与保险人订立保险合同并按照保险合同负有支付保险费义务的人。投保人是保险合同的一方当事人。

② 保险人（Insurer），也称承保人，是与投保人订立保险合同，并根据保险合同收取保险费，在保险事故发生时承担赔偿或者给付保险金责任的人。保险人是合同的一方当事人，也是经营保险业务的人。

(2) 保险合同的关系人。

① 被保险人（Insured）。被保险人是其财产或者人身受保险合同保障，享有保险金独立请求权的人。被保险人可以是投保人，但是以下两种情况下，投保人与被保险人并非同一人：为他人利益保险的被保险人；保险利益转移后，受让人及继承人可以是被保险人。

② 受益人（Beneficiary）。受益人是由被保险人或投保人在保险合同中指定的享有保险金独立请求权的人。受益人的受益权具有以下特点：受益人由被保险人或投保人指定，但投保人指定受益人必须征得被保险人同意；受益人本身具有不确定性；受益人享受的受益权是一种期待利益，只有在被保险人死亡后才能享受，所以在国外又称为等待权；受益权不能继承，受益人可以放弃受益权但不能行使出售、转让等任何处分的权利，这是由受益权的不确定性决定的；被保险人或投保人可变更受益人，但投保人变更受益人须征得被保险人同意而无须征得保险人同意，只要通知保险人即可；受益权只能由受益人独享，具有排他性，其他人都无权剥夺或分享受益人的受益权；受益人领取的保险金不是遗产，无须交遗产税，不用抵偿被保险人生前债务；当受益人先于被保险人死亡、受益人被指定变更、受益人放弃受益权或丧失受益权时，由被保险人的法定继承人领取保险金，并作为遗产处理。

【拓展视频】

(3) 保险合同的辅助人。保险合同的辅助人是协助保险合同当事人办理保险合同有关事项的人。保险合同的辅助人一般包括如下 3 个。

① 保险代理人（Insurance Agent）。保险代理人是指根据保险人的委托，向保险人收取代理手续费，并在保险人授权的范围内代为办理业务的单位或者个人。他们之间的关系是代理与被代理法律关系，保险代理人为保险人代办保险业务，由此而产生的一切权利义务由保险人承担。对保险代理人的含义可理解为：保险代理人既可以是法人，也可以是自然人；要有保险人的委托授权，其授权形式一般采用书面授权即委托授权书的形式；以保险人的名义办理保险业务，而不是以自己的名义；向保险人收取代理手续费；代理行为所产生的权利和义务的后果直接由保险人承担。

② 保险经纪人（Insurance Broker）。保险经纪人是指接受被保险人的委托，为其与保险人订立保险合同或办理索赔业务的人。保险经纪人是一种提供中介服务，且具有独立承担民事责任能力的机构。被保险人通过经纪人向保险人办理投保或索赔，经纪人一旦接受被保险人的委托，即向保险人投保并直接负责保险费。在有些国家（如英国），保险经纪人与保险人之间通常按月份或季度结算保险费，被保险人则须在收取保险单之前向经纪人付清保险费。

③ 保险公估人（Insurance Assessor）。保险公估人又称保险公证人，是指接受保险合同当事人单方或双方或者其他方的委托，向其收取合理的费用，办理保险标的勘查、鉴定、检验、估价与赔款的理算、洽商并出具公估报告的人。"公"表示公平、公正、公开，"估"即指估计、估价、估量等行为。保险公估是一种中介服务机构，其服务可贯穿于保险业务的始终，包括对保险标的承保时的价值和风险评估、鉴定、估价及保险标的损失后的勘验和损失计算、理赔等。另外，保险公估实行的是有偿服务，并且，因保险公估人的过失行为，给保险人、被保险人造成损失的，由保险公估人依法承担民事赔偿责任。[①]

---

① 参见 2000 年 1 月发布的《保险公估人管理规定（试行）》第 4 条。

保险公估人作为一种特殊的中介机构，发挥着专业技术服务功能、保险信息沟通功能和风险管理咨询功能。保险公估人与保险代理人、保险经纪人不一样。保险代理人以保险公司的名义对外展业，签发保险单、收取保险费，直接代表保险人，与被保险人订立保险合同。保险经纪人作为投保人的代理人，依其丰富的经验代投保人订约，并且借助代理大量投保人的优势与保险人谈判，推动保险人和投保人及被保险人之间的利益平衡。而公估人一般受保险公司委托开展工作，尽管它应保持独立、公正的行业经营原则，但除少数专门受被保险人委托的公估人外，只对保险公司负责。其出具的公估报告书，一般是作为理赔的参考依据，其本身并不具有法律权威性。

(4) 保险标的（Object of Insurance）。保险标的又叫保险对象（Insured Object），是指被保险的财产及其有关利益。在国际货物运输保险中是指运输中的货物。

(5) 保险利益（Insurance Interest）。保险利益是指投保人对保险标的具有的经济利益。

(6) 保险风险（Insurance Risk）。保险风险又称保险危险，是指可能发生的而尚未发生的，会使保险对象遭受损害的危险或事故，包括自然灾害，意外事故或事件等。保险危险是决定保险人责任范围的界限，保险合同应确定保险风险的类别。

(7) 保险事故（Insurance Accident）。保险事故是指保险合同约定并已发生的保险危险。它是引起保险人支付补偿的根据，保险事故发生给保险对象造成的损失，保险人要按约定数额赔偿损失。

(8) 保险金额（Insurance Amount）。保险金额指保险人在保险事故发生后应向被保险人支付补偿的最高金额。保险金额的大小与货物实际价值有直接的联系。货物在保险地的市价称为保险价。保险金额与保险价值相等时，称为全额保险；低于保险价值时，称为不足额保险；高于保险价值时，称为超额保险。一般来说，保险金额不得高于保险价值。

(9) 保险费（Insurance Premium）。保险费指投保人向保险人交纳的费用，是对保险人将来可能支付补偿的预付报酬。保险费＝保险金额×保险费率。保险费率主要根据货物损失率决定，不同运输方式、不同商品、不同险别是确定损失率的主要依据。例如，进行同样的海上保险，活牲畜保险费率为 1.6%，而茶叶为 0.27%。

(10) 保险期限（Insurance Period）。保险期限指保险合同的有效期限。只有在保险期限内发生事故时，保险人才承担赔偿损失的责任。

2. 国际货物运输保险合同的类型

保险合同，又称保险契约，是保险人与被保险人就保险事项，经过双方协商达成的协议。根据保险合同的规定，保险人有向被保险人收取约定的保险费的权利，有承担特定责任范围内灾害事故所致损失支付保险金的义务；被保险人有交付约定保险费的义务，有取得保险赔偿金的权利。

在国际货物运输保险中，通常当事人双方并不签订书面的保险合同，而是由保险人签发的书面保险单证作为保险合同的凭证或证明。保险单证是被保险人与保险人保险法律关系成立的证据，也是被保险人请求保险利益的凭证。

保险单证包括保险单（Insurance Certificate）、保险凭证、联合凭证、暂保单等。

1) 保险单

保险单俗称大保单，是保险人向被保险人签发的单独保险单，包括保险契约的全部内容，是完整的承保形式，它对保险公司和被保险人的权利义务有详尽的描述，故而又被称为正式保险单。保险单由正反两面内容，其正面内容有：①保险人与被保险人；②发票与保险单号码；③货物项目及其包装、数量、唛头；④保险金额与承保货币；⑤保险费及其费率；⑥运输工具的启运期及起讫地点；⑦承保险别；⑧查勘代理人与理赔地点；⑨出单日期；⑩保险人签章。

保险单背面事先印有保险条款。而保险凭证是一种简化了的保险单，其正面内容与保险单相同，背面为空白，实践中并不常用。

2) 保险凭证

保险凭证俗称小保单，是一种简化的保险单据，包括保险单据的基本内容，但不附有保险条款的全文，保险凭证与保险单具有相同的法律效力，但保险条款以保险单的保险条款为准。

3) 联合保险凭证

联合保险凭证又称承保证明，是一种发票和保险单相结合的比保险凭证更为简化的保险单证，是在商业发票内加注保险的内容，并由保险人签章表示发票内的货物已经按所注内容投保。这种单据只有我国采用，并仅适用于对港澳地区的出口业务。

4) 暂保单

暂保单又称临时保险单，是保险人在签发正式保险单前所出立的临时证明，被保险人接到国外出口商装船通知前，先将被保险货物的大概情况通知保险公司，预定保险契约，保险人先行开立暂保单，待装运情况落实后再签发正式保险单。由于暂保单内容比较简单，又不是保险契约的证明，所以一般不为进出口商所接受。在实际业务中，主要采用保险单形式。

3. 国际货物运输保险的基本原则

1) 最大诚信原则

最大诚信（Utmost Good Faith）原则是指保险合同当事各方尤其是投保人、被保险人和保险人在订立合同和履行合同中都必须诚实守信，对自己的义务善意履行。其包括以下4个方面的内容。

【拓展视频】

（1）保险人的告知义务。保险人应该对保险合同的内容尤其是重要术语、免责条款等进行明确说明。

（2）投保人的如实告知义务。投保人应该对保险标的的状况如实告知。

（3）投保人或者被保险人的保证义务。投保人或者被保险人对于行为或不作为、某种状态存在或不存在的担保。

（4）弃权和禁止反言原则。弃权是当事人放弃在合同中的某种权利。例如，投保人明确告知保险人保险标的的危险程度足以影响承保，保险人却保持沉默并收取了保险费，这时构成保险人放弃了拒保权；再如，保险事故发生，受益人在合同规定的期限不索赔，构成受益人放弃主张保险金的权利。禁止反言指既然已经放弃某种权利，就不得再主张该权利。比如上面第一个例子，保险人不能在承保后，再向投保人主张拒保的权利。

依我国《保险法》第十六条的规定，订立保险合同时，保险人应向投保人说明保险合同的条款内容，又依我国《海商法》第二百二十二条的规定，合同订立前，被保险人应将其知道的或在通常业务中应当知道的有关影响保险人据以确定保险费率或确定是否承保的重要情况，如实告知保险人。违反告知义务的，可能会导致保险合同无效和保险人有权解除保险合同的后果。

2) 保险利益原则

保险利益（Insurable Interest）又称可保利益，指被保险人对保险标的所具有的合法的利害关系。其确立条件是：保险利益必须是合法的利益，保险利益必须是经济利益，保险利益必须是确定的利益。依我国《保险法》第十一条的规定，投保人对保险标的应当具有保险利益，投保人对保险标的不具有保险利益的，保险合同无效。此原则可以使被保险人无法通过不具有保险利益的保险合同获得额外利益，以避免将保险合同变为赌博合同。保险利益可以表现为现有利益、期待利益或责任利益。

典型案例 7-5

可保利益纠纷案

被保险人的表亲在迈阿密买了一艘轮船，他相信被保险人会因要拥有这艘轮船而将付款给他。而后，被保险人驾驶这艘轮船从佛罗里达到缅因州，并通过保险经纪人为船进行了保险。在保单中被保险人将自己列为所有者。途中，轮船发生全损。保险公司拒绝理赔，认为被保险人对船舶没有可保利益。

法院认为，被保险人的表亲并没有想去占有或者使用该船只，而是交给了被保险人，被保险人只是对其表亲负有支付价款的义务。被保险人是实际的所有权人，拥有保险利益，所以法院判决保险公司应当按照全损进行赔偿。

3) 损失补偿原则

损失补偿原则（Principle of Indemnity）指在保险事故发生而使被保险人遭受损失时，保险人必须在责任范围内对被保险人所受的实际损失进行补偿。国际货物运输保险合同属于补偿性的财产保险合同，因此，在发生超额保险和重复保险的情况下，保险人只赔偿实际损失，因为保险的目的是补偿，而不能通过保险得利。

典型案例 7-6

烟花再保险案

1987 年 3 月，瑞典商人从我国进口 58 箱烟花，由奥特·麦斯克号船从广州经香港运至瑞典的哥德堡港，烟花出运前分别向我国某省保险公司和瑞典的史更迪保险有限公司投保了海运货物险。运途中货遭雨淋受潮，经公证机关检验，确定损失 29 321 美元。案发后，史更迪保险有限公司赔付了全部损失，并获得代位求偿权，向承运人追回 19 696 美元。到 1987 年 5 月，史更迪保险有限公司向我方保险公司寄来了索赔清单，要求我方保险公司承担 9 625 美元的赔款，我方保险公司对有关单证进行审核，拒绝了该公司的不合理要求，并提出按比例分摊赔款，经多次信函协商，终于达成协议，我方保险公司支付该批货物赔款的 1/2，即 4 812 美元给史更迪保险有限公司。在本案中，瑞典商人分别向我国某省保险公司和瑞典的史更迪保险有限公司投保了海运货物险,所以属于重复保险。在重复保险的情况下,保险标的发生损失,应由各保险人分摊。史更迪保险有限公司在案发后首先赔付了全部损失 29 321 美元,但随后向承运人追回 19 696 美元,所以,剩下的 9 625 美元应由史更迪保险有限公司和我国某省保险公司共同来承担,即各赔偿 50%。

4)近因原则

近因原则(Principle of Proximate cause)是指判断风险事故与保险标的的损失之间的关系,从而确定保险补偿或给付责任的基本原则。近因是保险标的损害发生的最直接、最有效、最起决定性的原因,而并不是指最近的原因。如果近因属于被保风险,则保险人应赔偿,如果近因属于除外责任或者未保风险,则保险人不负责赔偿。虽然我国《中华人民共和国保险法》(以下简称《保险法》)及《海商法》均没有对近因原则进行明文规定,但在国际货物运输保险实践中,近因原则是常用的确定保险人对保险标的的损失是否负保险责任及负何种保险责任的一条重要原则。

典型案例 7-7

"堡垒"轮船保险赔偿案

一艘叫"堡垒"的轮船于 1995 年 1 月 30 日被敌人潜艇的鱼雷击中。该船的水险保单承保了海上危险,但把"一切敌对行为或类似战争行为的后果"作为除外责任。"堡垒"的船壳被炸开了两个大洞,一号船舱灌满了海水。该船就近驶入了法国的勒哈佛尔港,停泊在一个正在进行繁忙军事运输的码头边上。如果一直停泊在此,该船可以获救。但是由于担心船沉而阻碍码头的正常使用"堡垒"被命令驶出港口,由于河床不平和船体本身受创而头重脚轻的共同作用,导致船舱严重扭曲,于 2 月 2 日涨潮时分沉没。近因原则是指对保险财产造成损失的最直接的原因,近因不是按时间远近的标准来判断的,而应是指影响上的最重要的原因。保险人认为损失的近因是鱼雷,属于除外责任。被保险人主张以时间作为衡量近因的标准显然是错误的,所以法院判决保险人胜诉。

7.2.2 国际海上货物运输保险

1. 海运保险规则的形成与发展

意大利是海上保险的发源地。早在 11 世纪末的十字军东征后,意大利商人就控制了东方和西欧的中介贸易,在热那亚、佛罗伦萨、比萨和威尼斯等经济繁荣的意大利北部城市,已经出现类似现代形式的海上保险。那里的商人和高利贷者将他们的贸易、汇兑票据与保险的习惯做法带到他们所到之处,足迹遍及欧洲。

现代形式的海上保险肇始于 14 世纪。1347 年 10 月 23 日,热那亚商人乔治·勒克维伦开出了世界上最古老的保险单,它承保"圣·克勒拉"号船舶从热那亚至马乔卡的航程保险。1397 年,在佛罗伦萨出现了具有现代特征的保险单形式。

15、16 世纪,西欧各国不断在海上探寻和开辟新的航线,欧洲商人的贸易空间扩大,海上保险得到迅速发展,随之而来保险纠纷也相应增多,于是出现了国家或地方保险法规。1435 年,西班牙的巴塞罗那颁布了世界上最早的海上保险法典,1468 年在威尼斯订立了关于法院如何保证保单实施及防止欺诈的法令。1532 年在佛罗伦萨总结了以往海上保险的做法，制订了一部比较完整的条例并规定了标准保单格式。1556 年西班牙国王腓力二世颁布法令对保险经纪人加以管理，确定了经纪人制度。1563 年西班牙的安特卫普法令对航海以及海上保险办法和保单格式作了较明确的规定，这一法令及安特卫普交易所的习惯后来为欧洲各国普遍采用，保险制度趋于成熟和完善。

进入 17 世纪中叶，英国取得世界贸易和航运业的垄断优势，世界性的海上保险业迅速崛起。1680 年，英国出现了用英文书写的海上保险单。1720 年，经英国女王特许，按照公司组织、创立了伦敦保险公司和英国皇家交易保险公司，专营海上保险，规定其他公司或合伙组织不得经营海上保险业务。到 18 世纪后期，英国已成为世界海上保险的中心，占据了海上保险的统治地位。在英国乃至世界海上保险史上，劳合社占有重要地位，常被人提起。1683 年英国人爱德华·劳埃德在伦敦泰晤士河河畔开设的咖啡馆，成为商人、高利贷者、经纪人、船东和海员经常会晤的场所。他们经常对船舶出海的命运进行猜测、打赌，进而产生了对船舶和货物的保险交易。谁愿意提供海上保险，谁就要在保条上签字，"保险商"由此而得名。"保险商"的英文"Underwriter"意指签字的人，这个词沿用至今，咖啡馆主人的姓名也成了该组织的名称。1769 年劳埃德咖啡馆的顾客们组成了海上保险团体；1774 年，劳合社诞生，成为当时英国海上保险的中心；1871 年，劳合社依法令正式成为一个具有法人资格的社团组织；英国国会通过的英国《1906 年海上保险法》(Marine Insurance Act 1906，以下简称 MIA 1906)，将标准的劳埃德海上保险单作为法定的保险单；1911 年，英国法令允许其成员经营一切保险业务。

现在，在伦敦的保险市场上活跃着三大保险团体：利物浦保险人协会、劳埃德保险人协会和伦敦保险人协会。这 3 个保险协会共同组成"技术及条款委员会"，专门拟定海上保险通用的条款。

美国迄今尚无成文的海上保险法，有关海上保险的诉讼案件，以判例法解决。英美两国的法律渊源相同，美国法院常援用英国判例，所以 MIA1906 在美国基本上也是适用的。

欧洲大陆最早的海上保险法，是法王路易十四于 1681 年颁布的"海商条例"，它是一部有关海商法的法典，内容完善，是现代海上保险法的源泉。1807 年《拿破仑法典》，其海商法部分就是以路易十四的海商条例为基础。此外，德国汉堡的海上保险条款、1900 年生效的德意志商法典及汉堡保险商会制订的 1919 年海上保险规则也都是欧洲著名法规，流传甚广。

2. 海运货物保险合同的标的

海上保险的标的，即海上保险的客体，包括两类：一类是有形标的，如船舶和货物；另一类是无形标的，如期得利益和对第三人的责任等。

我国《保险法》第十一条规定，保险标的是作为保险对象的财产及其有关利益；我国《海商法》第二百一十八条也明确指出，可作为海上保险合同标的的有七大类：船舶；货物；船舶营运收入，包括运费、租金、旅客票款；货物预期利润；船员工资和其他报酬；对第三人的责任；由于发生保险事故可能受到损失的其他财产和产生的责任、费用。其中作为海运货物保险合同标的的是货物和货物预期利润两大类；英国 MIA1906 第 3 条同样将货物及其预期利益规定为海运货物保险合同的标的。

货物是指船舶所载的一切货物,但以商品为限。因此,船上的个人物品和给养品均不属货物。在通常情况下,甲板货和活动物也不被视为一般货物,因为这类货物遭受的风险比一般货物大。另外,集装箱与包装材料一般也不列入货物范围,但在集装箱和包装材料由与货物有利害关系的人提供的情况下,则由货物保险单所包含。

货物预期利润是指货物安全运抵目的港后出售并除去货物发票价值、运费、保险费后可获得的货物增值部分。该项利益从属于货物,而且货主只能就已装船的货物进行投保。投保时,可以对其单独投保,也可以与货物同时投保。

3. 海运保险合同的成立、转让和终止

1) 海运保险合同的成立

在资本主义国家投保,无论是向劳埃德保险人或保险公司投保,其做法大致相同。海上保险合同的成立,主要分两步:第一步是签发投保条(Slip),第二步是签发保险单。

(1) 投保条。投保船舶、货物或运费险,通常由被保险人委托经纪人办理。被保险人必须把一切必要的情况提供给经纪人,并授权经纪人在一定的保险费率范围内投保。经纪人据以起草投保条。投保条的内容包括经纪人名称、船舶、航程、保险期间、保险财产和保险金额,并提出保险费率的建议或留待保险人报价。经纪人把投保条交给各个保险人传阅。保险人如愿意承保,即签署投保条,在投保条上写明保险费率及承保金额。当全部保险金额得到承保时,保险合同成立,只差签署保险单这一正式手续。经签署的投保条虽是海上保险合同,但不能等同于保险单,在法律上不能约束双方。但是,投保条在信誉上约束双方。如果在签发投保条后,签发保险单以前,保险标的发生损失,保险人照例赔偿。保险单由签发办事处代表保险人,根据投保条签发。

在我国投保海上货物运输险,是由货主或发货单位直接向保险公司或其代理处办理。由被保险人填写投保单,单内列明被保险人名称、货物名称、标记、包装数量、保险金额、船名、航程、承保险别等,经与保险方商定交付保险费办法并经保险方签章承保后,保险合同即告成立。保险方据以出具保险单或保险凭证。

(2) 保险单(Insurance Policy)。保险单是载有保险合同内容的书面文件,是保险合同的证明。因为保险合同通常在保险人出具保险单之前已经成立,所以,保险合同的存在与否并不一定以保险人签发保险单为准。保险单应载明如下5个事项。

① 被保险人的名称。

② 保险的标的物和承保的风险。

③ 保险的航次或期间。

④ 保险金额。

⑤ 保险人的名称。

保险单都载有关于保险人的责任范围,以及保险人与被保险人的权利义务方面的详细条款,这是确定双方当事人的权利义务的依据。

(3) 保险凭证(Insurance Certificate)。保险凭证是表示保险公司已经接受保险的一种证明文件。保险凭证的内容比保险单简单,可以说是一种简化的保险单。保险凭证仅载明被保险人名称、保险货物名称、货运工具的种类和名称、险别、保险期限、保险金额等项目,至于规定保险人与被保险人的权利义务方面的保险条款则不予载明。在保险业务中,当采用预约保险的方式投保时,被保险人所得到的通常都是保险凭证而不是正式的保险单。

2) 海运货物保险合同的内容

海运货物保险合同是海上保险合同的重要种类,海上保险合同的内容也即是海运货物保险合同的内容。

从各国的法律规定和国际上普遍使用的保险单的条款来看,海上保险合同都必须具备某些主要内容。伦敦保险人协会的海上保险单列明了以下主要内容:被保险人名称、保险期间、保险标的、保险价值、保险金额、保险费、附加条款与保险人签字等。我国《海商法》第二百一十七条列明了海上保险合同应包括的八项内容。现将 8 项内容简述如下。

(1) 保险人名称。在我国,保险人都是法人,任何自然人均不能作为海上保险合同的保险人。这些保险人都是依据公司法、保险法及其他有关法律成立的。目前保险公司及其分支机构甚多,保险合同须清楚写明保险人名称。

(2) 被保险人名称。被保险人应当是对保险标的具有保险利益的合同当事人。在海上保险中,船舶所有人、光船承租人、货物所有人、运费和租金收取人、船舶抵押人、货物代理人、船舶经纪人、船员以及再保险中的保险人等,均可作为被保险人,其名称应在合同中具体写明。

(3) 保险标的(Subject-matter Insured)。可作为海上保险标的的种类很多,但海运货物保险合同的保险标的仅为货物和货物预期利益,货物预期利益是单独投保,还是与货物一同投保,须清楚表明。

(4) 保险价值(Value Insured)。保险价值是指保险标的在保险责任开始时的实际价值加附加费用的总和。根据英国法的规定,合同当事人可约定保险标的的价值并在保险单上写明,保险人与被保险人在保险单上约定的价值为决定性的保险价值,当保险标的发生全损时,即使其实际价值高于或低于约定的价值,也仍按约定的价值赔偿。英国 MIA1906 第 27 条第 1 款规定:"保单既可为定值保单,也可为不定值保单。"这就说明了当事人既可事先约定保险价值,也可不约定保险价值。我国《海商法》第二百一十九条第一款也规定,保险标的的保险价值由保险人与被保险人约定。当事人约定的保险价值应当在保险单上载明,因此,载明约定保险价值的保险单称为定值保险单(Valued Policy,英国 MIA 1906 第 27 条第 2 款)。相反,未载明保险价值的保险单,称为不定值保险单(Unvalued Policy)。在实践中,几乎所有货物保险单都是定值保险单(英国 MIA1906 第 28 条)。

当事人约定的保险价值,必须较真实地反映保险标的的实际价值,在货物运输保险中,通常以货物的到岸价格再加 10% 的预期利润(Anticipated Profit)作为保险价值。

在当事人未约定保险价值的情况下,该保险价值则待损失或损害发生后再加以确定。这时,当事人须根据法律规定的依据进行计算。我国《海商法》第二百一十九条第二款和英国 MIA1906 第 16 条都规定了计算保险价值的各项依据。其中,货物保险价值的计算是保险责任开始时货物在起运地的发票价格或者非贸易商品在起运地的实际价值加运费和保险费的总和。

(5) 保险金额(Amount Insured)。保险金额是指经当事人约定并在保险单上载明的由保险人对保险标的所受损失负责赔偿的最高数额,也是保险人计算保险费的主要依据。当保险金额等于保险价值时,这种保险称为足额保险(Fully Insured),但保险金额如果低于或高于保险价值的，这种保险则称为不足额保险（Under Insured）或超额保险（Over Insured）。不足额保险通常发生在不定值保险的情况下，由于保险期限内保险价值上涨而使保险金额低于保险价值。而超额保险往往发生于"重复保险"（Double Insurance）的情况下，由于被保险人或其代理人就同一标的向两个以上保险人投保而使保险金额超过保险价值。由于海上保险合同的基本原则是赔偿原则，被保险人不能因保险而从中获利，因此，各国法律均规定保险人的赔偿责任仅以保险价值为限，对不足额保险的赔偿，保险人按保险金额占保险价值的比例对损失负赔偿责任，而对超额保险的赔偿，对于超出保险价值的部分，概不负责。我国《海商法》第二百二十条就作了如是规定。

（6）保险责任和除外责任（Perils Insured Against and Perils Excepted）。保险责任是指保险合同规定的保险人承保的风险范围。它明确了保险人的赔偿责任，即是说，保险人仅对发生在保险责任范围内的保险事故造成标的的损失和产生的责任负责赔偿。它通常通过险别来体现，而险别则规定于保险公司的保险条款中，如中国人民保险公司1981年《海洋运输货物保险条款》、1982年伦敦保险人协会《协会货物保险条款》（Institute Cargo Clauses）等都订有具体险别或列明风险。投保人选择的险别，就是保险人赔偿的责任范围。

除外责任是指依法律规定或合同规定，保险人不负赔偿责任的风险范围。例如，《海商法》第二百四十二条规定："对于被保险人故意造成的损失，保险人不负赔偿责任。"这就是一项除外责任的法定条款，保险人在任何情况下，对被保险人故意造成的损失，都不负赔偿责任。此外，《海商法》第二百四十三条还规定，除合同另有约定外，保险人对于航行迟延、交货迟延或行市变化，货物的自然损耗、本身的缺陷和自然特性，包装不当等原因造成的货物损失，不负赔偿责任。再者，保险公司的保险条款也都规定了除外责任条款。

（7）保险期间（Duration of Insurance Coverage）。保险期间是指海上保险合同生效和终止的期限，也即保险人对保险事故承担责任的期限。我国的货物保险是航次保险，即用航次来规定保险期限，《海洋运输货物保险条款》订明保险公司承担责任的起止时间为"仓至仓"。

（8）保险费（Premium）。保险费是被保险人获得保险赔款的对价。交付保险费是被保险人的基本义务之一，除非保险人同意，被保险人须在合同订立后立即交付保险费，否则，保险人可以拒签保险单。

3）保险单的转让（Assignment of Policy）

被保险人依据海上保险单所享有的权利，通常都可以采用背书的方式并把保险单交付给受让人而转让给该受让人，这是国际贸易的习惯做法，也是各国法律所允许的。例如，在CIF合同中，一般都规定卖方有义务向买方提交保险单和提单等装运单据。在这种情况下，卖方在取得保险单和提单之后，通常都是以背书方式把这些单据转让给买方，以履行其合同义务。

我国《海商法》第二百二十九条规定："海上货物运输保险合同可以由被保险人以背书或以其他方式转让，合同的权利、义务随之转移。"这次规定同国际上的做法是完全一致的。

但是，从法律上说，卖方转让已保险的货物与转让该项货物的保险单是两码事，不能把它们等同起来。当卖方转让已保险的货物时，该项货物的保险不能自动地转移给买方。因为保险合同并不是被保险的财产的附属物，不能随同货物的转让而当然转让，而必须由被保险人在保险单上以背书表示转让的意思才能产生转让的效力。海上货运保险单的转让无需取得保险人的同意。保险单的受让人有权用自己的名义向保险人要求赔偿。还有，即使在保险标的物发生损失之后，保险单仍可有效转让。这一点在国际贸易中是有重大的实际意义的。因为在 CIF 合同的条件下，即使货物在运输途中已经灭失，卖方仍可向买方提供包括保险单在内的全部装运单据，并有权要求买方照付货款。买方在付清货款取得上述装运单据之后，只要货物的损失是在承保的范围之内，买方就有权凭卖方转让给他的保险单直接向保险人请求赔偿损失。保险人不能以保险单的转让是在货物发生损失之后为理由而拒绝赔偿。

海运货物保险合同的转让是通过转让保险单来实现的。《海商法》第二百二十九条规定了海上货物运输保险合同转让的主体、方式、合同转让时其权利义务的归属等问题。据此，海上货物运输保险单的被保险人有权行使该项权利而无须征得保险人的同意。该项权利的行使由被保险人在保险单背面签名或写上受让人的名字。此时，合同的权利义务即转移至受让人，如被保险人已付清保险费，原有合同关系即告消灭，而由受让人作为新的被保险人取而代之，与原合同的保险人建立新的合同关系。

至于转让时间，我国《海商法》未进行规定。如根据英国 MIA 1906 第 50 条第 1 款的规定，保险单在货物损失之前或之后，均可转让。但根据可保利益原则，被保险人必须在货物所有权转移前或开始转移时进行，在货物所有权转移后，被保险人对货物已无可保利益。

4）海运保险合同的终止

海运货物保险合同与其他合同一样，除因正常终止原因而终止外，还因某些特殊终止原因而终止。

（1）因正常终止原因而终止。因正常终止原因而终止即保险合同当事人按照合同规定的期限履行完毕。货物保险的期限通常实行"仓至仓"责任原则，即自保险货物运离保险单上所载明的起运地仓库或储存处所开始运输时起，至该项货物到达保险单上所载明目的地收货人的最后仓库或储存处所为止，合同即告终止。

（2）因特殊终止原因而终止。因特殊终止原因而终止包括因保险合同无效、保险合同失效和保险合同的解除等。

① 保险合同无效的情形：a. 投保人或被保险人对保险标的无可保利益；b. 投保人没有得到委托而为他人订立的保险合同；c. 投保禁运品或走私品的保险。在上述情况下签订的合同，即为无效合同。如投保人或被保险人并非出于故意而订立了此种合同，可请求保险人退回全部或部分保险费。

② 保险合同失效是因合同订立后，危险已经消灭或可保利益已丧失；或在保险期限内，因投保人或被保险人的缘故，而使危险显著变更或增加；或虽非投保人或被保险人的缘故，但他们得知这种情况而未及时通知保险人，则保险人可以认为此种合同已失效。

③ 保险合同的解除主要是指被保险人未履行如实告知义务而保险人有权解除合同和在保险责任开始前被保险人有权解除合同两种情况。因以上原因导致合同被解除时，海运货物保险合同也告终止。

根据合同法的一般原则，合同一经成立即约束双方当事人，任何一方都不得任意解除合同，除非合同另有约定或法律有特别规定。由于解除合同是单方的法律行为，它将会给另一方当事人带来损失，因而受法律的严格限制。但根据《海商法》第二百二十三条和第二百二十六条的规定，当事人在以下两种情况下可以解除合同：a. 被保险人未履行如实告知义务，保险人可以解除合同。被保险人未履行该项义务基于两种不同情况，一种出于故意，另一种属于非故意。无论故意与否，保险人都有权解除合同。但若出于故意，保险人可不退还保险费并对合同解除前发生保险事故造成的损失不负赔偿责任。若非出于故意，保险人对合同解除前发生保险事故造成的损失则给予赔偿，当然，这种赔偿是以被保险人未如实告知，对保险事故的发生没有因果关系为前提的。b. 保险责任开始之前，被保险人有权解除合同。被保险人之所以享有该项权利，是因为保险责任尚未开始，解除合同并不会给保险人造成经济损失。但是被保险人须向保险人支付手续费，而保险人须退还保险费。应当特别指出的是，海运货物保险合同与其他货运保险合同一样，在保险责任开始后，合同当事人不得解除合同（《保险法》第三十四条）。

4. 海运货物保险合同当事人的义务

1）保险人的义务

赔偿损失是保险人的首要义务。保险人对绝大多数的保险合同是无须负赔偿责任的，因为在保险责任期间并未发生保险事故，尽管被保险人已支付了保险费，保险人仍无赔偿损失责任。但是，一旦在保险期限内发生保险事故造成保险标的的损失，保险人应及时向被保险人支付保险赔偿（《海商法》第二百三十七条；《保险法》第二十三、二十五条）。

保险人负赔偿义务必须同时符合以下 3 个条件。

（1）保险标的遭受损害或灭失。

（2）损害或灭失的直接原因是保险事故所致。

（3）损害或灭失是在保险期限内发生的。

但是，在某些情况下，损失虽然符合保险人负赔偿义务的条件，保险人却无赔偿义务，这往往是根据法律或合同规定的结果。例如，对被保险人故意造成的损失（《海商法》第二百四十二条）、航行迟延、交货迟延或者行市变化，货物的自然消耗、本身的缺陷和自然特征及包装不当造成的货物损失（《海商法》第二百四十三条），保险人均不负赔偿责任。

退还保费也是保险人的义务之一。保险人在因以下情况解除合同时，应当退还保险费。

（1）被保险人非因故意未履行如实告知义务或错误告知的。

（2）订立合同时，保险人已经知道或者应当知道保险标的已经不可能因发生保险事故而遭受损失的。

（3）保险责任开始前，被保险人要求解除合同的。

（4）根据保险合同规定，在保险责任开始后可以解除合同的。

2）被保险人的义务

被保险人自海上保险合同订立之前直至保险事故发生后进行理赔的过程中，都必须按法律和合同的规定尽其应尽的义务。否则，他将无权享受法律与合同赋予的权利。根据《保险法》和《海商法》的规定，被保险人应履行的义务包括以下 6 个方面。

(1) 如实告知。我国《海商法》第二百二十二条第一款和英国 MIA 1906 第 18 条第 1 款都是关于被保险人在合同订立前应当履行的重要义务，即如实告知义务。如实告知是最大诚信原则的首要内容，也是被保险人的首要义务。

(2) 支付保费。保险人之所以承担保险责任，正是由于收取了被保险人的保险费。换言之，保险事故发生后，被保险人获得的保险赔偿正是以其支付的保险费作为代价的。因此，支付保费是被保险人的基本义务。除合同另有约定外，被保险人应当在合同订立后立即支付保险费（《海商法》第二百三十四条）。

(3) 履行保证。被保险人履行的保证包括合同中或保险单的参考文件中约定的明示保证和无须订明的默示保证。切实履行保证是被保险人在执行合同过程中的一项重要义务。

(4) 及时通知。及时通知是指被保险人在合同履行过程中，如遇到一些情况，即应履行该项义务。这些情况包括：①在保险合同生效后，保险标的发生变化；②在履行合同时，被保险人违反了保险保证；③在保险期限内发生了保险事故；④在提取货物时，发现保险货物受损。被保险人履行该项义务应当及时，即在知道或应当知道的当日或 48 小时内迅速通知保险人，违反保险保证时，应以书面方式通知。

(5) 防止、减少损失。一旦保险事故发生，被保险人除应立即通知保险人外，还应采取必要的合理措施。"必要"是指某项措施的采取能防止或减少损失，该项措施即为必要；"合理"是指某项措施的采取能使损失降至最低限度，该项措施即为合理。在保险事故发生后，尚未发生损失时，被保险人应立即采取措施防止损失的发生；如果损失已经发生，被保险人同样应采取措施以减少损失的扩大。如果被保险人未尽该项义务，致使保险标的扩大损失，保险人则不负赔偿责任。

(6) 提供有关单证。在向保险人索赔时，被保险人应提供各种有关单证。货物索赔的，应提供保险单正本、提单、发票、装箱单、磅码单、货损货差证明、检验报告及索赔清单。如涉及第三者责任，还须提供向责任方追偿的有关函电及其他必要票证或文件；如涉及第三方责任或费用，被保险人还须将有关证件移交保险人，并协助保险人向第三方追偿。

5. 国际海上货物运输风险

在国际海上货物运输中会遇到各种意外事故，这些意外事故具体可分为以下 3 种。

(1) 自然灾害指与航行有关的海啸、地震、飓风、雷电等恶劣气候和自然灾害。

(2) 意外事故指与航行有关的如触礁、颠覆、碰撞、失踪等意外事故。

(3) 外来风险指由外来原因如偷窃、受潮、串味、钩损、玷污等，以及由战争、暴动、罢工等特殊原因造成的货物损失、灭失等。

6. 国际海上货物运输风险损失

由这些原因造成的货物损失可分为两类：货物本身遭受的全部损失和部分损失，以及为营救货物支出的费用。

1) 全部损失

全部损失包括实际全损和推定全损。

(1) 实际全损。实际全损指货物全部毁灭或因受损而失去原有用途，或被保险人已无可挽回地丧失了保险标的。对于实际全损，保险人给予赔偿。

（2）推定全损。推定全损是指货物受损后对货物的修理费用，加上续运到目的地的费用，估计将超过其运到后的价值。对推定全损，由被保险人选择：①按实际全损进行索赔；②按部分损失进行索赔。如按实际全损索赔，则必须向保险人发出委付通知，即把全损货物委付给保险人。如不发通知，则视为按部分损失进行处理。

委付发生在保险标的出现推定全损的情况下。当保险标的出现推定全损时，被保险人可以选择按部分损失向保险人求偿或按全部损失求偿。当被保险人选择后者时，则由被保险人将保险标的权利转让给保险人，而由保险人赔付全部的保险金额。这种转让保险标的权利的做法被称为委付。委付是被保险人的单方行为，保险公司没有必须接受委付的义务。对于保险人来说，可以接受委付，也可以不接受委付。但委付一经接受则不能撤回。接受委付后，保险公司取得残存货物的所有权，当损失由第三者过失引起时，同时取得向有过失的第三方代位追偿的权利。

如果保险标的的损失是由于第三者的疏忽或过失造成的，保险人依保险合同向被保险人支付了约定的赔偿后，即取得了由被保险人转让的对第三者的损害赔偿请求权，也就是代位求偿权。我国《保险法》和《海商法》均规定了被保险人在保险人行使代位求偿权时应履行的义务，如提供必要的文件，协助保险人向第三者追偿，不得因放弃或过失而侵害保险人行使代位求偿权等。在代位求偿的名义上，依《海事诉讼特别程序法》第九十四条的规定，保险人应以自己的名义向第三人提起诉讼。委付指在推定全损的情况下，被保险人把残存货物的所有权转让给保险公司，请求取得全部保险金额。

2）部分损失

部分损失指除了全部损失以外的一切损失。在海上运输货物保险中，分为共同海损、单独海损和单独费用。

（1）共同海损。共同海损指在海上运输中，船舶、货物遭到共同危险，船方为了共同安全，有意和合理地作出特别牺牲或支出的特殊费用。共同海损的成立需具备以下5个条件。

① 有危及船、货共同安全的危险存在。这种危险是共同的、真实的，不是臆想和推断。

② 作出的牺牲和费用是特殊的、直接的。但海上遇到台风，船开往避风港，不算特殊。

③ 牺牲和费用是有意的，即是人为的、有意识的行为，而不是意外事故。

④ 是合理的。共同海损行为之作出，是必要的、节约的，符合全体利益的。

⑤ 有效的。共同海损措施是有效的。经过有意采取这些合理措施后，船货得到部分挽救和保留。

要构成共同海损，以上条件缺一不可。

对于共同海损所作牺牲和支出的费用，用获救船舶、货物、运费获救后的价值按比例在所有与之有利害关系的受益人之间进行分摊。因此，共同海损属于部分损失，保险公司对共同海损牺牲和费用及共同海损分摊都给予赔偿。

（2）单独海损。单独海损指货物由承保风险引起的不属于共同海损的部分损失。单独海损是海上运输中非任何人的有意行为造成的，只涉及船舶或货物单独一方利益的部分损失。因此，这种损失只能由受损失方自己承担。保险公司对单独海损造成的部分损失是否给予赔偿，取决于当事人投保的险别以及保险单的条款是如何规定的。

(3) 单独费用。单独费用指为了防止货物遭受承保风险造成的损失或灭失而支出的费用。

7. 国际海上货物运输保险条款

在国际海上货物运输保险中，当事人常用的是伦敦保险业协会制订的货物保险条款。此外，我国进出口货物运输最常用的保险条款是中国保险条款（China Insurance Clauses，CIC），该条款是由中国人民财产保险股份有限公司制订，中国人民银行及中国保险监督委员会审批颁布。CIC按运输方式来分，有海洋、陆上、航空和邮包运输保险条款四大类；对某些特殊商品，还配备有海运冷藏货物、陆运冷藏货物、海运散装桐油及活牲畜、家禽的海陆空运输保险条款。

1）中国保险条款——海洋运输货物保险条款

中国保险条款海洋运输货物保险条款分一般保险条款和特殊保险条款。一般保险条款包括3种基本险别：平安险、水渍险和一切险。特殊保险条款包括一般附加险、特别附加险和特殊附加险3种。

(1) 一般保险条款。

① 承保范围。一般保险条款因为包含险种不同，其承保范围也各不相同。

a. 平安险（Free From Particular Average）。平安险原意为"单独海损不赔"。该险别负责赔偿以下8项损失。

第一，货物在运输途中由于恶劣气候、雷电、海啸、地震、洪水自然灾害造成整批货物的全部损失或推定全损。当被保险人要求赔付推定全损时，需将受损货物及其权利委付给保险公司。被保险货物用驳船运往或运离海轮的，每一驳船所装的货物可视作一个整批。推定全损是指被保险货物的实际全损已经不可避免，或者恢复、修复受损货物及运送货物到原订目的地的费用超过该目的地的货物价值。

第二，由于运输工具遭受搁浅、触礁、沉没、互撞、与流冰或其他物体碰撞及失火、爆炸意外事故造成货物的全部或部分损失。

第三，在运输工具已经发生搁浅、触礁、沉没、焚毁意外事故的情况下，货物在此前后又在海上遭受恶劣气候、雷电、海啸等自然灾害所造成的部分损失。

第四，在装卸或转运时由于一件或数件整件货物落海造成的全部或部分损失。

第五，被保险人对遭受承保责任内危险的货物采取抢救、防止或减少货损的措施而支付的合理费用，但以不超过该批被救货物的保险金额为限。

第六，运输工具遭遇海难后，在避难港由于卸货所引起的损失，以及在中途港、避难港由于卸货、存仓及运送货物所产生的特别费用。

第七，共同海损的牺牲、分摊和救助费用。

第八，运输契约订有"船舶互撞责任"条款，根据该条款规定应由货方偿还船方的损失。

平安险是3种基本险别中保险人责任最小的一种。所谓"单独海损不赔"实际上是不确切的。它仅指对由于自然灾害造成的单独海损不赔，对由于意外事故发生的单独海损及运输工具在运输途中发生搁浅、触礁、沉没、焚毁等意外事故前后发生的单独海损，保险公司仍要赔偿。

b. 水渍险（With Particular Average，WPA.）。水渍险原意为"单独海损负责"。除包括上列平安险的各项责任外，该保险还负责被保险货物由于恶劣气候、雷电、海啸、地震、洪水自然灾害所造成的部分损失。即水渍险包括平安险以及平安险中不包括的那部分单独海损损失。

c. 一切险（All Risks）。除包括上列平安险的各项责任外，该保险还负责被保险货物在运输途中由于外来原因所致的全部或部分损失。这里的外来原因是指一般附加险承担的责任，而不包括特别附加险和特殊附加险。因此，投保一切险，并不意味着保险公司承担了一切损失责任。

② 责任起讫。"仓至仓"责任条款，又称运输条款。自被保险货物运离保险单所载明的起运地仓库或储存处所开始运输时生效，包括正常运输过程中的海上、陆上、内河和驳船运输在内，直至该项货物到达保险单所载明目的地收货人的最后仓库或储存处所，或被保险人用作分配、分派或非正常运输的其他储存处所为止。如未抵达上述仓库或储存处所，则以被保险货物在最后卸载港全部卸离海轮后满60天为止。如在上述60天内被保险货物需转运到非保险单所载明的目的地时，则以该项货物开始转运时终止。

扩展责任条款又称运输合同终止条款。由于被保险人无法控制的运输延迟、绕道、被迫卸货、重行装载、转载或承运人运用运输契约赋予的权限所作的任何航海上的变更或终止运输契约，致使被保险货物运到非保险单所载明目的地时，在被保险人及时将获知的情况通知保险人，并在必要时加缴保险费的情况下，保险仍继续有效。保险责任按下列规定终止：被保险货物如在非保险单所载明的目的地出售，保险责任至交货时为止，但不论任何情况，均以被保险货物在卸载港全部卸离海轮后满60天为止；被保险货物如在上述60天期限内继续运往保险单所载原目的地或其他目的地时，保险责任仍按上述"仓至仓"的规定终止。

③ 索赔期限。保险索赔时效，从被保险货物在最后卸载港全部卸离海轮后起算，最多不超过2年。

（2）特殊保险条款。特殊保险条款包括一般附加险、特别附加险和特殊附加险3种。

① 一般附加险。中国人民财产保险股份有限公司的一般附加险有11种：偷窃、提货不着险；淡水、雨淋险；短量险；混杂、玷污险；渗漏险；碰损、破碎险；串味险；受潮、受热险；钩损险；包装破裂险；锈损险。

以上11种一般附加险不能单独投保，它们全部包括在一切险之中，或是由投保人在投保了平安险或水渍险之后，根据需要再选择加保其中的一种或几种险别。

② 特别附加险。中国人民财产保险股份有限公司还设立了7种特别附加险。它与一般附加险不同，这些险别不包括在一切险之中，而需要投保人向保险公司提出申请，经特别同意后，在投保了基本险别的情况下，保险公司予以承保。

7种特别附加险包括：交货不到险、进口关税险、舱面险、拒收险、黄曲霉素险、出口货物到中国香港（九龙）或中国澳门存仓火险责任扩展险及卖方利益险。

③ 特殊附加险。中国人民财产保险股份有限公司还设立了3种特殊附加险，它包括战争险、战争险的附加费用和罢工险。

（3）除外责任。该保险对下列损失不负赔偿责任：被保险人的故意行为或过失所造成的损失；属于发货人责任所引起的损失；在保险责任开始前，被保险货物已存在的品质不良或数量短差所造成的损失；被保险货物的自然损耗、本质缺陷、特性以及市价跌落、运输延迟所引起的损失或费用；海洋运输货物战争险条款和货物运输罢工险条款规定的责任范围和除外责任。

2) 伦敦保险业协会货物保险条款

在我国的进出口业务中，除了使用中国保险公司的保险单和货物保险条款外，常用的还有伦敦保险业协会制订的货物保险条款。

伦敦保险业协会货物保险条款（Institute Cargo Clauses）具有如下 4 个特点：①用英文字母表示原来各基本险别名称；②消除了原险别之间的交叉和重叠；③新货物险条款增加了承保陆上风险；④独立投保的保险条款。

下面简单介绍伦敦保险业协会制订的 6 种保险条款的承保范围与除外责任。

(1) 协会保险条款 A（Institute Cargo Clause A）。相当于旧协会货物保险"一切险"条款。其承保范围为一切险减除外责任，即除了该条款规定的除外责任外，承保被保险货物的一切灭失和损害风险及费用。

除外责任包括两部分：一般除外责任和特殊除外责任。

一般除外责任包括：被保险人的故意行为造成的损失、损害或费用；保险标的的自然渗漏，重量和数量的自然消耗，或自然磨损或破裂；因保险标的包装或准备不充分或不适当造成的损失或费用；此包装指由被保险人或其雇佣人完成的包括集装箱或运输专用箱在内的装载；因保险标的内在缺陷或性质引起的损害或费用；因延迟直接造成的损失、损害或费用；因船舶所有人、经理人、租船人或经纪人破产或拖欠款项造成的损失、损害和费用；因使用任何原子或核子裂变和（或）聚变或其他类似反应堆或放射性作用或物质的战争武器而造成的损失、损害或费用。

特殊除外责任包括：船舶不适航、不适货及战争、罢工。不适航、不适货指的是船舶或驳船的不适航；船舶、驳船、运输工具、集装箱或运输专用箱不适宜安全运送保险标的；当保险标的装载时，被保险人或其雇佣人员知道这种不适航或不适货。战争、罢工指的是战争、内乱、革命、叛乱、造反或由此引起的骚乱，或交战势力或针对交战势力的任何敌对行为；捕获、拘留、扣留、禁制或扣押（海盗行为除外）及因此引起的后果或任何企图；遗弃的水雷、鱼雷、炸弹或其他遗弃的战争武器；因罢工、停工、工潮、暴动或民变造成；因任何恐怖主义者或任何带有政治动机的人的行为造成的。

(2) 协会货物保险条款 B（Institute Cargo Clause B）。相当于旧协会货物保险条款"水渍险"。其承保因自然灾害及重大与非重大意外事故造成的保险标的的损失或损坏。自然灾害包括：地震、火山爆发或雷电等。重大意外事故包括：火灾或爆炸；船舶或驳船搁浅、触礁、沉没或倾覆；陆上运输工具的颠翻或出轨；船舶、驳船或运输工具与除水之外的任何外界物体的碰撞或接触；在避难港卸货。非重大意外事故包括：货物在装卸时落海或摔落造成整件货物的灭失。

此外还承保共同海损牺牲；抛货或浪击入海；海、湖或河水进入船舱、驳船、运输工具、集装箱、运输专用箱或储存处所造成的损失。

其除外责任中，除两点与协会货物保险条款 A 的规定不同外，其余均与 A 条款的除外责任相同。这两个不同点是：除被保险人外，A 条款对一切人的故意行为造成的损失、损害或费用给予承保，而 B 条款对任何一人或数人采取非法行为故意损坏或故意破坏保险标的或其中任何一部分,均不予承保(第 47 条);在战争险除外责任中,A 条款将海盗行为从战争除外责任中排除,即对海盗行为引起的后果予以承保,B 条款在战争除外责任中未将海盗行为排除,则意味着对海盗行为造成的后果不予承保(第 62 条)。

(3) 协会货物保险条款 C (Institute Cargo Clause C)。相当于旧协会货物保险的"平安险"。其承保因重大意外事故造成的保险标的损失、损害及其费用。此外,还承保共同海损牺牲与抛货。除外责任与协会货物保险条款 B 相同。

(4) 协会货物战争险条款 (Institute War Clause – Cargo)。承保范围包括:战争等敌对行为对货物造成的损害;因战争行为引起的捕获、扣留、扣押等;非敌对行为使用原子武器造成的损失。对海盗行为、敌对行为使用原子武器不予承保。

(5) 协会货物罢工险条款 (Institute Strike Clause – Cargo)。承保范围包括:由罢工者及参与罢工的人员造成的货物损失或损害;因罢工、停工等给保险标的造成的损害;恐怖分子或出于政治动机而行动的人对保险标的造成的损害。但对航程终止后因罢工造成的存仓费、重新装船费等不予承保。

(6) 恶意损害险条款 (Malicious Damage Clause)。与修改前的"罢工、暴动和民变险"内容基本相同。其承保由于恶意行动、故意破坏行动而导致的保险标的的灭失或损害。但如是出于政治动机的人的行为,则不予承保。

关于各险承保责任起讫,新、旧条款的规定与中国人民保险公司海洋运输货物保险条款的规定基本相同。

7.2.3　国际铁路货物运输保险法与国际航空货物运输保险法

1. 国际铁路货物运输保险法

航空货物运输保险和陆运货物保险历史较短,不像海运货物保险那样发达,自成一体。尤其是陆运货物保险,由于受到运输条件的限制,国际上还没有统一的陆运货物保险条款。

中国人民保险公司 1981 年 1 月 1 日修订的《陆上运输货物保险条款》(火车、汽车),分为责任范围、除外责任、责任起讫、被保险人义务、索赔期限 5 部分。

1) 承保范围

陆运险和陆运一切险的承保范围如下。

(1) 陆运险。其承保范围包括:①被保险货物在运输途中遭受暴风、雷电、洪水、地震等自然灾害。②运输工具遭受碰撞、倾覆、出轨;或在驶运中转过程中因驳运工具搁浅、沉没;或由于遭受隧道坍塌、崖崩或失火、爆炸等意外事故所遭受的全部或部分损失。③被保险人对遭受承保范围内危险的货物采取抢救、防止或减少货损的措施而支付的合理费用,但以不超过该批被救货物的保险金额为限。由此可见,陆运险的承保责任范围与海洋运输货物保险条款中的"水渍险"相似。

(2) 陆运一切险。陆运一切险的承保责任范围除上述陆运险的责任外,还包括运输途中,由外来原因造成的短少、短量、偷窃、渗漏、碰损、破碎、钩损、雨淋、生锈、受潮、受热、发霉、串味、沾污等全部或部分损失,这与海洋运输货物保险条款中的"一切险"相似。

2) 责任起讫

陆运货物保险条款负"仓至仓"责任，包括正常运输过程中的陆上和与其有关的水上驳运在内。如货物未抵达目的地仓库或储存处所，则以被保险货物运抵最后卸货的车站满 60 天为止。

3) 除外责任

保险公司对由于下列原因造成的货物损失，不负赔偿责任：被保险人的故意行为或过失造成的损失；属于发货人责任引起的损失；在保险责任开始前，被保险货物存在的品质不良或数量短差造成的损失；被保险货物的自然损耗、本质缺陷、特性及市价跌落、运输延误造成的损失和费用；陆上运输货物战争险条款和货物运输罢工险条款规定的责任范围和除外责任。

4) 索赔期限

索赔时效自被保险货物在最后目的地车站全部卸离车辆后计算，最多不超过两年。

2. 国际航空货物运输保险法

中国人民保险公司 1981 年 1 月 1 日修订的《航空运输货物保险条款》，分责任范围、除外责任、责任起讫、被保险人义务、索赔期限 5 部分。

1) 责任范围

航空运输货物保险分航空运输险和航空运输一切险两种。

（1）航空运输险。承保范围：被保险货物在运输途中遭受雷电、火灾、爆炸或由于飞机遭受恶劣气候或其他危难事故而被抛弃，或由于飞机遭受碰撞、倾覆、坠落或失踪等意外事故所造成的全部或部分损失；被保险人对遭受承保范围内危险的货物采取抢救、防止或减少货损的措施而支出的合理费用，但以不超过该批被救货物的保险金额为限。

（2）航空运输一切险。除包括上述航空货物运输险的责任外，还负责被保险货物由于外来原因所致的全部或部分损失。

2) 责任起讫

航空货物运输保险责任起讫期限也采用"仓至仓条款"。所不同的是如果货物运达保险单所载明的目的地未运抵保险单所载明收货人仓库或储存处所，则以被保险货物在最后卸载地卸离飞机后满 30 天保险责任即告终止。如在上述 30 天内，被保险货物需转送到非保险单所载明的目的地时，保险责任以该项货物开始转运时终止。

关于除外责任，被保险人义务及索赔期限的规定与陆上运输货物保险条款相同。

 引例分析

该案船东 Manifest 运输公司不能胜诉。因为，据法院调查，"星海号"轮上的发动机室和货舱都有水喷二氧化碳灭火装置，此外，该轮的发动机室和船首舱还分别有一个电动灭火和紧急灭火泵。在向巴西运香蕉途中，比利时港务当局检查了该轮，发现其紧急灭火泵失灵。主机械师在修理该紧急灭火泵时割断了交叉的抽水泵管，而该抽水泵管未再修理。在回南美途中，该轮发动机室着火，发生了推定全损。二审法院终审判定，"星海号"轮船的船长严重忽视二氧化碳灭火装置的工作状态导致了船舶不适航，是属于除外责任中的被保险人的过失行为。当这种行为被判定后，保险公司就有权拒绝赔偿。

本 章 小 结

根据国际货物运输的类型,国际货物运输法主要包括国际海上货物运输法、国际铁路货物运输法、国际航空货物运输法、国际货物多式联运法等。其中,国际海上货物运输是最常用的国际货物运输方式。各种国际货物运输法律制度的核心是运输单据的法律效力和作用、承运人的责任。国际海上货物运输、国际航空货物运输、国际铁路货物运输、国际货物多式联运的主要国际公约分别是《海牙规则》《华沙公约》《国际铁路货物联运协定》《国际货物多式联运公约》。国际货物运输保险法的具体内容包括:国际海上保险合同的内容、保险险别及保险责任期限、中国人民保险公司制订的 CIC 条款及英国伦敦保险业协会制定的 ICC 条款的主要内容、海上保险的代位权、海上保险的委付。

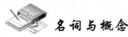

名词与概念

海洋运输(Ocean Transport)　　　　　班轮运输(Liner Transport)
租船运输(Charter Transport)　　　　铁路运输(Rail Transport)
航空运输(Air Transport)　　　　　　集装箱运输(Container Transport)
国际货物多式联运(International Multimode Transport of Goods)
多式联运经营人(Multimodel Transport Operator)　　海运提单(Ocean Bill of Lading,B/L)
倒签提单(Anti-dated Bill of Lading)　　预借提单(Advanced B/L)
最大诚信原则(Utmost Good Faith)　　可保利益原则(Insurable Interest)
损失补偿原则(Principle of Indemnity)　　近因原则(Principle of Proximate Cause)
全部损失(Total Loss)　　　　　　　　部分损失(Partial Loss)
共同海损(General Average)　　　　　单独海损(Particular Average)
实际全损(Actual Total Loss)　　　　　推定全损(Constructive Total Loss)
施救费用(Sue and Labour Expenses)　　保险价值(Value Insured)
保险单(Insurance Policy)　　　　　　保险单的转让(Assignment of Policy)
代位权(Subrogation)　　　　　　　　委付(Abandonment)
保险人(Insurer)　　　　　　　　　　保险经纪人(Insurance Broker)
默示保证(Implied Warranty)

思 考 题

1. 《海牙规则》的主要内容有哪些?
2. 简述国际海上货物运输合同当事人的法律责任。
3. 有关国际铁路货物运输的国际公约主要有哪两个?
4. 国际航空货物运输合同有哪些特征?

5. 构成国际多式联运应具备哪些条件?
6. 简述《联合国国际货物多式联运公约》的适用范围。
7. 海上保险合同的内容一般包括哪些项目?
8. 海上货物运输保险的承保范围包括哪些项目?
9. 英国伦敦保险协会制定的"协会货物条款"有几种险别?
10. 代位求偿权的成立须具备哪些条件?
11. 代位权与委付的区别是什么?

练 习 题

1. 名词解释

（1）提单　　　　（2）班轮运输　　　（3）国际海上货物运输
（4）保险人　　　（5）委付　　　　　（6）代位权
（7）网状责任制　（8）国际货物运输保险　（9）默示保证
（10）近因

2. 不定项选择题

（1）依收货人的抬头，可将提单分为（　　）。
　A. 指示提单　　　B. 不记名提单　　C. 不清洁提单　　D. 记名提单
（2）下列提单（　　）依我国《海商法》的规定不能转让。
　A. 指示提单　　　B. 不记名提单　　C. 记名提单　　　D. 已装船指示提单
（3）保证在国际货运保险合同的订立过程中有着重要的意义，它可分为（　　）。
　A. 明示保证　　　B. 默示保证　　　C. 提示保证　　　D. 暗示保证
（4）在提单中承运人的责任制问题上，《海牙规则》采用的是（　　）。
　A. 不负过失责任　　　　　　　　　B. 完全过失责任
　C. 不完全过失责任　　　　　　　　D. 过失责任
（5）海洋货物运输保险的主险可分为（　　）。
　A. 一般险　　　　B. 平安险　　　　C. 水渍险　　　　D. 一切险
（6）作为保险标的的可保利益必须是（　　）。
　A. 合法的　　　　　　　　　　　　B. 确定的，可实现的
　C. 可以重复的　　　　　　　　　　D. 有经济价值的
（7）根据保险期限将保险划分为（　　）。
　A. 运程保险　　　B. 定期保险　　　C. 混合保险　　　D. 逐笔保险
（8）依我国《海商法》的规定，下列货物运输方式中属于《海商法》调整的多式联运的是（　　）。
　A. 空海联运　　　B. 陆海空联运　　C. 陆海联运　　　D. 陆空联运
（9）共同海损通常由（　　）按获救价值共同分担。
　A. 保险公司　　　B. 船方　　　　　C. 货方　　　　　D. 运输方
（10）（　　）是保险契约的客体，是构成保险契约关系的重要依据。
　A. 保险价值　　　B. 保险标的　　　C. 保险金额　　　D. 保险合同

(11)（　　）是受保险合同保障的人，也就是指保险事故发生时，有权按照保险合同要求赔偿损失的人。

　　A. 投保人　　　　B. 保险代理人　　　C. 保险经纪人　　　D. 被保险人

(12) 下列险别中是特别和特殊附加险的有（　　）。

　　A. 淡水雨淋险　　B. 渗漏险　　　　C. 交货不到险　　　D. 受潮受热险

(13)《汉堡规则》规定的承运人迟延交货的责任限额为下列（　　）。

　　A. 迟交货物应付运费的一倍　　　　B. 迟交货物的每公斤2.5计算单位

　　C. 每件迟交货物835计算单位　　　 D. 迟交货物应付运费的2.5倍

(14) 全部损失也称全损，可分为（　　）。

　　A. 单独海损　　　B. 实际全损　　　C. 推定全损　　　　D. 共同海损

(15) 承运人在收取货物以后，签发的载明船名及装船日期的提单被称为（　　）。

　　A. 已装船提单　　　　　　　　　　B. 不清洁提单

　　C. 收货待运提单　　　　　　　　　D. 备运提单

(16) 提单中注明的装船日期早于实际装船日期的情况有（　　）。

　　A. 已装船提单　　　　　　　　　　B. 收货待运提单

　　C. 预借提单　　　　　　　　　　　D. 倒签提单

(17) 下列（　　）为我国加入的有关航空运输的国际公约。

　　A.《华沙公约》　　　　　　　　　 B.《海牙议定书》

　　C.《海牙规则》　　　　　　　　　 D.《瓜达拉哈拉公约》

(18) 国际货运保险有关的当事人和关系人有（　　）。

　　A. 保险人　　　　　　　　　　　　B. 投保人

　　C. 保险代理人　　　　　　　　　　D. 保险公证人

3. 判断题

(1) 调整国际海上货物运输的专门性公约主要有三大公约：《海牙规则》、《维斯比规则》和《汉堡规则》。（　　）

(2) 倒签提单和预借提单是合法的。（　　）

(3) 根据运输方式，国际货物运输保险可分为：海上运输保险、陆上运输保险和航空货运保险等。（　　）

(4) 流动保险是规定保险人在某个固定时间内负责的保险。（　　）

(5) 在重复保险的情况下，保险标的发生损失应由各保险人分摊。（　　）

(6) 保证分为明示保证和默示保证。（　　）

(7) 保障的损失从程度上可分为单独海损和共同海损。（　　）

(8) 全部损失可分为实际全损和推定全损。（　　）

(9) 共同海损通常是由货方和运输方按获救价值共同分担。（　　）

(10) 国际货运保险合同的当事人是保险人、投保人或被保险人。（　　）

4. 简答题

(1) 提单的概念和特征是什么？

(2) 共同海损与单独海损的区别是什么？

(3) 可保利益具备的条件是什么？

5. 案例分析题

1998年1月15日，原告中国银行应申请人华裕公司的申请，开立编号为73M0004/98、73M0005/98两份不可撤销信用证。同年4月中国银行收到正本议付单据。经审核后，原告对外承兑付款，合法持有单证。提单为被告福建外贸中心船务公司签发，记载收货人均为"凭马江支行指示"、起运港韩国釜山、目的港中国厦门、承运轮华讯（HUAXUN）V9806。1998年4月11日船抵达目的港厦门后，侨星公司向船务公司传真一份保函，请求无正本提单提取货物。4月16日，收货人建达公司向厦门外代出具无提单提货担保函。4月17日，船务公司指示厦门外代凭副本提单加保函放货给被告收货人建达公司。建达公司后因财务困难没有去中国银行付款赎单。

试分析：船务公司指示厦门外代凭副本提单加保函放货给被告收货人建达公司的行为侵犯了谁的利益？中国银行应以谁为被告起诉？

第 8 章 国际技术贸易法

通过本章学习，熟悉国际技术贸易和国际技术贸易法概念，掌握国际许可合同、技术咨询合同的主要条款，了解《联合国国际技术转让行动守则（草案）》《保护工业产权巴黎公约》、TRIPs 协议及我国技术贸易法的主要内容。

中国机械公司与德国林德公司国际技术贸易案

1978 年，中国机械进出口公司与联邦德国林德公司达成一项 10 000nm/H 制氧设备的合作生产协议，依该协议，两家公司合作生产 8 套 10 000nm/H 制氧设备，中方的生产单位是杭州制氧机厂。在 8 套设备中，前 6 套设备以林德公司（甲方）为主要承包人，杭州制氧机厂（乙方）根据甲方订货生产设备和材料。后两套则相反，乙方成为主要承包人。在生产过程中，甲方负责技术，负有向乙方发送技术文件和图纸的义务，并对技术的性能负责，乙方完全按甲方的技术要求办事。设备销售款由甲乙双方六四分成。

思考：

在本案中，乙方是通过何种方式进行技术贸易的？

8.1 国际技术贸易概述

8.1.1 国际技术贸易

1. 国际技术贸易的概念和特点

国际技术贸易是指不同国家的自然人、法人或其他组织以一定的方式对其所有的技术进行跨越国界地有偿转让的行为。国际技术贸易有如下特点。

（1）国际技术贸易主体是跨越国界的自然人、法人或其他组织。国际技术贸易主体必须是跨越国界的自然人、法人或其他组织，这是世界各国的通行看法。而在一国境内，本国的自然人、法人或其他组织之间，本国自然人、法人或其他组织与位于该国境内的外国自然人、法人或其他组织之间，以及本国企业与在该国境内的外商投资企业之间的技术转让，不能视为国际技术转让，而是属于国内技术转让。

(2) 国际技术贸易客体是无形的技术知识。技术是指制造一种产品或提供一项服务的系统的知识，包括商标、专利、版权及邻接权、集成电路、专有技术、商业秘密等。

(3) 国际技术贸易往往是技术与货物、资本、劳务及生产相结合的有偿技术转让。

(4) 国际技术贸易通常不改变技术所有权的归属，受让方取得的是技术的使用权而非所有权。

(5) 国际技术贸易往往是一种合作与矛盾并存的长期行为。国际货物贸易的客体是实物，其交付过程较简单，而国际技术贸易的交付过程则是传授技术知识、经验和技艺的合作与矛盾并存的长期行为。

(6) 国际技术贸易所涉及的法律问题较为复杂。国际技术贸易涉及的问题多、复杂、特殊，如涉及工业产权保护、技术风险、技术定价、限制与反限制、保密、权利和技术保证等问题，还涉及国内法律和国际法律。因而从事国际技术贸易远比从事国际货物贸易难度大。

(7) 国际技术贸易政府干预的程度较强。政府对国际技术贸易的干预程度大于对国际货物贸易的干预程度。由于技术出口实际上是一种技术水平、制造能力和发展能力的出口，所以为了国家的安全和经济利益上的考虑，国家对技术出口审查较严。由于在国际技术贸易中，技术转让方往往在技术上占优势，为了防止其凭借这种优势迫使引进方接受不合理的交易条件，也为了国内经济、社会、科技发展政策上的考虑，国家对技术引进也予以严格的管理。

(8) 国际技术贸易方式多种多样。国际技术贸易方式是多种多样的，包括技术许可、技术服务、技术咨询、工程承包、国际设备租赁、专利权转让等。一般情况下，通过国际技术贸易方式转让的是技术的使用权，个别情况下才是所有权。

2. 国际技术贸易的方式

国际技术贸易主要通过双方当事人签订合同的方式进行。这些合同的种类繁多，有的是单纯技术转让，有的是技术转让与购买机器设备相结合，有的是技术转让与资本输出相结合。但总体来讲，国际技术贸易的方式主要有如下5种。

(1) 国际许可证贸易。国际许可证贸易是国际技术贸易中使用最广泛、最普遍的贸易形式，它是由交易双方签订许可证协议来转移技术使用权。签发许可证的卖方称为许可人，接受许可证的买方称为被许可人。许可证贸易的标的主要是专利、商标和专有技术。

(2) 国际技术服务。国际技术服务是指营业地处在不同国家或地区的当事人之间签订协议，根据协议规定，一方当事人以自己的技术知识和劳力为对方完成一定的工作，对方接受工作成果并支付约定的报酬。提供技术服务的一方称为供方，接受服务成果的一方称为受方。在此国际技术贸易方式下，供方提供的技术既不是专利技术，也不是专有技术，而是普通技术。

(3) 国际合作生产。国际合作生产是指营业地处于不同国家的企业，按相互间达成的合作生产协议，履行权利义务，各自生产同一种产品的零部件，或依协议规定的规格、数量分别制造对方需要的零部件，然后自行组装成产品出售。这种合作生产所采用的技术，可以由一方或相互提供技术，还可以共同研发。在国际合作生产协议中，通常还包括销售合作，即利用一方或双方现有的销售渠道，推销产品。但国际合作生产仍各自经营，分别核算。

（4）国际工程承包。国际工程承包是一项综合性的技术输出，除输出劳务、资本、商品、设备外，还有技术输出。所以，国际上通常将工程承包作为技术转让的一种形式。国际工程承包通常以合同形式规定当事人双方的权利与义务，即国际工程承包合同。所谓国际工程承包合同，是指一国的承包人承包另一国发包人所委托承建的工程项目，而发包人接受工程项目并支付酬金的协议。根据该合同的规定，承包人以自己的资本、技术、劳务和设备、材料为工程发包人营建工程项目，按事先商定的报酬和支付方式收取费用，并承担一切风险。国际工程承包主要适用于大型的工程项目，如铁路、公路、机场、矿山、石油勘探和开采设施、大型发电站等的新建和扩建。我国对外承包公司在经营活动中，所采取的方式主要有全包形式（即交钥匙工程）、总承包形式、部分承包（即分包形式）、BOT（Build－Operate－Transfer，建设-经营-转让）方式、联合承包、承包单项技术服务等。

（5）特许经营。特许经营是特许者将自己所拥有的整套知识产权如商标、专利及其产品和经营模式等以特许经营合同的形式授予被特许者使用。特许者可通过特许经营顺利实现低成本迅速扩张，而被特许者也可充分利用现有成功企业的各种优势来创建一个自己的商业机会，收益归被特许者自有。特许经营造就了可口可乐、麦当劳、全聚德、东来顺等许多巨人企业。

8.1.2　国际技术贸易法概述

1. 国际技术贸易法的概念与特征

国际技术贸易法是调整跨越一国国境的技术贸易关系的法律规范的总和。其基本法律特征表现为如下 3 点。

（1）国际技术贸易法的主体是处于不同国家境内的自然人、法人或其他组织。在一国境内，本国的自然人、法人或其他组织之间，本国自然人、法人或其他组织与位于该国境内的外国自然人、法人或其他组织之间，以及本国企业与在该国境内的外商投资企业之间的技术转让，不能视为国际技术转让，而是属于国内技术转让。

（2）国际技术贸易法的客体是无形财产——技术。这种技术是关于产品的生产原理、设计、生产操作、设备安装调试、管理、销售等各个环节的知识、经验和技艺的综合，具有无形性、系统性和商品性。

（3）国际技术贸易法具有公法和私法的双重属性。国际技术贸易的标的为技术，通常属于自然人、法人所有，一般情况下，自然人、法人可自由交易。但是，国家或国际组织往往基于各种考虑，如国家安全、本国产品的竞争实力等，对国际技术贸易进行各种干预和管制。因此，国际技术贸易法具有私法的一般属性，又具有较浓的公法色彩。

2. 国际技术贸易法的渊源

1）国内法渊源

国际技术贸易是一种跨国经济活动，发展中国家与发达国家对它有性质完全不同的立法。广大发展中国家在国际技术贸易中主要处于技术引进为主的地位，为了确保技术引进工作服务于本国的经济发展目标,必须用法律手段对技术引进工作加以管理。因此,其国际技术贸易法的内容以技术引进为主。而发达国家在国际技术贸易中主要处于出口技术的地位。发达国家对出口技术的法律规定主要是对尖端技术出口加以控制,通过出口贸易管理法或专门的技术出口管理法予以管制,如美国的《出口管理法修正案》和《出口管理条例》。

国际技术贸易法国内法主要内容有 3 部分:一是禁止限制性商业行为;二是国际技术贸易合同的审批;三是国际技术贸易的其他规定。

2) 国际法渊源

调整国际技术贸易的国际法渊源较多,其中中国自 1980 年加入世界知识产权组织后,相继加入的就有《保护工业产权巴黎公约》《专利合作条约》《国际承认用于专利程序的微生物菌种保藏布达佩斯条约》《工业品外观设计国际分类洛迦诺协定》《商标国际注册马德里协定》《商标注册用商品和服务国际分类尼斯协定》《商标国际注册马德里协定有关议定书》《与贸易有关的知识产权协议》《国际植物新品种保护公约》《保护文学和艺术作品伯尔尼公约》《世界版权公约》和《保护录音制品制作者防止未经许可复制其录音制品公约》等,但这些都不是专门调整国际技术贸易的国际法渊源。

国际上有关专门调整国际技术转让的条约很少。这主要是由于以下两个原因:首先,由于国际技术贸易的历史并不长,它在国际贸易中所占的比重较小,而国际货物贸易才是国际贸易的最重要的方面。其次,由于发达国家和发展中国家之间就国际技术贸易的许多方面都难以达成一致意见,所以很难在全球范围内达成一个条约。目前国际上最重要的有关国际技术转让的专门性条约是《联合国国际技术转让行动守则(草案)》。

8.2 国际许可合同

8.2.1 国际许可合同的概念、特点和种类

1. 国际许可合同的概念

国际许可合同(International Licence Contract),又称国际许可证协议,是指在国际技术贸易中,一国的转让方(或称出让方、供应方)将其拥有一定权利的专利、商标、著作或专有技术允许另一国的受让方使用;受让方取得标的使用权,并为此支付报酬或使用费用的合同。

2. 国际许可合同的特点

国际许可合同有如下 5 个特点。
(1) 是双务的、诺成、有偿合同。
(2) 合同当事人分处不同国家,合同的标的跨越国界。
(3) 合同标的虽是无形的技术知识,但它的转让有时又和机器设备、原材料等有形物的交易结合起来进行。
(4) 合同的内容广泛、转让方式多样、法律适用复杂。
(5) 合同的履行期长、涉及面宽,需要当事人长期、密切、真诚地合作与配合。

3. 国际许可合同的种类

国际许可合同根据不同的标准可进行不同的划分。

首先,根据国际许可合同的标的不同可分为:专利许可合同、商标许可合同、专有技术许可合同、版权许可合同和混合许可合同。

1)专利许可合同

专利许可合同是以专利技术作为合同标的的国际许可合同。专利许可合同的目的是许可使用专利保护的发明,所涉及的专利是以授予该专利的国家名称和它的序号来识别的。一项专利权包含一系列法律所赋予的排他性的专有权,这些专有权都可以作为专利许可合同的内容。

"专利"一词是从英文 Patent 翻译过来的,意即"打开""公开"的意思。Patent 源自 Letters Patent,是英国历史上国王封爵、任命官员或授予某人某种特权时所常用的一种文书。这种文书据说没有封口,任何人都可以打开来看,所以 Letters Patent 被认为是一种公开的文件。"专利"一词,现指国家专利局依法授予发明人在一定期限内对某项发明创造享有的专有权。某项发明创造取得了专利,它即是公开的发明创造,并受法律的严格保护。

2006 年 4 月 25 日,原告日本味之素株式会社在美国的全资子公司(以下简称"味之素")将一纸诉状递到了美国国际贸易委员会(International Trade Commission,ITC),指控被告中国大成生化集团及其关联公司(以下简称"大成")对美国出口的 L-赖氨酸动物饲料添加剂产品的生产工艺侵犯其两项专利,要求 ITC 启动 337 调查程序。随后味之素又瞄准了大成的欧洲市场,在荷兰海牙法院诉大成专利侵权。最终,美国东部时间 2008 年 7 月 31 日,ITC 行政法官 Charles E. Bullock 签发了该案的初裁裁决裁决认定原告味之素公司两个专利的涉案权利要求因没有披露两个涉案专利的最佳实施模式而无效,且味之素公司在两个涉案专利的申请过程中存在不当行为,导致涉案两个专利无法执行。因此,大成公司并没有违反美国《1930 年关税法》的第 337 条规定。美国东部时间 2008 年 9 月 29 日,ITC 终裁裁决我国大成公司没有违反美国《1930 年关税法》的第 337 条规定,可以继续出口其赖氨酸产品到美国。自此,本"337 调查"案以大成公司胜诉而告终。尽管味之素已经上诉到美国联邦巡回上诉法院,但是,本"337 调查"案已终结。在上诉期间,大成公司的产品可以正常进入美国市场并在美销售。而且,作为原告的味之素耗费了两年多的时间,花费了数百万美元的律师费,不但没有将大成公司从美国市场上驱逐出去,而且,自誉为"皇冠上的明珠"的专利反倒被认定不可执行,这不能不说是中国企业在海外维护其合法权益的经典案例。但是,荷兰海牙法院于 2007 年 8 月 22 日判决被告大成公司侵犯了两项有关专利,专利编号分别为 EP710 及 EP712。

专利权有其明显的特点:①专利权是一种法律赋予的权利。发明人通过申请,专利机关经过审查批准,使他的发明获得了法律地位而成为专利发明,而他自己同时也因之获得了专利权;这种权利的产生与物权的自然产生是不同的。②专利技术是一种知识财产、无形财产。专利权是一种特殊的财产权。③专利权是一种不完全的所有权。专利权的获得是以发明人公开其发明的内容为前提的。而公开了的知识很难真正为发明人所独有。④专利权是一种排他性(独占性、专有性)的权力。对特定的发明,只能有一家获得其专利权。

也只有专利权人才能利用这项专利发明，他人未经专利权人的许可，不能使用该专利发明。⑤专利权是一种有地域性的权利。专利权只在专利权批准机关所管辖的地区范围内发生效力。⑥专利权是一种有时间性的权利。专利权的有效期一般为 10 年或 20 年。超过这个时间，专利权即失去效力。

　　根据专利技术的创造性程度的高低和其他特点，常把专利分为 3 种类型。①发明专利。所谓发明，是指对产品、方法或者其改进所提出的新的技术方案。它是利用自然规律解决实践中特定的技术问题的新方案。发明可分为两类，一类是产品发明，其发明的结果是一种新产品；另一类是方法发明，其结果是一种制造产品或测试或操作的新方法。②实用新型专利。实用新型是对产品的形状、构造或者其结合所提出的适于实用的新技术方案。实际上，实用新型也属于一种发明。它与上述发明专利不同之处在于，实用新型是一种仅适于产品的、创造性水平较低能够直接应用的发明（有人称之为"小发明"）。在实践中，实用新型这种"小发明"为数众多，所以包括中国在内的世界上少数国家把它从发明中划分出来，单独加以保护。实用新型专利条件低，审批程序简单，收费也少，这有利于鼓励众多的小发明者。③外观设计专利。外观设计是指对产品的形状、图案、色彩或其结合所作出的富有美感并适于工业上应用的新设计。它与实用新型不同，外观设计对产品形状的设计主要是图好看，而实用新型对产品形状的设计主要是及于增加产品的使用价值，使其有新功能，主要是图好用。专利中的外观设计实际上是工业外观设计，它与纯美术作品不同，造型、图案和色彩只有体现在有独立用途的制成品上，才是专利中的外观设计。它是在保证或不影响产品用途的前提下，通过外形、图案、色彩的设计来吸引消费者的。

　　2）商标许可合同

　　商标许可合同是对商标使用权的许可，是指商标所有人在合同规定的范围内允许被许可人在支付一定费用的条件下使用其商标。在商标许可合同中，一般都对使用许可商标的地域予以明确规定。

【拓展视频】

　　商标是商品生产者或经营者为了使自己的商品同他人的商品相区别而在其商品上所加的一种具有显著性特征的标记。常见的商标是文字商标和图形商标。国外有立体商标，如"可口可乐"饮料瓶子的特殊形状。还有音响商标、气味商标等形式。商标大体上可分为 3 类：制造商标、商业商标和服务商标。

【拓展视频】

　　一般只有能够移动的重复性生产的商品才使用商标。商标须具有显著性特点，即相同或类似的商品不能使用相同或相似的商标。

　　商标的作用包括：①区别功能，即商标能标明产品的来源，把一企业的产品与另一同类企业的产品区别开来。这是商标的最基本最重要的功能。②间接标示产品质量的功能。产品的来源不同，其质量和信誉也会有差别。商标作为特定来源的产品的标记，它间接地反映了该产品的内在质量。人们选购商品时，一般无法当场检验其内在质量，而往往是根据自己的经验和商品的社会信誉凭商标来选购所希望的具有一定质量的商品的。③广告功能。由于商标的简明性和"显著性"，它最容易被消费者记住，从而使商标成为醒目的广告。

　　商标权。商标权是商标使用者向商标管理部门申请注册并得到批准的商标专用权。但在少数国家，商标权是由于商标的首先使用而获得的。在我国，商标权是以注册在先原则而取得的。商标权的内容包括使用权、禁止权（禁止他人使用）、转让权、许可使用权和放弃权。商标权受专门法律《商标法》的保护。

商标权的特点包括：①商标权是一种排他性权利。②商标是一种无形的知识财产。商标权是一种特殊的财产权。③商标权是有时间性但又可无限延期的权利。与专利权期满不可延期不同，商标权到期可续展延期，且延期次数不限。④地域性。商标权只在注册机构所管辖地区范围内有效。

3) 专有技术许可合同

专有技术许可合同是以专有技术作为合同标的的国际许可合同。专有技术许可合同与专利许可合同有许多相似之处，都是有条件的技术使用权的转让，所以两种合同的结构大致相同；并且在实践中，两者往往交织在一起，一项专利许可合同往往包含专有技术的内容。但专有技术和专利技术毕竟是两种不同的技术，在实践中形成了两种不同的合同。单纯的专利许可合同是一种典型的"授权"合同，转让方只是将其所拥有的专利权授予受让方使用，通常对于引进方使用后的技术效果不予负责。专有技术是保密的，专有技术许可合同一般还需要规定转让方要负责技术的传授及实施后达到一定的技术标准，合同中含有通常单纯的专利许可合同所不具备的特殊条款，如保密条款、技术保证条款，以及有关技术传授和考核验收的条款等。

专有技术的英文名称叫"Know - how"，意为"知道如何制造"。它有许多中文名称，如技术诀窍、技术秘密、专门知识等。还有直译成"诺浩"的，但最常用的名称是"专有技术"。

所谓专有技术是指在实践中已使用过了的没有专门的法律保护的具有秘密性质的技术知识、经验和技巧。专有技术可以是产品的构思，也可以是方法的构思，但它在不少方面与专利技术不同：①专利技术必须是可以通过语言来传授的，专有技术虽也须是可以传授的，但它未必都是可言传的，有些只能通过"身教"才能传授；②专有技术是处于秘密状态下的技术；而专利技术是公开技术；③专有技术没有专门法律保护，所以它不属于狭义的知识产权（商标、专利、版权）；④专利技术是被专利文件固定了的静态技术，而专有技术则是富于变化的动态技术；⑤专利技术受保护或被垄断的期限是有限的（最多20年），而专有技术是靠保密而垄断的，因而它被垄断的期限是不定的。

专有技术也是一种无形的知识财产，它除需用保密手段得到保护以外，也需要法律的保护。在实际中，专有技术是援引合同法、防止侵权行为法、反不正当竞争法和刑法取得保护的。但专有技术受法律保护的力度远比专利技术受到专利法保护的力度小。

4) 版权许可合同

版权许可合同以转让版权或著作权使用权为目的，而不是版权或著作权所有权本身。版权（the Right of Author or Copyright），又称著作权，是指作者对其创作的文学艺术、自然科学、社会科学和工程技术等作品依法享有的权利。它包括人身权和财产权。

5) 混合许可合同

混合许可合同同时转让专利、商标、版权和专有技术中的任何两种或两种以上的国际技术许可合同。

另外，根据国际许可合同许可使用地域范围以及使用权范围的大小，可分为独占许可合同、排他许可合同和普通许可合同。

1）独占许可合同

独占许可合同指受让方在合同规定的有效期间对所购进的技术在合同约定区域内享有独占的使用权,转让方和任何第三方都不得在该合同约定区域内使用、转让该项技术。

2）排他许可合同

排他许可合同指受让方在合同规定的有效期间对购进的技术在合同约定区域内有排他的使用权,任何第三方都不得在该区域内使用该项技术,但转让方在该区域内仍保留使用权。也就是说,转让方不得把同一技术许可合同区域内的任何第三方使用,但转让方可以保留自己在合同区域内使用该项技术进行生产和销售产品的权利。

3）普通许可合同

普通许可合同指受让方对购进的技术在合同约定区域内享有使用权,而转让方在合同区域内仍保留对该项技术的使用权和转让权,即转让方不仅自己可以在合同区域内使用合同项下的技术,而且可以在该区域内将该项技术转让给第三方。按照国际许可合同贸易惯例,如果在许可合同中没有特别指明是什么性质的许可,则视为是普通许可。

8.2.2 国际许可合同的主要条款

国际许可合同当事人的权利与义务是由合同的具体条款决定的,合同具体条款的订立,直接关系到合同当事人的切身利益和交易结果。目前这类合同没有统一格式,不同种类的国际许可合同有不同的具体条款。国际许可合同通常包含的主要条款包括如下 13 项。

1. 序文

1）合同名称和编号

合同的名称条款主要是要表明该合同的内容、性质和特征,例如"×××商标许可合同""×××设计制造技术及有关设备合同"。合同编号是识别合同的特定符号,它反映出许可方的国别、被许可方的名称和部门及签约年份等。

2）双方当事人名称和地址及联系方式

双方当事人名称和地址及联系方式是有关通信联络不可缺少的。双方当事人的名称应写得清楚无误,这关涉合同的权利与义务的主体问题,千万不可简写,以防发生歧义。双方当事人的法定地址也非常重要,它不仅是寄交技术资料和文件的地址,也是双方发生争议确定法院管辖权和适用法的依据之一。

3）签约时间和地点

签约时间是双方正式签字日期,不能与草签时间混淆。签约地点往往与签约时间相联系。签约时间和地点往往涉及合同的生效、交付技术资料时间、法律的适用及纳税等问题。为避免适用外国法律,作为中方应争取签字地在中国。

4）鉴于条款

鉴于条款是叙述性条款,是指双方当事人在合同开头表明当事人双方的背景、订约意图、目的和签约原则等的条款。因在写法上通常用"鉴于……"开头,所以称为鉴于条款。其中要特别讲明许可方对技术或权利拥有的合法性及被许可方接受技术的经验和能力。同时,鉴于条款在解释合同的具体条款时也有一定的指导作用。

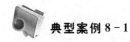 **典型案例 8-1**

休斯公司诉钻头厂专利侵权案

我国某钻头厂从美国史密斯公司进口一项地矿钻头生产专利技术,并很快生产出合同产品。当该产品销往美国市场时,美国休斯公司指控我方侵权。钻头厂与史密斯公司的许可合同中有一条鉴于条款,即"鉴于史密斯公司拥有某地矿钻头生产专利,能够合法地向引进方授予制造某地矿钻头的生产许可证"。根据此鉴于条款,我钻头厂要求史密斯公司应诉。由于史密斯公司所授予钻头的技术是从休斯公司非法窃取的,因此法院判休斯公司胜诉。最终,史密斯公司分别承担了侵权责任与合同违约责任,赔偿了休斯公司和我钻头厂的经济损失。本案中,合同规定的鉴于条款起到了至关重要的作用,明确了许可方史密斯公司对其转让的某地矿钻头的生产专利技术的合法性承担保证责任。如果无此鉴于条款,我钻头厂将处于较为被动的地位。

2. 定义条款

为使合同内容清楚、言简意赅,常对以下词语进行定义:①与合同标的有关的重要名词和术语如专利、商标、版权、专有技术等,如:"专有技术"的定义为"专有技术系指以××为原料,用××工艺生产××产品的技术";②各国法律或惯例有不同理解或易产生歧义的重要名词和术语:"合同工厂""专有技术""专利""商标""合同产品""技术资料""考核产品""技术指导""技术培训""净销售额"等;③重要的专业性技术术语;④合同中多次出现、需加以简化的名词和术语等。应注意所下定义的名词和术语在同一合同各条款出现时,含义应完全一致。

3. 项目条款(即合同标的或项目内容)

项目条款,又称合同标的、项目内容或合同内容与范围,是整个合同的核心部分,是确定双方各项责任、权利和义务的基础。它主要规定:具体的技术名称、规格、要求达到的性能和技术指标;转让的方式(包括合同产品设计资料、生产技术资料的范围和内容),供方在技术培训和技术服务方面应承担的责任和义务,具体培训人数、方式,技术服务的范围及待遇条件,要达到的目标,受方可以使用技术制造、销售和出口许可产品的地区等。具体包括以下内容。

1)供方提供的技术的具体内容

这些内容包括:提供什么技术;生产什么产品;提供技术的使用范围和性质;受方的权利、义务等。

如果是中方引进技术,对供方提供专利技术和商标使用权,应注意以下3个方面。

(1)专利技术。若供方在中国专利局取得专利权,或已在外国取得专利并向中国专利局提出专利申请的,则可作为专利技术,但供方应出具专利证明文件;在外国取得专利权的技术,应作为普通技术。

(2)商标。受方合同产品上使用的商标一般有如下3种情况:①供方商标;②联合商标;③受方商标下标注"根据××国××公司技术许可制造"等字样。在使用商标方式上,供受双方应视具体情况协商确定。使用供方商标或联合商标,供方应提供注册证明,附有商标的缩样。受方应接受供方对合同产品的质量认可和监督。受方一般不得接受供方对原材料、零部件的来源和产品销售量的限制。应注意联合商标的所有权属于受方。

（3）供方提供技术的使用范围和性质，直接影响合同的价格和引进项目的效益。必须列明受方制造权，即使用供方技术的范围是一个或几个"工厂"；必须列明授权的性质，即转让的性质，供方允许受方使用其技术的性质是独占使用权、排他性使用权或一般使用权等；必须列明专利和商标授权的时间范围，一般专利和商标授权的时间范围与合同的有效期一致，但不能超过其权利的有效期。技术的使用范围和性质，应根据实际情况合理商定。

2）供方提供的技术资料

如果是中方引进技术，应明确陈述供方提供资料的范围和内容，如有关设计计算资料、工艺资料、质量检验标准、投料试车的技术资料、合同产品和设备的技术标准、图纸及使用和维修资料、设备安装技术资料、环保技术标准等。详细资料目录应列入附件。设备或合同产品的说明书不能视为技术资料或检验标准。

供方提供的各项技术资料，受方一般接受中文、英文，其余语言文字的资料是否接受，受方应视国内翻译力量等具体情况而定。

注意技术资料中的计量单位应为公制，避免接受英制。

3）供方提供的设备、零部件或元器件

在执行合同中，受方因国内条件的限制，往往需要供方在一定期限内提供设备、部分零部件或元器件，以保证生产出合格产品。为此，合同中应原则上明确供方以优惠价格或以不高于国际市场价格提供设备、零部件或元器件的条款。具体数量、价格，应另行商定并签订相应的合同。明确陈述设备、零部件或元器件名称、制造厂商名称、型号、规格、数量、技术性能指标等。

4）技术培训与技术服务

要明确供方在技术培训和技术服务方面应承担的责任和义务，具体培训人数、方式，技术服务的范围及待遇条件。

5）销售权

销售权的地域范围较宽，涉及产品的内销和外销。一般受让方有权在其所在国地域范围内进行销售。销售权地域范围关键的问题是外销权，即合同产品的出口权和出口地区问题，这是供受双方限制与反限制的焦点之一。如果是中方引进技术，对供方提出的合同产品出口地区的不合理限制，应按我国有关法规规定予以拒绝。但属于法律法规规定的例外情况除外。在供受双方就销售地域达不成妥协意见时，可以争取利用供方的销售渠道，但应注意合同产品价格的合理性。

即使有些合同产品因国内市场需求旺盛，预期内不大可能出口，受方仍应争取合理的外销权。应注意，在表述外销国别与地区的文字中，不得有有损国家主权的提法，必须符合国家的外交方针政策。

以上各项内容，用语必须明确、具体。例如，附件有详尽的规定，正文文字可以简略，但不能根本没有提及或过于简略。

4. 合同价格和支付条款

价格与支付条款是国际许可合同的重要内容。该条款主要包括计价方法、合同金额、使用货币币种及支付方式等内容。

国际许可合同的计价方法通常有 3 种：统包价格、提成价格、入门费与提成费相结合。

统包价格是一种固定的计价方式，是转让方与受让方对技术转让的价格在签订合同时协商确定一笔总的金额，然后由受让方一次付清或分期付清。这种总算支付方式主要适用于质量确有保证的国际技术许可合同。该支付方式对受让方是不利的，因为他要向银行借贷大笔款项，支付大笔利息。但是，如果技术确实先进，价格合理，能早日投入生产，利润也是相当丰厚的。

典型案例 8-2

录像机组装技术作价方式案

香港 A 公司向大陆 B 公司提供某种型号的录像机组装技术，A 提出技术转让费 120 万美元，金额为 30 万美元。签约后，B 即预付 50 万美元的技术转让费，安装调试完毕再支付 30 万美元，达到规定的日生产能力时，将所余 40 万美元付清。本案涉及的法律问题是国际技术转让中的作价原则和价格构成、作价方式、支付方式问题。本案中由于 B 公司对国际技术贸易没有深入了解，对其不利。虽然作为受方的 B 公司可以确切估计自己的偿付能力，但一旦技术供方 A 公司在提供技术时出现缺陷，由于在作价方式上采取了一次总算的方式，技术受方 B 公司承担的风险就会加大，而技术供方承担风险缩小。

提成价格是指在项目建成投产后，按合同产品的生产数量、销售价或利润提取一定百分比的费用，作为技术转让的酬金，按期连续支付给转让方。这是一种滑动的计价方式，是国际技术转让中使用较多的一种方式。

按产量提成，是指按照合同项下技术制造出来的产品，以每一单位产量的成本价计算提成额，而不管该产品的成本和销售情况。这种计算方法对受让方显然是不利的。

按产品销售价提成，通常有两种计算标准：一是按毛销售价计算提成费；二是按净销售价计算提成费。前者是按发票计算，后者是按毛销售价减去与该项技术无关的因素所增加的价值计算提成费。

按销售利润计算提成费，是按受让方从合同项下技术产品的销售中所获利润的一定百分比来计算提成费。如果受让方从技术产品中未获得高额利润，那么转让方就得不到提成费。这种计算方法对转让方来说，是没有保证的。

入门费与提成费相结合的计价方式，是指受让方在订约后或收到第一批技术资料后一定时间内向转让方支付一笔约定的金额，然后再按规定支付提成费。先行支付的费用称为入门费或初付费。入门费通常只是技术使用费的很小一部分，主要用来补偿转让方为技术转让支出的直接费用。

关于上述使用费的支付方式，主要有 3 种：①技术资料交付后付款。该方式是将合同价格分为预付、技术资料交付后付款和合同产品质量保证期结束后付款三次进行。②按项目进度付款。它是将合同的履行分为若干阶段，根据各阶段实际完成工作量付款。③分期付款。该付款方式又称里程碑付款，它将合同总价分为若干等份，从合同生效开始，每隔一段时间定期支付一次，每次支付比例相同。

5. 技术改进和发展的交换条款

在合同期限内,供受两方都有可能对原转让的技术作出某种新的改进或发展。一般来说,改进和发展的技术的所有权应归作出改进和发展的一方所有。双方均应承担不断交换这种改进和发展了的技术的义务。对这种改进或发展了的技术的交换办法应在合同中加以明确规定。通常将规定许可方向被许可方提供改进和发展技术的条款称为"继续提供技术援助条款",将被许可方向许可方提供改进和发展技术的条款称之为费用互惠、交换期限一致的原则。在交流和使用改进或发展技术的条件上,一般应遵循"对等互惠"原则,相互交换或有偿交付使用。

6. 保证与索赔条款

保证条款主要是为维护被许可方的利益,加强许可方的责任。它包括权利保证和技术保证两项内容。对权利的保证也包括两方面内容:一是转让方应保证所提供的专利技术是在专利权的有效期内,而不是过期的;其所提供的专有技术是没有公开的、是一般公众所不易掌握的。二是转让方应保证对其所提供的技术有完整的所有权,不受任何第三人的指控;如果第三人指控使用该技术为侵权行为,转让方应承担全部法律责任。

对技术的保证,包括对技术资料的保证和对技术效益的保证。转让方应按合同规定及时将有关的技术资料提供给受让方,并保证所提供的资料是完整的、可靠的和正确的,并且是转让方正在使用的最新资料;担保其所提供的技术经过正确使用能达到合同规定的技术指标和经济效益。为了适应受让方的生产条件,转让方有义务协助受让方对技术资料进行必要的修订和改进,并保证制造的技术产品具有与转让方提供的样品相同的质量。

在保证条款中,主要是规定技术保证的内容。权利保证则主要在鉴于条款、侵权等条款中加以规定。

7. 违约救济条款

违约救济条款一般包括转让方的违约救济与受让方的违约救济两方面。

1) 关于受让方救济方法

对于转让方拒不提供合同所规定的技术资料、技术服务或技术培训的根本违约行为,受让方有权解除合同,要求转让方退还已付的技术转让费,并按合同规定支付违约金或赔偿实际损失。如果转让方未能按照合同规定的时间提供技术资料,受让方可要求转让方支付一定比例的迟交罚款。如果转让方违反技术保证义务,提供的技术未能达到合同规定的技术标准,则根据所转让技术或合同产品的具体情况,确定不同的赔偿办法。如果转让方违反权利担保责任,使受让方遭到第三方的侵权指控或受到第三方侵权行为的干扰,转让方有义务采取措施,排除干扰。如果侵权指控成立,转让方应承担由此而产生的法律责任,受让方有权解除合同。

2) 关于转让方救济方法

受让方拒不付款,转让方有权停止履行其义务或终止许可合同。受让方迟延付款,转让方可主张一定比例的迟付罚金,并可要求推迟转让方履行义务的期限。受让方违反授权条款,扩大技术的使用范围,转让方有权要求受让方停止侵害行为,并支付一定金额的赔偿金,直到解除合同。违反合同的保密义务,致使转让方的技术秘密泄露,转让方有权要求受让方立即停止违约行为,并依合同赔偿转让方的实际损失。

8. 验收条款

验收条款涉及合同目的是否得到实现、验收的标准及验收方式。可进行如下约定：在合同产品首批生产后，由双方根据本合同附件×的规定，共同进行产品性能考核；经考核合同产品的性能符合本合同技术文件规定的技术指标，即通过验收，双方签署合同产品性能考核合格证明书一式四份。每方各执二份；如经考核，合同产品性能不符本合同技术文件规定的技术指标，双方应共同研究，分析原因，澄清责任。如责任在供方，供方应自负费用，采取措施，消除缺陷，缺陷消除后进行第二次考核。如第二次考核后仍不合格，供方应继续采取措施，消除缺陷，并进行第三次试验。如第三次考核仍不合格，受方有权终止本合同。如果考核不合格责任在于受方，受方在供方协助下，采取措施，消除缺陷，并进行第二次或第三次试验。如第三次考核仍不合格，则由双方协商如何再执行合同的问题。供方因协助受方消除缺陷而派遣技术人员的交通和食宿费用由受方负担。

9. 保密条款

当转让技术为专有技术时，供方为了维护其自身利益，往往要求受方承担一定的保密义务。双方应该在该条款中约定保密的范围、措施和期限，同时还应规定违约泄露秘密的处理方法。

典型案例 8-3

食品厂员工泄密案

我国某食品厂从德国某食品公司引进一项非独占性的、生产某种食品的专有技术。1990年，食品厂发现工程师王某擅自将该技术以1万元人民币的价格非法转让给一乡镇企业，该乡镇企业得到该专有技术后，生产并销售与该食品厂相同的产品，使得食品厂失去了部分市场。当食品厂决定追究该乡镇企业侵权责任时，德国某食品公司也获悉王某泄密一事，要求食品厂对王某泄密行为承担违反保密义务的责任，赔偿由此而造成的损失。由于合同条款规定食品厂（包括接触技术核心秘密的员工）负有保密义务，因此，食品厂不得不因王某的泄密行为赔偿德国某食品公司预期利润损失12万元。在国际技术许可合同中，专利技术的转让一般不存在保密问题，但涉及专有技术的转让时，则许可方为保护自身利益，要求被许可方对专有技术承担保密义务。该食品厂虽然是被自己的员工背叛出卖，而泄露了秘密，但也在某种程度上违反了保密条款的规定。所以，该食品厂应该承担赔偿责任。

10. 税收条款

双方应该在清楚本国税法的基础上，规定供方从受方获得的技术转让费，应该按照受方所在国的税法的规定纳税。

11. 不可抗力条款

不可抗力条款主要包括以下内容：不可抗力事件的范围；发生不可抗力事件时应当采取什么措施；确定不可抗力事件所引起的法律后果。一般双方应该规定当出现不可抗力时，遭受不可抗力的一方可以免除不履行合同或迟延履行合同的责任，另一方不得对此要求损害赔偿。

12. 争议解决条款

可进行如下约定：因执行本合同所发生的或与本合同有关的一切争议，双方应通过友好协商解决。如协商仍不能解决时，应提交仲裁解决。仲裁地点在中国的北京，由中国国际经济贸易仲裁委员会按该会仲裁程序暂行规则进行仲裁，或在被诉方的国家进行仲裁。如在××国由××地的××仲裁委员会按该会仲裁程序规则进行仲裁；如在××国则由××地的××仲裁协会按该会的仲裁规则进行仲裁。

13. 法律适用条款及其他条款

一个国际合同往往涉及好几个国家，双方应该在清楚本国法律规定的前提下约定争议解决应该适用何国的法律。但应注意的是有些国家针对某些领域的国际技术转让不允许当事人自行选择法律，而强行适用本国法律。

除上述条款外，还包括合同的有效期、生效日期、终止条件、文字及签字、附件及其他双方认为是必要的或本国法律规定必须加以约定的条款等。

8.3 国际技术咨询服务合同

8.3.1 国际技术服务咨询合同的概念、特点和种类

1. 国际技术服务咨询合同的概念

国际技术咨询服务合同指当事人一方用自己的技术和劳务，跨越国界地为另一方当事人完成一定工作任务，或者向另一方派遣专家或技术人员，或向另一方提供咨询意见并收取报酬；而另一方当事人接受工作成果并支付报酬的书面协议。提供服务的一方称为供方，而接受服务的一方称为受方。

2. 国际技术咨询服务的特点

国际技术咨询服务合同有以下3个特点。

(1) 国际技术咨询服务合同是双务、有偿、诺成的合同。

(2) 从合同的标的来看，供方向受方提供的是普通技术服务。此处所指的技术不是专利技术和专有技术。

(3) 合同主体的一方，即供方，是具有特定技术知识和经验，能够对咨询问题给出答案、提出建议、拿出方案的专门机构或专门人才。

3. 国际技术咨询服务的种类

根据供方提供咨询服务的内容不同，国际技术咨询服务合同可以分为以下5类。

(1) 咨询合同指供方以其拥有的技术知识和经验向受方提供咨询意见、建议方案或具体的服务，而受方接受这些服务并支付报酬的书面协议。具体而言，又包含工程咨询合同、管理咨询合同和技术咨询合同3种。

(2) 承担进行一定项目研究和服务的合同。这主要包括供方承担进行可行性研究，制订计划或方案，进行设计，制图等技术研究和服务。

（3）提供技术情报和资料的合同指供方在一定期限内通过一定方式，向受方提供普通技术资料或情报，受方接受这些资料和情报并支付报酬的协议。

（4）承担监理技师的合同指由供方负责对受方对外承包的建筑施工或工程设计进行检验监督的合同。

（5）技术培训合同指供方对受方指定的人员进行技术培养和训练，使之达到约定的技术水平，并收取培训服务的合同，可以由供方派遣专家和技术人员到受方进行培训，也可由受方将受训人员派往供方接受培训。

4. 国际技术咨询合同当事人的权利和义务

供方的主要义务包括按照合同约定的期限完成咨询报告或者解答问题；提出的咨询报告应当达到合同约定的要求。

受方的主要义务包括按照合同的约定阐明咨询的问题，提供技术背景材料及有关技术资料、数据；按期接受受托人的工作成果，并支付报酬。

8.3.2　国际技术咨询服务合同的主要条款

一般来讲，国际技术咨询服务合同包含以下7项主要条款。

（1）供方提供技术咨询服务的清单：包括技术咨询服务的项目、目的、范围、内容、履行条件等。

（2）关于技术咨询人员的派遣：主要包括技术人员的类别、级别、人数、专业、工作量、工作期限、工作标准、工资待遇等，以及对于不合格技术人员的调换还是改派等。

（3）人员的培训：主要包括培训人员的目的、内容、目标、方法，培训的地点、时间、期限，以及受训人员资格等。

（4）供方对于完成技术咨询服务项目的担保和保证：为了顺利完成技术咨询服务项目，供方需要对其应完成的任务进行保证，严格履行合同。

（5）国际技术咨询服务报酬的计算和支付：不同的技术咨询服务类型有不同类型的报酬。主要包括咨询费、劳务费、培训费、维修费等。还应该明确定技术咨询服务是单独的还是和其他技术转让方式结合进行的。如果是单独进行的，则报酬应单独计算，可以按时计算，按件计算，按工作量计算，或按工程量的一定比例计算等。

（6）与其他合同的关系，如供方提供的技术咨询服务是对独立的第三方所承包的工程建设的监督管理，则合同就应规定监理合同与承包合同的关系。

（7）验收条款：为了保证供方所提供的技术咨询服务能够达到合同约定的目标，有必要进行验收，具体可以委托第三方进行，或由供方与受方共同进行。

8.4　国际技术贸易统一法

8.4.1　《联合国国际技术转让行动守则（草案）》

长期以来，发达国家的技术转让方凭借其经济、技术上的优势，对受让方，特别是作为受让方的发展中国家，施加各种不合理的条件和限制。为了改变种种不平等的技术转让状况，发展中国家与发达国家进行了不懈的斗争。

1974年5月1日，联合国大会第六届特别会议通过了制订国际技术转让守则的决议。1975年9月16日，联合国正式授权联合国贸易与发展会议（以下简称贸发会）负责起草《联合国国际技术转让行动守则（草案）》（以下简称《守则草案》）。1978年10月16日，根据联合国第三十二届会议通过的32/188号决议，联合国守则谈判会议在瑞士举行。历经三周，谈判未取得实质进展。以后联合国守则谈判会议先后召开了第二届～第六届会议。在1985年的第六届会议上，经过与会代表的艰苦努力，终于对序言、第2章、第3章、第5章、第6章、第7章及第1章和第8章的大部分条文达成了协议。但是，在一些重要问题上，如第1章定义和行动守则适用范围中的母子公司关系及第4章、第8章、第9章的内容，谈判各方因分歧深刻、意见严重对立而导致谈判破裂。在谈判过程中，各方分歧的关键是，发达国家千方百计地保护作为跨国公司的技术转让方的利益；而广大发展中国家则希望通过政府干预，保护技术受让方的利益，促进本国民族经济沿着健康的轨道迅速发展。《守则草案》的制订是发达国家和发展中国家在联合国体制内创立国际技术转让领域全球性统一规则的重大举措，尽管至今仍没有完全达成协议，未能正式通过，但其中大部分条款已经达成一致，有着很大的借鉴意义。现就《守则草案》主要内容加以介绍。

1. 序言

序言主要申明了《守则草案》的宗旨。序言明确规定：西方工业发达国家在国际技术转让方面必须给予发展中国家特殊待遇，强调技术在发展中国家经济和社会发展中的决定性作用。序言同时还提出了《守则草案》的法律性质问题，即《守则草案》是具有普遍法律约束力的国际公约还是作为供交易当事人自由选择采用的行为准则的问题。发展中国家坚持认为《守则草案》应该是一项国际公约，具有约束力；而发达国家则持相反的观点。双方一直未能就此达成一致。

2. 定义和适用范围

《守则草案》对于国际技术转让的定义作了规定，国际技术转让是指转让方将其所有的关于产品生产、工艺适用、或服务提供的系统知识转让给受让方，但是，单纯涉及货物销售或货物出租的交易不属于技术转让的范畴。但对于跨国公司的海外子公司在其所在国境内进行的技术转让交易是否应该适用该《守则草案》的问题上，各国存在重大分歧，发达国家表示坚决反对适用该《守则草案》。

3. 目标和原则

《守则草案》明确规定了其目标：制定普遍、平等的标准作为技术转让交易当事方之间和有关各国政府间关系的基础，既考虑到各方当事人的合法利益，又适当承认发展中国家实现其经济和社会发展目标的特殊需要；鼓励在交易中各方当事人的谈判地位均等，任何一方不得滥用优势地位，特别是涉及广大发展中国家的国际技术转让。为此，《守则草案》还制定了如下8项基本原则。

（1）各国有权采取一切促进和管制技术转让的适当措施，其方式应符合其国际义务，考虑到所有有关当事方的合法利益，同时鼓励按照彼此同意的公平合理的条件进行技术转让。

（2）尊重各国的主权和政治独立（尤其包括对外政策的需要和国家安全的需要），各国主权平等。

（3）各国应在国际技术转让方面加强合作，以促进世界经济的发展，尤其是发展中国家经济的发展。各种技术转让方面的合作不应考虑政治、经济和社会制度有何差异。本守则的任何规定不得解释为损及或贬低联合国宪章的条款或根据联合国宪章采取的行动。

（4）技术转让交易中各当事方的责任，必须与不作为当事方的国家政府的责任明确划分。

（5）技术转让方和技术受让方必须互惠互利，以便维持和促进技术的国际交流。

（6）促进和增加以彼此同意的公平合理条件取得技术的机会，特别是发展中国家的这种机会。

（7）承认工业产权的保护由国内法授予。

（8）技术转让方在技术受让方国家的经营活动，应该尊重该国的主权和法律，适当考虑到该国所宣布的发展政策和优先次序，努力为技术受让方国家作出贡献。当事方在彼此接受的条件下进行谈判，签订和执行技术转让协定的自由，应建立在尊重守则规定的上述原则的和其他原则的基础上。

4．国家对技术转让交易的管制

（1）各国有权制定和修改有关调整国际技术转让关系的法律法规。

（2）阐述了各国在制定和修改有关法律法规和政策时所需要考虑到的一般性标准。

（3）还阐述了各国在制定有关工业产权的法律法规时，应考虑到本国经济和社会发展需要，并应保证其国家法律授予的工业产权及其国家法律确认的其他权利得到有效的保护。

（4）列举了各国在管制技术转让交易方面可能采取的各种具体措施。

5．关于管制限制性商业条款的问题

为了保证《守则草案》规定的目标可以达到，各方在经过多次谈判之后，初步同意将以下14种限制性商业条款列入《守则草案》之中，主要包括该守则将14种限制性商业行为予以管制。

（1）单方面的回授条款，即片面地要求受让方将其取得技术后的改进，无偿地、非互惠地转让或回授给转让方或转让方指定的任何其他企业。

（2）对效力的异议。转让方要求受让方对转让与其专利和其他保护发明的效力，或对转让方所要求或取得的其他此种权利的效力，不表示异议。

（3）独家经营。限制受让方取得与转让方所供给的类似技术或竞争性技术的自由，限制受让方就有关产品签订销售、代理或制造协议的自由，而此类限制并非为确保取得合法利益之所需。

典型案例 8-4

日本天野制药公司诉丹麦诺波因达斯特利案

1966年日本天野制药公司与丹麦诺波因达斯特利公司签订了引进一种碱性细菌蛋白分解酶的合同。合同规定，日本天野制药公司不得在合同终止后3年内生产和销售与引进技术竞争的工业用碱性细菌蛋白分解酶；不得在合同地区生产和销售与引进技术竞争的其他细菌系统的碱性细菌蛋白分解酶。1986年，丹麦诺波因达斯特公司提出解除合同，1969年12月合同终止。但是，在1972年12月底前，丹麦公司一直禁止日本天野制药公司生产和销售与引进技术竞争的工业用碱性细菌蛋白分解酶，同时也禁止其生产和销售与原引进技术竞争的其他细菌系统的碱性碱性细菌蛋白分解酶。为此，天野公司向日本公平交易委员会投诉，指控丹麦公司有不公平竞争行为，违反了日本反垄断法的有关规定，要求取消原引进合同的不合理限制。日本公平交易委员会认为：限制生产和销售产品是一种限制竞争的行为。这类条款原则上属限制性条款。但是，引进合同规定日本天野公司取得的是独占实施许可权，也就是说只有日本天野公司才有权在合同规定的地区实施生产和销售引进技术产品。为保障日本天野公司有效的生产和销售引进技术产品，限制其生产和销售其他竞争产品，这不能简单地按限制竞争对待。本案限制竞争之处在于：日本天野公司在合同期满后，不再享有独占实施许可权。在此情况下，就不能限制天野公司生产和销售竞争产品，否则，应属不合理不公平的限制竞争行为。

(4) 对研究的限制。限制受让方从事技术研究和发展，包括受让方按当地情况吸收和更改受让技术，或限制受让方实行与新产品、新工艺、新设备有关的研究发展计划。

(5) 对使用人员的限制。不合理地要求受让方使用转让方指定的人员（如为了保证转让和开始使用技术传授阶段的效率之需除外），或者限制使用受让方国家的人员。

(6) 限定价格。限制受让方对利用所取得技术制造的产品或提供的服务，自行确定价格的自由。

(7) 对技术更改的限制。禁止受让方按当地情况更改技术或对技术进行革新，或者迫使受让方在设计或规格上接受不愿意或不必要的更改。如受让方的自行更改不适当以至于影响这些产品或其他制造程序的除外。

(8) 附带条件的安排。强制受让方接受其不愿意要的额外技术、货物或服务，或者限制受让方获得技术、货物或服务的来源，作为取得技术的条件。

(9) 出口限制。限定受让方利用所取得技术制造产品的出口地区或数量，或限定产品出口，或产品出口价格必须事先得到转让方同意。

(10) 包销或独家代理限制。要求受让方必须将包销权或独家代理权授予转让方或其指定的任何人。

(11) 共享专利或互授许可协议及其他安排。在转让方之间订立的共享或互授许可协议或其他国际技术贸易交流安排中，对技术贸易地区、数量、价格、顾客或市场进行限制，因而不正当地限制新技术的发展成果，或会造成滥行支配某一工业部门或市场，对技术转让产生不利影响。

(12) 对宣传的限制。对受让方开展广告或宣传加以限制。

(13) 工业产权期满后限制。在工业产权期满或已失效、被撤销后，转让方仍要求受让方支付使用费或承担其他义务。

(14) 在技术转让协议期满后，限制受让方使用该项技术。

6. 当事人各方的责任和义务

主要规定了对当事人各方在技术转让协议谈判和合同阶段所要承担的担保、责任和义务。对于当事人各方的责任和义务的大部分规定比较符合技术受让方，也即发展中国家的利益，这是发展中国家长期坚持的结果。

7. 对发展中国家的特别待遇

《守则草案》要求必须配合发展中国家在经济和社会发展不同阶段中的目标给予发展中国家特殊待遇，还应特别注意最不发达国家的特殊问题和条件。

首先，要求发达国家通过一般的政府政策，由本国企业或机构采取各种具体措施，帮助发展中国家建立和加强符合其经济和社会发展目标的技术能力。其次，要求西方发达国家政府把向发展中国家技术转让作为其实施发展援助和合作计划的一部分，并为响应发展中国家的具体要求采取行动。最后，还要求发达国家政府鼓励并设法奖励本国企业或机构，在发展中国家内部作出特别的努力。

8. 国际协作

《守则草案》要求各国承认：各国政府、各政府机构、联合国系统内各组织和机构，包括依本《守则》建立的国际性机构，彼此间有必要进行适当的国际协作，以更多地促进国际技术交流，加强各国的技术能力，并应采取适当措施达到这一目标。

9. 国际性体制机构

《守则草案》要求建立一个专门的国际性体制机构，来负责审议守则的法律约束力，更好地适用和执行《守则草案》的各条款规定。同时，该国际性体制机构在执行其职责时，既不能起到法庭的作用，也不能以其他方式对当事国政府或各个当事方就某一项技术转让交易作出裁决。由于各国对此的分歧很大，至今尚未达成协议。

10. 法律适用和争端解决

主要包括：关于适用法律的条款，解决争端的司法、行政及仲裁途径等问题，但谈判各方就此未达成一致意见。

8.4.2 《保护工业产权巴黎公约》

1. 产生背景

《保护工业产权巴黎公约》(*Paris Convention for the Protection of Industrial Property* 以下简称《巴黎公约》) 于1883年3月在法国巴黎签订，1884年经11国签字批准生效。《巴黎公约》是知识产权领域第一个国际公约，在生效后的100多年的时间里经多次修订，现在仍有约束力的有几个文本，现在大多数国家采用的是1979年修订形成的斯德哥尔摩文本。1985年3月我国加入该文本的公约。我国加入公约时提出对第28条予以保留，即我国在对公约进行解释或适用时与其他国家发生争议，不能谈判解决的，可不按照国际法院规约将争议提交国际法院解决。适用《巴黎公约》的国家组成巴黎联盟。公约按结构可以分为3个方面内容：实质性条款、行政性条款、最终性条款。公约还规定了工业产权保护的3项基本原则即国民待遇原则、优先权原则和独立原则，它们共同构成国际贸易的基础。

2. 《巴黎公约》的主要内容

(1) 公约的保护对象。《巴黎公约》规定工业产权的保护对象是专利、实用新型、外观设计、商标、服务标记、厂商名称、货源标记或原产地名称，以及制止不正当竞争。工业产权的范围包括农业、采掘业、商业及一切制成品或天然产品，如酒类、谷物、烟叶、水果、牲畜、矿产品、矿泉水、啤酒、花卉和面粉等。

(2) 国民待遇原则。在保护工业产权方面，巴黎联盟成员国的国民在联盟其他国家内，应享有该国法律现在或今后可能授予该国国民的各种利益。这种保护不以在提供保护的国家有住所或营业所为条件，即给予成员国国民以国民待遇。非巴黎联盟成员国的国民，在联盟一个国家内有住所或真实有效的工商业营业所的，也享有国民待遇，即在特定条件下给予非成员国国民待遇。因此，《巴黎公约》以国籍或住所确定是否给予国民待遇。保护国按本国法律对外国国民提供保护，根据本国法律确定国民待遇水平。

（3）优先权原则。已在巴黎联盟一成员国提出专利、实用新型、外观设计或商标注册申请的人或其权利合法继承人，在规定的期限（专利和实用新型为 12 个月，外观设计和商标为 6 个月）内，享有在其他成员国提出申请的优先权。也就是说，如果他在别的成员国也提出同样的申请，则这些国家必须承认该申请在第一个国家的申请日为本国的申请日。第一个申请的撤回、放弃或驳回不影响该申请的优先权地位。该原则的作用是使当事人在第一次申请后，有充足时间考虑是否在其他成员国提出申请，不必担心在这段时间里其他人以相同事项在成员国提出申请。

（4）独立原则。巴黎联盟国家的国民向成员国申请的专利权，与在其他成员国或非成员国就同一发明所取得的专利权是相互独立的。特别是在优先权期限内申请的专利，其无效原因、被剥夺权利的理由以及有效期限是相互无关系的。同一商标在不同成员国所受的保护相互独立，申请和注册商标的条件，由成员国法律确定。

（5）专利的实施义务。《巴黎公约》对于专利权人不实施或不充分实施其专利，规定强制许可原则。公约同时规定对驰名商标的保护。成员国有义务拒绝或取消注册并禁止使用易于与另一个已在该国驰名的商标产生混淆的商标。商标在成员国是否驰名由其行政主管机关或司法机关决定。某商标未在一成员国使用，如在该国已经为人所知，该商标在该国仍然可能是驰名的。厂商名称应在成员国受到保护，无须申请或注册，也不论它是否为商标的组成部分。成员国对非法带有在该国受法律保护的商标或厂商名称的商品，应予以扣押。对带有假冒原产地和生产者标记的商品也可扣押。成员国有义务保护集体商标和服务标记。

（6）不正当竞争。公约规定巴黎联盟国家的国民保证取缔不正当竞争。凡在工商业活动中违反诚实经营的竞争行为就构成不正当竞争行为。特别禁止下列情况：①采取任何手段对竞争对方的企业、商品或工商业活动造成混乱的一切行为；②经营中利用谎言损害竞争对方的企业、商品或工商业活动的信誉；③经营中使用会导致公众对商品的性质、制造方法、特点、适用目的或数量发生混乱的表示或说法。

（7）临时保护。临时保护是指成员国应依其本国法律对在联盟任何一个成员国举办的官方或经官方承认的国际展览会上展出的商品中可以取得专利的发明、实用新型、外观设计和可以注册的商标给予临时保护。如果展品所有人在临时保护期内申请专利或商标注册，则该申请的优先权日不再从第一次提出申请时起算，而从展品公开展出之日起算。

8.4.3 《与贸易有关的知识产权协议》

《与贸易有关的知识产权协议》（*Agreement on Frade-related Aspects of Intellectual*，TRIPs）是目前解决国际贸易领域内的知识产权保护问题的国际贸易规范。该协议强调了知识产权保护对国际贸易发展的推动作用，在原有的知识产权国际公约的基础上进一步扩大了知识产权的保护范围，增强了保护力度，同时也考虑了发展中国家的具体情况而给予必要的差别待遇，从而调和了发展中国家与发达国家彼此在知识产权保护问题上的对抗情绪。该协议还使关贸总协定基本原则在日益增多的知识产权贸易以及与知识产权有关的有形商品的国际贸易中得以实现。因此，该协议实际上是将知识产权保护引入国际贸易规则，建立与原有的知识产权保护体系既有联系，又独立有别的另一新的知识产权保护规则，它将有利于全面解决国际贸易领域内的知识产权保护问题，从而有助于全球性国际贸易的健康发展。

TRIPs 协议的基本内容有如下 4 点。

1) 序言

序言部分主要陈述制定 TRIPs 协议的宗旨，强调知识产权是私有权利，各成员应促进对知识产权的充分、有效的保护，制定新规则和纪律，并保证行使知识产权的措施与程序不构成对合法贸易的阻碍，使知识产权的保护和执行能促进技术的革新、转让和传播，以有利于社会和经济福利的方式促进技术知识的生产者和使用者互利，促进权利与义务的平衡。

2) 基本原则

(1) 国民待遇原则。国民待遇原则既是世界贸易组织的基本原则，也是 TRIPs 的基本原则之一。协议第 3 (1) 条规定，除非是《巴黎公约》(1967 年版)、《保护文学和艺术作品伯尔尼公约》(1971 年版，以下简称《伯尔尼公约》)、《罗马条约》或《关于集成电路的知识产权条约》等有关知识产权条约中所规定的例外，"每一成员在知识产权的保护方面应给予其他成员国民的待遇不低于它给予其国民的待遇"。这里的"保护 (Protection)"，包括知识产权的有效性、范围、维护和执行等事项，并在表演者、广播者和音像制作者方面实行国民待遇。这里的"例外"，是指上述国际条约中关于司法和行政程序方面的规定。

(2) 最惠国待遇原则。在现行知识产权国际条约中，一般无最惠国待遇规定，协议将该待遇列入基本原则中是其一个重大新发展。协议第 4 条要求按照 GATT (General Agreement On Tariffs and Trade, 关税及贸易总协定) 的原有准则，要求一成员给予其他成员以毫不拖延的、无条件的最惠国待遇；同时规定了例外情形，即成员方可免除其最惠国待遇义务的情形。"……与关贸总协定中的最惠国待遇相比，知识产权保护中这一义务的范围要小得多。"

(3) 保护公共利益原则。协议第 8 条以"原则"为题专门规定了公共利益原则，指出：各成员在制定或修改其法律和规章的过程中，可采取必要措施保护公共健康和营养，促进对其社会经济及技术发展具有极其重要性之部门的公共利益。成员可采取措施防止权利拥有者滥用知识产权。同时规定，各成员在采取上述各种措施时不得违反 TRIPs 协议的有关规定。

3) 有关知识产权保护的范围

(1) 版权。协议第 9 条明确规定，成员应遵守《伯尔尼公约》第 1.21 条的规定，但第 6 条之 2 款除外，仅就《伯尔尼公约》未予保护的对象进行了规定。以源码和目的码表现的电脑程序都作为文字作品给予保护。数据或其他资料的汇编，无论是其可读形式还是其他形式，只要供材料的选择和编排构成智力创作也应予以保护。协议还规定，成员至少对电脑程序及电影作品应给予商业出租权。

（2）商标权。协议第 15 条第 1 款规定了可以商标作为保护的客体：任何具有区别性或通过使用获得区别性的标记。协定允许各成员在不违反《巴黎公约》规定的前提下拒绝给某些商标注册，但不得将未使用商标作为拒绝注册的条件，也不得以商标使用的商品或服务性质拒绝注册。

在驰名商标的保护方面，协议要求将驰名商标的保护扩大到服务标记。如果被侵犯的是驰名的注册商标，未经同意将该商标使用在不相同或不类似的产品或服务上，也构成侵权。

（3）原产地标记。协议第 22～24 条规定了对原产地标记的保护。根据第 22 条规定，原产地标记是指商品来源于某一成员或其境内某地，商品的特定质量、声誉或其他特性与该原产地密切相关，表明这一来源地的标记就是原产地标记。

对原产地标记的保护主要是禁止不正当使用，包括表明非真实的原产地，或虽然标明的是真实产地名，实际上是想误导消费者相信商品原产于另一个同名的地区。

（4）工业品外观设计。协议规定，各成员应当保护工业品外观设计，包括纺织品设计。并规定，成员可以自行决定采取何种方式来保护，也可以规定给予保护的条件，即该外观设计必须是新的独立创作或原创的，对其中的技术功能不给予保护。保护期应不少于 10 年。但是，协定允许成员对工业品外观设计的保护规定有限的例外。

（5）专利。协议规定，对具有新颖性、创造性和实用性的产品或工艺发明，不论其处于何种技术领域，不得因其发明地点是国产还是进口而有所歧视。各成员还可以为公共秩序或公共道德的需要，拒绝授予某些发明以专利。协议规定的专利权包括制造、使用、销售和进口专利产品和用专利方法直接生产的产品。

如果一项专利是方法专利，被指控侵权的人必须证明其使用的方法与专利方法不同，在没有相反证据的情况下，生产了相同或类似产品的人被推定使用了相同的方法而侵权。各成员可以对专利权加以限制，包括强制许可，但这些限制不能损害专利权人的合法利益。专利保护期至少为 20 年。

（6）集成电路布图设计。协议要求对布图设计提供的保护包括进口、销售和分销布图设计和含有布图设计的集成电路。但是协定也允许对权利加以限制：在不知道所销售的物品中含有非法复制的布图设计时，不视为侵权。

（7）未披露的信息。协议提出了对"未披露信息（Undisclosed Information）"的保护，即与通常所称的"商业秘密"相似。协定规定的构成未披露信息的条件是：不为公众所知，具有商业价值，采取了合理的保密措施。对于该信息的保护，协定规定了 3 个方面的内容：①在保证按照《巴黎公约》（1967 年版）的规定，为反不正当竞争提供有效保护的过程中，成员应按照协定未披露过的信息及向政府或政府的代理机构提交的数据；②若一项信息构成未披露信息，则自然人、法人应尽可能防止他人未经许可而以违背商业行为方式，披露、获取或使用合法处于其控制下的该信息；③当成员要求以提交未披露的实验数据或其他数据，作为批准采用新化学成分的医药用或农用化工产品上市的条件时，如果该数据的取得经过了相当的努力，则该成员应保护该数据，以防止不正当的商业使用。同时，除非出于保护公众的需要，或除非已采取保证对该数据的保护，防止不正当商业使用，成员应保护该数据以防止泄露。

（8）限制性商业行为。协议第二部分列名为"在许可合同中对反竞争行为的控制"，将知识产权之权利人的保护及防止其滥用权利均纳入实体法部分。协定允许成员通过其国内法的有关规定，采取适当措施控制限制性商业行为，并列举了其中主要的3种：独占性技术回授、不允许对专利有效性提出疑问、强迫性一揽子许可。

协议还要求：第一，若一成员确信另一成员（拥有某项知识产权的自然人或有住所的人）正在从事反竞争性许可实践，该成员可请求另一成员就此事项进行协商；后者应通过提供有关的非机密性信息进行合作，合作时依据国内法或双边条约。第二，如果一成员国民或有住所的人在另一成员涉嫌违反后者有关协定第40条内容的法律和规章而受到起诉，该另一成员应根据请求，提供与当事人所属成员进行协商的机会。

4）程序性条款

从本协议的第三部分开始，属于协议的程序性规定。包括知识产权执法程序、知识产权获得与维持及有关当事人之间的程序、争端的防止与解决等。

8.5 中国国际技术贸易法

8.5.1 发展历程

1978年十一届三中全会以来，我国开启了技术贸易法的发展历程，先后颁布了多部有影响的调整国际技术贸易的法律文件，从多方面对我国技术贸易进行规范。由于我国是发展中国家，技术贸易以引进技术为主，出口为辅，反映在技术贸易法上，引进技术的管理规范较多。

1. 技术资本化方面

我国引进的技术大部分是通过技术资本化的方式实现的，这方面立法主要是外资立法。1979年颁布的《中华人民共和国中外合资经营企业法》是新中国成立以来的第一部涉及技术引进的法律。1983年发布的《中华人民共和国中外合资经营企业法实施条例》鼓励外商以先进技术出资，对技术作为投资的范围、所要达到的要求作了规定，其中也包括了限制性商业行为的条款。它规定合营企业订立的技术转让协议应当经企业主管部门审查同意，并报审批机构批准，同时必须符合7个要件，2014年修改后的《中华人民共和国中外合资经营企业法实施条例》除删除了"经主管部门审查同意"外仍沿用原来的规定。1988年，《中华人民共和国中外合作经营企业法》实施，该法鼓励外商以先进的工业产权、非专利技术等先进技术进行合作，并作为外资企业设立的选择条件之一。

2. 知识产权保护方面

20世纪80年代以来，国家颁布实施了《中华人民共和国专利法》《中华人民共和国商标法》《中华人民共和国著作权法》《中华人民共和国计算机软件保护条例》《中华人民共和国集成电路布图设计保护条例》《中华人民共和国著作权集体管理条例》《中华人民共和国音像制品管理条例》《中华人民共和国植物新品种保护条例》《中华人民共和国知识产权海关保护条例》《特殊标志管理条例》《奥林匹克标志保护条例》等涵盖知识产权保护主要内容的法律法规，并颁布一系列相关的实施细则和司法解释，使中国知识产权保护的法律法规体系不断趋于完善。为对知识产权实行切实有效的法律保护，2001年中国加入世界贸易组织前后，对知识产权保护相关法律法规和司法解释进行了全面修改，在立法精神、权利内容、保护标准、法律救济手段等方面更加突出促进科技进步与创新的同时，做到了与世界贸易组织《与贸易有关的知识产权协议》及其他知识产权保护国际规则相一致。这些法律在保护知识产权的同时，也促进了我国技术贸易的进步。

3. 技术进出口方面

1984年通过的《深圳经济特区技术引进暂行规定》和《厦门经济特区技术引进规定》是我国最早的有关技术引进的地方性管制专门立法，这些特区技术引进法规规定了引进的范围、方式、合同的内容等，后者还规定了不得引进不利于环保的技术。1985年，国务院颁布了我国第一部全国性的技术引进管制的专门立法《中华人民共和国技术引进合同管理条例》（以下简称《技术引进合同管理条例》），1988年1月对外贸易经济合作部发布了《中华人民共和国技术引进合同管理条例实施细则》（以下简称《细则》）、《条例》及其《实施细则》对技术引进的审批程序、范围、引进合同的内容、供受方各自所应承担的义务及有关限制性条款作了详细的规定，第一次明确了技术引进合同的审批生效原则，在立法中第一次对技术进口合同管理模式作出较为完整的规定。2001年12月31日国务院第46次会议通过了《中华人民共和国技术进出口管理条例》（简称《新条例》），并于2002年1月1日开始实施。新条例是为了适应新的形势，为用法律手段规范和加强技术进出口管理，在总结建国多年来我国对外技术贸易理论和实践经验的基础上制定的，是迄今为止我国技术引进方面较完整的立法。新条例共五章五十五条，主要内容包括总则、技术进口管理、技术出口管理、法律责任及附则等。

4. 合同方面

1985年，我国实施《中华人民共和国涉外经济合同法》，其中包括对外技术贸易合同管理的立法，确立了涉外技术转让合同在获国家主管部门批准后方能生效的原则。1999年，我国正式颁布了《合同法》，《涉外经济合同法》与《中华人民共和国技术合同法》《中华人民共和国经济合同法》三法合一。《合同法》第三百五十五条在合同立法之最高法律层面认可了对技术引进合同实行审批制的管理模式。《合同法》有关技术贸易的规定主要体现在其第八章第三节技术转让合同中。《合同法》第三百四十二、三百四十三条规定了技术转让合同的种类、形式及使用范围。技术转让合同包括专利转让、专利申请转让、技术秘密转让和专利实施许可合同。技术转让合同应当采用书面形式。技术转让合同可以约定转让人与受让人实施专利或技术秘密范围，但不得限制技术竞争和技术发展。《合同法》规定了当事人双方的权利与义务。受让人按照约定使用技术，支付使用费，承担技术保密义务。转让人按照约定提供技术资料，进行技术指导，保证技术的实用性、可靠性、承担技术保密义务。《合同法》规定了后续改进技术成果归属。《合同法》第三百五十四条规定："当事人可以按照互利的原则，在技术转让合同中约定实施专利、使用技术秘密后续改进的技术成果的分享办法。没有约定或者约定不明确，依照本法第六十一条的规定仍不能确定的，一方后续改进的技术成果，其他各方无权分享。"这些规定亦可适用于国际技术贸易。

5. 对外贸易管理方面

1994年颁布的我国第一部《中华人民共和国对外贸易法》用法律的形式确立了技术

进出口是我国对外贸易的三大组成部分之一，对进出口技术作了分类管理，为我国的技术进出口方面的立法确立了基本的原则精神。2004年4月6日，十届全国人大常委会对其进行了修订。修订后的对外贸易法主要变化是：允许自然人从事对外贸易经营活动；取消对货物和技术进出口经营权的审批，实行备案登记；国家可以对部分货物的进出口实行国际贸易管理；对部分自由进出口的货物实行进出口自动许可管理；与外贸有关的知识产权保护等。2016年11月7日第十二届全国人大常务委员会对其再次修订，将第十条第二款修改为："从事对外劳务合作的单位，应当具备相应的资质。具体办法由国务院规定。"

6. 外汇及税收方面

技术引进本身涉及外汇管理和税收管理，因此，有关技术引进的外汇、税收管理的规定也构成我国技术引进立法体系中不可缺少的一个重要部分。这方面的立法主要有：《中华人民共和国外汇管理暂行条例》《中华人民共和国外商投资企业和外国企业所得税法》《中华人民共和国个人所得税法》《中华人民共和国企业所得税法》及与其相关的实施细则。

7. 反垄断方面

2007年8月30日十届人大常委会表决通过，2008年8月1日起施行的《中华人民共和国反垄断法》规定了3种行为属垄断，即经营者达成垄断协议；经营者滥用市场支配地位；具有或者可能具有排除、限制竞争效果的经营者集中。7种情形豁免，即经营者能够证明达成的协议属于下列情形之一的，不适用于相关禁止条款：为改进技术、研究开发新产品的；为提高产品质量、降低成本、增进效率，统一产品规格、标准或者实行专业化分工的；为提高中小经营者经营效率，增强中小经营者竞争力的；为实现节约能源、保护环境、救灾救助等社会公共利益的；因经济不景气，为缓解销售量严重下降或者生产明显过剩的；为保障对外贸易和对外经济合作中的正当利益的；法律和国务院规定的其他情形。这样就从反垄断法方面保护了技术的改进、研发和交易。

8. 技术合同纠纷案审理方面

2004年11月30日发布，2005年1月1日起施行的最高人民法院公布了《关于审理技术合同纠纷案件适用法律若干问题的解释》（以下简称《解释》），旨在进一步贯彻执行合同法、专利法和民事诉讼法等法律的有关规定，正确审理技术合同纠纷案件。《解释》在承继了原技术合同法实施条例关于技术成果的概念的基础上，进一步明确了技术成果的一般类型，规定"技术成果，是指利用科学技术知识、信息和经验作出的涉及产品、工艺、材料及其改进等的技术方案，包括专利、专利申请、技术秘密、计算机软件、集成电路布图设计、植物新品种等。"技术秘密，是指不为公众所知悉、具有商业价值并经权利人采取保密措施的技术信息。就本质而言，作为技术合同标的的技术成果应当是一种技术方案，不包含技术内容的其他劳动成果，如一般作品和商标不能够成为技术合同标的。技术成果与知识产权是两个既有交叉而又不等同的概念。除此之外，《解释》还对技术秘密、职务技术成果与非职务技术成果的界定、技术合同的效力、对侵犯技术秘密的合同中善意第三人利益的保护、因技术成果出资而引发的权属纠纷的处理、关于技术开发合同当事人实施技术成果的权利、关于技术合同纠纷案件审理的程序等问题作了明确的解释，对我国技术贸易及其法律的完善发挥了重要作用。其中，规定 6 种情形属于《合同法》第三百二十九条所称的"非法垄断技术、妨碍技术进步"，内容与上述条例规定的内容类似，虽然没有提及"限制性条款"，但其内容实质上属于"限制性条款"的范围。

8.5.2 《中华人民共和国技术进出口管理条例》

2001 年 10 月 31 日国务院第 46 次会议通过，2002 年 1 月 1 日正式实施的《中华人民共和国技术进出口管理条例》（以下简称《技术进出口管理条例》）是在 1985 年《中华人民共和国技术引进合同管理条例》和《细则》基础上修改和完善的。2011 年 1 月 8 日国务院对该条例进行了修订，将第八条、第三十一条中的"有对外贸易法第十六条、第十七条规定情形之一的技术"修改为"有对外贸易法第十六条规定情形之一的技术"。新条例共五章五十五条，主要内容包括总则、技术进口管理、技术出口管理、法律责任及附则等。

《技术进出口管理条例》将进口技术分为禁止、限制和自由进口 3 大类进行管理，并依法对合同当事人的权利和义务作了详细的规定，列举了技术引进合同中不得出现的 7 种限制性条款。

(1) 要求受让人接受并非技术进口必不可少的附带条件，包括购买非必需的技术、原材料、产品、设备或者服务。

(2) 要求受让人为专利权有效期限届满或者专利权被宣布无效的技术支付使用费或者承担相关义务。

(3) 限制受让人改进让与人提供的技术或者限制受让人使用所改进的技术。

(4) 限制受让人从其他来源获得与让与人提供的技术类似的技术或者与其竞争的技术。

(5) 不合理地限制受让人购买原材料、零部件、产品或者设备的渠道或者来源。

(6) 不合理地限制受让人产品的生产数量、品种或者销售价格。

(7) 不合理地限制受让人利用进口的技术生产产品的出口渠道。

 引例分析

在本案中，依据协议，甲方有义务向乙方提供技术服务，包括培训乙方的技术人员和工人，派专家到乙方进行技术指导，示范操作及讲解技术难点，对乙方现有的生产方法提出改进和增加生产能力的建议并负责实施，甲方有义务采取必要措施保证乙方的产品达到和甲方产品一样的技术特性。

协议签订后，在整个履行过程中，由于存在合作生产和利润分享的关系，甲方除按约定提供技术和服务外，对乙方技术吸收消化的情况非常关心，在甲方的积极帮助下，乙方以最快的速度掌握了引进的技术并逐渐掌握了生产成分。在 8 套设备中，前 4 套乙方只生产了 8%，第 5、6 套则上涨为 30%，第 7、8 套乙方按约定成为主要承包人，生产全部设备的 72%。由于双方均严格履行了合作生产协议的义务，因此双方都如愿获得设备销售款，乙方并获得甲方拥有的生产 10 000nm/H 制氧设备的全套技术。

因此，在本案中，乙方通过甲乙双方合作生产和甲方提供技术服务的途径获得甲方拥有的生产 10 000nm/H 制氧设备的全套技术，这是通过国际生产合作方式进行技术贸易的典范。国际生产合作是指分属不同国家的法人或自然人，通过订立合同，在合同有效期内，当事一方或各方提供有关生产技术，共同生产某种合同产品，并在生产过程中实现技术转让的一种合同方式。

本 章 小 结

国际技术贸易法是调整跨越一国国境的技术贸易关系的法律规范的总和。其基本法律特征表现为：①国际技术贸易法的主体是处于不同国家境内的自然人、法人或其他组织；②国际技术贸易法的客体是无形财产——技术；③国际技术贸易法具有公法和私法的双重属性。

国际技术贸易法的渊源有：①国内法渊源。国际技术贸易法国内法主要内容有3部分：一是禁止限制性商业行为；二是国际技术贸易合同的审批；三是国际技术贸易的其他规定。②国际法渊源。调整国际技术贸易的国际法渊源较多，其中中国自1980年加入世界知识产权组织后，相继加入的就有《保护工业产权巴黎公约》《专利合作条约》《国际承认用于专利程序的微生物菌种保藏布达佩斯条约》《工业品外观设计国际分类洛迦诺协定》《商标国际注册马德里协定》《商标注册用商品和服务国际分类尼斯协定》《商标国际注册马德里协定有关议定书》《国际植物新品种保护公约》《保护文学和艺术作品伯尔尼公约》《世界版权公约》和《保护录音制品制作者防止未经许可复制其录音制品公约》等，但这些都不是专门调整国际技术贸易的国际法渊源。国际上有关专门调整国际技术转让的条约很少。这主要是由于以下两个原因：首先，由于国际技术贸易的历史并不长，它在国际贸易中所占的比重较小，而国际货物贸易才是国际贸易的最重要的方面。其次，由于发达国家和发展中国家之间就国际技术贸易的许多方面都难以达成一致意见，所以很难在全球范围内达成一个条约。目前国际上最重要的有关国际技术转让的专门性条约是《联合国国际技术转让行动守则（草案）》。

国际许可合同，又称国际许可证协议，是指在国际技术贸易中，一国的转让方（或称出让方，供应方）将其拥有一定权利的专利、商标、著作或专有技术允许另一国的受让方使用；受让方取得标的使用权，并为此支付报酬或使用费用的合同。国际许可合同有如下特点：是双务的、诺成、有偿合同；合同当事人分处不同国家，合同的标的跨越国界；合同标的虽是无形的技术知识，但它的转让有时又和机器设备、原材料等有形物的交易结合起来进行；合同的内容广泛、转让方式多样、法律适用复杂；合同的履行期长、涉及面广。

国际技术许可合同中限制性条款，是不公平条款，主要内容有：搭售条款；限制竞争条款；限制技术产品的生产或销售；限制合同期限；不合理地限制被许可方在合同的期满后继续使用许可技术；限制被许可方改进发展许可技术；限制被许可方的商标使用以及广告宣传等商业行为；限制被许可方企业经营管理自主权；限制被许可方使用技术的技术人员范围及技术使用范围；限制被许可方就许可技术的有效性提出异议等。国际技术咨询服务合同指当事人一方用自己的技术和劳务，跨越国界地为另一方当事人完成一定工作任务，或者向另一方派遣专家或技术人员，或向另一方提供咨询意见并收取报酬；而另一方当事人接受工作成果并支付报酬的书面协议。国际技术咨询服务合同有以下几个特点：国际技术咨询服务合同是双务、有偿、诺成的合同；从合同的标的来看，供方向受方提供的是普通技术服务，不是专利技术和专有技术服务。

名词与概念

知识产权(Intellectual Property)
发展中国家(Developing Country)
提成价格(Royalty)
合作生产合同(Coproduction Agreement)
限制性商业条款(Restrictive Business Clause)
国际合作生产(The Cooperation Among Nations is Produced)
入门费与提成费结合的价格(Initial Payment and Running Royalty)
国际技术转让惯例(Developed Country)
合同转让(Assignment of Contract)
特许转让(Franchising)
补偿贸易(Compensation Trade)
技术互换(Technology Exchange Agreement)
总付(Lump-Sum Payment)
入门费与提成费结合支付(Initial Down Payment and Royalty)

国际技术贸易(International Technology Trade)
发达国家(Developed Country)
国际许可贸易(Permission Commerce in World)
国际技术工程承包(International Technology Contracts)

国际技术咨询与服务(Consultant and Service)
许可证(License Trade Agreement)
技术服务(Technology Service Agreement)
合作开发(R&D Co-operation Agreement)
合作生产(Production Co-operation Agreement)
提成支付(Royalty Payment)

思考题

1. 国际技术贸易的概念和特征是什么?
2. 国际技术贸易方式有哪些?
3. 什么是国际技术贸易法?它的法律渊源有哪些?
4. 什么是限制性条款,其特征、实质及主要内容是什么?
5. TRIPs协议作用和基本内容有哪些?
6. 什么是国际许可合同?它应包含哪些主要条款?
7. 国际技术咨询服务合同的主要条款有哪些?

练习题

1. 判断题

(1) 国际技术贸易通常改变技术所有权的归属。( )
(2) 限制性条款是一种行使合法权利的行为。( )
(3) 不置疑条款是许可方要求被许可方对所转让的专利或其他工业产权的有效性不得提出异议。( )
(4) 根据被许可方对许可方的技术所享有的使用权权限的不同划分,国际技术许可合同可分为独占许可合同、排他许可合同、普通许可合同。( )
(5) 调整国际技术贸易的国际立法大致可分为国际公约和多边协定两大类。( )
(6) 保密条款是指技术许可合同中规定的被许可方对许可方转让的专有技术或其他技术秘密承担保密义务,保证不将这些技术向第三方泄露。( )
(7) 国际技术咨询服务合同是单务、无偿、实践合同。( )

(8) 国际技术贸易价格往往较难确定，法律问题较复杂。　　　　　　（　　）

(9) 搭售条款当只有用许可方的零部件和原材料能保证合同品质质量时，才不构成限制性条款。　　　　　　　　　　　　　　　　　　　　　　　　　　（　　）

(10) 技术保证应该包括技术资料；合同产品性能；设备性能；技术服务和人员培训。
　　　　　　　　　　　　　　　　　　　　　　　　　　　　　　（　　）

2. 案例分析题

20 世纪 60 年代中期，美国 S 公司与 C 公司签订了一项技术转让合同。合同规定 S 公司允许 C 公司经营其快餐食品，使用其注册商标和商号，并向其传授经营管理技术诀窍。同时，还规定 C 公司必须购买 S 公司一定数量的煮锅、煎锅、餐具、包装和调料等作为交换条件。而这些商品的价格都高于同类商品的价格。后 C 公司向地方法院指控 S 公司。

试分析：

(1) S 公司行为的性质

(2) 法院的判决结果及理由。

第9章

国际贸易支付法

教学目标与要求

在国际贸易中,货款的支付是国际货物买卖中一个重要的法律问题。国际贸易支付工具主要是票据,因此对各种票据的含义、内容、使用程序和有关法律问题应该深入了解和运用,尽量避免在货款支付业务中出现差错。国际贸易支付方式有现金支付、汇付、托收、信用证及保理等,其中广泛使用的是信用证,因此,本章重点学习和掌握信用证的理论和实务知识。

最高人民法院终审的信用证赎单欠款纠纷案[①]

1995年8月14日,中国冶金进出口湖北公司(以下简称中冶湖北公司)与扬州市金属材料公司签订代理协议,约定扬州市金属材料公司委托中冶湖北公司进口CIS(Corporate Indetity System,企业识别系统)镀锌卷板。同年9月5日,扬州市金属材料公司向中冶湖北公司在中国农业银行武汉市分行汉口支行(以下简称农行汉口支行)的保证金账户汇付人民300万元作为开证保证金。次日,中冶湖北公司向农行汉口支行递交了开证申请书,申请开立不可撤销跟单信用证,开证金额为320万美元,农行汉口支行据此向浙江兴业银行香港分行开出320LC9500100号、受益人为金霞有限公司的信用证,双方的信用证关系成立。根据《跟单信用证统一惯例》,开证行农行汉口支行负有及时开证、接受单据、承兑付款并向开证申请人交单的义务;开证申请人中冶湖北公司负有支付保证金、手续费等费用,并按时办理承兑、付款、在拒绝接受不符点时及时退单以及付款赎单等义务。但是,在本案中,浙江兴业银行香港分行向农行汉口支行及时寄出325.712万美元的180天即期汇票及信用证项下的全套提货单证却被农行汉口支行遗失,导致其不能按L/C规定交单时间向开证人交单,开证人中冶湖北公司无法取得货运单据并提货。本案争议的焦点就是在付款赎单的环节,由于农行汉口支行工作失误导致信用证项下的单证遗失,中冶湖北公司能否拒绝付款。

思考:

中国冶金进出口湖北公司与中国农业银行武汉市分行汉口支行信用证赎单欠款纠纷案,历时三年两审,两审判决大相径庭。此案到底谁胜谁负?理由是什么?

---

① 参见中华人民共和国最高人民法院〔1999〕经终字第27号民事判决书。

9.1 国际贸易支付工具——票据

9.1.1 国际贸易支付工具概述

1. 国际贸易支付工具的概念

国际贸易支付工具是指国际货物买卖合同的双方进行货款收付的手段。国际贸易中的支付工具主要包括货币和票据。以现金支付会产生大量现金携带的问题，既不方便也不安全，因此在国际贸易支付结算中很少采用。

2. 票据

1) 票据的概念

票据，是使用代替现金作为流通手段和支付手段来结算债权债务的信用工具，是出票人签发的，约定由自己或指定他人，在一定时间、一定地点，按票面所载文义无条件支付金额的有价证券。在国际贸易结算业务中，通常都是使用票据（主要是汇票）作为支付工具，通过银行进行非现金结算。各国的票据法对票据的理解不尽相同，法国和德国的法律认为，票据只包括汇票和本票，不包括支票。日本的法律则认为，票据包括汇票、本票和支票3种。《美国统一商法典》规定的可流通的票据包括汇票、本票、支票和银行存单等。国际上一般认为票据主要包括汇票、本票和支票3种。

票据有广义和狭义两种含义。广义的票据，指商业活动中的一切凭证，如发票、提单、仓单、汇票、本票、支票等；狭义的票据，指限于以支付一定金额为目的的票据，即汇票、本票、支票。

2) 票据具备的条件

《中华人民共和国票据法》（以下简称《票据法》）规定的票据是狭义的票据，必须具备以下4个条件。

(1) 必须有两个最基本的当事人，即出票人和付款人。

(2) 必须载明一定的金额。

(3) 必须无条件支付一定金额。

(4) 必须能够流通。

3) 票据具有的法律特征

(1) 票据是金钱证券。以金钱为给付标的，能够代替现金作为支付工具和流通工具。

(2) 票据是设权证券。票据的权利义务随票据的设立而产生。

(3) 票据是一种无因证券。只要票据具备了法定的条件，其权利即告成立，其义务随之产生，权利的行使和义务的履行不问设立票据的原因。

(4) 票据是一种要式证券。票据作为债务支付的凭证，它的作成必须依照法定方式，具备必要的形式和内容，才能产生法律效力。要式指票据必须以书面作成，票据必须以法律规定的格式作成才能生效。

(5) 票据是一种文义证券。票据的权利、义务，全凭票据上的文字意义来决定，不得以票据记载以外的任何理由，改变票据的效力。

(6) 票据是一种流通证券。持票人可以通过背书或交付自由转让其权利，无须通知债务人，并且在票据规定的期限内可以转让多次。

4) 票据的经济作用

票据之所以能够获得广泛的使用，是因为它在经济上有独特的作用，能为当事人提供一定的方便或好处。马克思把票据称为"商业货币"，并指出，票据的出现加快了资本主义扩张的速度与规模，企业不再受货币发行的严格限制，他们在摆脱金银币之后又一次摆脱纸币的束缚而使得市场交易规模大步跃升，货币的乘数效应被放大。票据的经济作用主要表现在以下 4 个方面。

(1) 汇兑的作用。在商业交易中，交易双方往往分处两地或远居异国，一旦成交，就要向外地或外国输送款项供清偿之用。在这种情况下，使用票据来代替现金的输送，就避免了输送大量现金的麻烦和减少了途中的风险与困难。

(2) 信用工具的作用。在商业交易中，交易的一方有时会要求对方提供信用，以利于资金的周转。票据作为信用工具，可以背书转让给别人，或者向银行贴现，从而取得所需资金。它对工商业资金的流通提供了很大的方便。

(3) 支付工具的作用。用票据代替现钞作为支付工具。可以避免清点现钞时可能产生的错误，并可以节省清点现钞的时间。因此，人们在经济生活中都普遍使用票据特别是支票作为支付的工具。

(4) 流通证券的作用。票据得以背书转让，具有流通功能。在当代西方社会，票据的流通日益频繁和广泛，仅次于货币的流通。

9.1.2 票据关系概述

1. 票据关系

票据关系是指基于票据行为而在当事人之间所发生的特定的债权债务关系，包括主体、内容和客体三部分。

票据关系的主体是指在票据关系中，享有票据权利、承担票据责任的人，也称为票据关系中的当事人，即票据当事人，如出票人、收款人、付款人、背书人、承兑人、保证人、持票人等都是票据当事人。在票据当事人中，在票据上签名在前的称前手，签名在后的称后手，签名相邻的两当事人称直接前后手。在票据当事人中，享有票据权利的人是票据权利人，或称票据债权人；承担票据责任的人是票据义务人，也称票据债务人。

在票据关系中，票据当事人享有的票据权利、承担的票据义务是票据关系的内容。票据关系的内容分为两类：一类是债权人的付款请求权与债务人的付款义务；另一类是债权人的追索权与债务人的偿付义务。

票据关系的客体就是票据当事人的票据权利义务所指向的对象，也就是票载金额。

按照票据名称区分，有以下 3 种票据关系。

1) 汇票关系

因汇票的出票、背书转让、保证、承兑等票据行为发生的汇票权利义务关系，是汇票关系。

汇票的当事人包括基本当事人和其他当事人。前者是指出票人、受票人和收款人。在国际贸易中，签发汇票的人是出口商，接受汇票的人是进口商或其指定的银行，收取汇票金额的人是出口商本人或其指定的银行。后者是指背书人、持票人等。

出票人一旦签发汇票，就得承担承兑或付款的保证责任。在汇票得不到承兑或付款时，出票人应向持票人清偿被拒付的汇票金额、利息和相关费用。显然，即期汇票在付款前，远期汇票在承兑前，出票人是汇票的主债务人，也即是取款人、持票人、背书人、被背书人的债务人。

受票人（即付款人）对汇票负有付款责任，是因为他是接受汇票付款命令的人，只要受票人在远期汇票上承兑并签字，他即取代出票人而成为汇票的主债务人，负有保证按其所承兑的文义付款的责任。

收款人是有权收取汇票金额的主债权人，一旦其汇票遭退票时，他有权向出票人追索票款。但是在收款人将汇票背书后转让的情况下，他则成为背书人，应承担背书人的责任。

背书人是由于其在汇票背面签过字而成为汇票的债务人，他负有保证其后手所持汇票被承兑和付款的责任。在汇票得不到承兑或付款时，背书人应当向持票人清偿票据金额、法定利息和因拒付而引起的费用。

持票人指占有汇票的收款人和被背书人，对其前手具有追索权，但追索权的实现须以如下3个条件为前提：①在法定提示期限内提示承兑；②在法定提示期限内提示付款；③在不获承兑或付款时，在法定期限内请求作成拒绝证书并通知其前手。

2）支票关系

因为支票的出票、背书转让等票据行为发生的票据关系是支票关系。基本当事人有三方：出票人、持票人、出票人委托的付款银行。支票属见票即付的票据，无需承兑，付款银行付款后，凭收回的支票与出票人清结债权债务。

3）本票关系

因为本票的出票、背书转让、保证等票据行为发生的本票权利义务关系，是本票关系。它在当事人方面与汇票不同，基本当事人有二方，即出票人和持票人。出票人为票据债务人亦是付款人。本票的持票人在付款日到来时持票直接请求出票人无条件付款，出票人收回本票支付票面金额，本票关系消灭。

2. 票据关系与非票据关系

它们之间存在着既相联系又相分离的双重关系。二者之间的联系在以下票据原因关系中表现得最为明显。

（1）票据债权与原因债权并存时的行使顺序。在票据关系与原因关系之间往往会出现票据债权与原因债权并存的局面，如当事人甲乙双方先有买卖关系，甲为支付价金而发出支票给卖主乙。此时卖主享有两种债权：原因债权（价金请求权）与票据债权（支票上的付款请求权）。这时应如何行使权利呢？有3种方案可供债权人选择：①票据债权成立后，原因债权消灭，债权人只能行使票据债权；②两种债权并存，债权人可任选一种。待行使一种后，另一种债权立即消灭；③债权人应先行使票据债权，如行使票据权无效，可以再行使原因债权。

（2）如果原因关系与票据关系存在于同一当事人之间时，债务人可用原因关系对抗票据关系。例如，甲因向乙购货而交付本票于乙，以后甲乙间的买卖合同解除，乙持票向甲请求付款时，甲可以主张原因关系不存在而拒绝付款。这种以原因关系对抗票据关系的情况只能发生在直接当事人之间，对第三人不生效力。如在上例中，乙已将本票背书于丙，则甲不能以原因关系不存在而对抗丙的票据权利。

（3）持票人取得票据如无对价或无相当对价，不能有优于其前手的权利。例如，甲发出票据给乙，丙窃得后将票据赠送给善意的丁，或以低于票据面额的价格（不相当对价）转让给丁。这样，丙为丁的前手，丙不能取得票据权利，丁也就不能取得票据权利。

我们如何理解票据关系与非票据关系相分离呢？

票据关系虽以非票据关系为基础而成立，但一经成立，便与非票据关系相脱离，不受非票据关系的影响，这是作为无因证券的票据的流通所必需的。

现在通行的做法是：当事人如明确约定交付票据后原因债权消灭的，依第一种办法；否则，应依第三种办法处理。

从本质上说，债权人行使的这种原因债权，即是票据法上的追索权，二者本质上是一样的，只不过原因债权的行使是依民法规定进行，而追索权应依票据法规定进行。

在票据关系中，票据债务人负担无条件支付票面金额的义务，自有其原因或说是基础，比如买方为支付价金向卖方出票，银行因出票人在银行有存款而向出票人指定的人无条件付款等，其中的"为支付价金""有存款"就是付款的原因或基础，进而言之，买卖关系、存款关系就是票据关系的基础关系。

本来，基础关系同票据关系联系紧密，但是，票据法为鼓励人们使用票据，最大限度地保障票据的安全性、可信度，把票据关系与其基础关系之间的联系一刀切断，使票据关系成为独立于基础关系的法律关系，而且，只要票据关系无瑕疵，基础关系纵然无效，票据权利仍然有效。

3. 票据行为

1）票据行为的内涵

票据行为是以发生票据上的权利义务关系为目的所实施的书面行为，它表现为出票、背书、承兑、参加承兑、保证等。

票据行为可分为基本票据行为和附属票据行为。其中出票是创设票据的基本行为，票据上的权利义务都是由于出票而发生的，所以叫作基本票据行为，或称主票据行为。其他票据行为则都是以出票为前提才发生的，如背书、承兑、付款等，所以叫作附属票据行为，亦称从票据行为。不同的票据，所涉及的具体票据行为是不同的。如汇票需具备上述全部法律行为；本票由于出票人即是付款人，故无须承兑、参加承兑行为；支票的付款人是银行或其他金融机构，无须保证行为，只有出票和背书两种行为。

2）票据行为的法律特征

（1）票据行为是一种要式行为。票据行为必须按照《票据法》规定的应记载的事项的全部要件制作，如缺少出票人的姓名或银行名称、金额、出票日期等必备要件之一的票据即属无效票据。如果记载了法律禁止记载的事项，例如在票据上记载出票人不负担保付款的责任，这种记载不发生法律效力；如按规定承兑须在票据正面签章，背书必须在票据背面进行等，这样就会影响票据行为的法律效力，票据行为的要式性有利于票据的流通。

(2) 票据行为是一种独立行动。票据行为之间互不依赖，分别独立，某一行为的无效，不影响其他行为的效力，只要该票据行为符合法律规定的要式就发生法律效力，其他票据行为被认为是无效或被撤销，也不影响该票据行为继续有效。例如，出票人某甲的出票行为被认定为无效，但该票据的收款人某乙收下票并将票据背书转让给丙，这种情况下，乙不得以出票行为无效而推脱自己所应承担的责任。

(3) 票据行为是一种无因行为（抽象性）。指票据关系超脱于票据的基础关系（原因关系）而发生，即票据行为只要要式具备，便产生法律效力，行为人必须依照行为时的文义负票据责任，即使基础关系无效或存有其他缺陷，也不会对票据关系产生任何影响。例如，甲经过背书将汇票转让给乙，原因是甲购买了乙的商品，后发现乙提供的商品质量与原来双方的约定不符，这时双方的购销纠纷应按合同法规定解决，但甲对乙的票据责任是不能解除的。

3) 票据行为的种类

(1) 出票行为。出票是按法定形式制作成票据交付给收款人的行为，票据上的一切权利义务均因出票而产生。出票行为包括两个内容：作成票据并在票据上签字；将票据交付给收款人。出票人是债务人，持票人是债权人。只有制作并交付了票据，才算完成了出票行为。

票据是要式证券，出票人只有将法定内容记载于票据上，才能产生票据的效力；缺少法定内容的票据，如发票人姓名、收款人姓名，票据金额付款时间、地点、出票时间、地点及出票人签名等绝对应记事项之一的，即使已经完成了交付行为，也不能认为票据有效。

(2) 背书行为。背书是票据持有人在票据背面批注签章，将票据转让给他人的行为，背书也包括两个内容，即在票据后面背书，和将已背书的票据交付给被背书人。背书人是被背书人的债务人，被背书人是背书人的债权人。

背书的效力有3个：①转移效力，即通过背书，将票据的一切权利转让给被背书人；②担保效力，即保证票据必然会被付款或承兑；③证明效力，即保证出票人及前手背书人的签名的真实性，票据的有效性和合格性。

背书的方式有两个：①记名背书，即在背书中记明被背书人的姓名，并由背书人签章；②空白背书，即背书人只签署自己的姓名，而不记载被背书人的姓名。

背书人在背书时必须把票据上的全部金额同时转让给同一个被背书人。只转让票据金额的一部分，或将票据金额分别转让别几个被背书人，这样的背书是无效的。

背书人对其后手负有担保票据被承兑或付款的责任。背书人一经在票据上签字，即为票据的债务人，将与其他在票据上签名的人共同承担连带责任。日后如有付款人对票据拒绝付款，执票人有权向任何背书人进行追索，请求偿还票载金额。

被背书人，有权取得背书人原有的一切票据权利。他既可以向付款人要求承兑、付款，也可将票据再背书转让。当票据遭到拒付时，他有权向所有背书人及出票人的保证人进行追索。

(3) 承兑行为。承兑行为，指汇票的付款人同意承担支付汇票所载金额的义务，在票面上作出表示承认付款的文字记载及签章的行为。也可以说，是汇票付款人承诺负担票据债务的行为。汇票到期前，持票人（债权人）应向付款人（债务人）提示票据，要求承兑；付款人同意到期付款，在票据上注明"承兑"并签章，承兑票据行为即告完成。

承兑有两种：一种叫作普通承兑，也称一般承兑、单纯承兑。这是一种无条件的承兑，即承兑人对出票人的付款命令，毫无保留地加以确认。另一种叫作保留承兑，又称非单纯承兑、附条件承兑。这是指承兑人在承兑时对票据的到期付款附加某种保留条件。保留承兑又可分为两种：即部分承兑和对付款额、付款地点、付款时间等限制条件的承兑。

一般地讲，汇票是否提示承兑，由持票人自由决定，但通常情况下持票人（尤其是运期汇票）都主动、及时地进行承兑提示，这样可以及早地得知付款人是否加入票据关系，以便在付款人拒绝承兑时，及时行使追索权，保障自己的权利；在付款人承兑后，提高票据的信用，增强其流通性。未经承兑的汇票，付款责任未确定，不易被人接受。可见，承兑的作用主要是确定付款人对汇票的付款责任。付款人未承兑以前，对汇票不负任何责任；一旦承兑，付款人就成为汇票的主债务人，对汇票的到期付款负绝对责任。

（4）保证行为。保证行为是票据保证人发生保证债务的行为，即票据债务人以外的第三人担保票据债务履行的行为。票据的债务人包括出票人、背书人和承兑人，都可成为被保证的对象，保证使保证人与被保证人之间产生票据法律关系。保证人的责任以被保证人的责任为限，因此被保证人不同，保证人的责任也不同。

保证是一种要式法律行为，只能在票据本身或粘单上表示，在票据或粘单以外的保证，不具法律效力。要在票据上载明保证人担保债务的意思表示，被保证人的姓名，保证人的签章。

票据保证与民法保证不同，是一种单方行为，保证人的行为成立不需取得债权人的同意，民法上的保证是契约行为，必须得到债权人的同意。

票据保证又是一种独立行为，即符合法定形式就可单独成立，在一般情况下，即使被保证人的债务无效，保证人仍承担其保证责任。这与民法上的保证以主债务存在为前提不同，民法上保证人承担的是从属责任，被保证的债务无效，保证人的从属责任可以免除。

票据保证的金额可以是全部，也可以是部分，凡是没有注明保证的具体金额或保证比例的，视为全额保证。保证一经成立，保证人与被保证人所负责任相同，在被保证人不履行票据义务，保证人代为履行后，可以行使持票人对承兑人、被保证人和他的前手的追索权。

9.1.3 票据权利

票据权利指持票人依照票据请求支付票据所载金额的权利，包括付款请求权和追索权。

1. 票据权利的取得

票据权利依持票人取得票据方式不同，分为原始取得和继受取得。原始取得，因票据的创设而取得票据的权利；继受取得，由于票据的转让或继承、合并等法定原因而取得票据的权利。

票据权利依持票人取得票据时的主观意识不同，分为善意取得和恶意取得。善意取得，指在善意或无重大过失的情况下，依法律规定的转让方法，支付对价后取得的票据权利。恶意取得，指明知或应当知道票据转让人无处分票据的权利，仍接受转让取得票据权利。善意取得票据的受让人可取得票据上的一切权利，即使票据让与人的票据权利有瑕疵，也不影响善意取得票据者享有权利。恶意取得票据的人，不得享有票据上的权利，债务人可以拒绝付款（但要负举证责任），持票人遭拒付后，责任自负。

2. 票据权利的消灭

票据权利的消灭，与民法上的债的消灭有共同之处，如因为清偿、抵销、更改、免除、提存等而消灭，但也有不同的地方，因票据权利是一种证券化的权利（证券金钱债权），其消灭与票据存在与否有关。票据权利的消灭大致有以下4个原因。

（1）由于票据本身的记载事项而造成的。如持票人在票据上记载"收讫"字样，并将票据交给债务人的履行人以后，付款请求权消灭；持票人在合法票据上的签名或其他重要记载事项的被涂、销，被拒绝承兑或付款，对被销人的追索权消灭。有的国家只规定故意的涂、销才使票据失去效力。

（2）由于票据的毁灭而造成的。票据是完成有价证券的一种，丧失票据便丧失了票据上的权利，票据一旦因被焚烧、撕毁等已不存在时，票据权利也同时消灭。

（3）由于时效而造成的。各国票据法都规定有票据权利消灭的时效，当法律规定时效超过仍不行使权利的，票据权利即消灭。票据上的权利时效一般为3年，对前手的追索权的时效一般为4～6个月。汇票、本票权利时效较长，支票权利时效较短。

典型案例 9-1

蔡某诉黄某票据权利纠纷案

2013年9月20日，黄某向蔡某出具付款行为某银行的现金支票一张，付款金额为38 000元，付款人为黄某，2013年9月23日蔡某向付款行提示付款时被退票，理由为余额不足。黄某的行为侵犯了蔡某的合法权益，黄某仍应承担付款义务。因此蔡某特诉至法院，要求黄某支付蔡某欠款38 000元。法院审理认为，票据权利的主张应以票据真实有效为前提，同时应在票据时效内行使。蔡某向本院提交的行使票据权利载体的支票的号码，与本院2014年1月15日作出的民事判决书中所载明的宣告票据无效的支票号码相同，故蔡某提交的支票与本院作出的民事判决书中所载明的支票在形式上应为同一张支票，现该支票已由本院作出除权判决，宣告该支票无效，且该判决为终审判决，故蔡某在上述除权判决作出后仍然以该支票为载体主张票据权利，显然缺乏法律依据。另外，蔡某提交的支票的出票时间为2013年9月20日，而持票人对支票出票人的权利，自出票日起六个月内不行使而消灭；故蔡某应在2014年3月20日前向黄某主张票据权利，现作为持票人的蔡某向作为出票人的黄某主张票据权利在2014年3月21日，显然蔡某就其提交的支票向黄某主张票据权利已超过票据时效。综上，蔡某就其提交的支票主张票据权利，既要求黄某支付38 000元的诉讼请求，缺乏法律依据，本院不予支持。我国《票据法》第十七条规定："票据权利在下列期限内不行使而消灭……持票人对支票出票人的权利，自出票日起6个月……"这一法条明确的表示，支票虽然没有记载付款时间，但是其票据权利是有法定的时效的，一旦超出期限不行使，就会消灭。《票据法》第十八条规定："持票人因超过票据权利时效或者因票据记载事项欠缺而丧失票据权利的，仍享有民事权利，可以请求出票人或者承兑人返还其与未支付的票据金额相当的利益。"这表示，蔡某虽然无法就支票向黄某主张票据权利，但双方之间的民事权利义务还没有消灭，因此蔡某可以就此向黄某请求返还相当的利益。

（4）由于法定事由的发生而造成的。在票据到期，持票人不行使票据权利时，票据债务人可将票据金额提存银行、法院、商会和其他组织,这时,持票人便丧失了对债务人的付款请求权和对其前手的追索权。

3. 票据权利的保护

1) 追索

当票据遭到拒付时,持票人有权向所有背书人和出票人请求偿还票款,这叫作票据的追索。

拒付包括拒绝承兑和拒绝付款。拒付不限于明确表示拒绝,也包括承兑人或付款人避而不见、死亡或破产,或事实上推诿迟迟不付款等。票据被拒付,持票人可向其所有前手追索。追索既可以按背书次序进行,也可自由选择对任何债务人进行。

票据追索是一种要式行为,持票人行使追索权必须具备以下条件:①必须在法定期限内向付款人提示承兑或提示付款(提示票据);②必须在法定期限内将拒付事实(退票事由)通知前手;③必须在法定期限内作成拒绝证书,否则持票人即丧失追索权。例如,"上海市票据暂行规定"规定,持票人的拒绝证书,应当在退票日起5日内作成。

2) 停止付款

票据丧失时,票据权利人可以向付款人发出停止付款的通知。这种止付通知是保护票据债权人利益的一种补救措施。

付款人在收到止付通知时,如果票据款项尚未支付,付款人有义务立即停止付款,否则应负担赔偿责任。但是,如在付款人收到停止付款通知前票据款项已经支付,则付款人概不负责,一切损失由票据权利人自己承担。

3) 票据伪造和变造的法律责任

伪造是指假借他人的名义出票或假借他人的名义在票据上签名的行为;变造是指无权限而改变票据上除签名以外的其他记载事项,以影响票据责任的行为。伪造票据产生下列法律后果:①被伪造人因没有真正签名而不负票据上的责任;②伪造人负刑法规定伪造证券的刑事责任和民事赔偿责任,不负票据上的责任;③票据的伪造不影响其他真实签名的效力。票据变造,则按其票据上签名的时间确定票据关系人的责任,如签名在变造之前按变造前的票据文意负责,变造后签名的则按变造后的票据文意负责。

票据的伪造和变造,并不影响票据权利的行使,目的是保持票据的流通性的要求。当然,对伪造或变造票据的行为人,则要追究其法律责任。

典型案例 9-2

Robert J. Triffin 诉旅游者快运公司案

原告(Robert J. Triffin)取得的以被告(旅游者快运公司)为出票人的17张支票,承兑时被拒绝。此17张支票是由盗取者伪造被告公司签名后转让给原告的。被告公司得知支票被盗后,即停止支付。原告要求被告履行付款义务。经法院调查,本案事实清楚,票据被盗,伪造人伪造签名后兑现。原告提交的证据中并未涉及对支票上文义的质疑,问题就在于原告并不是正当持票人。17张支票上的被告公司签名全部是印上去的,并没有被告公司的合法签名。票据责任的承担是以签名为主要依据的,当票据被盗并伪造签名时,被伪造人不承担票据责任,即出票人无付款责任。最后判定被告胜诉。

9.1.4 汇票

英国《票据法》第 3 条 1 款规定:"汇票是由一人向另一人签发的,要求其即期或定期或在可以确定的将来时间,将一定金额之款项支付给一个特定的人或其指定人或持票人的无条件书面支付命令。"

我国《票据法》第十九条规定:"汇票是出票人签发的,委托付款人在见票时或者指定日期无条件支付确定的金额给收款人或者持票人的票据。"

1. 汇票的记载事项

汇票是一种要式证券,出票人在制作汇票时必须按照有关国家票据法的规定,把法定内容记载于汇票之上,才能产生票据的效力,如果欠缺法律规定所必须记载的事项,则该汇票就不能认为有效。现将各国票据法关于汇票必须记载事项说明如下。

(1) 标明汇票字样。德国法系各国及《日内瓦公约》都要求在汇票上必须标明汇票字样,但英美法系各国则不要求必须注明汇票字样。

(2) 汇票必须是无条件的支付命令。汇票的付款必须是无条件的。如果在汇票上规定受款人必须完成某种行为或履行某项义务后,付款人才予以付款,那就是有条件的,这样的证券就不是汇票,不起汇票的作用。

(3) 汇票上所载明的金额必须是确定的。汇票是一种金钱证券,其支付标的必须是金钱,而且金钱的数额必须确定。英国《票据法》允许分期付款,但《日内瓦公约》不允许。另外,如果汇票上的金额以文字和数码字记载不符时,按英国法系和日内瓦公约的规定,应以文字记载的金额为准。

(4) 必须载明付款人的姓名。各国票据法都要求汇票必须载明付款人的姓名或商号。

(5) 汇票的受款人。英美法认为,汇票上可以指定受款人,也可以不指定受款人,而仅填写付给持有人字样,但日内瓦公约则要求在汇票上记载受款人的姓名,原则上不承认无记名式的汇票。

(6) 汇票的出票日期及地点。《日内瓦公约》规定,汇票应当记载出票日期及地点,否则不得认为有效,但有一个例外,如果汇票上没有载明出票地点,则以出票人姓名旁的地点为出票地点。英美法各国则认为,出票日期和地点并不是汇票必须记载的事项。

(7) 汇票的到期日。按照英美等国的法律,载明到期日并不是汇票的法定条件,如果汇票上未载明到期日则作为见票即付的汇票处理。日内瓦公约虽然规定汇票应载明付款的时间,但允许有例外,如未载明付款时间者,可视为见票即付。

(8) 汇票的付款地点。英国《票据法》认为,票据上不一定要载明付款地点,而《日内瓦公约》则要求在汇票上应记载付款地点。

(9) 必须由付款人在汇票上签名。以上就是汇票所应载明的事项。总的来说,德国法系对汇票的形式要求较严格,而英美法系则一般比较灵活。

依《日内瓦统一法》的规定,汇票包括下列内容:付款人姓名、付款日期的记载期限、付款地的记载、受款人、出票日期和出票地点、出票人签字,并要求有"汇票"的字样,包含委托无条件支付一定金额的内容。

2. 汇票的基本当事人

汇票的基本当事人有出票人、付款人和受款人。

（1）出票人是出具汇票并交付汇票的人，不同性质的汇票，出票人不同，商业汇票的出票人通常是出口人（卖方，债权人）。银行汇票的出票人是银行。

（2）付款人是接受支付命令的人，又称为受票人，在商业汇票的情况下，受票人通常是进口人（买方，债务人）或其指定银行，而在银行汇票的情况下，受票人通常是银行。

（3）受款人是受领汇票金额的人，又称收款人，通常是卖方或其指定的人或任何持有票据的人。

3. 汇票的种类

汇票从不同的角度可以分为不同的种类，具体如下。

（1）依付款的时间不同，可将汇票分为即期汇票和远期汇票，前者指规定在持票人提示时或于付款人见票时应立即付款的汇票，后者指汇票上记载了付款人于将来一定日期或特定的日期付款的汇票。

（2）依出票时是否附有单据可将汇票分为光票和跟单汇票，前者指出具汇票时未附有提单等货运单据的汇票，后者指出具汇票时带有提单、保险单、发票等货运单据的汇票。光票的流通完全依靠"人"的信用，即完全凭出票人、付款人或背书人的资信。银行汇票多是光票。跟单汇票指附带有货运单据的汇票。跟单汇票除有"人的信用"外，还有物的保证。商业汇票一般多为跟单汇票。

（3）依出票人的不同可将汇票分为银行汇票和商业汇票，前者指由银行作为出票人的汇票，后者指由工商企业或个人作为出票人的汇票。在远期汇票中，依汇票承兑人的不同又可将其分为银行承兑汇票和商业承兑汇票。

4. 汇票票据行为

汇票票据程序图如图 9.1 所示。

（1）出票。出票指出票人开立汇票的行为，出票包括两个行为：①由出票人制作汇票并在其上签名；②将汇票交给受款人。

合法完成的出票行为具有下列效力。

① 对于出票人来说，出票使其成为票据的第二债务人，如果票据被拒绝承兑或被拒付，则出票人应对受款人及正当持有人承担支付汇票金额的义务。

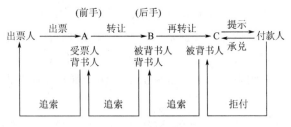

图 9.1 汇票票据程序

② 对受款人来说，出票使其可以享受汇票的权利，他可以依法要求支付汇票金额或将汇票转让。

③ 对于受票人或付款人来说，在受票人承兑以前汇票对其无约束力，受票人没有义务付款，受票人承兑以后则要受其约束。依买卖合同付款人有义务付款，那是合同的效力，而非票据本身的效力。

(2) 背书。背书是持票人在汇票背面签名并将汇票交付给受让人的行为。

按不同的分类标准，可将背书分为以下两类。

① 记名背书和空白背书，记名背书又称特别背书，此种背书持票人须在汇票背面写上被背书人的姓名。空白背书又称无记名背书，此种背书持票人只在汇票背面签上自己的名字，而不填写被背书人的名字。

② 限制性背书和非限制性背书，前者指禁止汇票再背书转让的背书，后者指没有此种限制的背书。

背书的效力有如下两个。

① 对于背书人来说，除限制性背书和免受追索背书外，合法有效的背书使其成为票据的从债务人，须对包括被背书人在内的所有后手保证该汇票将得到承兑或付款。

② 对于被背书人来说，背书使其取得了背书人对票据的一切权利。

对伪造签名的处理方法如下。

伪造签名等伪造背书行为在国际贸易中时有发生，英美法和日内瓦统一法对伪造背书的法律后果持不同的态度。

汇票上的伪造签名是指假冒他人的名义或未经授权而用他人的名义在汇票上签名的行为。它包括假冒出票人、背书人、承兑人的名义在汇票上签名，也包括盗用他人的印章在汇票上盖章。

按照英国法，伪造背书的后果是：①伪造背书视同没有背书一样；②经伪造背书后转让的汇票，其执票人不能取得汇票的任何权利，因此，他亦无转让该汇票的权利；③即使付款人已经承兑了汇票成为该汇票的承兑人，但如果发现有伪造背书的事情，最后的"执票人"也无权对其要求强制执行付款义务，因为根据英国法，承兑人只对出票人的签名的真实性负责，但对背书人的签名的真实性则不负责任。所以，持有伪造背书的票据的人，也无权要求承兑人付款；④遇有伪造背书时，即使付款人（承兑人）已向"执票人"付了款，也不能解除其付款义务，该汇票的真正所有人仍可要求付款人再次向他付款。但如果出于善意的银行作为付款人，对曾有伪造背书事情的汇票且是见票即付的汇票付了款，付款银行即可解除其付款义务。

在伪造签名特别是伪造背书的问题上，英美法和大陆法存在着严重的分歧。①

《日内瓦统一法》对伪造签名有以下规定：①汇票上的伪造签名对被伪造者和伪造者都没有约束力，但对于在汇票上作了真实签名的人的义务，则不因之而减少其效力；②无

---

① 世界法律体系大致可分英美法系和大陆法系，世界票据法体系也可分为英美法系的票据法和大陆法系的票据法。英美法系国家的票据法是以英国《票据法》为蓝本的。大陆法系国家的票据法是以《日内瓦统一法》为依据的。前者是英国的国内法，后者则是一种国际公约。英国于1882年颁布施行票据法，美国及大部分英联邦成员国如加拿大、印度等都以此为参照制定本国的票据法。美国在1952年制订《统一商法法典》，其中第三章商业证券，即是关于票据的法律规定，也就是美国的票据法。美国和其它英联邦国家的票据法虽在具体法律条文上与英国票据法有所不同，但总体说来，英美法系国家的票据法基本上是统一的，这种统一是建立在英国《票据法》基础上的。法国、德国等欧洲大陆为主的20多个国家参加了1930年在日内瓦召开的国际票据法统一会议，签订了《日内瓦统一汇票、本票法公约》。1931年又签订了《日内瓦统一支票法公约》。两个公约合称为《日内瓦统一法》，是有关票据方面的国际私法的重要渊源，无疑，参加签字的大陆法系的国家在制订或修改本国的票据法时都要依循这一国际公约。另有一些非大陆法系国家的票据法也参照《日内瓦统一法》制定本国的票据法（如我国的《票据法》）。在实际内容上大陆法系国家的票据法基本趋于统一。

论由于任何方式而失去汇票的人,都不能要求以一系列背书方式取得票据权利的执票人交还汇票,除非执票人在取得汇票时有恶意或有重大过失;③凡在到期日付了款的付款人即可解除对汇票的责任,除非他有欺诈行为或有重大过失。付款人只需证明背书的连续性,但对背书签名的真实性不负责任。

由英国法和《日内瓦统一法》的规定可以看出,英国法的立场是:保护汇票的真正所有人,让从伪造者手中取得汇票的人承担损失;《日内瓦统一法》着重保护的是善意的执票人,而让失去汇票的真正所有人蒙受伪造签名所引起的损失。但是,他们都认为这样做是为了促进票据的流通使用。由于他们考虑问题的角度不同,因此虽然都是从促进票据流通的立场出发,却对伪造签名作出截然不同的处理方法。

(3) 提示。提示是持票人向付款人出示汇票并要求其承兑或付款的行为。提示可分为承兑提示和付款提示,一般来说,即期汇票只需作付款提示,远期汇票则须先向付款人作承兑提示,然后再于汇票到期时作付款提示。这两种提示都须在法律规定的期限内进行,期限的长短各国规定不同,《日内瓦公约》规定为1年,英美法没有具体规定,但要求须在"合理时间"内提示。如果持票人不在法律规定的期限内提示,则汇票的出票人和背书人即可解除责任,即持票人丧失了对其前手的追索权,但仍可向付款人或承兑人要求付款。票据责任免除后,并不意味民事责任免除。

典型案例 9-3

伪造新西兰某银行本票案

2005年11月20日,宏远公司与新西兰商人杨某约定:宏远公司用4 000万人民币从杨某手中购买金额分别为260万美元和240万美元两张本票。杨某在上述两张本票的收款人空白栏内填入宏远公司后,宏远公司当日即持票到工商银行某分行办理兑付。由于该行与新西兰某银行无直接业务关系,便建议宏远公司到中国银行某分行办理兑付。11月25日,工商银行某分行与宏远公司一起到中国银行某分行办理兑付业务。中国银行某分行(是新西兰某银行在海外的联行)审查后,认为这两张本票票面要件相符,密押相符,便在本票上盖了"印押相符"章,宏远公司与工商银行某分行分别在两张本票后背书鉴章。中国银行某分行即将500万美元划入工商银行某分行账内,工商银行某分行又将此款划入宏远公司账户。宏远公司见款已入账,在认为没有问题的情况下将4 000万人民币划到杨某指定的账户上。中国银行某分行工作人员在划出500万美元汇账后,便把两张本票留存根归档。至2006年9月22日,有关人员在检查中发现后,方从档案中取出这两张本票,并向新西兰某银行提示付款。2006年9月30日,中国银行某分行接到新西兰某银行的退票通知书称此两张本票系伪造,拒绝付款。

中国银行某分行即日向工商银行某分行退回本票并说明理由,要求其将500万美元归还。工商银行某分行接票后当日即函复中国银行某分行,请求控制宏远公司在中国银行某分行的美元账户。此时杨某已不知去向。

中国银行某分行以工商银行某分行与宏远公司为共同被告提起诉讼。

法院认为,涉诉本票系伪造,无伪造人签名,无杨某签名,出票人新西兰某银行的鉴章系伪造。伪造人杨某、新西兰某银行均不负票据上的责任。新西兰某银行可以拒绝承担付款义务。工商银行某分行与宏远公司在本票上背书鉴章,应对票据上的债务负连带责任。持票人中国银行某分行未在有效付款提示期限内,向新西兰某银行提示付款,丧失了对其前手工商银行某分行和宏远有限责任公司的追索权,但其仍然有权请求民事赔偿。工商银行某分行和宏远公司应根据过错大小承担民事赔偿的法律责任。中国银行某分行未进行严格和慎重审查，使宏远公司确信本票没有问题，从而杨某得以提走 4 000 万人民币，因此，中国银行某分行对此案的发生负有重大过错，对本案的损失承担主要责任。宏远公司以不正当方式购买本票，非法买卖外汇，其违法过错行为是本案发生的初始原因，也应承担相应责任。工商银行某分行尽管已免除了票据上的被追索义务，但由于背书所具有的担保性质，其应对宏远公司的债务承担连带赔偿责任。

（4）承兑。承兑是付款人表示接受出票人的付款指示，同意承担付款义务而将此意思记载于汇票上的行为。承兑的方式一般是由付款人在汇票正面横写"承兑"字样，签上自己的名字并注明承兑的日期。付款人承兑汇票后即成为汇票的主债务人，而出票人和背书人只是从债务人。此时，如承兑人到期不付款，持票人可直接对其起诉。

（5）付款。付款指汇票的持票人于汇票到期日向汇票的付款人提示要求付款，付款人依汇票进行支付的行为。在付款人依汇票付款后，由持票人在汇票上签名注明"收讫"字样，并将汇票交付款人，此时汇票的债权债务关系即告消灭。汇票的付款需注意如下 4 个问题。

① 提示付款时间，提示是付款的必要程序。执票人必须在法定时间内向付款人作付款提示。至于付款提示的时间，各国法律有不同的规定。付款提示的效力主要表现如下：a. 作为保全偿还请求权的要件。如果执票人不于法定期限内向付款人作付款提示，就将丧失其对出票人及前手背书人的追索权。b. 作为确定汇票主债务人承担延期付款责任的条件。

② 付款人付款的时间。当执票人在汇票的到期日向付款人提示付款时，付款人是否必须于当天付款，有无一定的宽限期，各国法律有不同的规定。

③ 付款人付款的效力。汇票一旦由付款人按票面金额全部付清后，汇票上的债权债务关系即告消灭。

④ 参加付款。参加付款是指当付款人或承兑人不向执票人付款时，由付款人以外的人代为付款的行为。参加付款应在执票人得以行使追索权时进行，但最迟不得在作成拒绝付款证书期限届满的次日进行。

（6）拒付。拒付指付款人的拒绝承兑和拒绝付款行为。拒付不仅包括付款人明确的拒绝，还包括付款人破产、付款人避而不见、死亡等情况。

（7）追索。在汇票被拒付后，持票人有权向汇票的出票人及所有的前手背书人行使追索权，即向其请求偿还汇票上载明的金额。持票人为了行使追索权须在法定时间内作成拒绝证书，拒绝证书是由付款地的公证人或法院或银行公会等作成的，证明付款人拒付的书面文件。此外，持票人须在法律规定的期限内行使其追索权，此期限我国票据法的规定是 6 个月，《日内瓦公约》规定为 1 年，英国法律规定为 6 年，从拒绝证书作成之日起算。

9.1.5 支票与本票

1. 支票

支票是由发票人签发的，委托银行于见票时无条件向受款人支付一定金额的票据，支票实际上是一种特殊的汇票，汇票与支票有较多相同之处，二者都是属于委托式的票据，汇票通常是由出票人委托付款人向受款人付款，支票是由发票人委托银行向受款人付款。因此，汇票与支票都有 3 个当事人，即出票人、付款人和受款人。

支票与汇票两者的区别有如下 5 个。

（1）支票的付款人必须是银行，而汇票的付款人不必为银行。

（2）支票出票人与付款人之间事先有资金关系，汇票出票人与付款人之间事先不必有资金关系。

（3）支票均为见票即付，汇票可为远期支付，因而能够作为信用工具。

（4）支票无须由付款人进行承兑，汇票则需要由付款人进行承兑。

（5）支票是无条件的支付命令，汇票是无条件的支付委托。

在近代商业中出现了一种提前开出的支票即在支票表面记载的日期以前开出的支票。这种支票实际上等于是一种"延期支票"，它不仅是支付工具，而且能起到信用工具的作用。支票的受款人须在出票人的存款银行支取货款，而国际贸易中的买卖双方分处不同的国家，以此种方式支取货款比较困难，因此支票在国际贸易支付中的使用也是有限的。

2. 本票

本票又称期票，是出票人于见票时或某一确定的将来时间，向某人或其指定的人无条件支付一定金额的书面承诺。本票有两方基本当事人，即出票人和受款人，本票的出票人和付款人是同一个人，本票的信用是建立在受款人对出票人的信任的基础上，没有第三者的任何担保。因此，在国际贸易中，卖方为了避免商业风险，通常不愿意接受本票。

本票与汇票有以下 4 点区别。

（1）本票是无条件的支付承诺；而汇票是无条件的支付委托。

（2）本票的票面有两方当事人：即出票人和收款人；而汇票有三方当事人，即出票人、付款人和收款人。

（3）本票的出票人即是付款人，远期本票无须办理提示承兑手续；而远期汇票则要办理承兑手续。

（4）本票在任何情况下，出票人都是主债务人；而汇票在承兑前，出票人是主债务人，在承兑后，承兑人是主债务人。

9.1.6 有关票据的国际立法

票据法与公司法、合同法被称为支撑市场经济运行的三大支柱。

有人把票据比作"能够带来金钱的魔杖"，赞誉票据是"商品交易的血管中流动的血液""世界不可缺少的第五要素"（世界不可缺少的四要素为空气、阳光、水、生命），强调"商事之需要票据，如船之需要水"。马克思把票据称为"商业货币"，在资本论中深刻地揭示了票据在资本主义市场经济中的作用。"真正的信用货币不是以货币流通为基础，而是以汇票流通为基础"。货币能够无纸化，但票据是绝对不能消亡的。

19 世纪末，形成了以法、德、英为代表的三大票据法系：法国法强调票据代替现金输送作为汇兑工具的作用，但忽视票据的流通和信用的功能；德国法重视票据的流通和信用，将票据关系与基础关系（资金关系和原因关系）相分离，并采用严格的形式主义；英国法同样重视票据的流通和信用功能，但英国法的票据形式较为简便。

在票据的国际立法方面，20 世纪 30 年代以后，基本形成两大体系，即日内瓦体系和普通法体系。日内瓦体系主要指 1930 年和 1931 年通过的《汇票和本票统一法公约》等 4 项关于票据的《日内瓦公约》，《日内瓦公约》是调和德国法系和法国法系分歧的产物，而这两个法律又均属于大陆法体系，因此，《日内瓦公约》主要是依大陆法的传统制定的。采用日内瓦体系的主要是大陆法系国家、日本和一些拉丁美洲国家。普通法体系国家主要是英国、美国和英联邦国家，认为《日内瓦公约》的规定与英美法的传统和实践相矛盾，因此一直拒不参加《日内瓦公约》。由于《日内瓦公约》并没有能够达到统一各国票据法的目的，为了促进各国票据法的统一，联合国国际贸易法委员会自 1971 年起就开始了起草国际结算的统一票据法，并在 1988 年联合国的第 43 次大会上正式通过了《联合国国际汇票和本票公约》，目前该公约尚未生效。

1929 年 9 月 28 日国民党政府立法院商法委员会起草的《票据法》是中国历史上第一部《票据法》，1949 年中华人民共和国成立以后被废除。相当一段时间内，为适应计划经济需求，国家实行严格的现金管理，在国内取消了汇票和本票，个人不得使用支票，对票据的管理完全采用行政方法，基本没有真正意义上的票据制度。

1978 年党的十一届三中全会以后，随着经济体制由计划经济向市场经济的逐步转变，票据制度开始恢复。1982 年，人民银行上海分行率先制定了《票据承兑、贴现办法》；中国人民银行《商业汇票承兑、贴现暂行办法》于 1985 年 4 月 1 日开始实行；1986 年，中国人民银行发布《中国人民银行再贴现试用办法》；同年，中国人民银行、中国工商银行、中国农业银行联合发布《关于个体经营户和个人使用支票结算基本规定》；1987 年，中国人民银行、中国工商银行、中国银行、中国建设银行联合发布《华东三省一市票据结算办法》；1988 年上海市人民政府发布《上海市票据暂行规定》；1988 年中国人民银行颁发《银行结算办法》，规定在全国公开推行汇票、本票与支票。1990 年中国人民银行正式成立了票据法起草小组，草拟了《中华人民共和国票据法》讨论稿，先后修改四次。1994 年 12 月 5 日，国务院向全国人大常委会提请审议，于 1995 年 5 月 10 日经八届全国人大常委会第十三次会议通过《票据法》，并于 1996 年 1 月 1 日实施。

经过三十多年的发展，我国已初步形成以《票据法》为核心的较为完善的票据法体系。这一体系包括四部分内容：一是《票据法》；二是中国人民银行根据票据法授权制定的，于 1997 年 10 月 1 日生效的《票据管理实施办法》；三是中国人民银行于 1997 年 9 月 9 日发布并于同年 12 月 1 日生效的《支付结算办法》；四是于 2000 年 11 月 21 日施行的最高人民法院《关于审理票据纠纷案件若干问题的规定》（以下简称《司法解释》）。

《票据法》是我国票据法律体系的核心与主体部分，其内容涉及票据的一般规则及各种票据行为的具体规则。最高人民法院的《司法解释》，作为票据法的补充，起到了阐释法律条文、规范司法审判的重要作用。《票据管理实施办法》是根据《票据法》授权并经国务院批准后发布施行的，《司法解释》第六十四条明文规定该办法适用于人民法院对票据纠纷案件的审理。同时，该《司法解释》第六十三条、六十四条均规定，人民法院审理票据纠纷案件时对中国人民银行制定的行政规章的适用，使人民银行发布实施的如《支付结算办法》《关于促进商业承兑汇票业务发展的指导意见》等大量行政规章，也对票据活动及票据纠纷案件的审理起到了重要的作用。我国至今并未加入任何一项关于票据的国际公约，但我国的《票据法》是在参照日内瓦公约体系并结合我国实际的基础上制定而成的，因此，我国的《票据法》也具有一定的国际性。

9.2 国际贸易支付方式——信用证

9.2.1 国际贸易支付方式概述

国际贸易的支付方式主要有汇付、银行托收和银行信用证3种方式。汇付是由国际货物买卖合同的买方委托银行主动将货款支付给卖方的结算方式。托收即是"委托收款"的简称，是指由接到托收指示的银行，根据所收到的指示处理金融单据或商业单据，以便取得付款或承兑，或凭付款或承兑交付单据，或按其他条款和条件交付单据的行为。跟单信用证（Documentary Credits）常简称为信用证（Letter of Credits）是指开证行依开证申请人的请求，开给受益人的一种保证银行在满足信用证要求的条件下承担付款责任的书面凭证。其中使用最多的是银行信用证方式。本节重点介绍银行信用证方式。

在信用证付款方式下，开证银行以自身的信誉为卖方提供付款的保证，因此，信用证付款方式是一种银行信用。适用于信用证的国际惯例是国际商会在1930年制定的《跟单信用证统一惯例》（*Uniform Customs and Practice for Documentary Credits*，UCP），该惯例曾进行过多次的修改，UCP500号实施了十多年，由于银行、进口商等当事人对UCP500号的错误理解及应用，约有70%信用证项下的单据在首次交单时因不符而被拒付，因而影响了信用证在付款工具上的地位，在2006年召开的国际商会巴黎年会上通过了UCP600号，UCP600号于2007年7月1日实施。UCP600最大的变化之一是取消了"可撤销信用证"。因此，根据UCP600第2条："信用证意指一项约定，无论其如何命名或描述，该约定不可撤销并因此构成开证行对于相符提示予以兑付的确定承诺。"

信用证方式与托收方式的最大区别是：在前者中，银行有条件地承担了支付货款的责任，卖方能否收到货款是以银行信用为基础，而不是依赖于买方的商业信用，而一般来说，银行信用比商业信用要可靠得多，所以卖方更有保证收到货款；而在托收方式中，银行只是代理人，他们对货款的支付与否不承担任何责任，卖方只能以买方的商业信用作为其货款的基础，所以卖方所承担的风险较大，尤其是承兑交单。正因为如此，所以信用证方式在国际贸易中比托收方式更为常用。

信用证的基本内容包括以下6个方面。

（1）信用证的种类、号码、开证日期和有效期限。

（2）信用证的当事人，包括开证申请人、受益人、开证银行、通知行、指定行等。

（3）信用证的金额，包括信用证应支付的最高金额，信用证支付货物的币种等内容。

（4）单据条款，主要规定单据的种类及份数，主要包括提单、保险单和商业发票，但有时也要求卖方提交其他单据，如商品检验证明书、原产地证书等。

（5）汇票条款，该条款适用于使用汇票的信用证，主要规定汇票的金额、种类、份数及付款人的名称。

（6）装运条款，主要规定启运地、目的地、装运期限及是否允许分批装运等内容。关于装运期限，如装运单据表明受益人的实际装运日期迟于信用证允许的最后装运期限，则银行将拒绝接受单据；此条款修改是否意味着基础合同相应作出修改，实务中往往产生争议。

典型案例 9-4

买卖合同修改与保留索赔权争议案①

1996年2月13日，申请人某中国公司与被申请人某法国公司签订买卖合同，由该中国公司向该法国公司购买玻璃生产设备以转卖给其国内下家公司。合同总价28万美元，价格条件为CIF天津新港，付款条件为买方在货物装运前60天开立以卖方为受益人的100%不可撤销即期信用证。合同约定货物的装船期为1996年5月30日前。申请人于1996年2月28日依据合同开立了以被申请人为受益人的信用证。后被申请人因其自身的原因不能按期交货，双方经反复协商，申请人于1996年4月20日修改信用证，将交货期改为1996年7月15前。被申请人于1996年7月13日将合同项下货物实际装运，交付申请人。申请人在收到货物后以被申请人延迟交货为由，提请中国国际经济贸易仲裁委员会仲裁，要求被申请人依据合同规定支付迟交货罚款，并赔偿申请人因迟交货对其下家违约而支付的违约金损失人民币18万元及有关的改证费损失人民币2万元。申请人认为，根据信用证独立于基础合同的原则，信用证的修改并不意味着合同的修改。仲裁庭认为，信用证独立于其基础合同而存在，但信用证毕竟源于其基础合同。一般来说，对信用证交货期等主要条款的修改，即视为对基础合同有关规定的修改。卖方应按照信用证修改后的交货期交付货物。当事人在协商修改信用证时可以附条件修改，也可以无条件同意修改。如果当事人一方提出以对方作出某些补偿作为其修改信用证的条件，或直接明示保留其就有关损失依据合同规定索赔的权利，该当事人仍有权向对方索赔。如果当事人一方无保留地同意修改信用证，其便放弃了就有关损失向对方索赔的权利。本案双方当事人提供的证据材料及庭审中查明的事实表明，申请人在修改信用证时或之前未就延期交货一事向被申请人提出过任何索赔，也未就此声明保留其索赔的权利。申请人已丧失依据原合同规定就延迟交货向被申请人索赔的权利。被申请人在已经修改后的信用证规定期限内交付货物，其已履行了按期交货的义务。被申请人行为并未构成违约。鉴于此，仲裁庭驳回了申请人的所有仲裁请求。

（7）信用证的有效期限，即银行承诺付款的期限。此外，还可以依每笔交易的不同需要在信用证中进行特殊的规定。

9.2.2 信用证的分类

信用证依其性质、形式、付款期限及用途的不同可进行不同的分类，具体有如下5种。

（1）可撤销的信用证和不可撤销的信用证。可撤销的信用证指信用证在有效期内，开证行不必事先通知受益人，即可随时修改或取消的信用证。但如果在收到开证行撤销通知之前，该信用证已经按照信用证条款付款、承兑、议付或作出了延期付款的承诺，开证行应对该银行偿付。可撤销的信用证必须在信用证上明确注明，依UCP500号的规定，信用证上没有注明的，视为是不可撤销的信用证。由于可撤销信用证对受益人缺乏保障，很少使用，因此，UCP600号将该条删除，在第2条关于信用证的定义中，规定信用证是不可撤销的，改变了UCP500号"如果信用证没有注明其是否可撤销则被视为不可撤销"的规定。不可撤销的信用证指在信用证有效期内，不经开证行、保兑行和受益人同意就不得修

---

① 案例二：买卖合同争议——合同修改与保留索赔权．http：//www.cietac.org.cn/readal.asp？编号=36．

改或撤销的信用证。不可撤销的信用证对受益人收款比较有保障,是在国际贸易中使用最为广泛的一种信用证。

(2) 保兑信用证和不保兑信用证。保兑信用证指开证行开出的信用证又经另一家银行保证兑付的信用证。保兑行对信用证进行保兑后,其承担的责任就相当于本身开证,不论开证行发生什么变化,保兑行都不得片面撤销其保兑。不保兑的信用证指未经另一银行加以保证兑付的信用证。

(3) 即期信用证和承兑信用证。即期信用证指受益人提示有关单据时,开证行或议付行审核合格后即付款的信用证,可使用即期汇票,也可不用汇票。承兑信用证指受益人仅可开立远期汇票,开证行或议付行审核单据合格后对汇票予以承兑,在付款到期日支付货款的信用证。

(4) 可转让的信用证和不可转让的信用证。可转让的信用证指受益人可将信用证的部分或全部权利转让给第三人的信用证。在通过中间商进行贸易时,常提出开立可转让信用证的要求,以便将信用证的权利转让给实际供货人。可转让的信用证必须在信用证上注明"可转让(Transferable)"的字样。不可转让的信用证指受益人不能将信用证的权利转让给他人的信用证。在国际贸易中,卖方为了保障收取货款的安全,以及在对第三方的资信不了解的情况下,一般不接受可转让信用证。

(5) 跟单信用证和光票信用证。跟单信用证指凭跟单汇票或只凭单据付款的信用证。单据指代表货物所有权或证明货物已经发运的单据。信用证有时规定卖方可不必开立汇票,银行可只凭单据付款。光票信用证指凭不附单据的汇票付款的信用证。此类信用证主要用于贸易从属费或非贸易结算。

此外,还包括背对背信用证、对开信用证、循环信用证、备用信用证等种类的信用证。

9.2.3 信用证业务一般程序

以信用证方式付款时,一般须经过下列基本步骤:①申请开证,依国际货物买卖合同的双方在买卖合同中采用信用证方式付款的约定买方向其所在地的银行提出开证申请,并缴纳一定的开证押金或提供其他保证,要求银行向卖方开出信用证;②寄信用证,开证行根据申请开立信用证后,正本寄给通知行即卖方所在地银行;③通知受益人,由通知行转递信用证或通知出口方信用证已到。通知行在开证行要求或授权下对信用证加以保兑;④发货,卖方收到信用证,并确保其能履行信用证规定的条件后,即装运货物;④签提单,船运公司将装船的提单交予卖方;⑤开跟单汇票、办理议付,卖方根据信用证备货、装运、开立汇票并缮制各类单据,向通知行或议付行办理议付;⑦垫付,议付行审查单据符合信用证条款后接受单据并付款,若单证不付,可以拒付;⑧寄跟单汇票,议付行将跟单汇票寄送开证行或指定的付款行,向其索偿;⑨偿付议付行,开证行收到跟单汇票后,应核对单据是否符合信用证,如正确无误,即应偿付议付行代垫款项;⑩通知,开证行通知开证申请人备款赎单;⑪付款,买方付款以赎单,如发现不符,可拒付款项并退单。⑫赎单,开证行接到付款后,将单据交予买方;⑬提货,买方凭单据提货。

信用证业务一般程序流程图,如图 9.2 所示。

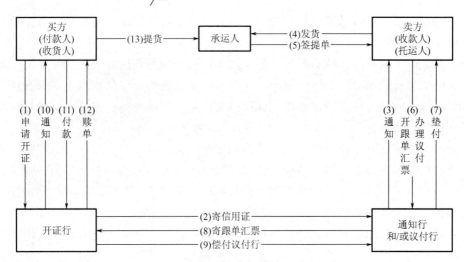

图 9.2　信用证业务一般程序流程

9.2.4　信用证当事人

信用证的当事人会因具体交易的情况的不同而有所增减，但一般来说信用证的流转会涉及下列主要当事人。

（1）开证申请人指向银行申请开立信用证的人，即国际货物买卖合同中的买方。

（2）开证行指接受开证申请人的委托，为其开立信用证的银行，通常是买方所在地的银行。

 典型案例 9-5

开证行开立信用证的指示不明纠纷案

某开证行开立一张不可撤销议付信用证，该信用证要求受益人提供"Certificate of Origin：E. E. C. Countries"（标明产地为欧共体国家的原产地证明书）。该信用经通知行通知后，在信用证规定的时间内受益人交来了全套单据。在受益人交来的单据中，商业发票上关于产地描述为"Country of Origin：E. E. C."，产地证则表明"Country of Origin：E. E. C. Countries"。议付行审核受益人提交的全套单据后认为，单单、单证完全一致，于是该行对受益人付款，同时向开证行索汇。开证行在收到议付行交来的全套单据后，认为单单、单证不符：①发票上产地一栏标明：E. E. C.，而信用证要求为 E. E. C. Countries。②产地证上产地一栏标明 E. E. C. Countries，而发票产地标明 E. E. C.。开证行明确表明拒付，并且保留单据听候处理。收到开证行拒付通知后，议付行据理力争：信用证对于发票并未要求提供产地证明，况且发票上的产地系与产地证一致。故议付行认为不能接受拒付，要求开证行立即付款。该案的争议源于信用证条款的不完整、不明确，在开证行开列的信用证中，开证行对产地的要求为 E. E. C. Countries，而并未具体要求哪一国。在此情况下，受益人提供的单据中涉及产地一栏时既可笼统表示为欧共体国家，也可具体指明某一特定国家（只要该国是欧共体成员国即可）。倘若开证行认为不符合其规定，它应在开证时将产地国予以明确表示。《UCP600》规定：开立信用证的指示、信用证本身、修改信用证的指示以及修改书本身必须完整、明确。既然开证行开立的信用证指示不明确，它将自己承受此后果。故在此案中开证行的拒付是不成立的。

我们从案例 9-5 中得到如下启示：①开证行开立信用证的指示必须完整明确；②议付行在收到不明确、不完整的指示时，应及时与对方联系，以免不必要的纠纷；③受益人必须严格按照信用证条款行事，对于非信用证所要求的不要画蛇添足。尽管商业发票中显示产地是许多国家的习惯做法，但为避免麻烦，如在本案中，既然信用证未要求商业发票中显示产地，也就不应该出现原产地字样。

（3）通知行指接受开证行的委托，负责将信用证通知受益人的银行，通常为受益人所在地的银行，通知行一般与开证行有业务往来的关系。

（4）受益人指信用证上指定的有权享有信用证权益的人，即国际货物买卖合同中的卖方。

（5）付款行指信用证上指定的向受益人付款的银行，通常是开证行本身。

（6）议付行指愿意买入或贴现受益人按信用证所开立的汇票的银行。议付行可以是通知行或其他指定或非指定的银行。

（7）保兑行指依开证行的请求对信用证保证兑付的银行。

信用证当事人之间的关系有如下 5 种。

（1）开证申请人与受益人之间是买卖合同关系。开证申请人即为国际贸易合同的买方，受益人即为卖方，双方订立的合同中约定以信用证方式支付货款，则买方应依合同的规定开立信用证，卖方则应依合同发货并提供约定的单据。

（2）开证行与开证申请人之间是以开证申请书及其他文件确定的委托合同关系。在此合同关系中，开证行的主要义务是依开证申请书开立信用证并谨慎地审核一切单据，确定单据在表面上符合信用证。开证申请人则应缴纳开证押金或提供其他保证，缴纳开证费用并付款赎单。

（3）开证行与受益人之间的关系是有争论的，一般认为，两者之间的关系依开立的信用证的不同而有所不同，当开立的是可撤销的信用证时，开证行与受益人之间并不存在对双方有约束力的合同关系，因为在可撤销的信用证下，受益人不能从开证行获得任何有约束力的允诺，可撤销的信用证在议付行议付单据前，可以随时由开证行撤销，而无须事先通知受益人。而在开立不可撤销的信用证的情况下，则当信用证送达受益人时，在开证行与受益人之间即形成了对双方有约束力的独立合同。

（4）通知行与开证行之间是委托代理关系，通知行接受开证行的委托，代理开证行将信用证通知受益人，并由开证行支付佣金给通知行。

（5）通知行与受益人之间不存在合同关系。通知行通知受益人是因其对开证行负有义务，不是因为通知行与受益人之间有合同关系而对受益人负有此项义务。此点在 UCP500 号中也有反映，依第 7 条规定，信用证可经通知行通知受益人，通知行无须承担责任。但鉴于国际贸易中伪造信用证的问题，该条又规定，如通知行决定通知信用证，则应合理谨慎地审核所通知信用证的表面真实性。

9.2.5 银行的责任和免责

信用证条件下，银行的责任和免责规定如下。

（1）银行的责任。银行对信用证具有审单的义务，在审单时须坚持单证相符、单单相符的原则，即受益人提交的单据必须在表面上符合信用证条款，而且单据之间也应相互一致，否则银行有权拒绝接受受益人提交的单据，并拒绝付款、承兑或议付。付款行、承兑行和议付行也不接受单证之间或单单之间不符的单据，否则开证行有权拒绝偿付上述银行。如果开证行接受了不符的单据，开证申请人有权拒绝补偿开证行。

（2）银行的免责。UCP600号第34条至第37条规定了银行免责的情况。银行免责的情况主要包括以下4种。①关于单据有效性的免责，第34条规定：银行对任何单据的形式、充分性、准确性、内容真实性、虚假性或法律效力，或对单据中规定或添加的一般或特殊条件，概不负责；银行对任何单据所代表的货物、服务或其他履约行为的描述、数量、重量、品质、状况、包装、交付、价值或其存在与否，或对发货人、承运人、货运代理人、收货人、货物的保险人或其他任何人的诚信与否，作为或不作为、清偿能力、履约或资信状况，也概不负责。②关于信息传递和翻译的免责，第35条规定：当报文、信件或单据按照信用证的要求传输或发送时，或当信用证未作指示，银行自行选择传送服务时，银行对报文传输或信件或单据的递送过程中发生的延误、中途遗失、残缺或其他错误产生的后果，概不负责。③不可抗力的免责，第36条规定：银行对由于天灾、暴动、骚乱、叛乱、战争、恐怖主义行为或任何罢工、停工或其无法控制的任何其他原因导致的营业中断的后果，概不负责。银行恢复营业时，对于在营业中断期间已逾期的信用证，不再进行承付或议付。④关于被指示方行为的免责，第37条规定：为了执行申请人的指示，银行利用其他银行的服务，其费用和风险由申请人承担。即使银行自行选择了其他银行，如果发出指示未被执行，开证行或通知行对此亦不负责。指示另一银行提供服务的银行有责任负担被指示方因执行指示而发生的任何佣金、手续费、成本或开支（"费用"）。如果信用证规定费用由受益人负担，而该费用未能收取或从信用证款项中扣除，开证行依然承担支付此费用的责任。信用证或其修改不应规定向受益人的通知以通知行或第二通知行收到其费用为条件。外国法律和惯例加之于银行的一切义务和责任，申请人应受其约束，并就此对银行负补偿之责。

有人称银行的免责为银行责任的局限性，银行只审查单据表面相符，不负责采取进一步的行动调查单据的真实性，其原因主要是：①银行并不是买卖合同的商家，对一些贸易术语或商家的特殊要求也并不了解；②银行不是调查机构，国际结算要求银行提供快捷的服务，不可能让银行长期滞留单据进行调查；③银行提供的是一种信用而并非保险，谨慎寻找贸易伙伴的责任在商家；④银行开立信用证收取的只是少量的开证费，因此，要求其承担所有的风险有欠公平。

9.2.6 信用证欺诈

由于信用证的上述局限性，在客观上使欺诈者容易行骗成功。因而，近年来的国际贸易中此类案件频繁发生，使进出口双方的利益受到极大的损害。

1. 信用证欺诈的种类

信用证使用中欺诈的表现形式各异，主要有以下3种。

（1）开立假信用证。有些进口商使用非法手段制造假信用证，或窃取其他银行已印好的空白格式信用证，或无密押电开信用证，或假印鉴开出信用证，签字和印鉴无从核对，或开证银行名称、地址不详等。如出口商没有发现信用证的假造而交货，将导致钱货两空。

(2)"软条款"信用证。信用证中的"软条款"指信用证中规定一些限制性条款,或信用证的条款不清,责任不明,使信用证的不可撤销性大大降低,因而对受益人非常不利。这种"软条款"信用证可使开证申请人控制整笔交易,而受益人处于受制于他人的被动地位。

(3)伪造单据。伪造单据是指单据(如海运提单)不是由合法的签发人签发,而由诈骗人或委托他人伪造;或在合法签发人签发单据后进行篡改,改变单据中的有关内容,使之单证相符,骗取货款。

(4)以保函换取与信用证相符的提单。以保函换取与信用证相符的提单主要有倒签提单、预借提单及以保函换取清洁提单的情况。倒签提单是货物装船的日期晚于信用证规定的装船日期,但仍按信用证规定的日期签署装船日期的提单。预借提单和倒签提单的不同之处则在于,被预借的提单是在货物实际装船完毕前签发的,并将当天的日期记载于提单签发日期栏内。倒签提单、预借提单均属于欺诈行为。

凭保函签发清洁提单时,隐瞒了船载货物本不清洁的事实真相,将不清洁的货物伪称清洁货物记载在提单上,将本应签发的不清洁提单伪称清洁提单签发,以骗取银行对结汇单据的信任,并骗取善意的收货人对单据和货物的信任,非法剥夺了收货人本应享有的拒收货物、拒绝承兑赎单的合法权利,目的在于使本因违约而不能结汇的托运人得以通过非法手段顺利结汇,以逃避本应承担的违约责任。

当然在某些特殊情况下,在没有欺诈意图的情况下,有时由于客观条件所限,承托双方就货物的数量、重量或包装等问题存在认识上的分歧,又无法对所装运的货物的实际数量进行再核实,此时凭保函签发清洁提单是商业习惯允许的变通做法,这不仅是出于使托运人得以顺利结汇的需要,而且也是为了使货运程序得以顺利进行,司法实践中已有案例承认了此种善意保函效力。此时,承运人仍应对货损货差向收货人承担责任,但有权依有效的保函向托运人追偿。《汉堡规则》即在一定范围内承认了善意保函的效力。

2. 信用证欺诈例外原则

在信用证支付方式中,严格执行信用证独立于买卖合同的原则有着重要的意义,但在国际贸易中卖方以单据欺诈手段骗取货款的案件不断发生,如果固守这一原则,势必纵容这些诈骗分子,因为货款一旦被骗取,买方就处于极为不利的地位,追回货款的希望很小。有鉴于此,为了打击国际贸易中出现的欺诈行为,不少国家的法律、判例对欺诈行为提出了相应的处理原则。即在承认信用证独立于买卖合同原则的同时,也应当承认有例外情况。如果在银行对卖方提交的单据付款或承兑以前,发现或获得确凿证据,证明卖方确有欺诈行为,买方可请求法院向银行颁发禁止令,禁止银行付款。信用证欺诈例外原则首先是在美国法院的判例中提出来的。《美国统一商法典》也有对信用证欺诈及补救办法的成文法规定。

此外,在英国、加拿大、新加坡、法国、中国等国的法院判例也表明承认信用证欺诈例外原则。

跟单信用证统一惯例肯定了信用证的两个最基本特点就是信用证的独立性和单据交易,但对信用证欺诈例外原则未作出任何规定。信用证欺诈例外则是对上述特点适用的排除。如果信用证受益人存在欺诈行为,即付款银行可以拒绝付款,开证申请人可以申请法院禁止支付。

我国对信用证的规定主要体现在 2005 年最高人民法院《关于审理信用证纠纷案件若干问题的规定》上。

适用信用证欺诈例外的主要原则如下：①欺诈例外并不是简单否定信用证的独立性，也不在于赋予银行审查欺诈的实质性义务；②欺诈例外的事实基础是卖方的欺诈，而不是买卖双方之间因合同质量等方面所发生的争执；③如果银行支付前已知悉卖方的欺诈，则信用证的独立性、自主性原则不应该适用；④银行审核单据时，如果尽了合理的谨慎的注意义务，即使银行支付所依据的单据存在欺诈或伪造，银行也不承担责任。

引例分析

本案争议的焦点就是在付款赎单的环节，由于农行汉口支行工作失误导致信用证项下的单证遗失，中冶湖北公司能否拒绝付款。开证行农行汉口支行遗失信用证项下的单证是不争的事实，在信用证有效期内受益人已履行了交单义务，而农行汉口支行于 1995 年 10 月 23 日收到单证后，没有通知中冶湖北公司，导致中冶湖北公司于 11 月 2 日表示不接受信用证项下的全套单据、拒绝承兑。并且由于单证的遗失，使开证行在接到议付行承兑通知的七个工作日内无法就单证是否存在不符点向议付行抗辩。在二审审理过程中，农行汉口支行称其于 11 月 3 日发现信用证项下的单证遗失后及时电话告知中冶湖北公司，并以 11 月 13 日中冶湖北公司业务员李兵草拟的联营协议为依据。该电话通知没有书面证据，上诉人予以否认。李兵草拟的联营协议是传真复印件，农行汉口支行没有举出原件，况且该协议也未经任何一方签字，不具有证据的效力。农行汉口支行出具的提货保函中注明相关单据还没到达，该保函不是由于单据遗失而被用于提货的。农行汉口支行认为中冶湖北公司在 11 月 15 日请求开出保函提货时就已经知道单证遗失，证据不充分。所以中冶湖北公司接受提货保函并不意味其放弃了要求农行汉口支行交付信用证项下正本单证的权利。这是由于利用保函提货往往是在正本单证未到，买方不愿意错过商机，而采取的一种变通做法，其目的是为及时履行与扬州市金属材料公司的合同；此外，提货保函也不能完全替代信用证项下的单证，信用证项下的单证除货物提单外，还有其他货物数量、质量、装船等证明，有关文件将被用来作为流转货物的证明文件或解决基础交易纠纷的证明文件，是开证申请人需要得到的。因此从商业习惯和本案当事人的意思表示来看都不能表明开证申请人中冶湖北公司放弃信用证项下正本单证的请求权。

依据 1995 年 11 月 14 日中冶湖北公司致农行汉口支行的传真件，至 1996 年 3 月底前到农行汉口支行付全额的 70%，对外付汇前全部款项到齐，也就是在 1995 年 11 月 17 日农行汉口支行开出的提货保函对中冶湖北公司的交付并不以付款为前提，因此农行汉口支行应当及时将提货保函交予中冶湖北公司，而不应要求其付款赎保函。中冶湖北公司并不负有付款赎保函的义务。信用证项下的进口货物是中冶湖北公司作为外贸代理人为扬州市金属材料公司进口的，由于最终用户要求不超过 11 月底银行提供全套正本单证，至 11 月底农行仍不能提供正本单据，导致中冶湖北公司履行开证协议的义务成为不必要，无法实现合同的目的，而此一后果恰恰是由于农行汉口支行单据遗失造成的。因此中冶湖北公司有权拒付信用证项下的款项。1996 年 1 月 23 日李兵在《进口到单通知书》通知书上签署的意见是以单证存在为前提，并没有放弃正本单据接受货物的意思，况且此时货物已由农行汉口支行委托的广东省肇庆市端州工业贸易公司从港口提取，该意见不具有解决开证行与开证申请人之间关系的效力，仅是为开证行对外承兑付汇完善手续。关于本案损失的原因和承担的问题：农行汉口支行遗失单证，而在十几天的时间内没有察觉，之后又未将提货保函交予中冶湖北公司，使中冶湖北公司不能及时履行其与扬州市金属材料公司的外贸代理合同，丧失商机，因货物价格下跌的损失不能由中冶湖北公司承担。农行汉口支行在提取货物之后长达一年半的时间内未对货物进行处理，价格变化、货物质量下降和仓储费用的增加，亦应由其自负。

虽然中冶湖北公司接受开证行的提货保函，但这并不意味其放弃了要求农行汉口支行交付信用证项下正本单据的权利。提货保函不能完全替代信用证项下的所有单证,信用证项下正本单据是开证人用于办理各种手续的重要的必不可少的文件。此外,开证行向开证人提供保证函的前提条件是承兑汇票,但是,开证人中冶湖北公司并不负有付款赎保函的义务。

此外,由于中冶湖北公司不能提货,导致其不能及时履行其与扬州市金属材料公司的外贸代理合同,且该损失是开证行能够预料到的,所以,因货物价格下跌的损失不能由中冶湖北公司承担,而应由开证行农行汉口支行承担。农行汉口支行在提取货物之后来对货物进行处理所产生的损失和费用由其自行承担。

因此,2000 年 9 月 21 日最高人民法院做出终审判决,原审判决认定事实部分不清,适用法律错误,应予改判:"一、撤销湖北省高级人民法院(1997)鄂经初字第 43 号民事判决;二、驳回中国农业银行武汉市分行汉口支行的诉讼请求。一、二审案件受理费各 262 649 元人民币由中国农业银行武汉市分行汉口支行负担。"

本 章 小 结

支付工具是指国际货物买卖合同的双方进行货款收付的手段。国际贸易中的支付工具主要包括货币和票据。

票据是出票人依法签发的由自己或指示他人无条件支付一定金额给受款人或持票人的有价证券,即某些可以代替现金流通的有价证券。在国际贸易结算业务中,通常都是使用票据作为支付工具,通过银行进行非现金结算。各国的票据法对票据的理解不尽相同,法国和德国的法律认为,票据只包括汇票和本票,不包括支票。日本的法律则认为,票据包括汇票、本票和支票 3 种。《美国统一商法典》规定的可流通的票据包括汇票、本票、支票和银行存单等。国际上一般认为票据主要包括汇票、本票和支票三种。国际贸易结算业务中,汇票的使用更为广泛。

票据的法律特性主要有票据的流通性、票据的无因性、票据的要式性 3 项。

票据关系是指基于票据行为而在当事人之间所发生的特定的债权债务关系,包括主体、内容和客体 3 部分。

票据行为主要有:①出票;②背书;③提示;④承兑;⑤付款;⑥拒付;⑦追索。

国际贸易的支付方式主要有现金支付、汇付、托收、信用证及保理等方式,其中使用最多的是信用证方式。

信用证是指开证行依开证申请人的请求,开给受益人的一种保证银行在满足信用证要求的条件下承担付款责任的书面凭证。信用证的基本内容有:①信用证的种类、号码、开证日期和有效期限;②信用证的当事人;③信用证的金额;④单据的种类及份数;⑤汇票的金额、种类、份数及付款人的名称;⑥装运条款;⑦信用证的有效期限。

信用证方式与托收方式的最大区别是:在前者中,银行有条件地承担了支付货款的责任,卖方能否收到货款是以银行信用为基础,而不是依赖于买方的商业信用,而一般来说,银行信用比商业信用要可靠得多,所以卖方更有保证收到货款;而在托收方式中,银行只是代理人,他们对货款的支付与否不承担任何责任,卖方只能以买方的商业信用作为其货款的基础,所以卖方所承担的风险较大,尤其是承兑交单。正因为如此,所以信用证方式在国际贸易中比托收方式更为常用。

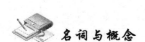 **名词与概念**

汇票（Bill of Exchange）　　　　本票（Promissory Note）
支票（Cheque）　　　　　　　　 出票（Issue a Warrant）
托收统一规则（Uniform Rules for Collection）　委托方（Principal）
托收行（Remitting Bank）　　　　代收行（Collecting Bank）
付款行（Paying Bank/Drawee Bank）
跟单信用证统一惯例（Uniform Customs and Practice for Documentary Credits）
开证申请人（Applicant/Opener）　开证银行（Opening Bank/Issuing Bank/Establishing Bank）
通知银行（Advising Bank/Notifying Bank）　受益人（Beneficiary）
议付银行（Negotiating Bank）　　付款银行（Paying Bank）
保兑银行（Confirming Bank）　　 偿付银行（Reimbursement Bank）
受让人（Transferee）　　　　　　承兑行（Accepting Bank）

思 考 题

1. 《票据法》规定的票据必须具备哪些条件？
2. 票据的经济作用有哪些？
3. 本票与汇票的主要区别有哪些？
4. 国际贸易支付方式主要有哪些？
5. 汇票票据行为有哪些？
6. 英美法和日内瓦统一法对伪造背书的法律后果的态度有哪些不同？
7. 信用证当事人之间的关系有哪些？

练 习 题

1. 单项选择题

（1）从历史上看，票据最早起萌于（　　）。
　　A. 我国唐代　　　　　　　　B. 我国南宋时代
　　C. 公元 12 世纪的意大利　　 D. 古希腊罗马时代

（2）由发票人签发的，委托银行于见票时无条件向受款人支付一定金额的票据是（　　）。
　　A. 汇票　　　B. 本票　　　C. 支票　　　D. 允诺式的票据

（3）在国际货物买卖中，买方可以向卖方开出 6 个月后付款的本票，这是因为票据具有（　　）。
　　A. 汇兑的作用　　　　　　　B. 信用工具的作用
　　C. 支付工具的作用　　　　　D. 流通证券的作用

（4）目前，大多数国家的票据法都认为，票据的资金关系应与票据关系（　　）。
　　A. 相分离　　　　　　　　　B. 相牵连
　　C. 既联系又分离　　　　　　D. 上述均不正确

(5) 在汇票被付款人承兑以前,汇票的债务人是（　　）。
A. 出票人　　B. 付款人　　C. 承兑人　　D. 执票人
(6) 执票人为行使和保全其票据权利所必须做的一种行为是（　　）。
A. 汇票的出票　B. 汇票的承兑　C. 汇票的背书　D. 汇票的提示
(7) 一旦付款人在票据上签名,他就成为该汇票的（　　）。
A. 主债务人　　B. 从债务人　　C. 债务人　　D. 债权人
(8) 如背书人注明"只许付给某甲",这种背书属（　　）。
A. 限制转让的背书　　　　B. 限制背书人责任的背书
C. 附有条件的背书　　　　D. 委托取款背书
(9) 按照英国的法律,如果银行由于疏忽对客户开立的支票付了款,而事后发现客户的存款或财产不足以抵偿这一金额,则（　　）。
A. 银行向受款人要求赔偿　　B. 银行向客户要求赔偿
C. 损失由银行自负　　　　　D. 损失由担保人负责赔偿
(10) 付款银行在支票上签字盖章予以确认之后,该支票的唯一债务人就是（　　）。
A. 该支票的出票人　　　　B. 该支票的背书人
C. 该支票的受款人　　　　D. 付款银行

2. 判断题
(1) 票据本身就是货币,可以代替现金流通。（　）
(2) 汇票的执票人可以直接向汇票的保证人提出付款请求或追索。（　）
(3) 空白背书可以转变为记名背书,记名背书也可以转变为空白背书。（　）
(4) 票据仅凭交付或经适当背书后交付给受让人即可合法完成转让手续,而无须通知票据上的债务人。（　）
(5) 按照《日内瓦统一法公约》的规定,承兑应当是无条件的。（　）
(6) 执票人可以一面允许参加承兑,一面行使追索权。（　）
(7) "在出售某批纺织所得的收入中支付某甲 5 万英镑",按英国票据法的规定,它是一种有效汇票。（　）
(8) 英美法各国认为,汇票应当记载出票日期及地点,否则不得认为有效。（　）
(9) 德国法系各国要求在汇票上必须标明汇票字样,但英美法系各国不要求。（　）
(10) 参加付款人付款后,票据上的债权债务关系因之而消灭。（　）

3. 名词解释
(1) 汇票　(2) 汇票的追索权　(3) 汇票的承兑　(4) 支票　(5) 本票

4. 论述题
(1) 论述英美法和日内瓦统一法对伪造背书的法律后果的不同态度。
(2) 试论支票与汇票的异同。

第 10 章

国际商事仲裁法

教学目标与要求

通过本章的学习使学生了解世界上主要的国际商事仲裁机构，掌握国际仲裁协议的种类、效力、管辖等基础知识，理解国际商事仲裁程序以及国际商事仲裁裁决的承认和执行等程序法知识，并能用所学的理论分析和解决实际问题。

"伊丽莎白"买卖合同纠纷案

原告法国伊丽莎白公司（卖方）与被告中国某公司（买方）在上海订立了买卖 200 台电子计算机的合同。双方在合同中约定，如果发生争议，在中国国际经济贸易仲裁委员会仲裁。后来，双方因交货期发生争议，原告在其公司所在地的法国地方法院起诉，法院发出传票，传被告出庭应诉。

思考：

作为被告的中国公司该怎么办呢？

10.1　国际商事仲裁概述

国际商事争议解决方式主要有协商、调解、仲裁和诉讼。仲裁，是一种比较古老的争议解决方法，其最初形态可以追溯到公元前 6 世纪的古希腊时期，当时城邦国家即采用仲裁方式解决它们之间的争议。历史上不少人曾对仲裁采取怀疑甚至敌视的态度，但仲裁作为诉讼之外的争议解决方法越来越受到商事交易当事人的青睐，逐渐发展成为解决国际商业争议的重要制度。1958 年《关于承认和执行外国仲裁裁决的公约》，即《纽约公约》在很大程度上保证了外国仲裁裁决的承认和执行，是国际商事仲裁制度得以稳健发展的基石。1985 年联合国国际贸易法委员会起草的《国际商事仲裁示范法》在统一各国有关国际商事仲裁的程序，规范国际商事仲裁的国内立法方面取得了巨大的成就。在此之后，很多国家或地区的仲裁立法均以此为蓝本。随着跨国投资、贸易及其他经济合作交流活动日益频繁，国际商事仲裁制度快速发展，呈现出了前所未有的繁荣景象，并成为解决跨国商事纠纷的有效手段。

10.1.1 国际商事仲裁的概念、特点及与其他争议解决方式的比较

1. 国际商事仲裁的概念

国际商事仲裁是指两方或两方以上当事人将他们之间发生的具有国际性的商事争议，提交由一名或数名仲裁员组成的仲裁庭，由该仲裁庭作出对各方当事人均具有约束力的裁决的法律制度。

2. 国际商事仲裁的特点

1）国际性

这主要表现在两个方面：①几乎所有的常设仲裁机构都聘用了许多不同国家的专业人员作仲裁员，许多国际仲裁案件是由不同国籍的仲裁员组成仲裁庭来进行审理的；②由于已有140多个国家参加了1958年《纽约公约》，仲裁裁决的承认和执行便有了可靠基础，使仲裁裁决比较容易地在国外得到承认与执行。

2）自治性

在国际商事仲裁中，双方当事人享有多方面的选择自由，具有自治性。这种自治性体现在以下5个方面：①双方当事人可以自由选择仲裁机构或仲裁的组织形式；②可以自由选择仲裁地点；③可以自由选择审理案件的仲裁员；④可以自由选择进行仲裁的程序或程序法；⑤可以自由选择仲裁所适用的法律。

3）准司法性或强制性

国际商事仲裁机构是一种民间性质的组织，不是国家司法机关，但各国的立法和司法都明确承认仲裁裁决的法律效力，并赋予仲裁裁决和法院判决同等的强制执行效力。如果一方当事人不按照事先的约定自觉地履行仲裁裁决，另一方当事人可以依照有关的国际公约、协议或执行地国家的法律规定申请强制执行仲裁裁决。

4）灵活性

仲裁的灵活性很大，它不像法院那样要严格遵守程序法，特别是在临时仲裁中更是如此。例如，仲裁可以和调解结合起来，仲裁的审理气氛也较法院宽松，有利于双方当事人达成和解意见。

5）专业性或权威性

国际商事争议有时会涉及一些专门性或技术性的问题，需要具备专门知识的人去解决。在国际商事仲裁中，当事人可以自主选择有关争议问题专家充当仲裁员，从而有利于仲裁案件准确和迅速的解决。因此，仲裁庭作出的裁决也有很强的权威性。

6）民间性

国际商事仲裁的仲裁人，特别是仲裁机构，一般都是非国家机关或非官方机构，这种民间性对那些对官方机构不信任的当事人来说，非常有吸引力。

7）中立性

在国际民商事交往中，不同国家的当事人都力图将其争议提交本国法院依照本国法律解决，因为他们互不信任对方国家法院的公正性。而在国际商事仲裁中，尽管仲裁人或仲裁机构是当事人选定的，但前者并不代表后者，而是居中评判是非，具有中立性。尤其是

在国际上有一些仲裁机构本身不隶属于任何国家,仲裁案件可以中立于当事人所属国之外,不受任何一方当事人所属国司法制度和公共政策的影响。

8) 保密性

法院审理案件一般应公开进行,而仲裁案件的审理是不公开,这有利于争议当事人双方不将其工商业秘密和分歧公布于众。

9) 终局性

仲裁裁决除少数国家外,一般是终局的,不像法院诉讼那样采用两审终审甚至三审终审。但由于仲裁以当事人的自愿和协议为基础,缺少第三人程序,仲裁人无权强迫那些可以最终对裁决的执行承担全部或部分责任的第三人加入仲裁程序,从而影响争议的最终有效解决。

3. 与其他争议解决方式的比较

1) 仲裁与调解的异同

仲裁与调解都是在双方当事人自愿的基础上进行的,但二者也有区别。

(1) 调解的进行,自始至终必须得到双方的同意,而仲裁只要双方当事人合意达成了仲裁协议,即使后来一方当事人不愿意,他方仍可依仲裁协议提起仲裁程序,仲裁庭所作的裁决也无须征得双方当事人的同意。

(2) 调解人主要起疏通、说服、劝解和协商的作用,仲裁员则主要起裁判的作用。

(3) 调解不具有强制执行力,而仲裁裁决具有强制执行力。

2) 仲裁与诉讼的异同

仲裁和诉讼的处理决定都是由第三者独立自主作出的,并对当事人有约束力,但二者也有区别,主要表现在以下3个方面。

(1) 法院具有法定的强制管辖权,而仲裁机构不具有强制管辖权,只能受理双方当事人根据其订立的仲裁协议提交解决的争议。

(2) 法官是国家任命的,当事人没有选择或指定审理争议的法官的权利,而仲裁员是由当事人指定的。

(3) 法院的受案范围是由法律规定的,而仲裁的事项和范围是由双方当事人事先约定的。

10.1.2 仲裁机构

根据仲裁机构组织形式的不同,可分为临时仲裁庭和常设仲裁机构两种。

临时仲裁机构是指发生争议后,根据双方当事人的仲裁协议,临时推举仲裁员组成的审理争议并做出裁决的临时仲裁庭。对案件处理完毕后,仲裁庭即行解散。由于它没有固定的组织、规则和人员,因此,凡与仲裁有关的事项,都由当事人制定或选择。临时仲裁的优点是,具有较大的任意性和灵活性,费用低,手续简便。

常设仲裁机构是指在某社会团体或社会组织之下设立的,具有固定的组织形式、固定的仲裁地点,有自己的仲裁规则的仲裁机构。这种仲裁机构具有比较严密的组织程序和完备的辅助设备,能够为双方当事人提供许多方便,有利于迅速解决争议,办案质量和效率较高。

当今世界有1 000多个国家和地区有常设的国际商事仲裁机构，依其性质和管辖范围可分为国际性、地区性、国别性、专业性仲裁机构。

1. 国际性常设仲裁机构

它是根据国际性民间商会章程和国际公约设立的仲裁机构，它受理的案件范围较广，著名的有设在巴黎的国际商会仲裁院、解决投资争端国际中心等。

1）国际商会仲裁院

国际商会仲裁院在国际商事仲裁领域是一家最具影响的仲裁机构。其成立于1923年，是附属于国际商会的一个国际性常设仲裁机构属。

2）解决国际投资争端中心

解决国际投资争端中心（International Center for Settlement of Investment Disputes，ICSID）于1965年根据华盛顿公约而成立，总部设在华盛顿特区，是一个国际性法人组织。

2. 地区性常设仲裁机构

地区性常设仲裁机构是依一定地域内各个国家之间订立的多边条约或决议而设立的，主要有美洲国家商事仲裁委员会、亚洲及远东经济委员会商事仲裁中心、经济互助委员会成员国商事仲裁法院等。

3. 国别性常设仲裁机构

国别性常设仲裁机构是各国根据本国法律设立的仲裁机构，瑞典斯德哥尔摩商会仲裁院（Arbitration Institute of Stockholm Chamber of Commerce，AISCC）、伦敦国际仲裁院(London Court of International Arbitration，LCIA)、瑞士苏黎世商会仲裁院（Court of Arbitration of the Zurich Chamber of Commerce）、美国仲裁协会（American Arbitration Association，AAA）、日本国际商事仲裁协会（Japan Commercial Arbitration Association，JCAA）、新加坡国际仲裁中心（Singapore International Arbitration Center，SIAC）、中国香港国际仲裁中心（Hong Kong International Arbitration Center，HKIAC，以下简称仲裁中心）、中国国际经济贸易仲裁委员会（China International Economic and Trade Arbitration Commission，CIETAC）、中国海事仲裁委员会（China Martime Arbitration Commission，CMAC）等均属于此类。

1）瑞典斯德哥尔摩商会仲裁院

瑞典斯德哥尔摩商会仲裁院是在斯德哥尔摩商会下设立的一个瑞典全国性的仲裁机构，成立于1917年。基于瑞典在政治上中立国的地位，其仲裁的公正性在国际社会上享有很高的声誉，现在已发展成为东西方国家国际商事仲裁的中心。该仲裁院对我国态度上比较友好，在我国对外经济、贸易争议中，如果规定将争议提交第三国仲裁机构仲裁，一般均优先考虑该院。

2）伦敦国际仲裁院

伦敦国际仲裁院是世界上最古老的仲裁机构，成立于1892年11月23日，原名为伦敦仲裁会（London Chamber of Arbitration），1903年起使用现名。1986年起，伦敦国际仲裁院改组成为有限责任公司，其董事会管理其活动。

3）瑞士苏黎世商会仲裁院

瑞士苏黎世商会仲裁院成立于1911年，是瑞士苏黎世商会下属的常设仲裁机构。它是瑞士影响最大的仲裁机构，既受理国内的商事案件，也受理其他国家的当事人提交给它的国际商事案件。由于瑞士同瑞典一样，在政治上处于中立地位，就使得瑞士苏黎世商会仲裁院的裁决比较容易为许多国家的经济贸易纠纷的当事人所接受，从而使其逐渐成为处理国际民商事纠纷的一个重要的中心。

4）美国仲裁协会

美国仲裁协会成立于1926年，是一个非营利性的为公众服务的机构。

5）日本国际商事仲裁协会

日本国际商事仲裁协会是专门调处国际贸易争议的常设机构，是按美国仲裁协会的模式，于1950年由日本工商联合会与其他一些主要工商联合会组织共同建立的。其总营业所设在东京，神户、大阪、横滨设有地区办公室。

6）新加坡国际仲裁中心

新加坡国际仲裁中心，于1990年3月成立，是依据新加坡公司法成立的担保有限公司。新加坡国际仲裁中心可以受理来自国际和国内的商事法律争议，但主要以解决建筑工程、航运、银行、保险方面的争议见长。SIAC仲裁规则，已经三次修订，现在使用的是2007年7月1日修订和生效的第三版的仲裁规则。

7）中国香港国际仲裁中心

中国香港国际仲裁中心成立于1985年9月，是一个民间非营利性中立机构。仲裁中心由理事会领导，理事会由来自不同国家的商人和其他具备不同专长和经验的专业人士组成，仲裁中心的业务活动由理事会管理委员会通过秘书长进行管理，而秘书长则是仲裁中心的行政首长和登记官。

8）中国国际经济贸易仲裁委员会

中国国际经济贸易仲裁委员会的前身是中国国际贸易促进委员会对外贸易仲裁委员会，该会成立于1954年，并于1956年正式开始工作。2000年10月1日以后，中国国际经济贸易仲裁委员会，同时使用"中国国际商会仲裁院"的名称，并开始受理国内争议。该会自成立以来，受案量逐年上升，特别是近几年受理的国际商事仲裁案件的数量已跃居世界各主要常设仲裁机构前列，其裁决的公正性也得到了国内外的一致公认。因此，该会已经发展成为世界上最重要的常设仲裁机构之一。

9）中国海事仲裁委员会

中国海事仲裁委员会（以下简称仲裁委员会）由中国国际商会组织设立，成立于1959年1月，当时名称为"中国国际贸易促进委员会海事仲裁委员会"。1988年改为现在的名称。

4. 专业性常设仲裁机构

专业性仲裁机构，是由各个行业、公会或协会为解决本行业中发生的经济纠纷而设立的常设仲裁机构，如英国伦敦橡胶交易所的仲裁机构、伦敦黄麻协会、伦敦谷物公会仲裁机构、荷兰咖啡贸易仲裁委员会等。

10.2 仲裁协议

10.2.1 仲裁协议的概念和种类

在国际商事仲裁实践中,仲裁协议被认为是仲裁的基石。因为它既是任何一方当事人将争议提交仲裁的依据,又是仲裁机构和仲裁员受理争议案件的依据。

1. 仲裁协议的概念

争议(Disputes)是指,交易的一方认为另一方未能全部或部分履行合同义务而引起的业务纠纷。

仲裁协议(Submission to Arbitration Agreement)是指,双方当事人愿意以他们之间将来可能发生的争议,或者已经发生的争议,交付仲裁解决的一种协议。

2. 仲裁协议的种类

由于仲裁协议的有效条件之一是要求仲裁协议必须具备书面形式,所以,仲裁协议有如下几种类型。

(1) 仲裁条款(Arbitration Clause)。它是当事人双方在签订合同时,在合同中订立的约定将可能发生的合同争议提交仲裁解决的条款,是现代民商事合同中经常采用的解决合同争议的条款。目前是仲裁协议最重要的表现形式。对于这种在主合同中订立的仲裁条款,各国一般承认其具有相对的独立性,即仲裁条款不因主合同的变更、解除、终止或无效而当然失去效力。这种主张被称为仲裁条款自治说。我国仲裁法也明确承认了仲裁条款具有相对的独立性,规定:"仲裁协议独立存在,合同的变更、解除、终止或者无效,不影响仲裁协议的效力。"

仲裁条款可表述如下:"凡因执行本合同所发生的或与本合同有关的一切争议,双方应通过友好协商办法解决,如果协商不能解决,应提交××国××地××仲裁机构,并根据其仲裁程序规则进行仲裁。仲裁裁决是终局的,对双方都具有约束力,仲裁费用由败诉方负担。"

上述格式中关于"××国××地××仲裁机构"一句,有以下3种不同的填写方法。

① 如选定在我国仲裁,则写作"应提交中国国际经济贸易仲裁委员会仲裁",仲裁地点可选定"在北京",或"在上海",或"在深圳"。

② 如选定在被告国仲裁的,则写作"应提交××国(被告国名称)××地××仲裁机构。"

③ 若选定在第三国仲裁,则写作"应提交××国(第三国名称)××地××仲裁机构。"

(2) 仲裁协议书是争议当事人订立的将其争议提交仲裁解决的一种专门协议。这是一种传统的仲裁协议,现在在实践中当事人已较少采用这种形式的仲裁协议,因为大多数国际合同中已规定有仲裁条款。另外,在争议发生后,当事人往往因立场的不同和利益的冲突很难再达成一致的意见。

(3) 其他类型的仲裁协议是指双方当事人在相互往来的函电包括信件、电报、电传、传真、电子数据交换和电子邮件等中,共同约定将他们之间已经发生或将来可能发生的争议提交仲裁而达成的协议。对于这些形式是否属于书面形式，实践中当事人有不同的看法，难免产生争议。

典型案例 10 - 1

"传真"是否属于"书面形式"纠纷案

1991年12月31日，甲公司和乙公司通过"传真"订立了一份92SPE28/001号售货合同。合同规定：甲公司向乙公司购买203.5公吨柠檬酸，单价为920美元/吨 C FKOBE（日本神户），总价款为187 220美元，甲公司应在1992年1月10日通过银行开出不可撤销的、保兑的、可转让的、可分割的信用证，装运期为1992年3月底前。合同还规定有关合同的争议在中国国际经济贸易仲裁委员会进行仲裁。合同签订后，双方于1992年1月13日签订了一份备忘录，对92SPE28/001号合同价款作了修改。最后注明备忘录为92SPE28/001号合约不可分割的一部分，与该合约具有同样法律效力。备忘录签订后，双方对合同的履行产生争议。乙公司认为传真方式不是法律规定的书面形式，主张达成的合同不成立，合同中的仲裁条款不存在。但甲公司却认为仲裁条款有效，遂于1992年5月22日向深圳分会提出仲裁申请。仲裁庭认为，双方当事人通过"传真"对书面合同的条款进行确认，与共同在一张合同上签字确认并无实质上的区别，"而传真不过是将已签字盖章的书面合同再传送给对方的通知方式"。我国1999年生效的统一的《合同法》第十一条将"书面形式"定义为"合同书、信件和数据电文（包括电报、电传、传真、电子数据交换和电子邮件）等可以有形地表现所载内容的形式"，明确涵盖了传真。

10.2.2 仲裁协议的效力

虽然仲裁协议就其自身性质而言，只是双方当事人将其争议提交仲裁的一种意思表示，然而各国有关国内立法及各国间缔结的国际条约则从不同的角度赋予这种仲裁协议以法律效力。综合绝大多数国家仲裁法及实践，一项有效的仲裁协议的法律效力主要表现在以下3个方面。

1. 对当事人的法律效力

仲裁协议对当事人最直接的法律效力体现在：仲裁协议一旦有效订立，当事人即丧失了就特定争议事项向法院提起诉讼的权利，而只能以仲裁方式解决他们之间的争议。如果一方当事人就协议规定范围内的事项向法院提起诉讼，另一方当事人则有权依据仲裁协议要求法院终止司法程序，把争议发还仲裁机构审理。例如，《中华人民共和国民事诉讼法》（以下简称《民事诉讼法》）第二百五十五条规定："涉外经济贸易、运输和海事中发生的纠纷，当事人在合同中订有仲裁条款或者事后达成仲裁协议，提交中华人民共和国涉外仲裁机构或者其他仲裁机构仲裁的，当事人不得向人民法院起诉。"

2. 对仲裁机构的法律效力

有效的仲裁协议是仲裁机构受理争议案件的法律依据。对于仲裁协议在这方面的法律效力，在有关国际公约、各国国内法和国际上主要仲裁机构仲裁的规则中均有明确规定。如1958年的《纽约公约》中就规定：当有关裁决所处理的争议不是交付仲裁的标的或不在有关仲裁协议范围之内，或裁决有关交付仲裁范围以外的事项决定时，有关国家法院可以基于一方当事人的申请拒绝承认和执行该项裁决。另外，仲裁协议也确定了仲裁事项的范围，从而仲裁机构的管辖权受到仲裁协议的严格限制，仲裁机构可以审理的争议事项不得超越仲裁协议确定的可交付仲裁事项的范围。

3. 对法院的法律效力

仲裁协议对法院的效力，是其最重要的法律效力之体现。仲裁协议对法院的效力主要表现为以下两个方面。

(1) 有效的仲裁协议可以排除法院的管辖权。国际公约和世界大多数国家的仲裁法都承认仲裁协议对法院的这一法律效力。例如，1958 年《纽约公约》规定："如果缔约国的法院受理一个案件，而就这个案件所涉及的事项，当事人已经达成本条意义内的协议时，除非该法院查明该协议是无效的、未生效的或不可能实行的，应该应一方当事人请求，让当事人把案件提交仲裁。"德国《民事诉讼法》第 1 027 条规定："法院受理诉讼案件，而当事人对诉讼中的争议订有仲裁契约时，如果被告出示仲裁契约，法院应以起诉不合法而驳回之"。我国《民事诉讼法》第二百五十五条规定："涉外经济贸易、运输和海事中发生的纠纷，当事人在合同中订有仲裁条款或者事后达成仲裁协议，提交中华人民共和国涉外仲裁机构或其他仲裁机构仲裁的，当事人不得向人民法院起诉。"我国《中华人民共和国仲裁法》（以下简称《仲裁法》）中也有类似规定。

(2) 有效的仲裁协议是法院执行仲裁裁决的依据。虽然仲裁协议具有排除法院管辖权的法律效力，但这并不意味着仲裁协议的效力可以完全脱离法院的管辖。国际公约和许多国家的国内立法都规定，如果一方当事人拒不履行仲裁裁决，他方当事人可向有关国家法院提交有效的仲裁协议和裁决书，申请强制执行该裁决。从另一方面而言，无效的仲裁协议也是有关国家法院拒绝承认和执行有关仲裁裁决的理由之一。这就说明，仲裁协议在排斥法院管辖权的同时，往往还依赖法院的司法权威和保障。然而，应该指出的是，仲裁协议排除法院管辖权的效力并不是绝对的，其主要原因在于法院保留了对仲裁协议是否有效的最终决定权。国际公约和各国立法在规定仲裁协议排除法院管辖的同时又附有但书条款，赋予法院应一方当事人的要求对仲裁协议及仲裁程序予以审查和监督的权力，在仲裁协议无效的情况下，法院是享有管辖权的。而最终判定一个仲裁协议是否有效，取决于法院而非仲裁庭。这无疑会使仲裁协议对法院的效力受到一定的限制。

仲裁协议是否有效，法院要严格依据相关法律进行裁定。根据我国《仲裁法》第十七条的规定，仲裁协议有下列情形之一的无效。

(1) 约定的仲裁事项超出法律规定的仲裁范围的。

(2) 无民事行为能力人或者限制民事行为能力人订立的仲裁协议。

(3) 一方采取胁迫手段，迫使对方订立仲裁协议的。

在我国，如果仲裁协议内容不明确，也可能导致仲裁协议无效。根据我国《仲裁法》第十八条的规定，如果仲裁协议对仲裁事项和仲裁委员会的约定不明确，当事人可以补充协议，如果不能达成补充协议的，该仲裁协议也是无效的。据此，最高人民法院于 1996 年 12 月 12 日以法函（1996）176 号答复山东省高级人民法院：本案当事人订立的合同中仲裁条款约定"合同争议应提交中国国际贸易促进委员会对外经济贸易仲裁委员会，或瑞典斯德哥尔摩仲裁院仲裁"，该仲裁条款对仲裁机构的约定是明确的，亦是可以执行的，当事人只要选择约定的仲裁机构之一即可以进行仲裁。因而本案纠纷应由当事人提交仲裁解决，人民法院对本案没有管辖权。当然，选择性的仲裁协议也会引起仲裁管辖权的冲突，如果双方对同一争议分别向两个不同仲裁机构申请仲裁，应以先申请的一方优先。因为对后一个接受申请的仲裁机构来说，存在"一事再理"的情形，它应该至少拒不受理或者暂停作出裁决。1998年10月21日《最高人民法院关于确认仲裁协议效力几个问题的批复》的规定，当事人达成的仲裁协议只约定了仲裁地点，未约定仲裁机构，双方当事人在补充协议中选定了在该地点依法重新组建的仲裁机构的，仲裁协议有效，双方当事人达不成补充协议的，仲裁协议无效。2000年12月5日在《最高人民法院关于中化国际石油（巴哈马）有限公司诉海南昌盛石油开发有限公司购销合同纠纷案中仲裁协议效力问题的复函》指出：根据国务院1996年6月8日《关于贯彻实施〈中华人民共和国仲裁法〉需要明确的几个问题的通知》的规定，仲裁机构重新组建以后，中国国际经济贸易仲裁委员会不是中国唯一的国际贸易仲裁机构，新组建的仲裁委员会也可以受理涉外仲裁案件。因此，合同中"中国相关的国际贸易仲裁机构"不能推定为就是中国国际经济贸易仲裁委员会。鉴于本案当事人对仲裁机构的约定不明确，而一方当事人已起诉至有关人民法院，表明双方当事人已不可能就仲裁机构达成补充协议，依照《仲裁法》第十八条的规定，应认定本案仲裁条款无效。

鉴于各国对仲裁协议的有效要件的规定尚存在一定差异，当事人在签订仲裁协议时，应当注意有关国家特别是仲裁地国和裁决执行地国法律对仲裁协议有效要件的规定，以避免因仲裁协议无效，影响仲裁程序的进行或仲裁裁决的承认与执行。

决定一项国际性仲裁协议的效力，法律适用至关重要。对于这一问题，国际上通常都是按照普通合同的法律适用原则来决定仲裁协议的法律适用。我国《仲裁法》对这个问题未作明文规定。1999年后，最高人民法院的实践是，涉外仲裁协议的当事人可以选择适用于仲裁协议的法律，如当事人未作此项选择，适用仲裁地的法律。但是，如果当事人既没有选择适用于仲裁协议的法律，仲裁地也尚未确定，如何处理，还有待进一步明确，在实践中，有些法院在这种情况下按照最密切联系原则来决定仲裁协议的法律适用。我国《仲裁法司法解释》第十六条对此作了明确规定：对涉外仲裁协议的效力审查，适用当事人约定的法律；当事人没有约定适用的法律但约定了仲裁地的，适用仲裁地法律；没有约定适用的法律也没有约定仲裁地或者仲裁地约定不明的，适用法院地法律。

当事人请求人民法院裁定仲裁协议的效力，应由哪一级法院管辖，仲裁法没有明文规定。根据我国最高人民法院于2001年12月25日《关于涉外民商事案件诉讼管辖若干问题的规定》，确认涉外仲裁协议效力的案件的第一审管辖法院为：国务院批准设立的经济技术开发区人民法院；省会、自治区首府、直辖市所在地的中级人民法院；经济特区、计划单列市中级人民法院；最高人民法院指定的其他中级人民法院；高级人民法院。对国务院批准设立的经济技术开发区人民法院所作的第一审判决、裁定不服的，其第二审由所在地中级人民法院管辖。

10.2.3　仲裁协议的独立性理论和司法实践

仲裁协议的独立性理论，又叫仲裁条款自治理论，该理论认为：一个包括仲裁协议（或者仲裁条款）的合同，视为由两个相对独立的合同构成的整体，其中一个为实体性质的合同，即约定当事人双方民事实体方面的权利义务，与此相对应的是合同实体法；另一个为程序性质的合同，即形式上表现为仲裁协议（或者仲裁条款），与此相对应的是合同程序法。仲裁协议的独立性理论集中到一点，就是合同未成立，或者成立以后未生效或者被撤销的，不应当影响仲裁协议或者仲裁条款的有效性。

仲裁协议的独立性理论包括如下内容：①即使包括有仲裁协议的合同是无效合同，也并不影响该仲裁协议的效力。②凡以仲裁条款形式出现的仲裁协议，应被视为与当事人之间有关合同的其他部分相分离的单独协议。仲裁条款在合同中具有独立性，它的效力只能因主合同的履行而终止。③仲裁条款的有效与否，只能以仲裁条款自身的情况作出判断。

仲裁协议的独立性理论，早已为各国的立法与司法实践所证实。英国是较早通过判例确认仲裁条款独立于它所依据的合同而存在的国家。早在20世纪40年代，英国上诉法院在审理的海曼诉达文斯一案中，就确认了这一原则。

典型案例 10-2

海曼诉达文斯一案（英1942）

达文斯是英国一家钢铁制造商，它与营业地在美国纽约的海曼订立了一项代理合同，合同指定海曼为达文斯在美国的独家代理，双方在合同中约定于1938年开始执行此合同。合同中的仲裁条款规定："由于本合同引起的任何争议，应当通过仲裁解决。"后来，达文斯拒绝履行合同，海曼诉诸法院，指控达文斯违约。达文斯请求法院终止此案的审理，并按合同中的仲裁条款将此争议提交仲裁解决。英国上诉法院认定，仲裁条款可以独立于它所依据的合同存在，没有违约的一方当事人是否可以继续履行合同的问题应当由仲裁员而不是法院决定。海曼诉达文斯一案涉及的是在一个有效合同的前提下仲裁条款独立存在的问题，但不涉及自始无效或违法合同中的仲裁条款能否独立存在的问题。关于合同是否存在及合同自始无效的问题，不属于仲裁协议的管辖范围。海曼一案虽然确立了仲裁条款可以独立于它所依据的主合同而存在的原则，但这是有条件的。如果合同自始无效，如合同通过欺诈的方式订立，或者一开始就违法，则该无效合同中的仲裁条款应当随着自始无效的欺诈或违法合同的无效而无效。在此种情况下，仲裁条款也就无独立性可言了。

仲裁协议的独立性理论在我国的立法、司法实践中也有明显体现。

我国新《民事诉讼法》第二百五十五条规定："涉外经济贸易、运输和海事中发生的纠纷，当事人在合同中订有仲裁条款或者事后达成书面仲裁协议，提交中华人民共和国涉外仲裁机构或者其他仲裁机构仲裁的，当事人不得向人民法院起诉。当事人在合同中没有订有仲裁条款或者事后没有达成书面仲裁协议的，可以向人民法院起诉。"

我国《仲裁法》第十九条第一款的规定："仲裁协议独立存在，合同的变更、解除、终止或者无效，不影响仲裁协议的效力。"

我国《合同法》第五十七条也明确规定："合同无效，被撤销或者终止的，不影响合同中独立存在的有关解决争议方法的条款的效力。"

《纽约公约》也在第2条第3款中规定："当事人就诉讼事项订有本条所称之协定者，缔约国法院受理诉讼时应依当事人一方之请求，命当事人提交仲裁，但前述协定经法院认定无效、失效或不能实行者不在此限。"我国是《纽约公约》的缔约国之一。

除了《纽约公约》，现在从世界各国仲裁立法例、有关国际公约及司法实践来看，仲裁条款独立于实体合同是一个普遍的规则。

以仲裁协议的独立性理论为基础的仲裁案例也在我国大量出现。

典型案例 10-3

旧电机合同纠纷案

1996 年 5 月 5 日，原告（我国江苏某轻纺公司）分别与被告（香港裕亿公司和加拿大太子公司）签订了进口旧电机合同。合同第 8 条均明确规定："凡因本合同所发生的或与本合同有关的一切争议，双方可通过友好协商解决；如果协商不能解决，应提交中国国际经济贸易仲裁委员会根据该会的仲裁规则进行仲裁。仲裁裁决是终局的，对双方均有约束力。"

当两个合同项下的货物运抵目的港后，原告发现，二被告所交付的货物不是合同中约定的旧电机，而是各类废旧构件、废钢管等。原告便以二被告侵权为由，在江苏省高级人民法院起诉二被告。二被告则以合同中订有仲裁协议为由，对法院的管辖权提出异议，请求法院驳回原告的起诉，将争议提交仲裁解决。

江苏高院裁定二被告有欺诈行为，认为本案是因欺诈引起的侵权损害赔偿纠纷，虽然当事人之间的买卖合同中订有仲裁条款，但由于被告是利用合同进行欺诈，已超出履行合同的范围，构成侵权。双方当事人的纠纷已非合同权利义务的争议，而是侵权损害赔偿纠纷。原告有权向法院提出侵权之诉，而不受双方所订立的仲裁条款的约束。二被告不服江苏高院的裁定，上诉到最高人民法院。最高人民法院则认为，本案各方当事人均受合同中订立的仲裁条款的约束，所发生的纠纷应通过仲裁解决，法院对此案无管辖权。此案应当交由中国国际经济贸易仲裁委员会依其仲裁规则处理。

我国最高人民法院对本案作出的裁定是正确的，它深刻地解释了仲裁协议的独立性理论，为我国各级人民法院处理同类问题确立了指导原则，结束了以往有关地方法院就此类案件以当事人与合同有关的争议提起侵权行为诉讼为由，规避合同中的仲裁条款的局面。

因此，此案的判决具有里程碑意义。

10.2.4 仲裁协议的主要内容

仲裁协议的内容是指当事人在仲裁协议中明确将发生的纠纷提交仲裁的有关具体规定，涉及仲裁程序的各个方面。如前所述，仲裁协议对当事人、法院和仲裁机构均具有法律效力，因而如何规定仲裁协议的内容，保证仲裁协议的有效性，对有关争议能否通过仲裁方式公平合理解决具有直接的意义。虽然各国立法和有关国际条约对仲裁协议的内容并无统一的规定，但综合各国商事仲裁实践，一般说来，有效而适当的仲裁协议应该包括下列内容。

1. 提交仲裁的事项

仲裁协议首先要明确规定把何种争议提交仲裁，这是有关仲裁庭行使管辖权的重要依据之一，也是有关当事人申请仲裁裁决的承认和执行时必须具备的重要条件。有些国家的法律明确规定，不规定仲裁事项的仲裁协议无效，即仲裁协议不得是一种泛泛而言的协议，而必须与协议当事人之间的特定法律相关联。例如，1958 年《纽约公约》就要求当事人书面协议提交仲裁的争执应该是产生于特定的法律关系的争执。多数情况下，国际商业活动中提交仲裁的争议往往源于合同确定的法律关系，因此，一般在仲裁协议中应明确规定："凡因本合同所产生的或与本合同有关的一切争议均应提交仲裁机构解决。"另外，一方当事人实际提请仲裁的争议以及仲裁机构受理的争议，都不得超越仲裁协议所规定的仲裁事项。否则，仲裁庭作出的裁决是无效的，可以申请法院撤销。

2. 仲裁地点

仲裁地点是指进行仲裁程序和作出裁决的所在地。国际商事仲裁中，仲裁地点的选择具有非常重要的意义，因为仲裁地点与仲裁所适用的程序法及按哪一国的冲突规则来确定仲裁争议的实体法都具有密切关系，而且仲裁地点也关系到仲裁协议是否有效和作出的裁决能否得到承认和执行。首先，在当事人没有明确指定或自己拟定仲裁程序规则时，仲裁地法律可能适用于仲裁程序。而且，在当事人指定或拟定的仲裁规则同仲裁地法中某项强制性规定相矛盾时，仲裁地法应优先适用。其次，仲裁地也会支配和影响争议适用的实体法。当事人如果没有选择解决争议所适用的法律，国际惯例往往会要求仲裁员适用仲裁地的冲突规则确定要适用的实体法；在当事人选择了争议所适用的法律的情况下，该法律的适用也可能会受到仲裁地法的限制。最后，仲裁地的选择直接影响到仲裁裁决的承认和执行。因为仲裁地法在很大程度上决定着裁决的可执行性。而裁决的可执行性关系到裁决能否得到承认和执行。如《纽约公约》规定："任何缔约国在签署、批准或加入公约时，可以在互惠的基础上声明，本国只对在另一缔约国领土内所作出的仲裁裁决的承认和执行，适用本公约。"目前，有50多个缔约国作了这种保留声明。

3. 仲裁机构

关于仲裁机构，一般应在确定仲裁地点的同时一并确定。由于常设仲裁机构进行仲裁是国际商事仲裁中普遍采用的方式，通常情况下，选择仲裁地点时，就已经考虑到该地的常设仲裁机构。当事人也可能选择某个常设仲裁机构但并不愿在该地进行仲裁，这种情况下，当事人应在仲裁协议中明确规定仲裁机构。当然，当事人也可以规定由临时仲裁庭进行特别仲裁，此时，应写明仲裁庭的组成。国际和各国的仲裁机构仲裁规则普遍规定，除非当事人在仲裁协议中明确表示将争议交付各仲裁机构解决，否则，即使当事人表示了仲裁意愿，有关仲裁机构仍无法受理案件。由此看来，仲裁机构名称是有效仲裁协议中不可缺少的一项重要内容。

4. 仲裁程序规则

仲裁程序规则是指双方当事人和仲裁庭在仲裁的整个过程中所应遵循的程序和规则。它包括仲裁申请的提出、答辩的方式、仲裁员的指定、仲裁庭的组成、仲裁的审理、仲裁裁决的作出及裁决的效力等内容。由于程序问题直接影响到实体问题，为确保仲裁程序的顺利进行，当事人在订立仲裁协议时，应明确约定有关仲裁所应适用的仲裁规则。国际上有一些由国际组织制定的国际性和地区性的仲裁规则，各国仲裁机构也制定有自己的仲裁规则，如中国国际经济贸易仲裁委员会制定有《中国国际经济贸易仲裁委员会仲裁规则》，海事仲裁委员会制定有《海事仲裁规则》，其他国的仲裁委员会亦备有仲裁规则。在选定仲裁规则前，最好事先了解它们，看一看是否适合其争议事项的解决。

在仲裁规则的选择上，从各国的仲裁立法和有关国际条约以及国际商事仲裁实践来看，"当事人意思自治"是普遍承认的一项原则，即允许当事人根据自己的意志在仲裁协议中规定所适用的仲裁规则。当事人既可以自己设计仲裁程序规则，也可以选择某常设仲裁机构或国际组织所制定的仲裁规则。

而在当事人没有选择仲裁程序规则的情况下如何确定仲裁规则？在仲裁理论和各国的

仲裁中是有所分歧的。有些国家的理论和实践在此比较多地强调了仲裁地法的影响,认为这种情况下,仲裁地程序法应予以适用。因为如果违反了仲裁地程序法中的强制性规则,仲裁裁决可能不会被承认和执行。也有人认为,仲裁程序规则也可以由仲裁庭决定。实践中,我国涉外仲裁机构的一般做法是:对仲裁程序问题,中国国际经济贸易仲裁委员会的《仲裁规则》规定,凡当事人同意将其争议提交仲裁委员会仲裁的,均视为同意按照本仲裁规则进行仲裁。因此,我国涉外仲裁机构只适用仲裁地的程序规则。

5. 仲裁裁决的效力

仲裁裁决的效力是指仲裁机构就有关争议所作出的实质性裁决是否具有终局性,对双方当事人有无约束力,当事人是否有权向法院起诉请求变更或撤销该项裁决的问题。绝大多数国家的常设仲裁机构程序规则以及国际组织的仲裁规则均规定,仲裁裁决具有终局效力,对双方当事人具有法律约束力,任何一方都不得向法院上诉。如1958年《纽约公约》第3条规定:"各缔约国应承认仲裁裁决具有拘束力,并依援引裁决地之程序规则及下列各条所载条件执行之"。《联合国国际贸易法委员会仲裁规则》第32条第2款规定:"仲裁应以书面为之,并应是终审的和对当事人双方具有约束力的,双方承担立即履行裁决的义务。"但是,也有少数国家商事仲裁立法允许当事人对仲裁裁决提出上诉,如沙特阿拉伯、英国、法国、瑞典、奥地利等国均有此类规定,《瑞典仲裁法》第2条第1款规定:"如仲裁协议没有保留当事人对裁决的上诉权,应视为当事人已同意遵守仲裁裁决。"这便意味着当事人可以在仲裁协议中规定对仲裁裁决的上诉权。仲裁裁决的效力直接影响到整个仲裁程序的效力,决定着当事人之间的争议能否得到最终解决,合法权益能否得到保护,而各国立法和国际实践对此问题存在分歧,为明确仲裁裁决的效力,当事人应对仲裁裁决的效力明确予以规定,以避免由此而产生的纠纷。我国《仲裁法》第九条也确立了仲裁一裁终局制度,我国的仲裁机构也均依法实行一裁终审制。因此,对于当事人约定裁决不具有终局性的仲裁协议,即使协议选择的准据法和仲裁地法律都允许仲裁裁决不具有终局性,有关仲裁机构作出了仲裁裁决,如果要向我国申请承认和执行该裁决,由于有关仲裁协议违背了我国仲裁制度的基本法律原则,法院进行司法审查时,应认定仲裁协议无效。

6. 仲裁的法律适用

仲裁协议中,当事人可以选择解决争议所适用的法律,即实体法。《中国国际经济贸易仲裁委员会仲裁规则》规定:"凡当事人同意将争议提交仲裁委员会仲裁的,均视为同意按照本仲裁规则进行仲裁。但当事人另有约定且仲裁委员会同意的,从其约定。"

如果没有选择,由仲裁庭确定,仲裁庭主要有3种做法:①仲裁庭依照自己认为合适的冲突规范所指向的法律;②依照仲裁地的冲突规则确定准据法;③适用仲裁地法律。

我国涉外仲裁机构在选择解决争议所适用的实体法时,一般采取下列作法。

1) 当事人选择仲裁实体法原则。

这种选择并不是绝对的,如果当事人选择适用我国法律以外的法律或者国际公约作为处理争议案件的实体法时,应当符合下列要求:

(1) 不得违反我国法令的基本原则和社会公共利益;

(2) 与争议案件具有一定的联系;

(3) 须经双方当事人协商一致,并采用书面形式。

2) 依冲突规则或者密切联系确定实体法的原则。

如果当事人没有选择所适用的实体法,仲裁庭的确定所适用的实体法时,通常按照以下两种方法:一是依据冲突规则确定适用的实体法;二是依据密切联系直接确定所适用的实体法。

(1) 依冲突规则确定实体法原则。

仲裁庭可以根据争议案件的实际需要,分别适用以下冲突规则确定所适用的实体法:

① 适用仲裁地国冲突规则所确定适用的实体法。

② 适用仲裁庭认为最为适当的或者可适用的冲突规则,如仲裁举行地或者仲裁庭所在地国冲突规则、裁决执行地国家的冲突规则、国际私法公约和交货共同条件中的冲突规则等确定应适用的实体法。

③ 适用最密切联系的冲突规则确定适用的实体法。

(2) 依据密切联系直接确定所适用的实体法原则。

在涉外仲裁实践中,具体可以采取两种做法:一是比较的方法,即仲裁庭通过对争议案件所涉国家的实体法规则进行分析比较,从而直接确定所应适用的实体法。二是最密切联系的方法,即仲裁庭通过对与争议案件有关联的各种因素的分析比较,确定适用与争议案件最密切联系国家的实体法。

10.3 仲 裁 程 序

10.3.1 普通程序

仲裁程序是指仲裁机构在进行仲裁审理过程中,仲裁机构、各方当事人以及其他参与人从事仲裁活动必须遵守的程序。主要包括仲裁申请的提出、仲裁庭的组成、仲裁审理以及仲裁裁决的做出和执行。下面依据我国现行的《中国国际经济贸易仲裁委员会仲裁规则》、《中国海事仲裁委员会仲裁规则》和《仲裁法》、《民事诉讼法》的规定加以介绍。

1. 仲裁申请、答辩和反请求

一方当事人根据仲裁协议,将争议提交仲裁机构解决,首先应当提交仲裁申请书和有关证明文件,并交纳费用。仲裁机构收到仲裁申请后,经审查认为申请仲裁手续完备的,即向被申请人发出仲裁通知,同时将仲裁申请书等有关文件发送给被申请人。申请人和被申请人在收到仲裁通知后规定的期限内,在仲裁员名册中指定一名仲裁员,或者委托仲裁机构指定。被申请人还要在规定的期限内提交答辩书和有关文件。

被申请人提出反请求的,应当在规定的期限内以书面形式提出。反请求书中要写明具体的反请求、反请求的原因及所依据的事实和证据,并附有关文件,交纳费用。

当事人可以委托代理人办理有关仲裁事项,代理人应当向仲裁机构提出授权委托书。

根据国际上通常的做法,如果在仲裁协议中指定了常设仲裁机构,申请人可以将仲裁申请书交该仲裁机构;如果是组织临时仲裁庭,申请人应将仲裁申请书直接交被申请人。

2. 仲裁庭的组成

仲裁庭可以由三名仲裁员组成,也可以由一名仲裁员担任独任仲裁员。

(1) 合议仲裁庭。三名仲裁员组成合议仲裁庭的程序是：双方当事人各自在仲裁机构的仲裁员名册中指定或者委托仲裁机构指定一名仲裁员，第三名仲裁员由双方共同指定或共同委托仲裁机构指定。首席仲裁员由第三名仲裁员担任，和另两名仲裁员组成仲裁庭共同审理案件。如果申请人和被申请人未在规定的期限内指定仲裁员，则由仲裁机构指定。

(2) 独任仲裁庭。如果是独任仲裁员，由双方当事人在仲裁员名册中共同指定或者委托仲裁机构指定一名仲裁员为独任仲裁员，单独审理。

(3) 回避。仲裁中也建立了回避制度。被指定的仲裁员如果与案件有利害关系，当事人可以在第一次开庭前，书面向仲裁机构提出回避的申请。如果要求回避的原因发生，当事人可以在第一次开庭后，最后一次开庭审理闭庭前提出申请。仲裁员是否回避，由仲裁机构的领导人决定。仲裁员回避或因其他原因不能履行职责后，应当按照仲裁员选定的程序，重新选定仲裁员。

决定仲裁员是否回避，仲裁委员会享有自由裁量权。

典型案例 10-4

师生关系是否回避案

被申请人我国某公司与申请人韩国某株式会社之间签订了购销甲苯的合同，合同规定纠纷向中国国际经济贸易仲裁委员会进行仲裁。纠纷发生后，申请人向中国国际经济贸易仲裁委员会提请仲裁。在仲裁审理过程中，被申请人提出了甲仲裁员回避的申请，理由是甲与申请人的仲裁代理人乙曾是师生关系。仲裁委员会经审查后认为，甲只是在乙大学本科期间给其上过课，无证据表明存在可能影响案件公正审理的利害关系，被申请人对甲的公正性和独立性产生怀疑的理由不充分，故仲裁委员会作出了甲不予回避的决定，并作出终局裁决。被申请人不服裁决，向北京市第二中级人民法院申请撤销该裁决。北京市第二中级人民法院经审理认为深圳公司申请撤销仲裁裁决的请求不能成立，应予驳回。

综观本案，中国国际经济贸易仲裁委员会的裁决和北京市第二中级人民法院的裁定都是正确的。

我国《仲裁法》规定了涉外仲裁裁决撤销的法定条件的四种情形是：①当事人在合同中没有订立仲裁条款或者事后没有达成书面仲裁协议的；②被申请人没有得到指定仲裁员或者进行仲裁程序的通知，或者由于其他不属于被申请人负责的原因未能陈述意见的；③仲裁庭的组成或者仲裁程序与仲裁规则不符的；④裁决的事项不属于仲裁协议的范围或者仲裁机构无权仲裁的。

我国《仲裁法》第三十四条对于仲裁员必须回避的情形进行了明确的规定："仲裁员有下列情形之一的，必须回避，当事人也有权提出回避申请：①是本案的当事人或者当事人、代理人的近亲属；②与本案有利害关系；③与本案当事人、代理人有其他关系，可能影响公正仲裁的；④私自会见当事人、代理人，或者接受当事人、代理人的请客送礼的。"

本案中，虽然"仲裁庭的组成或者仲裁的程序与仲裁规则不符"可以构成对涉外仲裁裁决撤销的理由，但甲仲裁员与韩国株式会社的仲裁代理人乙之间存在的师生关系不属于上述的四种必须回避的情形之一。因而仲裁庭的决定是正确的，本案仲裁庭的组成并没有违反法律和仲裁委员会仲裁规则的规定。由此可见，当事人要求仲裁员回避必须证据确凿、理由充分，否则，回避请求是难以得到支持的。

(4) 仲裁审理。仲裁的审理过程，包括开庭、搜集调查证据、调解、采取保全措施及做出裁决等几个步骤。

(5) 开庭。仲裁案件应当开庭审理，但经双方当事人申请或同意，可以书面审理。仲裁开庭审理案件，不公开进行，如果双方当事人要求公开审理，由仲裁庭决定。

(6) 调查收集证据。仲裁庭在仲裁审理过程中,有权收集证据,调查事实。双方当事人为了支持自己的主张,也应当对其请求、答辩和反请求所依据的事实提出证据。

(7) 调解。当事人可以在仲裁庭之外自行和解,当事人自行和解后,可以请求仲裁庭依据其和解协议的内容做出裁决书,也可以申请撤销案件。双方当事人也可以由仲裁庭进行调解,仲裁庭在双方自愿的基础上,在仲裁程序进行过程中,按照其认为适当的方式调解。在调解过程中,如果一方当事人提出终止调解或仲裁庭认为调解已无成功的可能,应停止调解,继续仲裁程序。双方当事人还可以在仲裁庭的调解下,在仲裁庭外达成和解。经仲裁庭调解达成和解的,仲裁庭依据当事人的书面和解协议做出裁决书。

(8) 保全措施。保全措施是指在仲裁审理过程中,在做出最后裁决前,对当事人的有关财产或有争议的标的物所采取的强制性措施,以保证案件的顺利执行,保护当事人的权益。我国法律规定,当事人申请财产保全措施时,仲裁机构应将当事人的申请提交被申请人所在地或财产所在地的中级人民法院做出裁定。

(9) 做出裁决。仲裁裁决根据其内容和参加的主体的不同,可以分为以下 3 种。

① 中间裁决 (Interim Award)。仲裁庭做出最终裁决前就案件中某个具体问题做出的裁决是中间裁决。中间裁决一般不对当事人的责任或者实体权利做出结论。

② 部分裁决 (Partial Award) 是指在审理过程中,最终裁决前,仲裁庭对于已经审理清楚的部分实体问题做出的裁决。部分裁决具有终局裁决的性质,一旦做出即发生终局的法律效力。对于已经进行了部分裁决的事项,在终局裁决中不再进行裁决。

③ 终局裁决 (Final Award) 是指仲裁庭对提交仲裁的案件进行审理后做出的全部的、最后的裁决。裁决一经做出后,当事人不得向法院上诉,也不可以向其他机构提出变更裁决的请求。也就是说,经过适当的、合法的仲裁审理做出的仲裁裁决具有法律强制执行力,当事人应当按照裁决的内容自动切实地加以履行。

典型案例 10 - 5

涤纶丝合同纠纷案

申诉人和被诉人签订了买卖 450t 涤纶丝的合同,申诉人付清了全部 450t 涤纶丝货款,而被诉人逾期数月只交付了 300t 涤纶丝,其余的未交付。申诉人申请仲裁,要求被诉人退还未交付的 150t 涤纶丝的货款和利息,并按合同中关于迟交或不交货罚款的规定,向申诉人支付罚款。被诉人辩称,货物迟交系船运方发生故障所致;150t 货物未交是因为货物的两家客户未按曾与他达成协议办事。据此,仲裁庭认为:被诉人未能提供船运方发生故障的证据,两家客户不是本案合同的买卖双方且申诉人不知道也不同意被诉人与两家客户之间的协议,因此被诉人应对其迟交货物和不交付部分货物承担责任。仲裁庭裁决被诉人如数退还 150t 涤纶丝的货款加利息,并且向申诉人支付迟交及不交货物的罚款。

10.3.2 简易程序

各国的涉外仲裁机构一般都没有简易程序。中国国际经济贸易仲裁委员会仲裁规则也设立了简易程序,适用于争议标的不大、情节简单的案件。

1. 适用简易程序的案件

凡是争议金额不超过 50 万元人民币,或是争议金额超过 50 万元但经一方当事人书面申请,并征得对方当事人书面同意的案件适用简易程序。

2. 简易程序的一般做法

（1）仲裁申请、答辩和反请求。凡一方当事人向仲裁委员会提出要求通过简易程序进行仲裁的，仲裁委员会秘书局应立即向双方当事人发出仲裁通知，被申请人应在收到通知之日起 30 日之内向仲裁委员会秘书局提交书面答辩书及有关证明文件，如有反请求，也应在此期间提出。

（2）仲裁庭的组成。简易程序由独任仲裁员成立仲裁庭审理。独任仲裁员应由双方共同选定或委托仲裁委主任指定。

（3）仲裁审理。仲裁庭可以决定书面审理还是开庭审理。开庭审理一般情况下只开一次庭。

（4）仲裁裁决。书面审理的，应在仲裁庭成立之日起 90 日内做出仲裁裁决；开庭审理的，应在开庭审理之日起 30 日内做出。

10.4　仲裁裁决的承认与执行

仲裁机构本身没有强制执行仲裁裁决的权力。一旦一方当事人不自觉执行裁决，另一方就需申请有关法院强制执行。由于仲裁裁决经常涉及外国的当事人或外国的财产，因此不仅在本国境内执行的问题，而且有承认和执行外国裁决的问题。

10.4.1　纽约公约

1958 年 6 月 10 日在纽约召开的联合国国际商业仲裁会议上签署的《承认及执行外国仲裁裁决公约》(*The New York Convention on the Recognition and Enforcement of Foreign Arbitral Awards*)，于 1959 年 6 月 7 日起生效。该公约规定，各缔约国互相承认仲裁裁决具有约束力，并且依照执行地的程序规则予以执行。我国第六届全国人大常委会第十八次会议于 1986 年 12 月 2 日决定我国加入《纽约公约》，中国政府于 1987 年 1 月 22 日提交了批准书，作了互惠保留和商事保留声明。该公约于 1987 年 4 月 22 日对我国生效。《纽约公约》虽只有短短 16 条，却在 50 多年的发展过程中，影响力遍及全球商事仲裁领域。59 年前，公约仅有 24 个缔约国，目前，缔约国家和地区已经增长到 157 个，安哥拉最后于 2017 年 3 月 6 日提交了其加入《纽约公约》的申请文件，生效日期为 2017 年 6 月 4 日这为承认和执行外国仲裁裁决提供了保证和便利，为进一步开展国际商事仲裁活动起到了推动作用。《纽约公约》在国际公约中，是为缔约国（地区）普遍认可的，执行情况最为良好的国际公约之一。

10.4.2　我国关于承认和执行仲裁裁决的规定

1. 我国涉外仲裁机构的仲裁裁决在我国的执行

我国涉外仲裁机构的裁决是终局性的，一方不履行，另一方当事人可依照中国法律规定向中国法院申请执行。我国民事诉讼法对此作了详细规定。

（1）一方当事人不履行仲裁裁决的，对方当事人可以向被申请人住所地或财产所在地的中级人民法院申请执行。

（2）拒绝执行的条件：①当事人合同中没有订有仲裁条款或者事后没有达成书面仲裁

协议的；②被申请人没有得到指定仲裁员或者进行仲裁程序的通知，或者由于其他不属于被申请人负责的原因未能陈述意见的；③仲裁庭的组成或者仲裁程序与仲裁规则不符的；④裁决的事项不属于仲裁协议的范围或者仲裁机构无权仲裁的；⑤人民法院认定执行该裁决违背社会公共利益的。

(3) 仲裁裁决被人民法院裁定不予执行的当事人可以根据双方达成的书面仲裁协议重新申请仲裁，也可以向人民法院起诉。

2. 外国仲裁裁决在我国的承认和执行

1) 《纽约公约》的缔约国所做出的仲裁裁决在我国的承认和执行

我国参加《纽约公约》时，作了两项保留，即互惠保留和商事保留。根据互惠保留条款，中国只在互惠的基础上对在另一缔约国领域内做出的仲裁裁决的承认和执行适用该公约。根据商事保留条款，中国只对根据中国法律认为属于契约性和非契约性商事法律关系所引起的争议适用该公约。符合上述两个条件的外国仲裁裁决，申请人方可依照《纽约公约》规定直接向我国下列地点的中级人民法院提出：被执行人是自然人的，为其户籍所在地或居住地；被执行人是法人的，为其主要办事机构所在地；被执行人在我国无住所、居所或主要办事机构，但有财产在我国境内的，为其财产所在地。我国有管辖权的人民法院受理后，经审查，如果认为不具备《纽约公约》规定的不予承认和执行的外国仲裁裁决的条件的，应当裁定承认其效力，并依照《民事诉讼法》规定的程序执行。

2) 与我国订有双边条约的国家做出仲裁裁决在我国的承认与执行

我国还与一些国家订有双边贸易和司法协助的条约或协定，其中有相互承认和执行对方国家的仲裁裁决条款。对于在这些国家做出的仲裁裁决，可以按双边条约的规定予以承认和执行。

3) 在其他国家做出的仲裁裁决在我国的承认和执行

对于在上述两类国家以外的其他国家做出的仲裁裁决，需要在我国承认和执行的，应当由当事人向我国法院申请，我国法院按照互惠原则办理。如果做出仲裁裁决的国家与我国有相互承认和执行仲裁裁决的互惠关系，并且裁决在形式上符合我国法律的规定，裁决的执行不违反我国法律的基本原则及国家主权、安全和社会公共利益的，法院裁定承认其效力，依照我国《民事诉讼法》规定执行。

3. 涉外仲裁机构做出的仲裁裁决在外国的承认和执行

(1) 涉外仲裁机构做出的仲裁裁决，在《纽约公约》缔约国内的承认和执行，按《纽约公约》的规定办理。

(2) 我国涉外仲裁机构的仲裁裁决在与我国有双边条约协定的国家的承认与执行，依照双边条约的规定办理。

(3) 我国涉外仲裁机构的仲裁裁决在非《纽约公约》缔约国，并且与我国也没有订立双边条约和协定的国家内的承认和执行，根据我国《仲裁法》和《民事诉讼法》的规定，中国涉外仲裁机构做出的发生法律效力的仲裁裁决，当事人请求执行的，如果被执行人或者其财产不在中国境内，应当由当事人直接向有管辖权的外国法院申请承认和执行。

10.4.3 仲裁裁决的撤销

仲裁裁决的撤销，是指仲裁裁决存在法律规定的情形，经当事人向法院申请，由法院根据法律规定，审查核实，判决或裁定撤销仲裁裁决的程序。撤销裁决使裁决的效力消灭。《联合国仲裁示范法》规定，败诉的仲裁当事人可以申请法院撤销仲裁裁决。

拒绝执行仲裁裁决和仲裁裁决撤销，都是使某一仲裁裁决得不到执行，都是法院对仲裁的监督方法。但二者又有区别：拒绝执行仲裁裁决，是在执行仲裁裁决的申请人申请执行时，由被申请人所在地法院或其财产所在地的法院做出裁定；而申请撤销仲裁裁决，可由仲裁裁决的任何一方提出，且只能向裁决做出所在地法院提出，这与拒绝执行仲裁裁决不同。仲裁裁决撤销是使该仲裁裁决无效，当事人可以就争议事项重新提交仲裁或提起诉讼；拒绝执行并不使该仲裁裁决的效力归于消灭，当事人不可就同一事项再提交仲裁或提起诉讼，而且在一家法院不予执行，并不影响申请人在其他地方申请执行。

我国《民事诉讼法》中没有撤销仲裁裁决的规定，而在《仲裁法》中则增加了涉外仲裁的撤销的有关规定。对于中国的涉外仲裁裁决，当事人可以按照《仲裁法》第五十九条，在收到裁决书之日起 6 个月内，向仲裁机构所在地的中级人民法院申请撤销。根据《仲裁法》第七十条，如果被申请人提出证据证明涉外仲裁裁决有《民事诉讼法》第二百六十条（新《民事诉讼法》第二百五十八条）第一款规定情形之一的，经过人民法院合议庭审查核实，裁定撤销，具体情形如下。

（1）当事人在合同中没有订有仲裁条款或者事后没有达成书面仲裁协议的。

（2）被申请人没有得到指定仲裁员或者进行仲裁程序的通知，或者由于其他不属于被申请人负责的原因未能陈述意见的。

（3）仲裁庭的组成或者仲裁程序与仲裁规则不符的。

（4）裁决的事项不属于仲裁协议的范围或者仲裁机构无权仲裁的。

人民法院受理撤销裁决的申请后，认为可以由仲裁庭重新仲裁时，通知仲裁庭在一定期限内重新仲裁，并裁定中止撤销程序；如仲裁庭拒绝重新仲裁，人民法院应当裁定恢复撤销程序。人民法院裁定撤销的，应当终结执行。如一方申请撤销，另一方申请执行仲裁裁决，人民法院应当裁定中止执行；撤销裁定的申请被驳回的，应裁定恢复执行。

这里我们需要注意以下 6 个问题。

（1）中国法院只能撤销本国的仲裁裁决，不能撤销外国的仲裁裁决。

（2）申请撤销仲裁裁决，是胜诉方和败诉方都可行使的权利。这一点，和国际通行的实践是一致的。

（3）在决定撤销涉外仲裁裁决之前，人民法院认为可以由仲裁庭重新裁决的，通知仲裁庭在一定期限内重新仲裁，并裁定中止撤销程序。如果仲裁庭拒绝重新仲裁，人民法院应当恢复撤销程序。

（4）对于人民法院撤销仲裁裁决或驳回当事人申请的裁定，依照最高人民法院的有关司法解释，当事人无权提出上诉及申诉，人民检察院也不能提起抗诉。

（5）人民法院受理当事人撤销仲裁裁决的申请后，另一方当事人申请执行同一仲裁裁决的，受理执行申请的人民法院应当在受理后裁定中止执行。

（6）当事人在仲裁程序中未对仲裁协议的效力提出异议，在仲裁裁决作出后以仲裁协议无效为由主张撤销仲裁裁决或者提出不予执行抗辩的，人民法院不予支持。

当事人在仲裁程序中对仲裁协议的效力提出异议，在仲裁裁决作出后又以此为由主张撤销仲裁裁决或者提出不予执行抗辩，经审查符合《仲裁法》第五十八条或者新《民事诉讼法》第二百一十三、二百五十八条规定的，人民法院应予支持。

引例分析

作为被告的中国公司应该向对方法院提出管辖权异议。

管辖权异议的事实依据是双方的书面买卖合同。双方在合同中已约定,如果发生争议,在中国国际经济贸易仲裁委员会仲裁。这一条款就是仲裁协议条款。仲裁协议有排除法院的司法管辖权的效力。仲裁协议排斥司法管辖,既约束当事人,也约束法院。争议当事人达成仲裁协议后必须受仲裁协议约束,依仲裁协议向双方指定的仲裁机构提出仲裁,而不能向法院提起司法诉讼。《仲裁法》第五条规定:"当事人达成仲裁协议,一方向人民法院起诉的,人民法院不予受理,但仲裁协议无效的除外。"第二十六条规定:"当事人达成仲裁协议,一方向人民法院起诉未声明有仲裁协议,人民法院受理后,另一方在首次开庭前提交仲裁协议的,人民法院应当驳回起诉,仲裁协议无效的除外;另一方在首次开庭前未对人民法院受理该案提出异议的,视为放弃仲裁协议,人民法院应当继续审理。法国的法律也有相类似的规定,法国《民事诉讼法典》第1 458条规定:"根据仲裁协议提交仲裁庭的争议若提交到法院,法院应拒绝管辖"。

此外,《承认和执行外国仲裁裁决公约》(《纽约公约》)第2条第3款规定:如果缔约国的法院受理一个案件,而就这个案件所涉及的事项当事人已经达成仲裁协议时,除非法院查明该项协议是无效的、未生效的或不可能执行的,应该依照一方当事人的请求,将案件提交仲裁。中国、法国两国都是《纽约公约》的参加国,中国、法国两国的各级法院理应受《纽约公约》及国内法的约束,作为被告的中国公司向法国法院提出管辖权异议后,法国法院会驳回原告的起诉。

本 章 小 结

在国际商事活动中,由于当事人彼此间利益不同,所处文化、法律传统不同,所在国家的政治、经济背景不同,难免会出现各种争议。如何及时而有效地解决争议,是一个非常重要的实务问题。国际商事争议的解决方式主要有协商、调解、仲裁、诉讼4种,而仲裁是商人们越来越喜欢的一种。

国际商事仲裁是指两方或两方以上当事人将他们之间发生的具有国际性的商事争议,提交给由一名或数名仲裁员组成的仲裁庭,由该仲裁庭作出对各方当事人均具有约束力的裁决的一项法律制度。

仲裁协议是指双方当事人愿意把他们之间将来可能发生或者已经发生的争议交付仲裁的协议,它主要分为仲裁条款和仲裁协议书。一项有效的仲裁协议具有以下法律效力:①对双方当事人具有严格的约束力,仲裁协议所约定的争议发生后,只能通过仲裁方式求得最后解决,任何一方无权向法院起诉;②可以排除有关国家法院的管辖权;③是有关仲裁机构行使管辖权的依据;④是强制执行仲裁裁决的依据,无效的仲裁协议是有关国家拒绝承认和执行有关裁决的理由之一。

国际商事仲裁的机构,根据其设置的不同,可以分为临时仲裁机构和常设仲裁机构。国际上影响较大的常设仲裁机构有国际商会仲裁院、解决国际投资争端中心、瑞典斯德哥尔摩商会仲裁院、伦敦国际仲裁院、瑞士苏黎世商会仲裁院、美国仲裁协会、日本国际商事仲裁协会、新加坡国际仲裁中心、中国香港国际仲裁中心、中国国际经济贸易仲裁委员会、中国海事仲裁委员会等。

国际商事仲裁的协议有仲裁条款和仲裁协议两种表现形式,但其法律效力相同。有效的仲裁协议是当事人将争议提交仲裁的前提,是仲裁机构审理和做出裁决的依据,同时也是排除法院管辖的有效文件。

在国际商事仲裁中存在外国裁决的承认与执行问题,1958年《纽约公约》对仲裁裁决的承认原则和条件有详细的规定,加入《纽约公约》的国家达140余家,奠定了国际商事仲裁发展的基础。

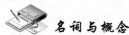

争议(Dispute)　　　　　　　　　仲裁(Arbitration)
仲裁员(Arbitrator)　　　　　　　　可仲裁性(Arbitrability)
特别仲裁(Ad Hoc Arbitration)　　　仲裁条款(Arbitration Clause)
仲裁程序(Arbitral Proceedings)　　 仲裁协议(Arbitration Agreement)
机构仲裁(Institutional Arbitration)　仲裁协议书(Submission to Arbitration Agreement)
商人习惯法(Law Merchant)　　　　 国际商会(International Chamber of Commerce,ICC)
提出仲裁申请(Arbitration Application)　出庭律师(Barrister)

思 考 题

1. 国际商事仲裁有哪些特点?
2. 仲裁与诉讼的区别有哪些?
3. 国际商事仲裁协议包括哪些主要内容?
4. 国际商事仲裁庭有几种组成方式?
5. 仲裁协议自治理论包括哪些主要内容?
6. 我国拒绝承认和执行中国涉外仲裁机构作出的裁决的条件是什么?

练 习 题

1. 选择题

(1) 下列仲裁机构成立最早的是(　　)。
A. 美国仲裁协会　　　　　　　　　B. 瑞典斯德哥尔摩商会仲裁院
C. 伦敦仲裁院　　　　　　　　　　D. 意大利仲裁协会

(2) 我国对中国涉外仲裁机构作出的裁决,法院可裁定不予执行情形有(　　)。
A. 合同中没有订立仲裁条款　　　　B. 被申请人没有得到指定仲裁员的通知
C. 仲裁庭的组成与仲裁规定不符　　D. 裁决的事项不属于仲裁协议的范围

(3) 仲裁条款应包括下列哪些内容?(　　)
A. 仲裁地点　　　B. 仲裁机构　　　C. 仲裁程序　　　D. 法院管辖

(4) 目前,有关承认和执行外国仲裁裁决最重要的国际公约是(　　)。
A.《1923年日内瓦仲裁条款议定书》　B.《关于执行外国仲裁裁决的公约》

C. 《承认和执行外国仲裁裁决的公约》　　D. 《国际商会仲裁规则》

(5) 在我国的对外经济贸易实践中，绝大部分争议解决的方式是（　　）。

A. 协商　　　　　B. 调解　　　　　C. 仲裁　　　　　D. 诉讼

(6) 仲裁机构或仲裁员受理争议案件的依据是（　　）。

A. 仲裁规则　　　B. 仲裁协议　　　C. 书面协议　　　D. 仲裁条款

(7) 当案件涉及外地市场价格时，仲裁员有权要求该地的商会、行业公会或政府有关部门提供物价证明书，并以此作为仲裁的依据，该院是（　　）。

A. 英国伦敦仲裁院　　　　　　　　B. 瑞士苏黎士商会仲裁院
C. 日本商事仲裁协会　　　　　　　D. 澳大利亚国际商事仲裁中心

(8) 下列是专业性仲裁机构的有（　　）。

A. 伦敦油籽协会　　　　　　　　　B. 伦敦谷物贸易协会
C. 伦敦黄麻协会　　　　　　　　　D. 伦敦仲裁院

(9) 关于仲裁的正确说法是（　　）。

A. 仲裁裁决具有终局性
B. 仲裁机构是民间组织
C. 不可向法院申请强制执行
D. 对仲裁不服多数国家法律规定不可向法院提起上诉

(10) 仲裁裁决的效力主要是指（　　）。

A. 能否提出仲裁申请　　　　　　　B. 裁决是否具有终局性
C. 裁决对双方当事人有无拘束力　　D. 能否向法院提起上诉

2. 判断题

(1) 仲裁一般是公开进行的。　　　　　　　　　　　　　　　　　　　　（　　）
(2) 国际商会仲裁院秘书处设在法国首都巴黎。　　　　　　　　　　　　（　　）
(3) 仲裁裁决是终局性的，当事人应当自动执行裁决。　　　　　　　　　（　　）
(4) 各国仲裁法都规定，法院在任何情况下，都无权撤销仲裁裁决。　　　（　　）
(5) 仲裁协议是双方当事人表示愿意把他们之间的争议交付仲裁解决的一种书面协议。
　　　　　　　　　　　　　　　　　　　　　　　　　　　　　　　　（　　）
(6) 在我国，仲裁地点都应在中国国际经济贸易仲裁委员会所在地——北京进行审理。
　　　　　　　　　　　　　　　　　　　　　　　　　　　　　　　　（　　）
(7) 联合国国际贸易法委员会仲裁规则在任何国家都不具有普遍的法律约束力。
　　　　　　　　　　　　　　　　　　　　　　　　　　　　　　　　（　　）
(8) 仲裁就是双方当事人在争议发生之前或在争议发生之后，达成书面协议，自愿把他们之间的争议交给双方所同意的第三者进行裁决的法律制度。　　　　　（　　）
(9) 联合国成立了常设的仲裁机构。　　　　　　　　　　　　　　　　　（　　）
(10) 近年来瑞典斯德哥尔摩商会仲裁院已逐渐发展成为所谓"东西方国际贸易仲裁的中心"。　　　　　　　　　　　　　　　　　　　　　　　　　　　　（　　）

3. 论述题

试述仲裁协议的法律效力。

参 考 文 献

[1] 冯大同. 国际商法 [M]. 北京：对外贸易教育出版社，1991.
[2] 沈四宝，王军，焦津洪. 国际商法 [M]. 北京：对外经济贸易大学出版社，2002.
[3] 江平. 新编公司法教程 [M]. 2版. 北京：法律出版社，2003.
[4] 王利明. 合同法研究（第1卷）[M]. 北京：中国人民大学出版社，2002.
[5] 王利明. 合同法研究（第2卷）[M]. 北京：中国人民大学出版社，2003.
[6] 史际春. 企业和公司法 [M]. 2版. 北京：中国人民大学出版，2008.
[7] 王传丽. 国际经济法 [M]. 2版. 北京：中国人民大学出版社，2007.
[8] 杨士富，刘晓善. 经济法原理与实务 [M]. 北京：北京大学出版社，中国林业出版社，2007.
[9] 张丽英. 国际经济法案例教程 [M]. 北京：知识产权出版社，2006.
[10] 王利明. 民法 [M]. 4版. 北京：中国人民大学出版社，2008.
[11] 魏振瀛. 民法 [M]. 3版. 北京：北京大学出版社，高等教育出版社，2007.
[12] 吕红军，巩丽霞. 国际商法 [M]. 北京：中国商务出版社，2008.
[13] 王小能. 中国票据法律制度研究 [M]. 北京：北京大学出版社，2001.
[14] 范健. 商法 [M]. 2版. 北京：北京大学出版社，高等教育出版社，2002.
[15] 张圣翠. 国际商法 [M]. 4版. 上海：上海财经大学出版社，2006.
[16] 汤树梅. 国际经济法案例分析 [M]. 2版. 北京：中国人民大学出版社，2006.
[17] [美] 理查德·谢弗. 国际商法 [M]. 4版. 邹建华，译. 北京：人民邮电出版社，2003.
[18] 王芸，王孔山. 国际商法 [M]. 北京：中国物资出版社，2008.
[19] 徐康平. 国际商法 [M]. 北京：机械工业出版社，2007.
[20] [英] Michael Bridge. 国际货物销售法律与实务 [M]. 林一飞，等译. 北京：法律出版社，2004.
[21] 金春. 国际商法 [M]. 2版. 北京：北京大学出版社，2008.
[22] 张学森. 国际商法 [M]. 上海：上海财经大学出版社，2007.
[23] 曹祖平. 新编国际商法 [M]. 北京：中国人民大学出版社，2004.
[24] 史学瀛，乔达. 国际商法 [M]. 北京：清华大学出版社，2006.
[25] [法] Tronchet. 法国民法典民事诉讼典 [M]. 罗结珍，译. 北京：国际文化出版公司，1997.
[26] 林一飞. 国际商事仲裁法律与实务 [M]. 北京：中信出版社，2005.
[27] 沈四宝，王军. 国际商法教学案例（英文）选编 [M]. 北京：法律出版社，2007.
[28] 王泽鉴. 债法原理（三）、侵权行为法（1）[M]. 北京：中国政法大学出版社，2001.
[29] 韩德培. 国际私法 [M]. 北京：高等教育出版社，北京大学出版社，2000.
[30] 陈安. 国际经济法学 [M]. 2版. 北京：北京大学出版社，2001.
[31] 胡晓红. WTO规则与国际经济法 [M]. 北京：清华大学出版社，2004.
[32] 魏国君. 国际经济法学 [M]. 北京：中国民主与法制出版社，2005.